BIBEL UND KULTUR

Bibel und Kultur

Das Buch der Bücher in Literatur, Musik und Film

Herausgegeben von Paul-Gerhard Klumbies
und Ilse Müllner

unter Mitwirkung von
Kristina Bierich und Daniel Haase

EVANGELISCHE VERLAGSANSTALT
Leipzig

Bibliographische Information der Deutschen Nationalbibliothek
Die Deutsche Nationalbibliothek verzeichnet diese Publikation in der Deutschen Nationalbibliographie; detaillierte bibliographische Daten sind im Internet über http://dnb.dnb.de abrufbar.

Printed in Germany

Das Buch wurde auf alterungsbeständigem Papier gedruckt.

Cover: Kai-Michael Gustmann, Leipzig
Satz: Konrad Triltsch GmbH, Ochsenfurt
Druck und Binden: Hubert & Co., Göttingen

ISBN 978-3-374-04419-1
www.eva-leipzig.de

Inhalt

Vorwort

Die Idee, die Wechselbeziehung zwischen *Bibel und Kultur* zum Thema zu machen, stieß im Kollegium des Fachbereichs *Geistes- und Kulturwissenschaften* der Universität Kassel auf spontane Zustimmung. Der Plan einer fachübergreifenden Ringvorlesung war geboren.

Auf Einladung der Institute für Evangelische und Katholische Theologie gaben im Wintersemester 2014/15 einmal in der Woche Fachvertreterinnen und Fachvertreter exemplarisch Einblicke, welche Anstöße ihre Disziplin aus der Begegnung mit der Bibel empfangen hat. Ergänzt und bereichert wurde das Vorlesungstableau der Kasseler Professorinnen und Professoren durch Vorträge auswärtiger Gäste.

Überaus erfreulich war die Resonanz der Vortragsreihe in der Stadt Kassel. Woche für Woche füllte sich der Hörsaal neben den Angehörigen der Universität mit zahlreichen Besucherinnen und Besuchern einer interessierten Öffentlichkeit. Sie bereicherten die Diskussionen im Anschluss an die Vorträge mit ihren Wortbeiträgen.

Aufgrund des freundlichen Echos auf die Veranstaltung lag es nahe, die Vorträge zu einem Aufsatzband zu vereinen und zum Nachlesen bereitzustellen. Sie liegen nun in einer ansprechenden Form vor; und dass das möglich wurde, dazu haben viele Personen beigetragen.

Wir danken Daniel Haase, Wissenschaftlicher Mitarbeiter im Fach Neues Testament, und Kristina Bierich als studentischer Mitarbeiterin, die gemeinsam die Hauptlast bei der Erstellung der Druckvorlage trugen. Raphael Schlehahn als studentischer Mitarbeiter unterstützte sie dabei.

Für die großzügige finanzielle Förderung des Projekts und einen erheblichen Beitrag zu den Druckkosten danken wir der Plansecur-Stiftung.

Unser besonderer Dank gilt Frau Dr. Annette Weidhas von der Evangelischen Verlagsanstalt. Sie zeigte sich sofort an unserem Publikationsvorhaben interessiert und hat uns mit den Mitarbeiterinnen und Mitarbeitern des Verlagshauses in jeder Hinsicht tatkräftig unterstützt.

Kassel, im Juli 2016 — Paul-Gerhard Klumbies und Ilse Müllner

Der Tod und der Text. Dtn 34 als kulturtheoretische Urszene[1]

Daniel Weidner

Die Frage nach dem Zusammenhang von Bibel und Kultur könnte als Addition zweier distinkter Größen verstanden werden, als Frage, wie etwa die Bibel die Kultur beeinflusst habe. Das ist eine so legitime wie auch schwer zu beantwortende Frage, da die Konzeption von *Einfluss* oder *Rezeption* nicht nur an sich schwer zu theoretisieren ist, sondern im Fall der Bibel fast uferlos zu werden droht: Was in der europäischen Geschichte wäre nicht von der Bibel in der einen oder anderen Weise beeinflusst? Es empfiehlt sich daher, die Frage gewissermaßen umzukehren und nicht von der Bibel zur Kultur hin zu fragen, sondern zu untersuchen, welche kulturellen Formate in der Bibel verhandelt werden, wie sich bestimmte kulturelle Problematiken bereits in der Bibel finden und welchen Formen die erwähnte *Rezeption* oder der *Einfluss* selbst unterliegt. Denn *Rezeption* ist eben kein neutraler Prozess, sondern selbst kulturell stark geformt, und erst wenn man diese Formung reflektiert, kann man Bibel und Kultur als einheitlichen Zusammenhang begreifen. Thematisch bietet sich daher an, das *Gedächtnis* in den Mittelunkt zu stellen, das in den letzten Jahren zu einem der wichtigsten Grundbegriffe kulturwissenschaftlicher Forschung geworden ist. Denn das kulturelle Gedächtnis bezieht sich eben nicht auf fertig vorliegende Sinneinheiten, sondern ist eine Weise, kulturellen Sinn zu erzeugen und Erinnerungen zu aktualisieren, so dass *Rezeption* und *Rezipiertes* immer schon zusammengehören.

Dem Bibelwissenschaftler ist dieses Phänomen wohlbekannt, da die historisch-kritische Exegese in den letzten Jahrzehnten zunehmend dazu übergegangen ist, die biblischen Texte nicht einfach als Zusammenfügung verschiedener Quellen zu verstehen, sondern als Resultat langer Redaktions- und Kompositionsprozesse und von immer neuen Überarbeitungen. So überrascht es auch nicht, dass wesentliche Bestimmungen des kulturellen Gedächtnisses und

---

[1] Der vorliegende Text ist eine überarbeitete Fassung von »Bis heute kennt niemand sein Grab. Moses' Tod und sein Nachleben«, in Katrin Solhdju/Ulrike Vetter (Hrsg.), Das Leben vom Tod betrachtet, München 2015, 77–96.

der Gedächtnisgeschichte gerade an der biblischen Tradition entwickelt worden sind: Besonders Jan Assmann hat in *Moses der Ägypter* sowie *Das kulturelle Gedächtnis* und jüngst in *Exodus* wichtige Grundbegriffe des kulturellen Gedächtnisses an der Überlieferung vom Exodus und der Verschriftlichung der Thora entwickelt und zugleich die Konzeption der »Gedächtnisgeschichte« an der Rezeption der Mosefigur in der europäischen Geschichte entworfen.[2] Dabei wird nicht nur deutlich, wie sich das kulturelle Gedächtnis einer ganzen Fülle von Medien und Genres bedient, es zeigt auch, dass kulturell eben ganz verschiedene Vorstellungen darüber existieren, wie Vergangenheit und Gegenwart miteinander in Verbindung stehen: Insofern ist das *kulturelle Gedächtnis* im Sinne Assmanns auch weniger eine Theorie als ein offenes Kategoriensystem, um diese verschiedenen Formen zu beschreiben, deren Vorstellung über Erinnerung oft weniger über bestimmte Theorien vermittelt sind als über bestimmte Paradigmen, die man mit Freud als *Urszenen* bezeichnen kann: als Ereignisse, die in der kulturellen Überlieferung als Erzählungen oder Bilder abgelegt sind und in der Folge rituell oder textuell wiederholt werden. Für Assmann repräsentiert dabei – wie schon für Freud selbst – der ägyptische Mose eine solche Urszene, die als Szene verschiedene Positionen (Israel und Ägypten) und mehrere Perspektiven (Mose, das Volk) miteinander verbindet, was sie konstitutiv undeutlich und überdeterminiert macht: Man kann sie verschieden lesen, je nachdem, welche Position oder Perspektive man in ihr einnimmt.[3] Gerade das ist wesentlich für ihre memoriale Funktion, denn es erlaubt, die Urszene eben immer wieder anders in Szene zu setzen.

Im Folgenden will ich mich auf einen kleinen und oft übersehenen Aspekt dieser Überlieferung konzentrieren: auf den Tod Mose, der am Ende des Deuteronomiums erzählt wird. Er ist, so die These der folgenden Überlegungen, nicht nur deshalb von zentraler Bedeutung, weil er an einer Schlüsselstelle der biblischen Erzählung – zwischen Wüste und gelobtem Land – und im biblischen Text – zwischen Thora und prophetischen Büchern – steht, sondern weil in ihm durch das Verhältnis von Leben und Tod auch das existenzielle Paradox des kulturellen Gedächtnisses artikuliert wird: Dass es ein (kulturelles) *Leben* nach dem *Tod* (des Einzelnen) geben soll. Dieses Paradox, oder vorsichtiger der Gebrauch der Semantik von Leben und Tod zur Beschreibung einer Tradition, ist für

---

2 Jan Assmann, Moses der Ägypter. Entzifferung einer Gedächtnisspur, München/Wien 1998; Ders. (Hrsg.), Das kulturelle Gedächtnis. Schrift, Erinnerung und politische Identität in frühen Hochkulturen, München 1992; Ders. (Hrsg.), Exodus. Die Revolution der alten Welt, München 2014. Zur Gedächtnisgeschichte vgl. bes. Ders., Moses der Ägypter, Entzifferung einer Gedächtnisspur, München 1998, 26–37.

3 Zur Freud'schen Konzeption der Urszene vgl. Jean Laplanche, Deutung zwischen Determinismus und Hermeneutik. Eine neue Fragestellung, in: Ders. (Hrsg.), Die unvollendete kopernikanische Revolution in der Psychoanalyse, Frankfurt a. M. 1996, 142–176, 160–166.

die Freud'sche Konzeption des Gedächtnisses und damit indirekt auch für die Assmanns von zentraler Bedeutung und wird von den Zeitgenossen oft durch Komposita des kulturellen Über-, Fort- oder Nachlebens beschrieben. Hier will ich zeigen, dass diese Denkfiguren, die für die aktuelle Kulturwissenschaft von großer Bedeutung sind, an wichtige biblische Traditionen anknüpfen oder sich jedenfalls mit ihnen in Verbindung bringen lassen. Im Folgenden wird daher nach einem (1.) Rekurs auf Sigmund Freuds Frage nach dem Nachleben Mose und dem eigenartigen Ausfall von Mose Tod darin, (2.) die Erzählung dieses Todes in Deuteronomium 34 und ihre traditionelle Deutung in Midraschim und Kirchenvätern diskutiert, (3.) die religionsgeschichtliche Frage nach der Kultur des Lebens und des Todes im biblischen Israel berührt und (4.) die narrative Funktion des Todes im Kontext des Deuteronomiums und der Exoduserzählung sowie (5.) die damit verbundene mediale Reflexion über Schrift und Wort als Medium untersucht, bevor abschließend (6.) noch einmal kurz auf die Freud'sche Frage nach dem Nachleben eingegangen wird.

1. Freuds *Nachleben* und das Vergessen des Todes

Mose Tod und sein Nachleben sind vor allem durch Sigmund Freuds Studie *Der Mann Moses und die monotheistische Religion* (1939) und die daran anschließenden Debatten von zentraler Bedeutung für die Verhandlungen über Geschichte, Gedächtnis und Gedächtnisgeschichte geworden.[4] Für Freud war Mose gerade durch seinen Tod lebendig geblieben und eigentlich mächtig geworden, als eine Verkörperung des Schiller'schen Diktums: »was unsterblich im Gesang soll leben, muß im Leben untergehen«. Bekanntlich unternahm Freud erhebliche Anstrengungen, um zu beschreiben, *worin* dieses Nachleben besteht, und bekanntlich entwickelte er (und nach ihm seine Interpreten) dafür verschiedene Modelle: eine biologische Form der Vererbung, der vieldiskutierte *Freud'sche Lamarckismus*, die *archaische Erbschaft*, in der die Gattungsgeschichte in die Individualgeschichte ragt, eine Form unbewusster Kommunikation, eine unbewusste Überlieferung, die wiederum unterschiedlich figuriert wird, bei Freud etwa als Gegensatz von mündlicher Tradition und Geschichtsschreibung.[5] Alle diese Modelle sind wichtig, und es ist entscheidend, ihr Verhältnis zu verstehen,

---

[4] Vgl. dazu vor allem die erwähnten Beiträge von Jan Assmann (Anm. 1) und Yosef Hayim Yerushalmi, Freuds Moses. Endliches und unendliches Judentum, Frankfurt a. M. 1999, sowie die Diskussion dieser und anderer Beiträge in: Richard J. Bernstein (Hrsg.), Freud und das Vermächtnis des Moses, Berlin/Wien 2003.

[5] Die Literatur hierzu ist sehr umfassend, vgl. die immer noch instruktive Diskussion der Freud'schen ›Hyperarchäologie‹ in: Jean Laplanche, Deutung zwischen Determinismus und Hermeneutik.

um die eigenartige Lebendigkeit des toten Mose ebenso zu begreifen wie die theoretische Fruchtbarkeit der Freud'schen Ideen.

Aber nicht weniger auffällig als die Komplexität und Ambiguität von Freuds Argumentation ist etwas, das ihr fehlt. Freud konzentriert sich in *Der Mann Moses* zum einen ganz auf Mose *Leben*, auf seine Herkunft und Geburt sowie sein Werk, zum anderen dann auf sein *Nachleben*, das heißt die von ihm angestoßene religionsgeschichtliche Entwicklung. Mose Tod dagegen kommt kaum vor. In der zweiten Abhandlung, in der Freud seine Theorie des Mose-Mordes erstmals entwickelt, ist vom Mord selbst kaum die Rede, und wenn, dann auf eigenartig indirekte Weise. So etwa, wenn Freud Ernst Sellin, seinen bekanntlich recht problematischen Gewährsmann, in umständlicher Weise paraphrasiert, es gebe »unverkennbare Anzeichen einer Tradition, die zum Inhalt hat, daß der Religionsstifter Mose in einem Aufstand seines widerspenstigen und halsstarrigen Volkes ein gewaltsames Ende fand«.[6] An anderen Stellen heißt es euphemistisch, die Israeliten »räumten den Tyrannen aus dem Wege«, oder Freud spricht von einer »gewaltsamen Beseitigung des großen Mannes«.[7] Wie bereits Samuel Weber betont, enthält der Text keine direkte Beschreibung der Mose-Tötung, im auffälligen Kontrast zur Tötung des Urvaters, die hier, wie schon in Freuds *Totem und Tabu* (1912/13), in szenischer Weise, durchaus ausführlich und im Ton des »es war einmal« erzählt wird.[8] Dieser massiven narrativen Präsenz gegenüber bleibt Mose Tod blass und hypothetisch, nur an den Spuren erkennbar, die er in der Überlieferung wie in Freuds Text hinterlassen hat. Allerdings wird der Mord an Mose, von dem Freud direkt nicht spricht, seinerseits zur Metapher jener Spuren, die im Text nur in *entstellter* Form vorhanden sind:

> »Es ist bei der Entstellung eines Textes ähnlich wie bei einem Mord. Die Schwierigkeit liegt nicht in der Ausführung der Tat, sondern in der Beseitigung ihrer Spuren. Man möchte dem Worte ›Entstellung‹ den Doppelsinn verleihen, auf den es Anspruch hat,

---

6 Sigmund Freud, Der Mann Moses und die monotheistische Religion, in: Ders., Studienausgabe Bd. IX, Frankfurt a. M. 1974, 455–581, 486.

7 A.a.O., 497, 511.

8 Vgl. Samuel Weber, Gelegenheitsziele. Zur Militarisierung des Denkens, Berlin 2006, bes. 97–106. Vgl. auch die komplexe Konstruktion in *Totem und Tabu*, wo auf das »Eines Tages« der Erzählung der Geschichte eine Fußnote folgt, die auf die nächste Fußnote verweist, in der die »zeitliche Verkürzung und inhaltliche Zusammendrängung« als Notbehelf dargestellt werden (Sigmund Freud, Totem und Tabu, in: Ders., Studienausgabe Bd. VI, 426). Vgl. auch den Kommentar zur Erzählung des Urvatermords in *Der Mann Moses:* »Die Geschichte wird in großartiger Verdichtung erzählt, als ob sich ein einziges Mal zugetragen hätte, was sich in Wirklichkeit über Jahrtausende erstreckt hat und in dieser langen Zeit ungezählt oft wiederholt worden ist.« (Freud, Der Mann Moses, 529). Es scheint, als könne das, was viele Male geschehen ist, in einer Geschichte erzählt werden und umgekehrt: Das einmalige Ereignis muss durch eine Reihung entstellter Berichte dargestellt werden.

> obwohl es heute keinen Gebrauch davon macht. Es sollte nicht nur bedeuten: in seiner Erscheinung verändern, sondern auch: an eine andere Stelle bringen, anderswohin verschieben. Somit dürfen wir in vielen Fällen von Textentstellung darauf rechnen, das Unterdrückte und Verleugnete doch irgendwo versteckt zu finden, wenn auch abgeändert und aus dem Zusammenhang gerissen.«[9]

Freud behauptet hier und an anderer Stelle, der biblische Text, über den er spricht, trage Züge sekundärer Bearbeitung, die sich vor allem an narrativen Brüchen und Doppelungen manifestieren – das ist an sich wenig originell, sondern greift auf den Konsens der zeitgenössischen Bibelkritik zurück.[10] Auffällig ist allerdings, dass der Mord, von dem Freud direkt nicht spricht, nun selbst zum Bildspender einer Allegorie des Textes wird, zur Figur einer Entstellung, die dann wiederum den wirklichen Mord beweisen soll. Der Mord an Mose ist gewissermaßen selbst entstellt in Freuds Text, und der Text ist eine Entstellung des Mordes: Dieser erscheint nicht da, wo man ihn erwarten würde, sondern anders und woanders – sei es im Euphemismus der *Beseitigung*, sei es in der Metapher der *Entstellung*, sei es durch Vertreter wie sein Urbild, den Urvatermord, und sein Nachbild, die Tötung Jesu, der Freud erheblich mehr Raum widmet als dem Mord an Mose.[11]

Diese Entstellung wird nun besonders deutlich, wenn man auf den biblischen Text selbst blickt. Hier wird Mose Tod nicht nur erzählt, sondern auf eine eigenartige Weise dargestellt, die an einen entstellten Mord denken lässt. Denn auch in der Bibel wird Mose *beseitigt:* zwar nicht von seinem Volk, aber immerhin in der Wüste, zwar nicht durch einen Aufstand, aber immerhin gegen den spürbaren Widerstand des Protagonisten und entgegen der Erwartung der Leser, die sich von ihrem Helden doch gern in das gelobte Land führen lassen würden. Die Geschichte von Mose Tod auf dem Berg Nebo, wie sie in Deuteronomium 34 erzählt wird, wird von Freud an keiner Stelle erwähnt, und das ist nicht nur symptomatisch für sein offensichtliches Zögern, über Mose Tod zu sprechen, sondern auch für seinen Umgang mit dem biblischen Text. Sie ist aber darüber hinaus eine Urszene der Konfiguration von Leben und Tod, die im Folgenden einer genaueren Untersuchung unterzogen werden soll.

---

[9] Freud, Der Mann Moses, 493.

[10] Vgl. Daniel Weidner, »Notizenbuch des absoluten Geistes« und »entstellter Text«. Heine, Freud und die Bibel des 19. Jahrhunderts, in: Sigrid Weigel (Hrsg.), Heine und Freud. Die Enden der Literatur und die Anfänge der Kulturwissenschaft, Berlin 2010, 143–164.

[11] Vgl. dazu die wieder stark narrativen Passagen in: Freud, Der Mann Moses, 534–537, sowie am Schluss der ganzen Abhandlung, 579–581. Auch bei Assmann wird der mögliche Mord an Moses zwar erwähnt (Assmann, Exodus, 325–342), es findet aber keine nähere Auseinandersetzung mit Deuteronomium 34 statt.

2. Ein Grab, kein Grab. Deuteronomium 34 und seine Auslegung

»1 Mose stieg aus den Steppen von Moab hinauf auf den Nebo, den Gipfel des Pisga gegenüber Jericho, und der Herr ließ ihn das ganze Land sehen, von Gilead bis nach Dan, 2 ganz Naftali, das Gebiet von Efraim und Manasse, ganz Juda bis zum westlichen Meer, 3 den Negeb und die Jordangegend, den Talgraben von Jericho, der Palmenstadt, bis Zoar. 4 Der Herr sagte zu ihm: Das ist das Land, das ich Abraham, Isaak und Jakob versprochen habe mit dem Schwur: Deinen Nachkommen werde ich es geben. Ich habe es dich mit deinen Augen schauen lassen. Hinüberziehen wirst du nicht. 5 Danach starb Mose, der Knecht des Herrn, dort in Moab, wie es der Herr bestimmt hatte. 6 Man begrub ihn im Tal, in Moab, gegenüber Bet-Pegor. Bis heute kennt niemand sein Grab. 7 Mose war hundertzwanzig Jahre alt, als er starb. Sein Auge war noch nicht getrübt, seine Frische war noch nicht geschwunden. 8 Die Israeliten beweinten Mose dreißig Tage lang in den Steppen von Moab. Danach war die Zeit des Weinens und der Klage um Mose beendet. 9 Josua, der Sohn Nuns, war vom Geist der Weisheit erfüllt, denn Mose hatte ihm die Hände aufgelegt. Die Israeliten hörten auf ihn und taten, was der Herr dem Mose aufgetragen hatte. 10 Niemals wieder ist in Israel ein Prophet wie Mose aufgetreten. Ihn hat der Herr Auge in Auge berufen. 11 Keiner ist ihm vergleichbar, wegen all der Zeichen und Wunder, die er in Ägypten im Auftrag des Herrn am Pharao, an seinem ganzen Hof und an seinem ganzen Land getan hat, 12 wegen all der Beweise seiner starken Hand und wegen all der Furcht erregenden und großen Taten, die Mose vor den Augen von ganz Israel vollbracht hat.« (Dtn 34,1–12)[12]

Der Text handelt im wahrsten Sinne des Wortes von einer Grenzsituation in mehrfachem Sinne. Die Szene ist zunächst am Rande des Heiligen Landes situiert: Vom Berg Nebo am Ostufer des Jordans, ungefähr auf der Höhe des nördlichen Endes des Toten Meeres, kann man noch heute über den Jordangraben hinweg weit in das Westjordanland und damit in das Siedlungsgebiet Israels schauen. Allerdings lässt sich nicht das ganze Land erblicken, weder das Mittelmeer noch den Negev wird man ausmachen können. In der Überlieferung ist daher mehrfach angenommen worden, der Herr habe Mose vom Nebo aus auf einen anderen Berg gebracht, von dem eine umfassende Sicht möglich gewesen sei[13], oder die Vision sei geistiger Art gewesen – was dann in einem weiteren

---

[12] Ich zitiere der Lesbarkeit halber in der Regel die Einheitsübersetzung, allerdings teilweise nach dem Original verändert.

[13] Vgl. die Zusammenstellungen rabbinischer und patristischer Kommentare in: James L. Kugel, The Bible as it was, Cambridge (Mass.)/London 1997, 536–548; Klaus Haacker/Peter Schäfer, Nachbiblische Traditionen vom Tod des Mose, in: Otto Betz u. a. (Hrsg.), Untersuchungen zu Josephus, dem antiken Judentum und dem Neuen Testament. Otto Michel zum 70. Geburtstag gewidmet, Göttingen 1974, 147–174; sowie v.a. zur späteren literari-

Schritt als prophetische Vision nicht nur des ganzen Landes, sondern auch der gesamten Zukunft interpretiert wurde, indem man etwa das *ad hayyam ha acharon,* »bis zum äußersten Meer«, in Vers 4 als *ad hayyom ha acharon,* »bis zum letzten Tag«, liest.[14] Christliche Ausleger deuten diese Stelle dann gerne figural: Mose habe nicht nur das zukünftig besiedelte Land gesehen, sondern auch seinen Antitypus Christus, der ja in der Versuchungsszene ebenfalls auf einem Berg steht und das Land sieht. Mit dem Sehen ist hier also die ganze Frage der prophetischen Rede angesprochen, die dann in Vers 10 explizit benannt wird.

Zum zweiten ist der Text auch am Rande der Wüste situiert, aus der die Israeliten kommen. Das bedeutet, dass die Gesetzgebung abgeschlossen ist und jetzt der nächste Schritt des Exodus bevorsteht, nämlich die in den Gesetzen gerade des Deuteronomiums immer wieder avisierte Landnahme. Symbolisiert wird das durch die Amtsübergabe von Mose an Josua in Vers 9. Es handelt sich also um eine Nahtstelle der biblischen Geschichte, der als solcher immer ein gewisses Gefahrenpotenzial innewohnt. So hat denn auch die neuere Forschung diese Stelle als Kompromissbildung interpretiert und argumentiert, dass die Todeserzählung den narrativen Übergang von Mose zu Josua leistet und damit die Frage beantwortet, warum eigentlich nicht der Held Mose die Landnahme vollziehe.[15]

Der Text ist drittens an der Grenze von Gott und Mensch situiert. Das zeigt nicht nur die Tatsache, dass Gott hier ein letztes Mal mit Mose spricht, ein Privileg, das in Vers 10 exklusiv für Mose in Anspruch genommen wird. Der Eindruck, dass Mose nicht nur persönlich von Gott berufen wurde (in Ex 3), sondern auch persönlich abberufen wird, verstärkt sich in Vers 6, denn das hier als »man begrub ihn« übersetzte *wajqbor eto* lässt sich auch als »er begrub ihn« verstehen, wobei »er« den Herrn selbst oder auch einen Engel meinen würde. Diese besondere Sorge des Herrn hat in der Rezeption eine wichtige Rolle gespielt. So wird im Midrasch Petirat Moshe das *al pi adonaj,* »nach dem Wort Gottes«, aus Vers 5 als »durch den Mund Gottes« gelesen, was nicht anders zu interpretieren sei, als dass Mose durch einen Kuss des Herrn gestorben sei.[16]

Viertens schließlich ist der Text an der Grenze von Leben und Tod situiert. Seine grandiose Lakonik zieht diese Grenze scheinbar ganz klar: Bis hierher reichte Mose Leben, nun stirbt er, »wie es der Herr bestimmt hatte«. Tatsächlich ist diese Grenze aber keinesfalls so klar. Denn im Midrasch wird in verschiedenen

---

schen Verarbeitung Solomon Liptzin, The Death of Moses, in: Ders. (Hrsg.), Biblical Themes in World Literature, Hoboken 1985, 81–92.

[14] Sifre Deuteronomium 357, zit. nach Kugel, The Bible as it was, 541.

[15] Vgl. etwa Siegfried Schwertner, Erwägungen zu Moses Tod und Grab in Dtn 34,5.6, in: Zeitschrift für die Alttestamentliche Wissenschaft 84 (1972), 25–46.

[16] Vgl. dazu Haacker/Schäfer, Nachbiblische Traditionen, 166–170, sowie Rella Sushelevsky, Moses and the Angel of Death, New York 1995.

Varianten davon berichtet, wie Mose die Entscheidung nicht akzeptiert oder um Aufschub bittet, sowie diskutiert, ob Mose wirklich, gestorben oder nicht, vielmehr in den Himmel entrückt worden sei; Origenes erwägt, es könne zwei Mose geben, von denen einer im Grab liege und der andere im Geist in den Himmel aufgehoben worden sei.[17]

Alle diese Oppositionen (Israel – Wüste, Gott – Mensch, Leben – Tod) konvergieren in der Figur des Grabes, von dem Vers 6 spricht und über das die Überlieferung wieder und wieder nachgedacht hat. Im Midrasch wird etwa erzählt, dass der Herr, als er Mose begrub, das Geschehen mit einer Wolke verhüllte, weil die sonst unten am Berg stehenden Israeliten ja den Ort hätten sehen können.[18] In der *Assumptio Mosis*, einer apokryphen Apokalypse, stellt der zurückgelassene Josua die Frage, ob ein Grab für Mose überhaupt möglich sei, weil es die ganze Welt umfassen müsse.[19] Und in den Makkabäerbüchern steigt der Prophet Jeremia auf den Berg Nebo und sucht Mose Grab auf:

> »6 Einige von seinen Begleitern gingen hin, um sich den Weg zu markieren; aber sie konnten ihn nicht finden. 7 Als Jeremia davon hörte, schalt er sie und sagte: Die Stelle soll unbekannt bleiben, bis Gott sein Volk wieder sammelt und ihm wieder gnädig ist. 8 Dann aber bringt der Herr dies alles wieder ans Licht und die Herrlichkeit des Herrn wird erscheinen und auch die Wolke, genauso wie sie sich in den Tagen des Mose gezeigt hat und in der Zeit, als Salomo betete, dass der Ort hochheilig werden möge [...].« (2Mak 2,6–8)

Das »bis heute« (Dtn 34,6) wird hier also messianisch gedeutet: Zwar kennt man Mose Grab jetzt noch nicht, aber in der messianischen Zeit wird man es kennen und es entsprechend verehren.

Alle diese Deutungen können symptomatisch gelesen werden: Sie zeigen, dass die Sterbeszene am Nebo fundamental unheimlich ist. Am deutlichsten ist die Ambiguität, die mit dieser Unheimlichkeit einhergeht, am Grab selbst, denn einerseits gibt Vers 6a zu wissen, wo es ist – eben gegenüber Bet Pegor –, auf der anderen Seite kennt es »bis heute« niemand (Vers 6b). Nun ließe sich das schlicht so lesen, als würde man den Ort des Grabes nicht *genau* kennen; in der kritischen

---

17 Die umfassendste Erzählung findet sich in *Petirat Moshe*, abgedruckt in deutscher Übersetzung in: AUGUST WÜNSCHE (Hrsg.), Aus Israels Lehrhallen, Bd. 1, Hildesheim 1967, 134–162. Origenes ist zit. nach KUGEL, The Bible as it was, 544.

18 Memar Marqa 296a, zit nach Ebd.

19 Vgl. Assumptio Mosis 11,5–8: »Welcher Ort wird dich aufnehmen, welches Denkmal wird dein Grab bezeichnen, oder was wird deinen Leichnam von hier wegzuschaffen wagen wie einen [gewöhnlichen] Menschen, von einem Orte zum anderen? Alle Sterbenden erhalten ja nach ihrer Größe Gräber auf Erden, aber dein Grab reicht vom Sonnenaufgang bis zum Untergang und von Süden bis zur Grenze im Norden: die ganze Welt ist dein Grab.«

Forschung wird aber gerade diese Stelle oft als Resultat einer Kompromissbildung verstanden. Für Martin Noth zeigt sich hier etwa ein historischer Prozess, in dem die erste Ortsangabe »voraussetzt, daß man das Grab zu zeigen wußte und als die Ruhestätte einer Überlieferungsgestalt verehrte, während die letztere am besten aus einer späteren Zeit verständlich ist, in der die Stätte aus uns genauer nicht bekannten Gründen für Israeliten nicht mehr zugänglich war und daher ihre genaue Lage der Vergessenheit verfiel«[20]. Man würde also in Vers 6a auf das »Urgestein eines nicht mehr ableitbaren geschichtlichen Sachverhaltes« stoßen, darauf nämlich, »daß an der bezeichneten Stelle Mose wirklich gestorben oder begraben worden war«[21], weil Grabtraditionen in der Regel besonders sicher sind; man würde allerdings nichts über die Umstände dieses Todes wissen, weil die anderen Verse offensichtlich erst sekundär hinzugefügt wurden. Auch diese Lektüre zeigt, dass Deuteronomium 34 geradezu eine Steilvorlage für die Freud'sche Hermeneutik des Verdachts bietet, für die – mehr noch als Mose Tod in der Wüste – die Behauptung eines unbekannten Grabes als Deckerinnerung lesbar wäre: Weil Mose ermordet worden ist, möchte man lieber nicht daran erinnert werden; wenn er beseitigt worden ist, dann kann es ja auch kein Grab geben.

3. Religionsgeschichtlicher Umweg: Grab und Tod in Israel

Es gibt ein Grab, und es gibt kein Grab: Diese Überdeterminierung spiegelt auch eine zentrale religionsgeschichtliche Ambivalenz gegenüber dem Tod wider. In der neueren Exegese herrscht die Überzeugung, der Tod sei an sich kein Problem für das Alte Israel gewesen, das eine sehr realistische Sicht des Lebens gehabt habe: Die Menschen sterben, sie verharren vielleicht noch eine Weile im Scheol, dem Reich der Toten, aber weder gibt es die Vorstellung einer prinzipiellen Unsterblichkeit oder einer Auferstehung der Toten, noch sei die Sterblichkeit an sich ein Skandalon gewesen.[22] So beklagen die älteren Texte nicht den Tod an sich, sondern den vorzeitigen, gewaltsamen Tod. Man möchte »alt und lebenssatt«

---

20 Martin Noth, Überlieferungsgeschichte des Pentateuch, Stuttgart 1948, 189.

21 A.a.O., 190.

22 Vgl. dazu Ludwig Wächter, Der Tod im Alten Testament, Stuttgart 1967; Erich Zenger/Robert Wenning, Das Alttestamentliche Israel und seine Toten, in: Klemens Richter (Hrsg.), Der Umgang mit den Toten. Tod und Bestattung in der christlichen Gemeinde, Freiburg 1990, 132–152; Hans Walter Wolff, Anthropologie des Alten Testaments (Neuausgabe hrsg. v. Bernd Janowski), Gütersloh 2010, 152–177; sowie die entsprechenden Passagen aus Gerhard von Rad, Theologie des Alten Testaments, Bd. 1, Gütersloh 1960, bes. 285–293, 399–403.

(Gen 25,8) sterben und fürchtet vor allem, keine Nachkommen zu haben, nicht in seiner Heimat zu sterben oder nicht bestattet zu werden. Diese drei Bedrohungen sind miteinander verbunden, denn die Nachkommenschaft, die zu einem guten Tod gehört, sichert nicht nur das generationelle Fortleben, sondern erfüllt auch die Grabpflichten, sowie eine ganze Reihe von Riten wie das Zerreißen der Kleider, das Scheren der Haare und des Bartes, das Bestreuen des Hauptes mit Asche, Selbstverwundungen, Fasten, manchmal ein Trauermahl, das Anstimmen von Klageliedern und natürlich ganz besonders das Begräbnis.

Welche Bedeutung gerade das Begräbnis hat, zeigt die Sorgfalt, mit der in den Patriarchengeschichten davon erzählt wird. Gerade haben sich die verfeindeten Brüder Esau und Jakob scheinbar endgültig getrennt, da stirbt ihr Vater Isaak, und ganz selbstverständlich wird berichtet, dass die Söhne ihren Vater begraben (Gen 25,9). Negativ zeigt sich die Bedeutung der Bestattung in der Geschichte der Rotte Korach, die in Numeri 16 gegen Mose rebellieren und daher von Gott radikal vernichtet werden: Sie werden »mit allen Menschen die zu ihnen gehören« von der Erde verschlungen, »und sie waren aus der Gemeinde Israel verschwunden« (Num 16,33).[23] Sie haben also kein Grab und keinen Erinnerungsort – und gehören daher nicht mehr zur Gemeinde. Ganz ähnlich droht Jesaja dem König von Babel, er werde kein Grab haben[24], und auch in den Geschichtsbüchern, besonders der Chronik, wird später von den guten Königen immer wieder erzählt, sie seien ordnungsgemäß begraben worden, während die schlechten kein Grab finden.

Es ist aber auch problematisch, in der Fremde begraben zu werden, weil hier niemand die Grabpflege betreiben kann. Die enge Beziehung zwischen eigenem Land und dem Grab der Vorfahren wird vor allem in Genesis 23 deutlich, wenn Abraham ein Grab für seine tote Frau Sara in Hebron erwirbt. In aller Breite und Behaglichkeit wird erzählt, wie seine hethitischen Gastgeber ihm erst einen Platz in ihren Gräbern anbieten, ihm das Grab dann schenken wollen und auch die genannte Summe zurückweisen, wie Abraham aber hartnäckig auf Bezahlung besteht und vierhundert Schekel Silber nach dem handelsüblichen Gewicht entrichtet, woraufhin der Erzähler gleich zweimal (Gen 23,17.20) hervorhebt, dass das Feld und die Höhle bei Hebron nun wirklich von den Hethitern in den

---

23 Der Text hebt die Bedeutung der außergewöhnlichen Bestattung hervor, wenn Moses zum Herrn spricht: »Wenn diese Leute sterben, wie jeder Mensch stirbt, und wenn sie nur so wie jeder andere Mensch Rechenschaft ablegen müssen, dann hat der Herr mich nicht gesandt. Wenn aber der Herr etwas ganz Ungewöhnliches tut, wenn die Erde ihren Rachen aufreißt und sie verschlingt zusammen mit allem, was ihnen gehört, wenn sie also lebend in die Unterwelt hinabstürzen, dann werdet ihr erkennen, dass diese Leute den Herrn beleidigt haben.« (Num 16,29f.).

24 Vgl. »Alle Könige der Völker ruhen in Ehren, jeder in seinem Grab; du aber wurdest hingeworfen ohne Begräbnis, wie ein verachteter Bastard.« (Jes 14,18f.).

Besitz Abrahams übergegangen seien. Es ist also ein erstes Stück des verheißenen Landes: *in nuce* sehen wir hier eine Theologie der Landnahme, in der das eigene Land immer auch das Land der Gräber der Väter ist.[25] Deshalb werden auch die Gebeine jener Patriarchen, die in Ägypten sterben, Jakob und Joseph, in das verheißene Land gebracht und dort beerdigt, Jakob wie seine Großmutter in Hebron (Gen 49,29-32), Josef in Sichem (Jos 24,32), wo Jakob dieses Mal für hundert Kesita (in Gen 33,19) ein Grab von den Sichemiten gekauft hatte. Umso beunruhigender - oder mit Freud gesagt: verdächtiger -, dass Mose nicht im verheißenen Land begraben worden ist. Er gehört nicht zu den Vätern, er hat keine wichtigen Nachkommen, er bleibt ungreifbar.

Es gibt aber auch eine andere Seite des Verhältnisses zum Tode in Israel, ohne die wiederum diese Ungreifbarkeit unverständlich bleibt. Der Tote ist nicht nur Gegenstand der Verehrung, sondern auch unheimlich, ja sogar feindlich. Am deutlichsten ist das im kultischen Bereich, in dem der tote Körper als extrem verunreinigend gilt, sogar als die Quelle der Unreinheit, vergleichbar allenfalls mit dem ebenfalls perhorreszierten (immerhin *wirklich* ansteckenden) Aussatz. Die radikalste Fassung findet sich in Numeri 19:

> »11 Wer irgendeinen toten Menschen berührt, ist sieben Tage lang unrein. 12 Am dritten Tag entsündigt er sich mit dem Reinigungswasser und am siebten Tag wird er rein. Wenn er sich am dritten Tag nicht entsündigt, dann wird er am siebten Tag nicht rein. 13 Jeder, der einen toten Menschen, einen Verstorbenen, anrührt und sich nicht entsündigt, hat die Wohnstätte des Herrn verunreinigt. Ein solcher Mensch muss aus Israel ausgemerzt werden, weil er sich nicht hat mit dem Reinigungswasser besprengen lassen. Er ist unrein; seine Unreinheit haftet ihm immer noch an. 14 Folgendes Gesetz gilt, wenn ein Mensch in einem Zelt stirbt: Jeder, der ins Zelt kommt oder der schon im Zelt ist, wird für sieben Tage unrein; 15 auch jedes offene Gefäß, das keinen verschnürten Deckel hat, ist unrein. 16 Jeder, der auf freiem Feld einen mit dem Schwert Erschlagenen, einen Toten, menschliche Gebeine oder ein Grab berührt, ist für sieben Tage unrein.« (Num 19,11-16)

Während normalerweise Unreinheit durch Waschungen mit frischem Wasser aufgehoben werden kann, braucht man bei der durch tote Körper verursachten Unreinheit ein spezielles Reinigungswasser. Unrein - und unrein machend - ist dabei nicht nur der Leichnam selbst, sondern alles, was ihn berührt oder in seine Nähe kommt, wie das Zelt, in dem einer stirbt, oder ein herumstehendes offenes Gefäß. Und so wie der Tod zur Unreinheit führt, so führt auch die Unreinheit zum Tod, denn wer sich nicht reinigt, muss ausgemerzt werden.

Solche Reinheitsvorstellungen sowie ihre Ausarbeitungen in der Bibel und stärker noch in ihren jüdischen Auslegungen regeln nicht nur eine Praxis,

---

[25] Vgl. dazu Gerhard von Rad, Das erste Buch Mose. Übersetzt und erklärt von Gerhard von Rad, Berlin 1967, 211-214.

sondern bringen auch die kategoriale Bedeutung von *rein* und *unrein* zum Ausdruck, insofern alle Dinge in *reine* und *unreine* unterschieden werden. Der strukturelle Charakter einer solchen Unterscheidung impliziert, dass auch der Tod – nimmt man ihn einmal als Inbegriff der Unreinheit an – eine *universelle* Bedeutung hat, die viel weiter reicht als das Gegenteil des biologischen Lebens. Auch Dinge, Zelte, Krüge können *tot* sein, auch Schwachheit, Krankheit oder andere Formen der rituellen Unreinheit können als Tod verstanden werden und werden als solcher figuriert, vor allem in der poetischen Sprache. Wie schon in Num 16 steht dabei der Tod für den Ausschluss aus der Gemeinde und aus dem Kult – und damit für alles, was einen daran hindert, Gott zu opfern und Gott zu loben. So wird in letzter Instanz vor allem die Trennung von Gott zum *Tod*. Immer wieder findet man in den Psalmen die Formel, dass im Tod kein Loben mehr möglich sei, versehen mit der raffinierten Volte, dass es doch recht unklug von Gott sei, den Beter sterben zu lassen: »Was nützt dir mein Blut, wenn ich begraben bin? Kann der Staub dich preisen, deine Treue verkünden?« (Ps 30,10) Symbolisch sind die Toten also in gewisser Weise irreal, sie entbehren der sakralen Würde.

Diese Entwertung der Toten steht nun in einer gewissen Spannung mit den oben beschriebenen Formen der Totenpflege. Folglich zieht sich durch die Bibel und besonders durch das Deuteronomium eine permanente Polemik gegen einen übermäßigen Totenkult, dessen Existenz vorausgesetzt wird: So wird etwa ausdrücklich verboten, Reste von Totenspeisungen zu opfern (Dtn 26,14) oder sich in der Trauer rituell zu verletzen (Dtn 14,1), auch die Befragung der Toten ist explizit verboten (Dtn 18,11). In der Forschung wurde in diesem Zusammenhang von einer »radikalen Entmythologisierung und Entsakralisierung des Todes« im Rahmen der deuteronomistischen Reformen gesprochen[26] oder die These aufgestellt, dass die Ahnenpflege dem privaten Kult im Rahmen der Familie zuzuordnen sei, gegen die sich hier der offizielle Monotheismus abgrenze; offensichtlich ist es auch schwierig, die textuellen und die archäologischen Befunde zusammenzuführen.[27] Entscheidend ist jedenfalls, dass sich in der späteren Literatur eine fast omnipräsente Polemik gegen den Totenkult findet, nach der nicht die Toten mächtig seien, sondern Gott die Macht habe und Totenkult die Urform der Idolatrie sei. Diese Tendenz hat auch die Überlieferung entscheidend geprägt: Sie schwingt bei Jesajas Warnung vor der Bekanntgabe des Mosegrabes (2Makk 2, s.O.) mit und kommt besonders deutlich in der Reformation zum Ausdruck, wenn Johannes Calvin, selbst ein scharfer Kritiker des Totenkultes, Deuteronomium 34 als Vorbeugung gegen den Aberglauben liest:

---

[26] Gerhard von Rad, Theologie des Alten Testaments, Bd. 1, 290.

[27] Vgl. dazu Peter Welten, Art. »Bestattung II. (Altes Testament)«, in: Theologische Realenzyklopädie, Bd. 5, Berlin/New York 1980, 734–738.

»Wenn auch der Grund nicht angegeben wird, weshalb der Leichnam verborgen wurde, so scheint es doch Gottes Absicht gewesen zu sein, dem Aberglauben vorzubeugen. Denn es war bei den Juden üblich, wie ihnen auch Christus vorwirft (Mt 23,29), die Propheten zu töten, aber danach ihre Gräber zu verehren. Sie wären also geneigt gewesen, um die Erinnerung an ihren Undank auszulöschen, zu Ehren des heiligen Propheten einen sündhaften Kultus einzurichten und dazu seinen Leichnam in das Land zu tragen, von dem er durch Gottes Gericht ausgeschlossen worden war. Es wurde also rechtzeitig dafür gesorgt, dass das Volk nicht in unbedachtem Eifer den Versuch machte, den himmlischen Ratschluss umzustoßen.[28]«

Calvin ruft nicht nur explizit die Möglichkeit auf, Mose könnte umgebracht worden sein wie andere Propheten, sondern legt auch nahe, dass in dem Fall Mose Tod wohl vertuscht worden wäre.

Paradoxerweise wird also gerade die Grablosigkeit zum Erinnerungsort: paradox insofern, als dieser Ort nichts erinnert, aber gerade darum verhindert, dass sich eine Deckerinnerung über das historische Geschehen legen kann. Aus dieser Perspektive erscheint das lokalisierte Grab als Inbegriff einer immer idolatrieverdächtigen und umfälschenden Erinnerungspraxis – zugespitzt formuliert: Wer ein Grab hat, kann immer ermordet worden sein; ein Grab ist immer eine Deckerinnerung; nur Grablosigkeit hält die Erinnerung lebendig. In Bezug auf das Deuteronomium selbst können wir jedenfalls vermuten, dass zu seiner *Säkularisierung des Todes* auch die Säkularisierung des toten Mose gehört: Nicht der tote Mose soll herrschen, sondern dessen Gesetz. Damit die mosaischen Bücher gültig sind, so scheint es, muss ihr Autor nicht nur verschwinden, sondern radikal beseitigt werden, indem ihm das Grab genommen wird und er vollkommen im Text verschwindet.[29]

---

[28] JOHANNES CALVIN, Auslegung der Heiligen Schrift in deutscher Übersetzung, Bd. 3: 2.–5. Buch Mose, Josua, hrsg. v. E. F. K. MÜLLER, Neukirchen 1917, 439. Vgl. auch den Kommentar zu Vers 5: »Weil es eine Schmach war, außerhalb des heiligen Landes zu sterben, wird Mose durch eine ehrenvolle Benennung ausgezeichnet, damit die Israeliten umso mehr vor dem Gerichte des Gottes erschrecken lernten, der nicht einmal seinen größten Knecht verschonte.« (Ebd.).

[29] Es liegt nahe, diese Szene kulturgeschichtlich als Präfiguration des verlorenen Christuskörpers, des »hic non est« (Mk 16,6), zu lesen, das seinerseits als Urszene des die europäische Repräsentation prägenden »corps manqué« gilt. Vgl. dazu MICHEL DE CERTEAU, La Fable Mystique, Vol. 1: XVIe–XVIIe siècle, Paris 1982, bes. 107–127; LOUIS MARIN, Die Frauen am Grabe. Versuche einer Strukturanalyse an einem Text des Evangeliums, in: DERS./ CLAUDE CHABROL (Hrsg.), Erzählende Semiotik nach Berichten der Bibel, München 1973, 67–85, sowie ROBERT HARRISON, Die Herrschaft des Todes, München 2006.

4. Der Tod und das Buch

Der Tod Mose ist nicht nur ein historisches Übergangsphänomen, sondern auch ein literarischer Schlüssel, denn er ist nicht nur zwischen Wüste und heiligem Land situiert, sondern auch zwischen Gesetz und Geschichte und damit an einer wichtigen Stelle im Text. Dies gilt umso mehr, als er auch die Grenze zwischen der Thora, den im höchsten Maße kanonischen fünf Büchern Mose, und den anschließenden anderen Schriften der hebräischen Bibel markiert.[30] Auf den ersten Blick scheint es einen klaren Übergang von der Zeit in der Wüste, welche die mosaischen Bücher schildern, und der Zeit in Israel zu geben, welche die Bücher Josua bis 2 Chronik oder, in der jüdischen Terminologie, die vorderen Propheten darstellen. Das erscheint auch ganz logisch, insofern sich das Gesetz eben in einem Außerhalb befindet, insofern es exterritorial ist, in Freuds Worten: *»reine Geistigkeit«*. Mose Tod würde hier gewissermaßen die genaue Grenze bilden, in der das Gesetz versiegelt wird. Aber wir haben schon gesehen, dass diese Grenze nicht scharf gezogen ist, und damit wird auch die Gegenüberstellung von Gesetz und Geschichte, von Geistigkeit und Historizität relativiert. Denn Mose Tod ist im Text kein singuläres Ereignis, sondern trägt, rahmt und gliedert das gesamte Deuteronomium, wie nun ein Blick in den bisher vernachlässigten Kontext des 34. Kapitels zeigen soll.[31]

Dass und wie Mose stirbt, überrascht den Leser in Dtn 34 nicht. Er erfährt es bereits am Anfang des Deuteronomiums, als Mose in Kapitel 3 den Israeliten erzählt, wie er den Herrn gebeten hatte, ihn ins Heilige Land ziehen zu lassen:

> »25 Lass mich doch hinüberziehen! Lass mich das prächtige Land jenseits des Jordan sehen, dieses prächtige Bergland und den Libanon! 26 Doch euretwegen zürnte mir der Herr und erhörte mich nicht. Der Herr sagte zu mir: Genug! Trag mir diese Sache niemals wieder vor! 27 Steig auf den Gipfel des Pisga, richte die Augen nach Westen, nach Norden, nach Süden und nach Osten und schau mit eigenen Augen hinüber! Doch hinüberziehen über den Jordan hier wirst du nicht.« (Dtn 3,25–27)

Schon am Anfang des Buches erfahren wir also, dass Mose den Befehl, auf den Berg zu steigen, bereits vorher erhalten hatte und offensichtlich nicht unmit-

---

[30] Vgl. dazu Norbert Lohfink, Moses Tod, die Tora und die alttestamentliche Sonntagslesung, in: Theologie und Philosophie 71 (1996), 481–494. In anderer Weise führt Robert Polzin diesen Gedanken am deuteronomistischen Geschichtswerk durch, vgl. Robert Polzin, Moses and the Deuteronomist. A Literary Study of the Deuteronomic History, New York 1980; Ders., Samuel and the Deuteronomist, San Francisco 1989; Ders., David and the Deuteronomist, Bloomington 1993.

[31] Zur strukturierenden Funktion von Dtn 34 im Deuteronomium vgl. Dennis T. Olsson, Deuteronomy and the Death of Moses, Minneapolis 1994.

telbar ausgeführt hat, dass er sogar versuchte, den Herrn umzustimmen – hier hat die midrachische Überlieferung von Mose Zögern offensichtlich ihren Ausgangspunkt. Daher steht nicht erst das letzte Kapitel, sondern das gesamte Deuteronomium im Zeichen dieses Todeswissens und des Todesaufschubs. Das unterscheidet es gerade von den vorhergehenden Büchern: Angesichts des Todes wird der in Exodus bis Numeri erzählte Bundesschluss vom Sinai jetzt in Moab wiederholt. So eine Wiederholung ist immer riskant und produziert spezifische Ambiguitäten, die sich wiederum in die literarische Struktur einschreiben.

Die deuteronomistische Wiederholung des Gesetzes unterscheidet sich nämlich auch formal wesentlich vom ersten Bundesschluss am Sinai: Während dieser weitgehend auktorial erzählt wird, enthält das Deuteronomium nur selten (wie in Dtn 34) auktoriale Erzählberichte, sondern besteht im wesentlichen aus zitierter Rede Mose, der seinerseits wie in 3,26b oft Gott zitiert.[32] Das Deuteronomium stellt also eine Reihe von Reden dar, die Mose an seinem letzten Lebenstag, im Angesicht des Todes, hält.

Diese zentrale Position von Mose Reden ist entscheidend für die Medialität des Textes: Mose ist der Mittler Gottes, der den Sinaibundesschluss wiederholt, indem er die Worte, die Gott ihm gesagt hat, gegenüber dem Volk verkündet. Das wird vor allem im zentralen Kapitel 5 deutlich, wenn Mose die zehn Gebote wiederholt und daran erinnert, wie diese das Volk in Furcht versetzten. Damals, so Mose, hatte das Volk gesagt: »Welcher Sterbliche hätte wie wir die Stimme des lebendigen Gottes aus dem Feuer reden hören und wäre am Leben geblieben. Tritt du hinzu und höre alles, was der Herr unser Gott sagen wird, und du sollst alles verkünden, was der Herr, unser Gott, zu dir sagen wird. Und wir wollen darauf hören und danach handeln.« (Dtn 5,26 f.) Zwischen Tod und Leben steht hier Mose als Vermittler und ist durch diese Position eigentlich kein Sterblicher mehr, sondern ein Medium der Worte Gottes, die den Tod ebenso wie das Leben bringen.

Nun würde man erwarten, dass dieser Mittler treu ist, dass er »alles« hört und »alles« verkündet (Dtn 5,27), also gegenüber dem Volk schlicht wiederholt, was er gehört hat. Dass das keineswegs so ist, zeigt sich gerade im Fall seines eigenen Todes, der ja selbst schon von der in 5,26 suggerierten Nicht-Sterblichkeit abweicht. Dabei wird die Ankündigung aus Kapitel 3 gegen Ende des Buches mehrfach wiederholt, in Kapitel 31,14 ff. und besonders ausführlich in Kapitel 32, wo der Herr erneut befiehlt, den Berg zu besteigen:

> »48 Am selben Tag sagte der Herr zu Mose: 49 Geh hinauf in das Gebirge Abarim, das du vor dir siehst, steig auf den Berg Nebo, der in Moab gegenüber Jericho liegt, und schau auf das Land Kanaan, das ich den Israeliten als Grundbesitz geben werde.

[32] Über dieses Verhältnis vgl. die detaillierten Analysen in: Polzin, Moses and the Deuteronomist, sowie Ders., »Das Buch Deuteronomium«, in: Hans-Peter Schmidt/Daniel Weidner (Hrsg.), Bibel als Literatur, München 2008, 109–131.

> 50 Dort auf dem Berg, den du ersteigst, sollst du sterben und sollst mit deinen Vorfahren vereint werden, wie dein Bruder Aaron auf dem Berg Hor gestorben ist und mit seinen Vorfahren vereint wurde. 51 Denn ihr seid mir untreu gewesen inmitten der Israeliten beim Haderwasser von Kadesch in der Wüste Zin und habt mich inmitten der Israeliten nicht als den Heiligen geehrt.« (Dtn 32,48–51)

Hier spricht nicht mehr Mose, der eine Stimme Gottes zitiert, sondern der Erzähler zitiert Gott direkt. Das, was er zitiert, weicht in radikaler Weise von dem ab, was Mose zwar nicht zitierte, aber immer wieder in indirekter Rede suggerierte. Denn hieß es in Dtn 3,26, der Herr habe Mose *wegen des Volkes* gezürnt, so heißt es jetzt, er zürne Mose und Aaron, weil *sie* ihn nicht geehrt hatten. Verweist Mose selbst ganz allgemein auf das Murren und die Unbotmäßigkeit des Volkes, von denen im Laufe der Exoduserzählung immer wieder berichtet wird, so bezieht sich der Herr selbst auf eine spezielle Episode, die dem Leser wie auch Mose schon bekannt ist, nämlich auf Numeri 20, wo Mose den durstenden Israeliten Wasser verschafft, indem er an einen Felsen schlägt anstatt, wie geboten, zum Felsen zu sprechen: »Der Herr aber sprach zu Mose und Aaron: Weil ihr mir nicht geglaubt habt und mich vor den Augen der Israeliten nicht als den Heiligen bezeugen wolltet, darum werdet ihr dieses Volk nicht in das Land hineinführen, das ich ihm geben will. Das ist das Wasser von Meriba (Streitwasser), weil die Israeliten mit dem Herrn gestritten haben und er sich als der Heilige erwiesen hat.« (Num 20,12 f.)

Hier, wie in der parallelen Stelle Numeri 27,12–14 – wo auch zum ersten Mal der Befehl gegeben wird, den Berg zu besteigen, und wo die Amtsübergabe an Josua erstmalig erzählt wird (Num 20,15–27) –, wird die Erzählung durch einen offensichtlich auktorialen Kommentar über den Ort und die Bedeutung des Ortsnamens unterbrochen (Num 20,13 und 27,14b). Dieser Hinweis verbindet diese Erzählung wiederum mit einer anderen Episode aus Israels Wüstenzeit, nämlich mit der Meriba-Geschichte Exodus 7, wo Mose schon einmal Wasser aus dem Felsen entspringen lässt, um die murrenden Israeliten zu versorgen. Dort befiehlt Gott ausdrücklich, Mose möge den Felsen schlagen, während es die Israeliten sind, die sich gegen Gott auflehnen. Es scheint fast, als rede Mose in Deuteronomium 3 von jener anderen Szene, als habe er mithin die beiden ähnlichen Episoden verwechselt. In jedem Falle ist der Text offensichtlich bemüht, die beiden Motivketten und ihre unterschiedlichen Implikationen – Mose stirbt stellvertretend für sein Volk oder aber durch eigene Schuld – nicht scharf voneinander zu trennen. Wieder gibt es eine Doppelung zweier Überlieferungen, ganz ähnlich wie: *es gibt ein Grab, und es gibt kein Grab*, die gerade aus der Doppelheit ihren Sinn gewinnen.

Dank dieser Struktur ist Mose Tod kein klar umrissenes Ereignis und damit kein Außen des Buches, das dieses begrenzt und stabilisiert, sondern in es eingeschrieben. Das bedeutet zum einen, dass Gesetz und Geschichte, Geistigkeit und historische Wahrheit sich nicht klar voneinander trennen lassen, sondern ineinander verwoben bleiben. Nur erwähnt sei in diesem Zusammenhang, dass eine solche Verwebung fundamentale Folgen für die Idee des Gesetzes hat, die hier anders als in der römischen Tradition eben nicht mit *zeitloser* Geltung verbunden ist. Die skizzierte Einschreibung des Todes zeigt aber zum zweiten auch, dass sich die Geschichte nicht linear vollzieht, sondern sprung- und lückenhaft, dass sie überdeterminiert ist. Denn die Spur von Mose Tod verweist immer weiter zurück, und zwar an Orte, die in chronologischer Hinsicht unverbunden scheinen und in ideologischer Hinsicht entgegengesetzter nicht sein könnten. Wie Daniel Boyarin an der Meriba-Episode gezeigt hat, handelt es sich bereits bei Exodus 17 um ein »duales Zeichen«, das verschiedene, sich tendenziell ausschließende Bedeutungen verdichtet.[33] Die Todeserzählung, die auf dieses Zeichen rekurriert, wird dadurch selber unklar, ironisch und unzuverlässig. Unzuverlässig erscheint zuallererst Mose, der nicht nur seit Numeri 27 zögert, den Berg zu besteigen, sondern auch die Schuldfrage so eigentümlich verdreht. Indem Mose etwas selbstgefällige Reden in Kapitel 32 so deutlich von der Stimme Gottes unterbrochen werden, stellt der Text die Unzuverlässigkeit Mose aus. Damit aber zieht er sich selbst in Zweifel, weil der Text Mose privilegierte Mittlerschaft nicht nur explizit behauptet (etwa in Dtn 34,10), sondern auch selbst als Mose Rede auftritt, die nun insgesamt in Frage gestellt wird.

5. Der Tod und das Lied

Diese mediale Reflexion betrifft nun auch den Schriftcharakter des Textes. Vor allem Jan Assmann hat das Deuteronomium als mächtigen Akt der Verschriftlichung und damit als Einschnitt in der Mediengeschichte gedeutet.[34] Hier finde man den Übergang von der Mündlichkeit zur Schriftlichkeit ebenso wie den vom Charisma zum Kanon – und wieder spielt dabei Mose Tod eine entscheidende Rolle, erfordert doch das Abtreten des charismatischen Führers eine Kanonisierung, wie das Deuteronomium mit seiner stets wiederholten Kanonformel, man möge nichts hinzufügen und nichts wegnehmen, deutlich macht. Aber wieder ist die Grenze nicht so scharf zu ziehen. Nicht nur wird, wie bereits gesehen, gerade im Deuteronomium das Gesetz als ein mündliches inszeniert, eben

---

[33] Vgl. dazu Daniel Boyarin, Duale Zeichen, Mehrdeutigkeit und die Dialektik intertextueller Interpretationen, in: Schmidt/Weidner (Hrsg.), Bibel als Literatur, München 2008, 309–330.

[34] Vgl. Jan Assmann, Das kulturelle Gedächtnis. Schrift, Erinnerung und politische Identität in frühen Hochkulturen, München 1992, bes. 212 f. Assmanns literale Lektüre des Bibeltextes als historische Quelle ist paradigmatisch für die in kulturwissenschaftlichen Untersuchungen nicht seltene Ausblendung des literarischen Charakters der Texte.

als *Rede* von Mose: »Das sind die Worte, die Mose vor ganz Israel gesprochen hat« (Dtn 1,1); »Mose trat vor ganz Israel hin und sprach diese Worte« (Dtn 31,1). Auch stellt gerade Mose Tod diese eben erst gezogene Grenze zwischen Mündlichkeit zur Schriftlichkeit wieder in Frage. Denn genau in dem Moment, in dem der Übergang vom Wort zur Schrift narrativ vollzogen wird – in den letzten Kapiteln des Deuteronomiums, in denen das Gesetz abgeschlossen und versiegelt wird –, wird das Unzureichende der Schrift betont.[35]

Unmittelbar nachdem die Weisung noch einmal vor dem Volk verlesen wird, kündigt der Herr ein weiteres Mal Mose Tod an:

> »Und der Herr sagte zu Mose: »Sieh, du wirst jetzt bald zu deinen Vätern gebettet werden. Dann wird dieses Volk sich erheben; man wird in seiner Mitte Unzucht treiben, indem man den fremden Göttern des Landes nachfolgt, in das es jetzt hineinzieht, es wird mich verlassen und den Bund brechen, den ich mit ihm geschlossen habe.« (Dtn 31,16)

Der Text geht hier ins Futur über und berichtet nicht nur vom kommenden Tod, sondern auch von der Zeit danach, in der das mosaische Gesetz vergessen und damit alles, was Mose gerade unternimmt, umsonst gewesen sein wird. Um dieses Vergessen zwar nicht zu verhindern, doch im Nachhinein rückgängig zu machen, soll Mose den Israeliten ein »Lied« beibringen, das dann schließlich den Inhalt des nächsten Kapitels 32 bilden wird:

> »19 Doch jetzt schreibt dieses Lied auf! Lehre es die Israeliten! Lass es sie auswendig lernen, damit dieses Lied mein Zeuge gegen die Israeliten werde. 20 Wenn ich dieses Volk in das Land geführt habe, das ich seinen Vätern mit einem Schwur versprochen habe, in das Land, wo Milch und Honig fließen, und wenn es gegessen hat und satt und fett geworden ist und sich anderen Göttern zugewandt hat, wenn sie ihnen gedient und mich verworfen haben und es so meinen Bund gebrochen hat, 21 dann wird, wenn Not und Zwang jeder Art es treffen, dieses Lied vor ihm als Zeuge aussagen; denn seine Nachkommen werden es nicht vergessen, sondern es auswendig wissen.« (Dtn 32,19–21)

Zeitlich wird hier eine Stufe der vollendeten Zukunft imaginiert, die grammatisch nicht ganz leicht zu konstruieren ist: Wenn die Israeliten in das Land gezogen sind und (danach) Gott verraten haben werden und (erneut danach) in Not gekommen sein werden, dann wird dieses Lied sie erinnern, nämlich an diesen gegenwärtigen Moment der Aussage sowie an das Gesetz, das in diesem Moment gegeben wird. Das Lied wird also nicht einfach dauern – auch wenn es auswendig

[35] Ein paralleler Fall ist Jeremia 36, wo die Niederschrift der prophetischen Worte sofort dem Feuer zum Opfer fällt.

gewusst wird –, sondern es wird *wiederkommen*, nach dem Tod und nach dem Vergessen. Es wird nicht einfach als Erinnerung auftauchen, sondern als »Zeuge« (Dtn 31,19), der offensichtlich in einer Anklage gegen das Volk auftreten wird.[36] Das verschriftlichte Gesetz braucht ein Supplement, um *dauern* zu können, genauer gesagt: um die Wiederkehr des Vergessenen zu ermöglichen. Und dieses Supplement, das Lied, ist ein mündlicher, vor allem aber ein poetischer Text, der im folgenden Kapitel wiedergegeben wird und als *Lied des Mose* bekannt ist:

> »1 Hört zu, ihr Himmel,
> ich will reden,
> Horch Erde
> den Worten meines Mundes.
> 2 Meine Lehre wird strömen wie Regen,
> meine Botschaft wird fallen wie Tau,
> wie Regentropfen auf das Gras
> und wie Tauperlen auf die Pflanzen.« (Dtn 32,1 f.)

Durch seine parallelistische Gliederung und durch seine ausgeprägte Bildlichkeit hat das Lied alle Charakteristika der hebräischen Poesie.[37] Himmel und Erde sind nicht nur ein typischer Parallelismus, sie spielen auch auf den Anfang der Schöpfungsgeschichte an und stellen das Bundesgeschehen in einen kosmischen Zusammenhang; auch die Lehre selbst wird als natürlich figuriert, denn sie ist so lebenspendend wie der Regen. Zugleich werden Himmel und Erde als Angerufene personifiziert und selbst zu Zeugen, die die Zeugenschaft des Liedes aufnehmen. Das Lied arbeitet in der Folge die naturale Bildlichkeit weiter aus, wenn es in einer Art Pastoral einen poetischen Rückblick auf die goldene Zeit Israels entwickelt und erzählt, wie der Herr selbst Jakob mit den Früchten des Feldes, mit Milch, Mehl und Wein ernährt – nur um dann in Vers 15 umso schärfer umzuschlagen:

---

[36] Erst nach dieser Ankündigung wird dann auch das Schreiben des Gesetzes mit der Idee der Zeugenschaft verbunden, wenn das in der Bundeslade niedergelegte Gesetz zum zukünftigen »Zeugen« bestimmt wird (Dtn 31,26) – womit genau die Szene des Buchfundes in 2Könige 22 vorweggenommen wird. Zur nicht weniger paradoxen Figuration der Verschriftlichung *dieses Buches* vgl. insbes. Jean Peirre Sonnet, The Book within the Book. Writing in Deuteronomy, Leiden u. a. 1997, bes. 335 ff., sowie Brian Britt, Rewriting Moses. The Narrative Eclipse of the Text, London/New York 2004, 165–183.

[37] Zum Moseslied vgl. Harold Fisch, Poetry with a Purpose. Biblical Poetics and Interpretation, Bloomington 1988, 55–104.

»Und Jakob aß und wurde satt,
Jeschurun wurde fett und bockte.
Ja, fett und voll und feist bist du geworden.
Er stieß den Gott, der ihn geformt hatte, von sich
und hielt den Fels für dumm, der ihn gerettet hatte.« (Dtn 32,15)

Mit der harten Fügung, wie sie für die Poetik des Erhabenen so charakteristisch ist, fährt das Lied fort. Die Welt des Heils verwandelt sich unversehens in eine des Unheils und die Symbolik des Lebens in eine des Todes: Die Sorge wird zum Zorn, der Wein, mit dem der Herr Israel nährte (Dtn 32,13), wird zum Gift, zum Wein der Feinde: »Ihr Weinstock stammt von dem Weinstock Sodoms, vom Todesacker Gomorras. Ihre Trauben sind giftige Trauben und tragen bittere Beeren.« (Dtn 32,32) Es ist gerade diese Umwertung der Symbolik, diese poetische Verwandlung des Süßen ins Bittere, des Pastoralen ins Apokalyptische, die das Lied für eine Wiederkehr qualifiziert. Denn sie versieht die manifeste Symbolik des Lebens mit einer latenten Konnotation des Todes, die gerade als latente auch das Vergessen überstehen soll.

Dass diese Erinnerung tatsächlich in gewissem Sinne gelingt, wird deutlich, wenn man von hier aus vorwärts oder seitwärts auf andere Teile des biblischen Kanons blickt. Denn so wie Mose Tod im Text eine Vorgeschichte hat, die mindestens bis Exodus 17 zurückreicht, so hat er auch eine Nachgeschichte innerhalb des biblischen Textes, die nicht weniger ambivalent und vielfältig ist als jene. Auch das kann hier nur angedeutet werden, anhand des sogenannten deuteronomistischen Geschichtswerks, das heißt der weiteren Geschichte des Volkes Israel, die in den Büchern Josua bis 2 Könige erzählt wird. Sie ist durch das permanente Wechselspiel zwischen Israels Abfall vom Herrn und seiner Strafe strukturiert und erfüllt damit die Ankündigung von Deuteronomium 31. Schon hier gibt es also etwas wie eine innerbiblische Typologie: eine figurale Struktur, in der die späteren Texte als Erfüllung der früheren gelesen und geschrieben werden.[38] Dieser Rückverweis prägt auch viele andere Texte der Bibel: die Psalmen, viele prophetische Texte, schließlich auch die christliche Bibel, deren ältestes Evangelium, das des Markus, ebenfalls in der Wüste einsetzt, also an der Grenze des Heiligen Landes, wo Johannes der Täufer auftritt und Jesus versucht wird.

Nur ein einziges Beispiel sei aus der Fülle der möglichen Anschlüsse erwähnt. Die Sammlung der Propheten beginnt mit dem Buch Jesaja: »Hört, ihr Himmel! Erde, horch auf! Denn der Herr spricht: Ich habe Söhne großgezogen und emporgebracht, doch sie sind von mir abgefallen.« (Jes 1,2) Wie in Deuterono-

---

[38] Norbert Lohfink spricht treffend vom »Direktanschluss anderer Textkomplexe im Kanon an die Tora« (Lohfink, Moses Tod, 486, hier auch zu Jesaja 1) und betont, dass dadurch der Kanon nicht mehr linear ist, sondern eher einem »virtuellen Raum« gleicht (a.a.O., 488).

mium 32 werden Himmel und Erde als Zeugen aufgerufen. Dabei ließe sich »Denn der Herr spricht« grammatisch auch auf das Vorhergehende beziehen, so dass zu übersetzen wäre: »›Hört ihr Himmel, Erde horch auf‹, hat der Herr gesprochen« – nämlich im Lied des Mose. Damit wäre deutlich, dass der Prophet an etwas erinnert, dass er etwas wiederholt, ohne es freilich explizit zu benennen. In den folgenden Versen taucht dann nicht nur das Thema des Abfalls und der Verwüstung des Heiligen Landes auf, sondern auch die Bildlichkeit von Sodom und Gomorra, also all jene Elemente, die schon Deuteronomium 32 prägten. In Jesaja 1 wird das vorbereitet durch eine Lesart von Vers 7 (»das zerstörte Sodom ist Euer Land«), wird explizit in Vers 9 (»Hätte der Herr der Heere nicht einen Rest für uns übrig gelassen, wir wären wie Sodom geworden, wir glichen Gomorra.«) und steigert sich noch mal in Vers 10, indem die Hörer selbst als Einwohner jener gottlosen Städte angesprochen werden: »Hört das Wort des Herrn, ihr Herrscher von Sodom! Horcht auf die Weisung unseres Gottes, du Volk von Gomorra!« Es sind gar nicht mehr die Israeliten, zu denen der Prophet spricht, sondern die Bewohner der lasterhaften Städte per se.

Das ist nicht nur eine extreme Beschimpfung des Publikums, an das der Prophet doch gerade appelliert; es ist auch im Verhältnis zum ersten Vers eine radikale und geradezu blasphemische Kontrafaktur, wo jetzt nicht mehr Himmel und Erde die poetisch imaginierten Zeugen, sondern die Erzsünder die realen Zeugen sind. Wenn hier das Lied des Mose *wiederkehrt*, so geschieht das nicht auf sanfte Weise, sondern gewaltsam, ja brachial. Denn die prophetische Poesie spricht nicht nur über Zerstörungen, sondern ist gewissermaßen selbst zerstörerisch – und selbstzerstörerisch, denn auch die eigenen Zeugen sind ja inzwischen verschwunden, das Publikum vertrieben oder zu Sündern geworden. Diese Poesie versucht, das Publikum weniger zu überzeugen als zu überrumpeln und gerade dadurch und trotzdem gehört zu werden.[39] Die Freud'sche Einsicht, »daß jedes aus der Vergessenheit wiederkehrende Stück sich mit besonderer Macht durchsetzt«[40], wäre somit tief in die Rhetorik der prophetischen Texte und die biblische Tradition eingeschrieben.

6. Was ist eine Tradition?

Wie sich gezeigt hat, entwirft das Ende des Deuteronomiums eine komplexe Konfiguration von Tod, Leben, Erinnerung, Vergessen und Wiederkehr des Verdrängten, die für die europäische Kulturgeschichte von zentraler Bedeutung ist. Denn in ihr wird die Idee des *Nachlebens* in diese Geschichte und ihre formale

---

[39] Vgl. zur poetischen Poesie auch Harold Fisch, Prophet und Publikum, in: Schmidt/Weidner, Bibel als Literatur, Paderborn 2008, 175–186.

[40] Freud, Der Mann Moses, 533.

Gestaltung selbst eingeschrieben und kann immer wieder – und immer wieder anders – aus ihr herausgelesen werden. Das *Nachleben* ist hier nicht mehr eine Idee, ein Konzept, das *in* der Tradition überliefert wird, es bestimmt die Struktur dieser Tradition selbst. Gerade als *Nachleben* gedacht, als durchaus ambivalente und oft latente Fortexistenz, lässt sich schließlich auch das Fortleben biblischer Figuren bis in die Moderne hinein nachverfolgen.

Von dieser Konstellation aus wird jedenfalls auch die Freud'sche Theorie in einer neuen Weise lesbar, denn schon im biblischen Text gibt es nicht nur einen, sondern mehrere Mose – einen begrabenen und einen entrückten, einen schuldigen und einen unschuldigen etc. –, schon hier finden sich Kompromissbildungen und Tilgungen der Spuren, die aber doch in entstellter Form in der Erinnerung wiederkehren; schon hier wird eine mündliche Überlieferung im Gegensatz zur schriftlichen Fixierung imaginiert: die mit der langen Reihe der Propheten verbundene allmählich im Dunkeln anwachsende Tradition; ja sogar eine Form von unbewusster Kommunikation, nämlich in poetischer Form. Freuds Text steht mithin, ohne es zu wissen, in einer Tradition, die bis in die biblischen Schriften zurückreicht.

Es ist daher gar nicht notwendig, wie etwa Yosef Hayim Yerushalmi einerseits auf einen entlegenen Midrasch zu rekurrieren, in dem dann doch vom Mord an Mose die Rede sei, und andererseits bündig zu konstatieren, dass sich die jüdische Tradition grundsätzlich durch die penetrante Weigerung auszeichne, die Missetaten der Juden zu vertuschen: »Wäre Moses tatsächlich von unseren Vorfahren getötet worden, so wäre der Mord nicht nur verdrängt, sondern im Gegenteil erinnert und festgehalten worden, eifrig, unversöhnlich und in allen Einzelheiten als unüberbietbares Extrembeispiel für Israels Sünde des Ungehorsams.«[41] Das erscheint nicht nur in psychoanalytischer Hinsicht naiv und erinnert an das kategorische »Die Mutter ist es nicht« des Analysanden, das der Analytiker – so Freud herrlich lakonisch in *Die Verneinung* – in »Also ist es die Mutter« korrigiert.[42] Yerushalmis These wird auch der tiefen Ironie der biblischen Texte nicht gerecht, in denen tatsächlich viel vergessen wird, in denen etwa Mose selbst vergessen – oder verdrängen oder verschleiern – kann, dass er nicht für das Volk, sondern für sich selbst stirbt. Gerade an solchen Stellen drückt der Text aus, dass das Erinnern allein nicht reicht, um eine Gemeinschaft zu begründen, sondern dass es auch einer Wiederkehr des Verdrängten bedarf. In der Erzählung kann sich jedenfalls das Gesetz, die reine Geltung des *Geistigen*, nicht von sich aus durchsetzen, sondern wird als bereits ursprünglich übertretenes entworfen. Ebenso reicht auch der Mann Mose als Führer des Volkes nicht aus, um dieses in das gelobte Land zu führen, er muss vielmehr ironisiert, relativiert, schließlich beseitigt werden. Denn nur weil Mose das Werk nicht abschließt, weil er nicht ins

---

[41] Yerushalmi, Freuds Moses, 127.

[42] Sigmund Freud, Die Verneinung, in: Ders., Studienausgabe, Bd. III, 371–377, 373.

gelobte Land kommt, nicht am Leben bleibt, sondern auf der Grenze, im unbestimmten Bereich des Nachlebens, kann die Geschichte weitergehen und die Überlieferung weiter wachsen.

Möglich ist dieses Wissen durch die Komposition der Texte, durch ihre Arbeit mit verschiedenen Stimmen, mit Lücken und Ambiguitäten. Der Text imaginiert nicht nur eine lebendige mündliche Tradition als *Lied*, vielmehr performiert er diese auch selbst in seiner Form, in der etwas wiederkehrt und sich in dieser Wiederkehr auch verschiebt. Der Text ist permanent und ursprünglich entstellt, indem er seine Geschichte immer wieder und immer wieder anders erzählt. Von diesem Verständnis her könnte man auch der *historischen Wahrheit*, die Freud der Religion zuspricht, einen weiteren Sinn abgewinnen: Damit wäre weder die schlichte historische Faktizität gemeint, wie sie Freuds Formulierungen nahelegen, noch eine bloß subjektive Konstruktion der Vergangenheit, sondern die Tatsache, dass die Wahrheit der Religion die Form einer Geschichte hat *und* sich geschichtlich wandelt. Mit Benjamin ließe sich diese Form der Wahrheit als Wahrheit des *Lebendigen* Verstehen, insofern nach ihm all demjenigen Leben zugesprochen werden soll, »wovon es Geschichte gibt und was nicht allein ihr Schauplatz ist«.[43] Für dieses Leben ist die Grenze zwischen Leben und Tod von entscheidender, aber nicht absoluter Bedeutung. Sie betrifft alles – alles ist rein oder unrein –, ohne deshalb trennscharf sein zu müssen; sie funktioniert als letzte Besiegelung der Bedeutung, ohne dass sie dabei einen festen Ort hat. Sie unterscheidet zwischen Leben und Nachleben, hält diese beiden aber auch in Verbindung; sie produziert Bedeutung, fixiert diese aber nicht; sie errichtet Monumente und schreibt Epitaphe, lässt diese aber auch sofort wieder verschwinden, denn *bis heute* weiß man nicht, wo diese Denkmäler stehen. Eine Lebenswissenschaft, die, wie Benjamin forderte, »in völlig unmetaphorischer Sachlichkeit den Gedanken vom Leben und Fortleben der Kunstwerke zu erfassen« hätte[44] – und ich ergänze: vom Leben und Fortleben der historischen Phänomene überhaupt –, eine solche Wissenschaft muss auch und gerade diese Grenze zwischen Leben und Tod in ihrer Ambiguität und Produktivität begreifen. Die biblische Tradition ist dabei eines ihrer wichtigsten Paradigmen.

---

[43] Walter Benjamin, Die Aufgabe des Übersetzers, in: Ders., Gesammelte Schriften, Bd. IV,1, 9–21, 11.

[44] Ebd. Vgl. jetzt dazu Daniel Weidner, Fort-, Über-, Nachleben. Zu einer Denkfigur bei Benjamin, in: Ders./Sigrid Weigel (Hrsg.), Benjamin Studien Bd. 2, München 2011, 161–178.

Literatur

Assmann, Jan, Das kulturelle Gedächtnis. Schrift, Erinnerung und politische Identität in frühen Hochkulturen, München 1992.

Assmann, Jan, Moses der Ägypter. Entzifferung einer Gedächtnisspur, München/Wien 1998.

Assmann, Jan, Exodus. Die Revolution der alten Welt, München 2014.

Benjamin, Walter, Die Aufgabe des Übersetzers, in: Ders., Gesammelte Schriften, Bd. IV,1.

Bernstein, Richard J., Freud und das Vermächtnis des Moses, Berlin/Wien 2003.

Boyarin, Daniel, Duale Zeichen, Mehrdeutigkeit und die Dialektik intertextueller Interpretationen, in: Schmidt, Hans-Peter/Weidner, Daniel (Hrsg.), Bibel als Literatur, München 2008.

Britt, Brian, Rewriting Moses. The Narrative Eclipse of the Text, London/New York 2004.

Calvin, Johannes, Auslegung der Heiligen Schrift in deutscher Übersetzung, Bd. 3: 2.–5. Buch Mose, Josua, hrsg. v. Müller, E.F.K., Neukirchen 1917.

de Certeau, Michel, La Fable Mystique, Vol. 1 : XVIe–XVIIe siècle, Paris 1982.

Fisch, Harold, Poetry with a Purpose. Biblical Poetics and Interpretation, Bloomington 1988.

Fisch, Harold, Prophet und Publikum, in: Schmidt, Hans-Peter/Weidner, Daniel, Bibel als Literatur, München 2008.

Freud, Sigmund, Der Mann Moses und die monotheistische Religion, in: Ders., Studienausgabe Bd. III, VI, IX, Frankfurt a. M. 1974.

Haacker, Klaus/Schäfer, Peter, Nachbiblische Traditionen vom Tod des Mose, in: Betz, Otto u. a. (Hrsg.), Untersuchungen zu Josephus, dem antiken Judentum und dem Neuen Testament. Otto Michel zum 70. Geburtstag gewidmet, Göttingen 1974.

Harrison, Robert, Die Herrschaft des Todes, München 2006.

Kugel, James L., The Bible as it was, Cambridge (Mass.)/London 1997.

Laplanche, Jean, Deutung zwischen Determinismus und Hermeneutik. Eine neue Fragestellung, in: Ders., Die unvollendete kopernikanische Revolution in der Psychoanalyse, Frankfurt a. M. 1996.

Liptzin, Solomon, The Death of Moses, in: Ders., Biblical Themes in World Literature, Hoboken 1985.

Lohfink, Norbert, Moses Tod, die Tora und die alttestamentliche Sonntagslesung, in: Theologie und Philosophie 71, 1996.

Marin, Louis, Die Frauen am Grabe. Versuche einer Strukturanalyse an einem Text des Evangeliums, in: Ders./Chabrol, Claude (Hrsg.), Erzählende Semiotik nach Berichten der Bibel, München 1973.

Noth, Martin, Überlieferungsgeschichte des Pentateuch, Stuttgart 1948.

Olsson, Dennis T., Deuteronomy and the Death of Moses, Minneapolis 1994.

Polzin, Robert, »Das Buch Deuteronomium«, in: Schmidt, Hans-Peter/Weidner, Daniel (Hrsg.), Bibel als Literatur, München 2008.

Polzin, Robert, Moses and the Deuteronomist. A Literary Study of the Deuteronomic History, New York 1980.

Polzin, Robert, Samuel and the Deuteronomist, San Francisco 1989.
Polzin, Robert, David and the Deuteronomist, Bloomington 1993.
Schwertner, Siegfried, Erwägungen zu Moses Tod und Grab in Dtn 34,5.6, in: Zeitschrift für die Alttestamentliche Wissenschaft 84 (1972).
Sonnet, Jean Peirre, The Book within the Book. Writing in Deuteronomy, Leiden u. a. 1997.
Sushelevsky, Rella, Moses and the Angel of Death, New York 1995.
von Rad, Gerhard, Theologie des Alten Testaments, Bd. 1, Gütersloh 1960.
von Rad, Gerhard, Das erste Buch Mose. Übersetzt und erklärt von Gerhard von Rad, Berlin 1967.
Wächter, Ludwig, Der Tod im Alten Testament, Stuttgart 1967.
Weber, Samuel, Gelegenheitsziele. Zur Militarisierung des Denkens, Berlin 2006.
Weidner, Daniel, »Notizenbuch des absoluten Geistes« und »entstellter Text«. Heine, Freud und die Bibel des 19. Jahrhunderts, in: Weigel, Sigrid (Hrsg.), Heine und Freud. Die Enden der Literatur und die Anfänge der Kulturwissenschaft, Berlin 2010.
Weidner, Daniel, »Bis heute kennt niemand sein Grab. Moses' Tod und sein Nachleben«, in: Solhdju, Katrin/Vedder, Ulrike (Hrsg.), Das Leben vom Tod betrachtet, München 2015.
Weidner, Daniel, Fort-, Über-, Nachleben. Zu einer Denkfigur bei Benjamin, in: Ders./ Weigel, Sigrid (Hrsg.), Benjamin Studien Bd. 2, München 2011.
Welten, Peter, Art. »Bestattung II. (Altes Testament)«, in: Theologische Realenzyklopädie, Bd. 5, Berlin/New York 1980.
Wolff, Hans Walter, Anthropologie des Alten Testaments (Neuausgabe hrsg. v. Janowski, Bernd), Gütersloh 2010.
Wünsche, August (Hrsg.), Aus Israels Lehrhallen, Bd. 1, Hildesheim 1967.
Yerushalmi, Yosef Hayim, Freuds Moses. Endliches und unendliches Judentum, Frankfurt a. M. 1999.
Zenger, Erich/Wenning, Robert, Das Alttestamentliche Israel und seine Toten, in: Richter, Klemens (Hrsg.), Der Umgang mit den Toten. Tod und Bestattung in der christlichen Gemeinde, Freiburg 1990.

Der Nachhall hellenistischer Literatur bei Lukas

Paul-Gerhard Klumbies

Die Relation zwischen Bibel und Kultur ist eine Wechselbeziehung. Einerseits prägt die Bibel religiöse Gemeinschaften und die Gesellschaften, in denen sie verbreitet ist. Andererseits ist die Bibel selbst voll von kulturellen Einflüssen aus den Kontexten, denen sie entstammt.

In meinen Ausführungen verfolge ich zwei begrenzte Ziele: Zum einen möchte ich zeigen, wie hellenistische Literatur auf das Lukasevangelium eingewirkt hat. Zum anderen spreche ich über die Wirkungsgeschichte dieses Werkes im christlichen Kulturraum. Der dritte Evangelist, Lukas, hat ein zweibändiges Werk aus Evangelium und Apostelgeschichte hinterlassen. Im Folgenden beziehe ich mich vorwiegend auf Band eins dieses Doppelwerks.

Der Prolog (Lk 1,1–4)

Als einziger Evangelist legt Lukas in einem Prolog die Intentionen seiner Darstellung offen. Lukas behauptet nicht, der erste zu sein, der die Geschichte von Leben, Sterben, Auferstehung und Himmelfahrt Jesu präsentiert. Aber er gibt zu verstehen: Er ist derjenige, der sie *richtig* darstellt; und für diese selbstbewusste Auffassung führt er Kriterien an.

> »1 Nachdem schon viele (πολλοί) Hand angelegt (ἐπεχείρησαν/versucht) haben, eine Erzählung (διήγησιν) der Reihe nach aufzustellen (ἀνατάξασθαι) von den unter uns erfüllten (πεπληροφορημένων) Ereignissen, 2 wie [sie] uns [die] überlieferten (παρέδοσαν), die von Anfang an (ἀπ' ἀρχῆς) Augenzeugen (αὐτόπται) und Untergeordnete [Diener] des Wortes waren, 3 erschien es auch mir gut, nachdem ich von vorn an (ἄνωθεν) allem (πᾶσιν) genau (ἀκριβῶς) nachgegangen bin, der Reihe nach (καθεξῆς) dir zu schreiben, wertester Theophilos, 4 damit du die Zuverlässigkeit (ἀσφάλειαν) der Worte (λόγων) erkennst, in denen du unterwiesen (κατηχήθης) wurdest.« (Lk 1,1–4)

Viele haben es versucht. Offensichtlich ist dabei aber nicht das herausgekommen, was Lukas vorschwebt. Aus heutiger Perspektive wissen wir zwar nicht von »vielen«, die vor Lukas den Versuch einer Jesuserzählung starteten. Einen können wir immerhin mit Gewissheit identifizieren: Markus, den ältesten Evangelisten. Markus fällt unter das lukanische Verdikt: Er hat sich bemüht, es aber nicht so hinbekommen, wie es sein sollte. Dieses lapidare Urteil zeigt, dass die frühen christlichen Schriftsteller nicht zimperlich im Umgang miteinander waren. Keine Rede davon, dass Markus, nur weil er der erste war, unantastbar in seiner Darstellung geworden ist. Im Gegenteil: An zahllosen Stellen greift Lukas in seine Markusvorlage ein. Er stellt um, korrigiert, streicht, ergänzt. Überall klingt der Tenor durch: So wie Markus Jesus darstellt, so war er nicht!

Eine weitere Quelle für Lukas ist mit großer Wahrscheinlichkeit die sog. Reden- oder Logienquelle Q. Bei ihr handelt es sich um eine Sammlung von Sprüchen im Munde Jesu. Über das Markusevangelium und die Logienquelle hinaus integriert Lukas noch sog. Sondergut in seine Evangelienschrift. Damit sind Überlieferungen nicht nachweisbarer Herkunft gemeint. Es könnte sich um mündliche Traditionen, schriftliche Einzelüberlieferungen, aber auch von Lukas selbst geschaffene Erzählungen handeln.

Worauf legt Lukas Wert bei seiner Darstellung? Zunächst hebt er hervor: Für ihn sind Augenzeugenschaft und Loyalität gegenüber der christlichen Sache die entscheidenden Voraussetzungen für eine authentische Überlieferung. Für Lukas kommt zudem dem Zeitfaktor Bedeutung zu: Von Anfang an müssen die Gewährsleute dabei gewesen sein. Damit scheiden bestimmte Personen von vornherein aus. Nichtchristliche Zeugen, neutrale Zeitgenossen, jüdische oder pagane Beobachter der Geschehnisse um Jesus, die nicht Teil der Jesusbewegung wurden, sie alle kommen nicht in Betracht. Modern gesprochen: Die weltanschauliche Tendenz der Augenzeugen, konkret: ihre Bindung an den christlichen Glauben, ist nicht Handicap, sondern Voraussetzung.

Worin bestehen die Probleme der Vorgängerwerke? Die Antwort ergibt sich aus den vier griechischen Adjektiven, die Lukas aufzählt, und die als adverbiale Zuschreibungen fungieren.

»Von vorn an«: Markus hatte seine Jesusdarstellung mit der Erzählung von der Taufe des erwachsenen Mannes Jesus durch Johannes den Täufer begonnen. Lukas setzt demgegenüber bei der Geburt Jesu ein. Genau genommen beginnt seine Jesusgeschichte schon vorgeburtlich. Der zeitliche Rahmen wird durch die Ankündigung der Geburt Jesu an seine Mutter Maria nach vorn verlegt; und ein weiteres halbes Jahr wird davor geschaltet durch die Ankündigung der Geburt des Johannes gegenüber seinen Eltern Zacharias und Elisabeth.

»Allem«: Auch mit dem großen Anspruch, alles zu überliefern, deutet Lukas einen Mangel seiner Vorgänger an. Gegenüber deren selektiver Darstellung zielt er auf Vollständigkeit. Neben diversen Einzelüberlieferungen, die das Lukas- dem

Markusevangelium voraushat, weiß es insbesondere Genaueres über das Wirken Jesu nach seiner Auferstehung zu berichten.

In dem Adjektiv »allem« verbirgt sich zudem bereits ein Hinweis auf die Apostelgeschichte als Teilband zwei des Doppelwerks. Die Geschichte des auferstandenen zum Himmel gefahrenen Jesus setzt sich fort. Sie verlängert sich in die Geschichte seiner frühchristlichen Anhänger hinein.

Für diese Ausweitung seiner Jesuserzählung hat Lukas im Jahr 1919 massive Kritik erfahren. Franz Overbeck, der Basler Neutestamentler und Freund Friedrich Nietzsches hat das Unterfangen des dritten Evangelisten, »dem Evangelium eine Apostelgeschichte als Fortsetzung zu geben« als »eine Taktlosigkeit von welthistorischen Dimensionen«[1] gegeißelt. Wie komme Lukas dazu, die einzigartige Geschichte des Welterlösers Jesus umstandslos in die Erzählung der Taten seiner menschlichen Nachfolger zu verlängern? Diese unfassbare Nivellierung ebene die Differenz zwischen der unantastbaren Ur-Geschichte des christlichen Glaubens im Leben Jesu und der Phase ihrer menschlichen Auslegung ein. Die Differenz zwischen Ur-Ereignis und nachlaufender Kommentierung aufzuheben, hat Overbeck als ein Sakrileg empfunden.

Dass Lukas auf Genauigkeit höchsten Wert legt, versteht sich nach dem bisher Gesagten von selbst. Akribisch (ἀκριβῶς) geht er vor; und an der Ordnung hängt die Richtigkeit der Sache. Insofern kommt der Reihenfolge höchste Bedeutung zu. Geordnet (καθεξῆς) verfährt Lukas. Darin versteckt sich ein weiterer kleiner Seitenhieb gegen das Werk des Markus. Markus ist immer wieder die Austauschbarkeit seiner Stoffe, was die Reihenfolge der Erzählung angeht, vorgehalten worden. Das Markusevangelium habe alles irgendwie zusammengestellt. Nur notdürftig und oberflächlich habe es die Einzeltexte miteinander verklammert.

Zuverlässigkeit durch Vollständigkeit, Genauigkeit einer an Fakten orientierten Darstellung, geordnete Abfolge, das ist in der Summe das lukanische Programm. *Sicherheit durch Kontinuität* könnte man dafür als Slogan wählen.

Die Ausformulierung einer vollständigen Jesuserzählung plus einer Geschichte der ersten Christen durch Lukas stellt eine nachträgliche Legitimationsbemühung dar. Lukas will mit seiner retrospektiven Erzählung eine tragfähige Grundlage für die frühchristliche Katechese schaffen. Die Grundlagen des frühchristlichen Glaubens sind als Merksätze längst formuliert.[2] Jetzt werden sie durch die dazu passende *authentische* Jesusgeschichte untermauert.

---

[1] Franz Overbeck, Christentum und Kultur. Gedanken und Anmerkungen zur modernen Theologie. Aus dem Nachlass herausgegeben von Carl Albrecht Bernoulli, Darmstadt [2]1963 (ursprünglich 1919), 78.

[2] Vgl. Nils Neumann, Lukas und Menippos. Hoheit und Niedrigkeit in Lk 1,1–2,40 und in der menippeischen Literatur, NTOA/StUNT 68, Göttingen 2008, 131–132, verweist auf den

Lukas gilt als der Evangelist, der den biographischen und historiographischen Ansprüchen antiker Autoren am nächsten kommt. Wiederholt ist ihm dafür der Würdetitel des ersten christlichen Historikers beigelegt worden. Die beiden von ihm hinterlassenen Werke werden entsprechend als »historische Monographien«[3], denen eines Sallust vergleichbar,[4] bezeichnet.

Das Weihnachtsevangelium (Lk 1,5–2)

Wenn im Heiligabendgottesdienst die Worte aus Lk 2 erklingen: »Es begab sich aber zu der Zeit, dass ein Gebot von dem Kaiser Augustus ausging [...]«, dann steigen vor unserem Auge die Felder um das jüdische Bethlehem auf. Die Gestaltung der erzählten Weihnachtswelt ist allerdings durch hellenistische literarische Traditionen geprägt.

Woran können wir das erkennen? In Lk 1 und 2 ist ein eigentümlicher und schneller Wechsel »zwischen prosaischen und versförmigen Abschnitten« zu beobachten. Außerdem finden wir dort ein »Geflecht aus Ankündigungen und Bestätigung auf Seiten der erzählten Handlung«.[5] In dieser verdichteten Weise ist das Verfahren in der gesamten Bibel ohne Analogie.

Diese Beobachtung hat auf die Spur einer Literaturgattung aus dem Bereich des Kynismus geführt. »Es handelt sich [...] um die sog. ›menippeische Satire‹«.[6] Sie trägt ihren Namen nach dem kynischen Philosophen Menippos von Gadara. Menippos lebte im 3. Jahrhundert v. Chr. in Syrien. Angesichts der Tatsache, dass es sich um satirische Literatur handelt, verwundert es nicht, dass lange Zeit niemand auf den Gedanken kam, ausgerechnet hier Beziehungen zur Geburtsgeschichte des christlichen Gottessohnes zu suchen.

Die menippeische Satire ist als Literaturgattung bereits in der Mitte des zweiten vorchristlichen Jahrhunderts bekannt. Der römische Schriftsteller Marcus Terentius Varro verwendet die Bezeichnung »*satyra menippea*«[7] als Sammelüberschrift zu 150 Werken, die er verfasst hat. Menippos gilt dem Varro als Schöpfer dieser Art von Literatur.[8]

---

christlichen Taufunterricht, hält an dieser Stelle aber auch ein noch nicht spezifisch christlich gefülltes und eher allgemeines Verständnis von κατηχέω für denkbar.

3 Udo Schnelle, Einleitung in das Neue Testament, Göttingen [4]2002, 294, 310.

4 Schnelle, Einleitung, 294 unter Hinweis auf Eckard Plümacher, Neues Testament und hellenistische Form. Zur literarischen Gattung der lukanischen Schriften, TheolViat 14 (1977/78), 109–123.

5 Beide Zitate Neumann, Lukas und Menippos, 13. Vgl. auch a. a. O. 194.195.

6 Neumann, Lukas und Menippos, 203.

7 A. a. O., 205.

8 Ebd.

Für die Kyniker ist ein Charakteristikum kennzeichnend, das auch für das Lukasevangelium von Bedeutung ist. Die Kyniker verkehren nämlich »einige geltende gesellschaftliche Wertvorstellungen in ihr Gegenteil«[9]. Reichtum, Ehre und eine vornehme Geburt stellen nach ihrer Auffassung Hindernisse auf dem Weg zur ἀρετή dar. Landläufig wird ἀρετή mit Tugend übersetzt. Treffender erscheint allerdings der Begriff »Vorzüglichkeit«[10]. Mit ihrem Armutsideal ziehen die Kyniker Sympathisanten aus allen sozialen Schichten an. Insbesondere auf ärmere Bevölkerungsgruppen wirken ihre Ansichten attraktiv. Ihre Kritik an den Reichen und Mächtigen äußern sie in einer Mischung aus Ernst und Spaß und bedienen sich dazu einer schlichten Redeform, der Diatribe. »Ernst (σπουδή) und Spaß (γελοῖον) verbinden sich in den Reden der Kyniker zur Figur des sog. σπουδογέλοιον.«[11]

Zum Verstehenshorizont einer idealen Leserschaft des Lukasevangeliums gehören sowohl die Schriften Israels als auch die hellenistische Literatur.[12] Die Kenntnis menippeischer Sichtweisen vorausgesetzt, kann diese Leserschaft mitvollziehen: In der Figur Jesu in Lk 1–2 verbinden sich königliche Attribute mit einem niedrigen sozialen Status. Jesu Herrschaft beruht auf Weisheit, und darum tut es seiner Bedeutung gerade keinen Abbruch, in einem Stall unter elenden äußeren Bedingungen geboren zu sein.

Auch andere Züge fügen sich dieser Leseperspektive ein. Die Grenzen zwischen Himmel und Erde werden durch die Botenfigur des Engels Gabriel durchbrochen. Er wird als Mittler tätig, wie in der hellenistischen Literatur der Götterbote Hermes. Weiter: Der Erzähler adaptiert bewährte Worte – hier Psalmverse, wo in hellenistischer Literatur Homer zitiert würde.[13]

Anlass zum Schmunzeln ist ebenfalls gegeben. Zwar verbietet sich der Erzähler derbe Späße, wie sie einen Lukian kennzeichnen. Aber dass himmlische Heere Kontakt zu Viehhirten aufnehmen, ist ein Novum.[14] Üblicher ist: Gottesboten treten in Verbindung mit ausgezeichneten Persönlichkeiten. Auch dass das in einer Notunterkunft geborene Jesuskind als königliche Figur in der Nachfolge

---

[9] A.a.O., 208.

[10] Gottfried Heinemann, Glück und Vorzüglichkeit. Aristoteles über Solons Paradoxon, in: Timo Hoyer (Hrsg.), Vom Glück und glücklichen Leben. Sozial- und geisteswissenschaftliche Zugänge, Schriften des Sigmund-Freud-Instituts Reihe 2, Band 6, Göttingen 2007, 79–102, 79.

[11] Neumann, Lukas und Menippos, 209. Vgl. auch a.a.O. 284. Von Menippos selbst sind außer wenigen kleinen Fragmenten keine Werke erhalten (a.a.O. 210).

[12] Die nachstehenden Ausführungen fassen die Ergebnisse der Untersuchung von Neumann, Lukas und Menippos, zusammen.

[13] Neumann, Lukas und Menippos, 306–307. Vgl. auch 311–312.

[14] A.a.O., 302.

der Lichtgestalt Israels, König David, präsentiert wird, mag einem zeitgenössischen Leser ein Lächeln auf die Lippen rufen.[15]

Die Dynamik aus »Ankündigungen und Bestätigung«[16] läuft auf einen unerwarteten Höhepunkt zu. Der greise Simeon, der ein Leben lang scheinbar vergeblich auf den Tröster Israels gewartet hat, richtet an Maria die Worte: Dieser, Jesus, ist bestimmt zum Fall und zum Aufstehen vieler in Israel, zum Zeichen, dem widersprochen wird. Jesus ist das Zeichen, dem widersprochen wird. Gerade der Widerspruch bestätigt ihn.[17]

In Nachwirkung kynisch-menippeischer Anschauungen erzählt Lukas die Geschichte von Jesus, dem Armeleutekind vom Lande, der bzw. das zum Heil der Menschen gekommen ist.[18] Es ist Jesus, der sich an die Marginalisierten seiner Zeit wendet: An Arme, an verwitwete oder moralisch ausgegrenzte Frauen, an Zollbeamte, die mit der Besatzungsmacht kollaborieren.

Die Hinrichtung und Himmelfahrt Jesu (Lk 23 und 24)

Das Sterben Jesu als Schauspiel

In der Sterbeszene Jesu bei Lukas taucht ein überraschender Begriff auf. Im gesamten Neuen Testament begegnet er nur an dieser einen Stelle.

> »44 Und es war schon ungefähr die sechste Stunde, und eine Finsternis entstand über das ganze Land bis zur neunten Stunde, 45 weil die Sonne sich verfinsterte. Der Vorhang des Tempels aber zerriss mitten durch. 46 Und mit lauter Stimme rufend sagte Jesus: Vater, in deine Hände lege ich meinen Geist. Nachdem er aber dieses gesagt hatte, hauchte er aus. 47 Als aber der Hauptmann das Geschehene gesehen hatte, pries er Gott und sagte: In der Tat, dieser Mensch war ein Gerechter. 48 Und alle die Massen, die bei diesem Schauspiel (θεωρία/theoria) dabei waren, schlugen sich, nachdem sie das Geschehene gesehen hatten, an die Brust und kehrten um. 49 Es standen aber alle seine Bekannten von ferne, auch die Frauen, die ihm von Galiläa mitgefolgt waren, und sahen dieses.« (Lk 23,44–49)

In V. 48 heißt es: »Und alle die Massen, die bei diesem Schauspiel (θεωρία/theoria) dabei waren, schlugen sich, nachdem sie das Geschehene gesehen hatten, an die Brust und kehrten um.« Die soeben erfolgte Hinrichtung Jesu

[15] A. a. O., 303.

[16] A. a. O., 310.

[17] A. a. O., 201–202, 301, 317.

[18] A. a. O., 308.

bezeichnet Lukas als eine θεωρία. Was also ist nach antikem Verständnis unter einer θεωρία zu verstehen?[19]

Das griechische Verb θεωρέω heißt, »sehen«, »anschauen«, »betrachten«, »zuschauen«, auch »beobachten«, »wahrnehmen«, »bemerken«.[20] Das Substantiv θεωρία bedeutet in erster Linie »das, was man anschaut, das Schauspiel«.[21] Zugleich umfasst der Begriff den Akt des Zuschauens.[22] Er bezieht sich auf das Anschauen wie die Erkenntnis, die daraus resultiert.

Für Platon verbindet die θεωρία höchste Erkenntnis mit einem praktisch-moralischen Inhalt. Die θεωρία gelangt zur Betrachtung der Idee des Guten. Für Aristoteles ist die θεωρία »als die ausgezeichnete Form des Wissens [...] zugleich die höchste Form des Handelns«.[23]

In den Beziehungen der griechischen Poleis untereinander erhält der Begriff eine politische Dimension und erfährt eine kultische Füllung. Θεωρίαι sind »staatliche Festgesandtschaften zu Festen benachbarter Städte und Staaten sowie zur Befragung eines Orakels«.[24]

In der sog. zwischentestamentarischen jüdischen Literatur finden sich in griechischer Sprache Szenen, die als θεωρία bezeichnet werden.

In 3 Makk 5 wird eine märchenhafte Episode aus dem dritten vorchristlichen Jahrhundert erzählt. Ptolemäus IV. Philopator lässt die ägyptischen Juden nach Alexandria bringen. Er sperrt sie in die dortige Rennbahn ein. 500 wütend gemachte Elefanten sollen sie zertrampeln. Einzelne Züge dieser Erzählung einer geplanten Massenhinrichtung klingen in den Passions- und Osterüberlieferungen bei Lukas nach. Die Volksmenge versammelt sich am frühen Morgen nach dem Krähen des Hahns zu diesem, wie es heißt »erbarmungswürdigen Schauspiel« (V.24). Dieses nimmt freilich einen unerwarteten Verlauf. Die Elefanten wenden sich gegen die Soldaten des Königs, und die Juden sind gerettet. Da-

---

19 Die Ausführungen dieses Kapitels fassen die Ergebnisse des Aufsatzes Paul-Gerhard Klumbies, Das Sterben Jesu als Schauspiel nach Lk 23,44–49, in: Ders., Von der Hinrichtung zur Himmelfahrt. Der Schluss der Jesuserzählung nach Markus und Lukas, BThSt 114, Neukirchen-Vluyn 2010, 144–171, insbes. 145–149, 165–171, zusammen.

20 Walter Bauer, Griechisch-deutsches Wörterbuch zu den Schriften des Neuen Testaments und der frühchristlichen Literatur, 6. völlig neubearbeitete Auflage, hrsg. v. Kurt Aland und Barbara Aland, Berlin 1988, 731.

21 Bauer, Wörterbuch, 732.

22 Art. θεωρία, in: Samuel Christoph Schirlitz, Griechisch-deutsches Wörterbuch zum Neuen Testamente, 5. Auflage neu bearb. von Theodor Eger, Giessen 1893, 193.

23 Franco Volpi, Art. Theoria (2), in: DNP 12/1 (2002), 401–403, 402.

24 Horst Braunert, Art. Theoria, in: Lexikon der Alten Welt Band 3, Augsburg 1994 (unveränd. Nachdruck von 1965), 3059. Vgl. auch Ludwig Ziehen, Art. Theoria, PRE 2. Reihe 10. Halbband (1934) 2228–2233, 2228.

raufhin preisen sie spontan Gott – eine Haltung, die sich bei dem Hauptmann in Lk 23,47 in seiner Reaktion auf das Sterben Jesu wiederfindet.

Im Aristeasbrief, einem hellenistisch-jüdischen Briefroman aus dem 2. vorchristlichen Jahrhundert,[25] wird, wie später im Lukasevangelium, von θεωρία unter Bezugnahme auf den Jerusalemer Tempel gesprochen. Es werden Richtungsangaben zu seiner Ost- und Westausrichtung gemacht, das Spiel des Windes mit dem Tempelvorhang als schönes Schauspiel bezeichnet, sogar die Bewegung des Tempelvorhangs bei leichtem Windzug wird angesprochen, wobei die Bewegung charakteristischerweise von unten nach oben verfolgt wird. Hier werden die Evangelien später die Blickrichtung umkehren.

Will man annehmen, dass Lukas das Sterben Jesu als ein Schauspiel inszeniert hat, muss man fragen, wieweit das innerhalb seines Bildungshorizontes möglich sein konnte. Das religiöse Herkunftsmilieu des Lukasevangeliums ist im hellenistisch geprägten Judentum bzw. Judenchristentum zu suchen. Diese Bevölkerungsgruppe zeichnet sich durch eine große Offenheit gegenüber der hellenistischen Kultur und Literatur sowie gegenüber dem antiken Theater aus. Alexandria, Sitz einer großen jüdischen Diasporagemeinde, ist ein Zentrum hellenistischer Dramendichtung. Hier verbinden sich weisheitliche jüdische Theologie und die literarische Gattung der griechischen Tragödie.[26]

Lassen sich Beziehungen des Lukas zur antiken Poetik herstellen? Und wie könnte Lukas Kenntnis von deren Grundsätzen erhalten haben? In der Art, wie Lukas in seiner Passion auf die Betroffenheit von Zuschauern und Lesern bei der Lektüre abzielt, klingt der Grundsatz der aristotelischen Poetik noch nach. Mitleid und Furcht bzw. Jammer und Schaudern mit dem Ziel einer Reinigung von derartigen Affekten sollen erreicht werden.[27] Lukas schildert in V.48 die Wirkung, die das Schauspiel der Hinrichtung Jesu hinterlassen hat. Die Zuschauer gehen in sich, die Szene hat ihre Gefühlswelt gepackt und aufgewühlt.

Nach der Poetik des Aristoteles und der *Ars poetica* des Horaz liegt mit der Schrift *Vom Erhabenen* (περὶ ὕψους) ein drittes Werk antiker Dichtungstheorie vor. Es wird einem Autor namens Pseudo-Longinus zugeschrieben. Abgefasst wurde es in dem Zeitraum zwischen 25 und 40 n. Chr.[28] Damit führt es in die

---

[25] Vgl. Anna Maria Schwemer, Art. Aristeasbrief, in: DNP 1 (1996), 1094; vgl. auch Leonhard Rost, Einleitung in die alttestamentlichen Apokryphen und Pseudepigraphen einschließlich der großen Qumranhandschriften, Heidelberg ^{3}1985, 75.

[26] Winfried Verburg, Passion als Tragödie? Die literarische Gattung der antiken Tragödie als Gestaltungsprinzip der Johannespassion, SBS 182, Stuttgart 1999, 63.

[27] Aristoteles, Poetik. Griechisch/Deutsch. Übersetzt und hrsg. v. Manfred Fuhrmann, Stuttgart 1999, Kapitel 6: Die Tragödie ist Nachahmung einer Handlung, die ἔλεος und φόβος hervorruft mit dem Ziel einer κάθαρσις von derartigen παθήματα.

[28] Longinus, Vom Erhabenen. Griechisch/Deutsch, übersetzt und herausgegeben von Otto Schönberger, Stuttgart 1997, Nachwort, 136.

zeitliche Nachbarschaft des Lukas, dessen Werke aus der Zeit zwischen 70 und 90 stammen. Die Schrift *Vom Erhabenen* ist das einzige klassische antike Werk, das einen ausdrücklichen Bezug zur LXX, der griechischen Übersetzung des Alten Testaments, aufweist.[29] Darin werden Gen 1,3 und 1,9 zitiert: Gott sprach: Es werde Licht! Und es ward Licht (Gen 1,3). Gott sprach: Es sammle sich das Wasser unter dem Himmel an besondere Orte, dass man das Trockene sehe (Gen 1,9).[30]

Mit Lukas verbindet Pseudo-Longinus neben dieser Berührung mit der Genesis noch zweierlei: In atmosphärischer Hinsicht hängen wohl beide der Überzeugung an, dass »nichts so sehr zur Größe bei[trage] wie das echte, im rechten Augenblick hervorbrechende Pathos«.[31] Materialiter teilt Lukas darüber hinaus mit Pseudo-Longinus den expliziten Hinweis auf den stoischen Dichter Arat.[32] In Apg 17,28 lässt Lukas Paulus in seiner berühmten Rede auf dem Areopag im Blick auf die natürliche Gottesverwandtschaft des Menschen Arat zitieren: »Wie auch einige der Dichter bei euch gesagt haben: Wir sind nämlich seines [d.h. Gottes] Geschlechts.«

Dass dem hellenisierten Judentum, in dessen Wirkungsgeschichte das christliche Lukasevangelium noch steht, konkrete Theaterkenntnisse und -erlebnisse und auch ein Wissen um die antike Dichtungstheorie zuzutrauen sind, zeigt einmal mehr der Aristeasbrief. Auf die Frage, was man in seiner Freizeit tun soll, erteilt er den Rat: »Es ist angebracht und auch für das Leben nützlich, wenn man sich anständige Theaterstücke ansieht und würdevoll gespielte Szenen aus dem Leben.«[33]

Himmelfahrt und Apotheose

Mit seiner Erzählung von der Himmelfahrt Jesu lässt Lukas im Unterschied zu seiner Markusvorlage, aber auch in Differenz zum Matthäus- und Johannesevangelium, die erzählte Handlung über die Kreuzigung und Auferstehung Jesu hinaus weiterlaufen.

---

[29] Vgl. Francesco Donadi (übers. v. Theodor Heinze), Art. Pseudo-Longinos, in: DNP 10 (2001), 513-516, 514.

[30] Zur Debatte um die Echtheit des Zitats vgl. die Auseinandersetzung zwischen Konrat Ziegler, Das Genesiscitat in der Schrift ΠΕΡΙ ΥΨΟΥΣ, in: Hermes 50 (1915), 572-603, und Hermann Mutschmann, Das Genesiscitat in der Schrift ΠΕΡΙ ΥΨΟΥΣ, in: Hermes 52 (1917), 161-200.

[31] Manfred Fuhrmann, Die Dichtungstheorie der Antike. Aristoteles - Horaz - ›Longin‹. Eine Einführung, Darmstadt [2]1992, 168.

[32] Pseudo-Longinus erwähnt Arat zweimal, »einmal in tadelndem (10,6), einmal in lobendem Sinne (26,1) - letzteres stimmt zu dem Ruhme, dessen sich Arat während des ganzen Altertums erfreuen durfte«. Fuhrmann, Dichtungstheorie, 197.

[33] Arist 284f. Übersetzung von Carsten Peter Thiede, Ein Fisch für den römischen Kaiser. Juden, Griechen, Römer: Die Welt des Jesus Christus, München 1998, 44.

»Er führte sie aber hinaus bis nach Bethanien und hob seine Hände auf und segnete sie. 51 Und es geschah, als er sie segnete, entfernte er sich von ihnen und wurde hinaufgetragen in den Himmel. 52 Und sie beteten ihn kniefällig an und kehrten um nach Jerusalem mit großer Freude 53 und waren beständig im Tempel und priesen Gott.« (Lk 24,50-53)

Die Himmelfahrt ist Ausdruck der Apotheose Jesu. Mit diesem Abschluss seines Werkes nimmt Lukas subkutan kritischen Bezug auf die Vergottung der Kaiser im Imperium Romanum. Für Lukas ist Jesus nicht die provinzielle Kultfigur einer religiösen Gemeinschaft in einer östlichen Provinz des Imperium Romanum. Das Lukasevangelium vertritt den universalen Herrschaftsanspruch Jesu im Himmel und auf der Erde. Das beinhaltet eine Distanzierung von der römischen Kaiserverehrung. Die Apotheose eines Menschen ist in lukanischer Perspektive ausschließlich für Jesus denkbar.[34]

Das erkenntnistheoretische Zentrum (Lk 10,25-28)

Lk 10,25-28 zeigt Jesus in einem aufschlussreichen Zwiegespräch. Die Szene dient als Vorspann zu der bekannten Erzählung vom barmherzigen Samariter.

»25 Und siehe, irgendein Gesetzeskundiger stand auf und versuchte ihn, indem er sagte: Lehrer, was soll ich tun, um ewiges Leben zu ererben? 26 Er aber sagte zu ihm: Was ist im Gesetz geschrieben? Wie liest du? 27 Er aber antwortete und sagte: Du sollst den Herrn, deinen Gott, lieben aus deinem ganzen Herzen und mit deiner ganzen Seele und mit deiner ganzen Stärke und mit deiner ganzen Vernunft und deinen Nächsten lieben wie dich selbst. 28 Er aber sagte zu ihm: Richtig hast du geantwortet. Tu dies und du wirst leben.« (Lk 10,25-28)

Ein gesetzeskundiger Jude tritt an Jesus heran und will ihn testen. Dazu stellt er ihm eine Frage: »Lehrer, was soll ich tun, um das ewige Leben zu ererben?« In dieser Frage stecken mindestens drei unausgesprochene Axiome.

Erstens: Die Frage zielt auf einen Zustand, der nicht ist, aber kommen soll. Das ewige Leben gilt als eine noch ausstehende Qualität. Das heißt, der Fragesteller formuliert unter der Voraussetzung eines Mangels: Wie komme ich aus einer defizitären Ausgangssituation in den Vollendungszustand?

---

[34] Zur ausführlichen Entfaltung des Themas vgl. Paul-Gerhard Klumbies, Himmelfahrt und Apotheose Jesu in Lk 24,50-53, in: Ders., Von der Hinrichtung zur Himmelfahrt. Der Schluss der Jesuserzählung nach Markus und Lukas, BThSt 114, Neukirchen-Vluyn 2010, 172-196.

Zweitens: Der Weg zur Erlösung führt über das entsprechende Tun. Das Handeln ist der Weg zum ewigen Leben.

Drittens: Ererben heißt: Das ewige Leben ist kein Geschenk. Es gibt einen Rechtsanspruch. Der ist an das sachgemäße Handeln gekoppelt.

Wie reagiert Jesus auf die Fangfrage? An den Regeln der Konvention gemessen: Unhöflich – nämlich mit einer doppelten Rückfrage. »Was steht im Gesetz geschrieben? Wie liest du?« Jesus fragt zuerst nach dem Inhalt des Textes und dann nach der subjektiven Aneignung, d. h. nach der Interpretation des Schriftgelehrten. Er verweist den Gesetzeskundigen also auf den Literaturbereich zurück, in dem dieser sich bestens auskennt. Er stößt ihn auf seine eigenen Voraussetzungen.

Dieser lässt ohne zu zögern sofort seine Kenntnisse erkennen: »Du sollst den Herrn, deinen Gott lieben aus ganzem Herzen und mit ganzer Seele und mit deiner ganzen Kraft und mit deiner ganzen Vernunft und deinen Nächsten lieben wie dich selbst.«

Daraufhin handelt Jesus ganz in der Manier des souveränen Pädagogen. Er weiß, wie auf eine richtige Schülerantwort zu reagieren ist. Gut gemacht, richtig hast du geantwortet, lobt er ihn. Tu das, und du wirst leben.

Die Rückfrage Jesu zielt auf die Selbsterkenntnis des Gesetzeskundigen. Jesus setzt voraus, dass sein Gegenüber die Antwort auf seine Frage selbst weiß. Sein Frageimpuls zielt auf die Erinnerung. Und in der Tat: Durch den Rückverweis angestoßen fällt dem Fragesteller sogleich ein, was zu entgegnen ist. Die Selbsterkenntnis geht in den Status des Wissens über. Konsequent folgt der Handlungsimpuls. Damit ist die Trias vollständig. Selbsterkenntnis führt zum Wissen und dieses mündet ins Handeln.

In der Philosophiegeschichte ist diese Denkbewegung als sokratische Maieutik berühmt geworden. Bei Lukas erhält Jesus die Rolle eines christlichen Sokrates. Dieser Jesus ist nicht der Offenbarer einer einzigartigen neuen Botschaft. Der lukanische Jesus setzt eine pädagogische Technik aus der hellenistischen Philosophie ein. Er vermittelt die Einsicht: Das Wissen um die ewigen Dinge liegt bereits in dir. Suche in den dir zur Verfügung stehenden Quellen, und du wirst es finden. Rückbezüglichkeit, Erinnerung, Ressourcenorientierung sind die entscheidenden Fähigkeiten und Qualitäten auf dem Weg zur Erlösung. Hinzu tritt bei Lukas ein Optimismus hinsichtlich der Möglichkeit des Menschen, seine Lebenslage zu optimieren und das eigene Leben ans Ziel zu bringen. Um sein Entwicklungspotenzial zu entfalten, braucht der Mensch Unterstützung und Motivation. Aber dann geht es auch voran, so die Erwartung. Lukas verknüpft seine Jesusgestalt mit dem hellenistischen Ideal der Vorzüglichkeit (ἀρετή). Das Tun ist der Weg zur Vollendung. Die Auffassung eines Paulus, derzufolge der Mensch selbst nichts zu seiner Errettung beitragen kann und seine Erlösung vollständig der Gnade Gottes zuzuschreiben ist, bleibt Lukas fremd.

Wirkungsgeschichtliche Folgen: Anknüpfung an den Hellenismus

In dem lukanischen Jesusbild sind jüdische, hellenistische und christliche geistige Anschauungen zu einer Melange verschmolzen. Ein sog. christliches Proprium lässt sich nicht herausdestillieren. Die Jesusdarstellung des Christen Lukas besteht gerade aus dieser Mischung von hellenistisch-jüdischen, hellenistisch-philosophischen und jüdisch-christlichen Einflüssen. Die Frage ist freilich, ob nach der langen Wirkungsgeschichte von fast 2000 Jahren bestimmte Ingredienzen dieses Jesusporträts stärker hervortreten als andere.

Zur Wirkungsgeschichte des Lukasevangeliums zählen greifbare äußere und geistesgeschichtlich wirksame unterschwellige Folgen. Ich nenne zwei Beispiele einer direkten Wirkung des Lukas. Erstens: Bei Lukas ist das Grab Jesu im Unterschied zur Markusvorlage zu einem identitätsstiftenden Erinnerungsort geworden. Lukas liefert damit einen Anknüpfungspunkt für Entwicklungen unter Kaiser Konstantin im 4. Jahrhundert. Konstantin lässt das *heilige Grab* des Erlösers suchen und beginnt mit dem Ausbau Jerusalems zu einer christlichen Erinnerungsstätte.[35] Damit ist eine Entwicklung in Gang gesetzt, die im Hochmittelalter in der Rivalität zwischen Kaiser und Papst, wer der Beschützer des heiligen Grabes ist, und vor dem Hintergrund der Auseinandersetzung mit dem sich ausbreitenden Islam in den Kreuzzügen ihren blutigen Höhepunkt erlebt.[36]

Zweitens: Das lukanische Doppelwerk hat den institutionellen Rahmen der christlichen Religion entscheidend mitgeprägt. Der bis heute gültige Ablauf des Kirchenjahres vom Advent über Weihnachten zur Passionszeit über Karfreitag und Ostern zur Himmelfahrt und Pfingsten mit einer endzeitlichen Ausrichtung auf den Ewigkeitssonntag am Ende des Kirchenjahres ist eine Struktur, die exklusiv auf der Basis des lukanischen Doppelwerks gründet.[37] Durch diese Chronologisierung der Jesuserzählung hat das Christentum im Gefolge des Lukas mit dazu beigetragen, ein lineares Zeitverständnis durchzusetzen; und gleichzeitig werden zyklisch im Verlauf eines Jahres die zentralen Inhalte des christ-

---

[35] Vgl. Klaus Bieberstein, Art. Jerusalem II.B. Nachexilische Zeit, in: DNP 5 (1998), 907-909, 907.

[36] Vgl. Paul-Gerhard Klumbies, Weg vom Grab! Die Richtung der synoptischen Grabeserzählungen und das »heilige Grab«, in: Ders., Von der Hinrichtung zur Himmelfahrt. Der Schluss der Jesuserzählung nach Markus und Lukas, BThSt 114, Neukirchen-Vluyn 2010, 71-105, 71-72, 105.

[37] Vgl. Paul-Gerhard Klumbies, Vorchristliches Erbe in nachchristlicher Zeit. Hellenismus und frühes Christentum, ea 15/4 (2005), 7-11, 9; vgl. auch Paul-Gerhard Klumbies, Rivalisierende Rationalitäten im Markus- und Lukasevangelium, in: Ders., Von der Hinrichtung zur Himmelfahrt. Der Schluss der Jesuserzählung nach Markus und Lukas, BThSt 114, Neukirchen-Vluyn 2010, 5-24, 19; vgl. auch schon Willi Marxsen, Die sogenannten Heils-Ereignisse zwischen Karfreitag und Pfingsten, in: Ders., Die Sache Jesu geht weiter, Gütersloh 1976, 73-82, 78-79.

lichen Glaubens mit den jeweiligen Haftpunkten an den Jahresfestzeiten vermittelt.

Die *katholische* Kirche der ersten 1500 Jahre ist stark lukanisch geprägt. Entsprechend lässt sich die Reformation Martin Luthers im 16. Jahrhundert auch als Lukaskritik von Paulus her lesen. Luthers zentrale Attacke gegen den Katholizismus richtet sich auf die Mitwirkungsmöglichkeit des Menschen am eigenen Heil. An dieser Front besitzt Luther in Paulus seinen idealen Verbündeten. Das ist geistesgeschichtlich eine Fundamentalkritik an dem hellenistischen ἀρετή-Konzept, das über den Evangelisten Lukas 1500 Jahre lang zum Zentralbestandteil kirchlicher Christologie geworden ist. Dass Papst Benedikt XVI. in seiner Regensburger Rede vom September 2006 die für die katholische Kirche tragende hellenistische Tradition im Christentum so hoch hielt, kann daher niemanden verwundern.

Wenn der Hellenismus 2000 Jahre lang unter dem Mantel des Christentums überwintert hat und die Kirchen in ihrer christologischen Substanz geformt hat, was passiert dann im Zuge der zunehmenden Säkularisierung einstmals christlicher Gesellschaften? Welche Gestalt von Gesellschaft wird nach dem Abfallen der *christlichen Eierschalen* des Lukasevangeliums unter der zerbrechenden Oberfläche hervortreten? Nach meinem Eindruck spricht manches dafür, dass wir uns in einer Phase der Anknüpfung an die vorchristliche hellenistische Ära befinden. Es gibt Indizien, dass wir an deren geistige Traditionen anknüpfen, und zwar unter Wegfall der 2000-jährigen Brechung, die dieses Erbe im Gewand des Christusglaubens erfahren hat. Meines Erachtens reichen die übergreifenden geistesgeschichtlichen Zusammenhänge über die christliche Epoche hinaus in die Zeit des Hellenismus zurück. Nach dem Zerfall der Synthese aus Christentum und Hellenismus könnte ein modifizierter Neo-Hellenismus zutage treten.

Als Hinweise für eine gegenwärtige Wiederanknüpfung an den Hellenismus verweise ich auf wenige Phänomene: Der (paulinisch)-christliche Gedanke der voraussetzungslosen und bedingungslosen Annahme des Menschen hat es in den Debatten der sog. Lebenswissenschaften zunehmend schwer, sich Gehör zu verschaffen. In der Reflexion über schützenswertes Leben – bei der Geburt wie am Ende – spielt inzwischen der Gedanke einer Eigenaktivität im Sinne der Realisierung eines Selbstverhältnisses eine beträchtliche Rolle.[38]

Das kompetitive Prinzip, eine Triebfeder der durch Alexander den Großen angestoßenen Weltveränderung, hatte bereits in der Antike zu einem Hervor-

---

[38] Volker Gerhardt, Was Biopolitik ist und was gegen sie spricht. Eine Analyse aus philosophischer Sicht, in: Forschung & Lehre (8/2002), 409–412, setzt in der Debatte zur Embryonenforschung auf die »Selbstzwecksetzung des Menschen« und erklärt den Menschen zu »seine[r] eigene[n] Aufgabe« (410). Sein Aufruf zum »Vertrauen in die eigenen Kräfte« (412) resultiert aus dem Rekurs auf die platonisch-aristotelische Tradition.

treten der Leistungsfähigeren in der Bevölkerung geführt. Daneben grassierten Ohnmachtsgefühle breiter Bevölkerungsgruppen, die sich vom gesellschaftlichen Aufschwung abgeschnitten sahen, politische Passivität und der Rückzug in individuelle Heilssuche.[39] Der scharfe Wettbewerbsgedanke, verbunden mit dem intensiven Bemühen um die Optimierung von Vorgängen, ist hier bereits musterhaft vorabgebildet. Die Verbindung von Leistungsfähigkeit und Wert der Einzelperson hat bereits in der Antike ausgezeichneten Individuen zu einem Kultstatus als gefeierte Persönlichkeiten verholfen.

Die Umdeklarierung des einzelnen Menschen vom lokal beheimateten Polis-Bewohner zum Kosmopoliten (κοσμοπολίθης) ist eine Schöpfung der stoischen Philosophie. Die Stoa hat damit die Rolle des Einzelbürgers in einer durch die hellenistische Globalisierung und den Kulturaustausch zwischen Orient und Okzident unüberschaubar gewordenen Welt auf den Begriff gebracht. Der Einzelne hat seine Beheimatung vor Ort, in seiner Polis, verloren. Er wird zum Weltbürger erklärt. Das große Ganze, der Kosmos ist sein Gegenüber.[40] Und die Verheißung lautet: Unter dem Schutz des Sternenhimmels kann das Leben gut gelingen. Dass das im Einzelfall sehr anders aussah, liegt nahe. In den drei Jahrhunderten v. Chr. boomen Erlösungsreligionen jeder Couleur zur Linderung der seelischen Not.

Weitere Phänomene aus hellenistischem Erbe wie die Privatisierung sozialer Versorgung, das Aufkommen von Mäzenatentum und Stiftungswesen, die *Arena* als Stätte der Massenunterhaltung seien der Vollständigkeit hinzugefügt.

Sollten wir heute tatsächlich in der Nachfolgegeschichte eines 2000 Jahre lang christlich ummäntelten Hellenismus stehen, wären wir in kulturgeschichtlicher Hinsicht Kinder der Ehe zwischen einem griechisch-makedonischen und einem persischen Elternteil. Diese Verbindung zwischen Okzident und Orient hat Alexander der Große im letzten Drittel des vierten Jahrhunderts v. Chr. gestiftet. Die Geburt der von einem zweitausendjährigen christlichen Intermezzo geprägten euro-amerikanischen Kultur wäre dann nach der Schlacht von Issos mit dem Einmarsch Alexanders nach Syrien im Jahr 333 v. Chr. erfolgt.

Literatur

Aristoteles, Poetik. Griechisch/Deutsch. Übersetzt und hrsg. v. Fuhrmann, Manfred, Stuttgart 1999.

[39] Vgl. Hans-Joachim Gehrke, Geschichte des Hellenismus, Oldenbourg Grundriss der Geschichte Band 1 A, München ^{2}1995, 1–3.

[40] Vgl. Hans Jonas, Gnosis, Existentialismus und Nihilismus, in: Ders., Zwischen Nichts und Ewigkeit. Zur Lehre vom Menschen, Göttingen ^{2}1987, 5–25, 14–15.

Bauer, Walter, Griechisch-deutsches Wörterbuch zu den Schriften des Neuen Testaments und der frühchristlichen Literatur, 6. völlig neubearbeitete Auflage, hrsg. v. Aland, Kurt/Aland, Barbara, Berlin 1988.

Bieberstein, Klaus, Art. Jerusalem II.B. Nachexilische Zeit, in: DNP 5 (1998), 907–909.

Braunert, Horst, Art. Theoria, in: Lexikon der Alten Welt Band 3, Augsburg 1994 (unveränd. Nachdruck von 1965), 3059.

Donadi, Francesco (übers. v. Heinze, Theodor), Art. Pseudo-Longinos, in: DNP 10 (2001), 513–516.

Fuhrmann, Manfred, Die Dichtungstheorie der Antike. Aristoteles – Horaz – ›Longin‹. Eine Einführung, Darmstadt [2]1992.

Gehrke, Hans-Joachim, Geschichte des Hellenismus, Oldenbourg Grundriss der Geschichte Band 1 A, München [2]1995.

Gerhardt, Volker, Was Biopolitik ist und was gegen sie spricht. Eine Analyse aus philosophischer Sicht, in: Forschung & Lehre (8/2002), 409–412.

Heinemann, Gottfried, Glück und Vorzüglichkeit. Aristoteles über Solons Paradoxon, in: Hoyer, Timo (Hrsg.), Vom Glück und glücklichen Leben. Sozial- und geisteswissenschaftliche Zugänge, Schriften des Sigmund-Freud-Instituts Reihe 2, Band 6, Göttingen 2007, 79–102.

Jonas, Hans, Gnosis, Existentialismus und Nihilismus, in: Ders., Zwischen Nichts und Ewigkeit. Zur Lehre vom Menschen, Göttingen [2]1987.

Klumbies, Paul-Gerhard, Vorchristliches Erbe in nachchristlicher Zeit. Hellenismus und frühes Christentum, in: ea 15/4 (2005), 7–11.

Klumbies, Paul-Gerhard, Rivalisierende Rationalitäten im Markus- und Lukasevangelium, in: Ders., Von der Hinrichtung zur Himmelfahrt. Der Schluss der Jesuserzählung nach Markus und Lukas, BThSt 114, Neukirchen-Vluyn 2010, 5–24.

Klumbies, Paul-Gerhard, Weg vom Grab! Die Richtung der synoptischen Grabeserzählungen und das »heilige Grab«, in: Ders., Von der Hinrichtung zur Himmelfahrt. Der Schluss der Jesuserzählung nach Markus und Lukas, BThSt 114, Neukirchen-Vluyn 2010, 71–105.

Klumbies, Paul-Gerhard, Das Sterben Jesu als Schauspiel nach Lk 23,44–49, in: Ders., Von der Hinrichtung zur Himmelfahrt, BThSt 114, Neukirchen-Vluyn 2010, 144–171.

Klumbies, Paul-Gerhard, Himmelfahrt und Apotheose Jesu in Lk 24,50–53, in: Ders., Von der Hinrichtung zur Himmelfahrt. Der Schluss der Jesuserzählung nach Markus und Lukas, BThSt 114, Neukirchen-Vluyn 2010, 172–196.

Longinus, Vom Erhabenen. Griechisch/Deutsch, übersetzt und herausgegeben von Schönberger, Otto, Stuttgart 1997.

Marxsen, Willi, Die sogenannten Heils-Ereignisse zwischen Karfreitag und Pfingsten, in: Ders., Die Sache Jesu geht weiter, Gütersloh 1976, 73–82.

Mutschmann, Hermann, Das Genesiscitat in der Schrift ΠΕΡΙ ΥΨΟΥΣ, in: Hermes 52 (1917), 161–200.

Neumann, Nils, Lukas und Menippos. Hoheit und Niedrigkeit in Lk 1,1–2,40 und in der menippeischen Literatur, NTOA/StUNT 68, Göttingen 2008.

Overbeck, Franz, Christentum und Kultur. Gedanken und Anmerkungen zur modernen Theologie. Aus dem Nachlass herausgegeben von Bernoulli, Carl Albrecht, Darmstadt [2]1963 (ursprünglich 1919).

PLÜMACHER, ECKARD, Neues Testament und hellenistische Form. Zur literarischen Gattung der lukanischen Schriften, in: TheolViat 14 (1977/78), 109-123.

ROST, LEONHARD, Einleitung in die alttestamentlichen Apokryphen und Pseudepigraphen einschließlich der großen Qumranhandschriften, Heidelberg [3]1985.

SCHIRLITZ, SAMUEL CHRISTOPH, Griechisch-deutsches Wörterbuch zum Neuen Testament, 5. Auflage neu bearb. von EGER, THEODOR, Giessen 1893.

SCHNELLE, UDO, Einleitung in das Neue Testament, Göttingen [4]2002.

SCHWEMER, ANNA MARIA, Art. Aristeasbrief, in: DNP 1 (1996), 1094.

THIEDE, CARSTEN PETER, Ein Fisch für den römischen Kaiser. Juden, Griechen, Römer: Die Welt des Jesus Christus, München 1998.

VERBURG, WINFRIED, Passion als Tragödie? Die literarische Gattung der antiken Tragödie als Gestaltungsprinzip der Johannespassion, SBS 182, Stuttgart 1999.

VOLPI, FRANCO, Art. Theoria (2), in: DNP 12/1 (2002), 401-403.

ZIEGLER, KONRAT, Das Genesiscitat in der Schrift ΠΕΡΙ ΥΨΟΥΣ, in: Hermes 50 (1915), 572-603.

ZIEHEN, LUDWIG, Art. Theoria, PRE 2. Reihe 10. Halbband (1934), 2228-2233.

Zwischen den Zeilen. Linguistische Analyse biblischer Texte

Andreas Gardt

Zu behaupten, die Bibel spiele für die Sprachwissenschaft eine ganz erhebliche Rolle, ist richtig und falsch zugleich.[1] Dass sie als *Wort Gottes* für eine säkulare Linguistik nicht Gegenstand der Betrachtung ist, lässt sich leicht nachvollziehen. Aber auch als kulturgeschichtliches Dokument begegnet die Bibel kaum in sprachwissenschaftlichen Arbeiten. Umso größer aber ist ihre Bedeutung dort, wo es um ihren Einfluss auf die sprachliche Entwicklung geht. Hier muss sogleich nach Disziplin und Erscheinungsform der Bibel differenziert werden: Für die germanistische Sprachwissenschaft, speziell für die historische, ist die Bibel in deutscher Übersetzung relevant. Im Vordergrund steht dabei die Bibel Martin Luthers und es gibt keine Darstellung der Sprachgeschichte des Deutschen, die nicht auf deren prägende Wirkung eingeht. Die Fachliteratur zu dem Thema ist umfangreich und konzentriert sich auf den Wortschatz, bestimmte grammatische Aspekte und den Stil Luthers insgesamt.[2] Dieser Stil ist unmittelbarer Niederschlag der Auffassung Luthers von einem richtigen Übersetzen und die wiederum ergibt sich bekanntlich aus seiner Theologie. Luthers Sicht der Bibel als eines semantischen weitgehend autarken Textes, der sich ohne Rekurs auf die exegetische Autorität Roms unmittelbar an die Menschen wendet, lässt ihn den Literalsinn der Bibel zum eigentlich Gemeinten erklären und die mit der Kategorie des vierfachen Schriftsinns operierende katholische Auslegungspraxis als »des Teuffels werck, also Zeuberey, Abgötterey, geucherey [d. h. Schwindel, A.G.]« bewerten.[3] Die Folge kann nur ein Übersetzen sein, das mit der Tradition der Wörtlichkeit bis hin zum interlinearen Übersetzen radikal bricht (»nostra

---

1 Die Ausdrücke *Linguistik* und *Sprachwissenschaft* werden im Folgenden bedeutungsgleich verwendet.

2 Einen neueren Überblick über die Forschung bietet Werner Besch, Luther und die deutsche Sprache. 500 Jahre deutsche Sprachgeschichte im Lichte der neueren Forschung, Berlin 2014.

3 D. Martin Luther Werke. Kritische Gesamtausgabe, Weimar 1883 ff. 3. Abteilung: Deutsche Bibel, Bd. 53, 594.

translatio ad verbum nihil est, ad sensum autem propriissima«[4]), sich dagegen an der Zielsprache und dem in ihr sprachlich Gängigen orientiert und eine »deutliche vnd yderman verstendliche rede« schafft, »mit vnuerfelschtem synn vnd verstand«.[5] Über diese Frage der Unverfälschtheit des Sinns in Luthers Übersetzung gab es natürlich heftige Auseinandersetzungen mit seinen Gegnern, doch konnte nichts den ungeheuren Erfolg dieses sprachlich so überaus eingängigen Textes aufhalten. Und da er nicht nur theologisch, sondern auch sprachpraktisch wirkte, war und ist er Gegenstand germanistischer Forschung. Dass in diese Forschung auch die Geschichte der anderen deutschsprachigen Bibeln einbezogen wurde, versteht sich von selbst.[6]

Alle diese Forschungsarbeiten fragen letztlich danach, welchen Einfluss die biblischen Texte auf die Entwicklung *der deutschen Sprache* hatten. Das entspricht der verbreiteten Perspektive sprachwissenschaftlichen Arbeitens. Traditionell ist das Interesse der Linguistik eher auf die Gesamtheit einer Sprache oder auf eine ihrer Varietäten als auf einen individuellen Autor oder Text gerichtet, also auf *das* Deutsche, *das* Sächsische, *die* juristische Fachsprache usw. Der individuelle Text tritt bei dieser Forschungsperspektive hinter seinen Beitrag zur Bildung des Musters (des Deutschen, des Sächsischen, der Fachsprache ...) zurück. Aber die angeführte Reihung zeigt zugleich die Möglichkeit des Übergangs zum Individuellen, dann nämlich, wenn man den Untersuchungsgegenstand immer spezifischer fasst. So könnte man z. B. nach der Fachsprache einer bestimmten wissenschaftlichen Schule fragen und sie von einer anderen abgrenzen oder nach der Sprache einzelner Persönlichkeiten etwa der sächsischen Geschichte. Je mehr das geschieht, desto stärker treten einzelne Gruppen von Texten, schließlich individuelle Texte als diejenigen Orte in den Vordergrund, an denen diese Sprache für den Wissenschaftler greifbar vorliegt. Texte und Gespräche sind die genuinen Orte des Vorkommens von Sprache, während die kleineren sprachlichen Einheiten, vom Laut bis zum Satz, ihnen konstitutiv zugeordnet sind und die größeren Einheiten – die Diskurse – solche Texte und Gespräche thematisch versammeln.

Die folgenden Ausführungen werden zunächst einige zentrale theoretische und methodische Aspekte der linguistischen Textanalyse aufzeigen. Ihre Auswahl wird von Annahmen darüber bestimmt, was aus theologischer Sicht von

---

4 WA 5, 73.

5 Beide Zitate WA 10/1, 6.

6 Einen profunden Überblick über die Geschichte der deutschen Bibelübersetzungen aus sprachwissenschaftlicher Sicht bietet: Stefan Sonderegger, Geschichte deutschsprachiger Bibelübersetzungen in Grundzügen, in: Werner Besch/Anne Betten/Oskar Reichmann/Stefan Sonderegger (Hrsg.), Sprachgeschichte. Ein Handbuch zur Geschichte der deutschen Sprache und ihrer Erforschung, 4 Bde., ^{2}1998–2004, Berlin/New York, Bd. 1, 229–284. = Handbücher zur Sprach- und Kommunikationswissenschaft HSK, 2.

besonderem Interesse an dem sprachwissenschaftlichen Umgang mit Texten sein könnte. In einem zweiten Schritt werden Anwendungen auf einen biblischen Text vorgestellt.

Mit dem Aufkommen der Textlinguistik in den sechziger Jahren des letzten Jahrhunderts und unterstützt durch eine moderne Stilistik wurden Texte nicht mehr nur als Lieferanten von isolierten Wörtern und grammatischen Formen in ihrem Beitrag zur Konstituierung des Sprachsystems (*des* Deutschen usw.) betrachtet. Vielmehr trat ihre textuelle Gestalt als solche in den Vordergrund, ihre internen Strukturen und ihre Funktionen in der Kommunikation. Nach eben diesen Faktoren wurden und werden Textsorten bestimmt und zugleich immer differenziertere Methoden der semantischen Analyse entwickelt, wobei die Textsemantik als Analysetheorie und -praxis nicht der Darlegung einer als statisch empfunden Textbedeutung dient, sondern der Beschreibung von Texten als Ausdruck komplexer kommunikativer Handlungen. Oft ist daher auch von *pragmasemantischen* Analysen die Rede, um den Anschluss an die linguistische Pragmatik als die Theorie sprachlichen Handelns zu verdeutlichen. In jüngster Zeit werden solche Analysen in den Bereich des Multimodalen (und Multimedialen) erweitert, mit der entsprechenden terminologischen Verschiebung von *pragmasemantisch* zu *pragmasemiotisch.*[7]

In der Sicht einer solchen pragmasemantischen (bzw. pragmasemiotischen) Linguistik gelten Texte als semantisch und pragmatisch komplexe Einheiten, deren Bedeutung und Funktion mehr als die Summe ihrer Konstituenten ist.[8] Wie bei emergenten (ganzheitlichen) Systemen lassen sich ihre semantischen Eigenschaften grundsätzlich nicht aus den Eigenschaften der einzelnen Komponenten *errechnen*, d. h.: Die Bedeutung von Texten ergibt sich nicht additiv aus den Einzelbedeutungen ihrer Konstituenten. Vielmehr semantisieren sich die Komponenten eines Textes gegenseitig, auf eine äußerst komplexe Weise, dabei über die einzelnen komponentiellen Ebenen – der Grapheme, Flexions- und Wortbildungsmorpheme, lexikalischen Einheiten, syntaktischen und transphrastischen Konstruktionen, textgestaltenden Komponenten usw. – in jede

---

7 Ein Beispiel mit Bezug auf historische religiöse Texte: NINA-MARIA KLUG, Das konfessionelle Flugblatt 1563–1580. Eine Studie zur historischen Semiotik und Textanalyse, Berlin/Boston 2012. = Studia Linguistica Germanica, 112. – Eine Übersicht über den Gesamtbereich bietet: NINA-MARIA KLUG/HARTMUT STÖCKL (Hrsg.), Handbuch Sprache im multimodalen Kontext, Berlin/Boston 2016. = Handbücher Sprachwissen HSW, 7.

8 Die textheoretischen und methodologischen Ausführungen folgen Darlegungen des Verfassers an anderen Orten, z. B.: ANDREAS GARDT, Textanalyse als Basis der Diskursanalyse. Theorie und Methoden, in: EKKEHARD FELDER (Hrsg.), Faktizitätsherstellung in Diskursen. Die Macht des Deklarativen, Berlin/Boston 2013, 29–56. = Sprache und Wissen, 13; ANDREAS GARDT, Interpretation, in: ANNE BETTEN/ULLA FIX/BERBELI WANNING (Hrsg.): Handbuch Sprache in der Literatur. Berlin/Boston (demn.). = Handbücher Sprachwissen HSW, 17.

Richtung hinausgreifend. Dass eine Analyse, die auf die Bedeutung und intendierte Wirkung eines Textes zielt, diesen komplexen Konstellationen durch ein entsprechend differenziertes analytisches Instrumentarium gerecht werden muss, ist offensichtlich.

Diese Beschreibung textueller Bedeutungsbildung weist zugleich jede Sicht von Wörtern als unzureichend zurück, die ihnen eine autarke, *feste* Bedeutung zuspricht, die sie gewissermaßen als semantische Last in einen Text einbringen und dort ablegen. Den Leser würde eine solche Vorstellung in die Rolle dessen bringen, der die über den Text linear gereihten Einzelbedeutungen *auf-liest* und zu einem sinnvollen Ganzen zusammenfügt. Auf einen ersten Blick scheint es allerdings, als würde jeder Sachtext die eben kritisierte Sicht belegen:

> »Lutherbibel, revidierter Text 1984, durchgesehene Ausgabe, © 1999 Deutsche Bibelgesellschaft, Stuttgart.«[9]

In dieser Angabe scheint Eindeutigkeit vorzuherrschen und in der Tat wird man in diesem kurzen Text (bzw. Textzusatz) schwerlich etwas *zwischen den Zeilen* Bedeutetes erkennen. Diese Eindeutigkeit ist jedoch nicht auf die semantische Autonomie der Wortbedeutungen zurückzuführen, sondern Resultat eines erst durch den Kontext ermöglichten Vorgangs der Monosemierung. Dass wir z.B. »Ausgabe« ganz selbstverständlich im Sinne von *Edition* verstehen und nicht an eine Ausgabe denken, wie sie in Wendungen wie *Ausgabe von Essen/Gutscheinen/Mitgliedsausweisen* begegnet, hängt mit diesem Kontext zusammen, der aber nicht erst mit dieser Zeile beginnt, sondern den gesamten textuellen Rahmen umfasst: Die Internetseite von *www.die-bibel.de*, von der das Zitat stammt, lässt sofort erkennen, dass dort Bibel-Texte zitiert werden, und Leser von Texten, die als Zitate präsentiert werden, wissen, dass die Angabe von Quellen zu den Konventionen der Präsentation solcher Texte gehört. Ein derartiges Rezipieren von Texten nach Maßgabe des Vorwissens des Lesers ist der absolute Regelfall der Rezeption (und ist eine Selbstverständlichkeit jeder Hermeneutik, mit ihrem Konzept der verstehensrelevanten *Vor-Urteile*).

Eben dieser Sachverhalt ist ein maßgeblicher Grund dafür, dass die sprachwissenschaftliche Texttheorie das Verhältnis von Text und Rezipient grundsätzlich so charakterisiert: Texte *haben* keine Bedeutung, sondern Bedeutung wird vom Leser am Text geschaffen, evoziert durch die sprachlichen Konstituenten des Textes. Diese Sicht fügt sich in den konstruktivistischen Grundzug gegenwärtiger geistes- und kulturwissenschaftlicher Theoriebildung und erlaubt zugleich den Anschluss an aktuelle kognitivistische Orientierungen in der Sprachwissenschaft. Daneben hat diese Auffassung eine Reihe von Kon-

---

9 http://www.die-bibel.de/online-bibeln/luther-bibel-1984/bibeltext/bibel/text/lesen/stelle/1/10001/19999/ch/4fc3b5d891e421ed57355b9bb8850337/ (Stand: 28.02.2016).

sequenzen, wie etwa die Frage nach der Objektivität/Verbindlichkeit interpretatorischer/analytischer Aussagen, doch müssen solche Aspekte hier unberücksichtigt bleiben.[10]

Sucht man nach subtileren Formen textueller Bedeutungsbildung als im oben zitierten Beispiel, so wird man sie kaum in Gebrauchstexten finden. Literarische Texte dagegen (wie auch religiöse) gelten als geradezu klassische Orte komplexer Bedeutungsgefüge. Das folgende Beispiel soll dies kurz illustrieren, dabei besonders die flächige Qualität der Bedeutungsbildung aufzeigen.

Schlägt man im *Duden-Universalwörterbuch* unter dem Lemma *Ruhe* nach, findet man diese Angaben:

> »1. a) durch kein [lärmendes] Geräusch u. lebhaftes Treiben gestörter Zustand; [fast völlige] Stille: eine wohltuende, friedliche R. [...].
> b) Bewegungslosigkeit: das Pendel ist, befindet sich in R. [...]
> 2. Zustand erholsamer, beschaulicher Untätigkeit; Entspannung, Erholung [...]
> 3. durch keinerlei Unfrieden, keinen Kampf, Streit o. Ä. beeinträchtigter [normaler] Zustand: es herrschen R. und Ordnung im Land [...]
> 4. durch keine Erregung gestörter Zustand des seelischen Gleichgewichts; Gelassenheit [...].«[11]

Betrachtet man nun Goethes *Wandrers Nachtlied (Ein Gleiches)*, wird man alle diese Bedeutungen mehr oder weniger ausgeprägt dort erkennen:

> »Über allen Gipfeln
> Ist Ruh,
> In allen Wipfeln
> Spürest du
> Kaum einen Hauch;
> Die Vögelein schweigen im Walde.
> Warte nur, balde
> Ruhest du auch.«[12]

Leser des Textes, auch viele professionelle, weisen allerdings sehr bald auf die Bedeutungskomponente *Tod/sterben* von *Ruhe/ruhen* hin. Diese Komponente schließt die anderen Bedeutungen nicht aus, sondern tritt neben sie. Als Begründung lässt sich auf die Tradition der Naturlyrik, speziell des Abendlieds,

---

[10] Dazu Gardt, Interpretation.

[11] Duden. Deutsches Universalwörterbuch, 5. überarbeitete Aufl., hrsg. v. d. Dudenredaktion, Mannheim/Leipzig/Wien/Zürich 2003 s.v. *Ruhe.*

[12] Goethe. Gedichte, hrsg. u. kommentiert v. Erich Trunz, München [16]1996, 142 (folgt dem Text der ›Hamburger Ausgabe‹).

verweisen, auf das bei Goethe begegnende Motiv des *Lebenswanderes* (*homo viator*), auf das *Memento mori* des »Warte nur«. Alle diese Verbindungen zu *Ruhe/ruhen* sind kontextuell in einem weiteren Sinne, d. h. sie greifen über das Gedicht hinaus und lassen sich unter verschiedene Formen der Intertextualität fassen. Aber auch innerhalb des Gedichts, über seine Fläche, wird der semantische Anklang zu *Tod/sterben* gestützt, indem der Text von der Gesamtheit seiner lexikalischen Mittel bis hin zur prosodisch-rhythmischen Gestaltung das Bild absoluter Ruhe evoziert, einer Ruhe, die für zahlreiche Leser bis zum Tod reichen kann. Man mag einwenden, dass auch den Ausdrücken *Ruhe* und *ruhen* selbst, sozusagen als (vermeintlich) semantisch autarken Elementen des Systems der deutschen Sprache, eine Bedeutungskomponente ›Tod‹/›sterben‹ als feste Eigenschaft zukommt und dabei auf die Existenz von Syntagmen wie *Ruhe in Frieden* und *Ewige Ruhe* verweisen. Tatsächlich sind diese Syntagmen etablierter Bestandteil des Deutschen, doch kann die in ihnen (zwar metaphorisch, aber sehr deutlich) ausgedrückte Komponente *Tod* in der Rezeption des Gedichts Goethes nur durch flächige Kontextualisierung aufgerufen werden: Erst das textuelle Umfeld der Ausdrücke *Ruhe* und *ruhen* ermöglicht den Bezug zu *Tod*. Als Beleg muss man lediglich diese Überschrift aus einer Hotelwerbung betrachten:

> »Erholungsurlaub an der Ostseeküste: Ruhe und Meerluft genießen.«[13]

Was immer »Ruhe« hier bedeuten mag, auf keinen Fall ist es *Tod*.

Um den Vorgang der textsemantischen Analyse methodisch stringent verlaufen zu lassen und die Rezeption über das bloße Verstehen hinaus zur expliziten Analyse zu erheben, wurden in der Textlinguistik und Stilistik entsprechende Anleitungen entwickelt. Insgesamt erinnern sie etwas an die Topoi-Verzeichnisse der Rhetorik: Dem Analysierenden (in der Rhetorik früher traditionell: dem Redner) bieten sie die Möglichkeit, sich nicht ausschließlich auf seine Inspiration zu verlassen, indem sie systematisch diejenigen Aspekte eines Textes benennen, die für die Analyse (bzw. für die zu verfassende Rede) relevant sein könnten.

Dem pragmatischen Verständnis von Texten entsprechend, setzen solche Darstellungen vor der Konfrontation mit dem konkreten Textexemplar ein, indem sie zunächst danach fragen, *wer* den Text *für wen, wo, mit welchen Mitteln* usw. verfasst hat. Das spiegelt die klassische rhetorische Suchformel des *quis, quid, ubi, quibus auxiliis* usw., die jeden Text in seinem tatsächlichen (oder, für die Rhetorik, geplanten) kommunikativen Vorkommen verortet. An diesen ersten Schritt der Analyse schließen sich zwei weitere an, sodass sich häufig ein

---

13 http://www.wellnesshotels-resorts.de/de/erholungsurlaub-an-der-ostseekueste-ruhe-und-meeresluft-geniessen-1 (Stand: 01.03.2016).

Dreischritt ergibt (die im Folgenden wiedergegebenen Auszüge entstammen dem *Textsemantischen Analyseraster* [*TexSem*][14]):

> kommunikativ-pragmatischer Rahmen (Textproduzent, antizipierter Rezipient, Situation usw.)
> textuelle Makrostruktur (Textsorte und Handlungsformen; Binnenstruktur des Textes: Textthema, Themenentfaltung, Layout usw.)
> textuelle Mikrostruktur (Ebenen der Phonie, Graphie, Lexik und Phraseologismen; Argumentationsformen; Syntax und Flexionsmorphologie; Interpunktion usw.)

Jede Kategorie ist weiter differenziert. Der *Textproduzent* etwa, der bei einem ins Multimodale erweiterten Textbegriff auch ein Zeichner oder Fotograf sein kann, wird unter den Gesichtspunkten Alter, Geschlecht, Bildung, Tätigkeit/Beruf, kultureller (sozialer, politischer, religiöser usw.) Hintergrund, Diskursposition und -interesse usw. betrachtet. Faktoren dieser Art können die Bedeutung eines Textes entscheidend prägen. Was z.B. von einem in einer politischen Debatte engagierten Autor über Themen dieser Debatte gesagt wird, ist offensichtlich anders zu beurteilen – *bedeutet* etwas anderes – als von einem Unbeteiligten.

Auf der Ebene der textuellen Makrostruktur sei als Beispiel die Kategorie der *Textsorte* herausgegriffen. Ihre Differenzierung erfolgt im zitierten Analyseraster nach den Kategorien *Lebensbereiche/Wissensdomänen* (Politik, Wirtschaft, Wissenschaft, Religion, Kunst, Verwaltung usw.) und *Handlungsformen* (informierende Texte, z.B. Fachtexte; sozial verbindende Texte, z.B. Obligationstexte wie Verträge; usw.). Daneben wird unterschieden zwischen Experten- und Laienkommunikation, auch zwischen monologischen und dialogischen Textverläufen, wie man sie etwa in Internet-Chats und -Blogs findet, sowie zwischen konzeptioneller Schriftlichkeit und Mündlichkeit. Diese Unterscheidungen gelten für alle Lebensbereiche bzw. Wissensdomänen. Die Publikation eines theologischen Streitgesprächs im Rahmen einer Podiumsdiskussion etwa begegnet im Medium der Schriftlichkeit, ist jedoch konzeptionell mündlich. Umgekehrt ist eine Predigt medial mündlich konzipiert, wird jedoch in aller Regel zuvor verschriftlicht.

Von besonderer Relevanz für jede textsemantische Analyse ist die Ebene der Lexik. Sie lässt sich so differenzieren:[15]

---

[14] ANDREAS GARDT, Textsemantik. Methoden der Bedeutungserschließung, in: JOCHEN A. BÄR/MARCUS MÜLLER (Hrsg.): Geschichte der Sprache und Sprache der Geschichte. Probleme und Perspektiven der historischen Sprachwissenschaft des Deutschen. Oskar Reichmann zum 75. Geburtstag, Berlin 2012, 61–82; zur multimodalen Erweiterung des Rasters s. NINA-MARIA KLUG, Multimodale Text- und Diskurssemantik, in: NINA-MARIA KLUG/HARTMUT STÖCKL (Hrsg.), Handbuch Sprache im multimodalen Kontext, Berlin/Boston 2016, 165–189. = Handbücher Sprachwissen, HSW 7.

[15] *Textsemantisches Analyseraster*, s. Anm. 14.

Fachwort, Fremdwort, Neologismus, Archaismus, Vulgarismus, Regionalismus etc.; u. a. Bestimmung der Varietät (Fachsprache etc.) und – in Verbindung mit der grammatischen Analyse – des stilistischen Registers (salopp, umgangssprachlich, bildungssprachlich etc.), unter Berücksichtigung von Nähe- und Distanzsprachlichkeit

Schlagwort (Fahnenwort – Stigmawort) (deontische Bedeutung)
semantische (konzeptuelle) Felder/Netze: Etablierung von Themen/Teilthemen im Text (Anschluss an die Kategorien von Wortfeld, Begriffs-/Konzeptfeld, Frame/Wissensrahmen etc.)

Zu beachten:

Kollektivsymbolik: u. a. Metaphern und Metonymien (Metaphernfelder/konzeptuelle Metaphern)

Kollokationen
Inbezugsetzung eines Textzeichens (Wort, Wortgruppe, Phraseologismus, Satz, textstrukturelle Konstituente)
- zu den in semantischer Relation stehenden Ausdrücken des Sprachsystems (Synonyme, Antonyme etc.)
- zu den Sprachzeichen des Kotextes (Intratextualität)
- zu Sprachzeichen in anderen Texten desselben Autors oder anderer Autoren derselben oder einer früheren Zeit (Intertextualität)

Einige der hier genannten Kategorien werden in den folgenden Textanalysen begegnen und dort erläutert, ansonsten sei auf die bereits genannte Literatur verwiesen. Die theoretisch-methodologischen Ausführungen abschließend, sollen stattdessen im Folgenden zwei weitere Unterscheidungen angesprochen werden, die die textuelle Bedeutungsbildung grundsätzlich kennzeichnen und daher auch sinnvolle Kategorien für die Textanalyse bilden.

Die erste Unterscheidung wurde zuvor bereits angedeutet, als von der *flächigen Qualität textueller Bedeutungsbildung* die Rede war. Dabei handelt es sich um eine Unterscheidung in *punktuelle* und *flächige* Formen der Bedeutungsbildung:[16]

»*Punktuelle Bedeutungsbildung* kommt in prototypischer Weise dadurch zustande, dass einzelne (zumeist lexikalische) Textausdrücke oder Ausdruckskombinationen in einer Weise Bedeutung evozieren, dass der betreffende Ausdruck als semantisch relevant zumindest für den weiteren Kotext seines Vorkommens bewertet wird, häufig auch für eine größere Textpassage, in besonderen Fällen sogar für den gesamten Text. Ein Beispiel für den zuletzt genannten Fall ist die Verwendung des Ausdrucks entartete Kultur durch den Kölner Kardinal Joachim Meisner, in einer

[16] Gardt, Textanalyse, 45.

Rede im September 2007. Durch die Assoziation mit der berüchtigten nationalsozialistischen Formulierung von der ›entarteten Kunst‹ hat dieser punktuell verwendete einzelne Ausdruck die gesamte Semantik der Rede Meisners dominiert und ihre Rezeption entsprechend geprägt.

Bei *flächiger Bedeutungsbildung* entsteht der semantische Effekt durch die Gesamtheit der Bedeutung mehrerer Textelemente, ohne dass ein einzelnes dieser Textelemente bereits die erst über die Gesamtfläche des Textes entstehende Bedeutung anzeigt. Nicht selten sind die Mittel flächiger Bedeutungsbildung divergenter und schwieriger zu identifizieren als die punktueller Bedeutungsbildung. Wird z.B. ein Text insgesamt als inhaltlich unklar, unstimmig wahrgenommen, dann kann dies an thematisch inkonsistent etablierten Wortfeldern liegen (durch die Verwendung von Ausdrücken, die sich in ein einmal im Text etabliertes semantisches Feld nicht einfügen), durch antithetische Propositionen (ohne argumentative Klärung der Antithesen), durch textdeiktisch unklare Satzanschlüsse usw. Erst in ihrer Gesamtheit lassen diese und evtl. andere sprachliche Konstituenten des Textes den erwähnten Eindruck der inhaltlichen Unstimmigkeit entstehen. Zu ergänzen ist, dass mit den Ausdrücken *punktuell* und *flächig* die beiden Pole eines Spektrums bezeichnet werden, innerhalb dessen graduelle Abstufung herrscht: Zahlreiche Punkte werden ab einer gewissen, jeweils im Einzelfall zu bestimmenden Dichte zu einer Fläche.«

Nicht weniger sinnvoll ist die Unterscheidung in *zwei semantische Ebenen* eines Textes. Eine solche Unterscheidung ist durchaus gängig und oft ist dabei die Rede von einer ersten Ebene der sog. ›wörtlichen Bedeutung‹, die von einer zweiten des *eigentlich Gemeinten*, des *Sinns* abgehoben wird. In Gebrauchstexten fallen die beiden Ebenen meist zusammen. Heißt es z.B. in einem Fachbuch über die frühneuzeitliche Textsorte der *Erquickstunden*, »[d]er Begriff ›Erquickstunden‹ selbst erscheint in Grimms *Deutschem Wörterbuch*«[17], dann ist die Bedeutung dieser Feststellung, dass das Wort *Erquickstunden* im *Deutschen Wörterbuch* aufgeführt ist. Eben das ist auch mit dieser Feststellung *gemeint*, soll mit ihr zum Ausdruck gebracht werden. Einen *eigentlichen Sinn* jenseits des Bedeuteten gibt es nicht.

Anders verhält sich das sehr häufig bei literarischen Texten. Ist in Goethes *Wandrers Nachtlied* von »Ruhe« die Rede, dann schließen wir zumindest nicht aus, dass es dabei um sehr viel mehr als um Stille und Erholung gehen könnte, ein Gedanke, der uns beim Vorkommen von »Ruhe« in der zitierten Hotelwerbung gar nicht erst in den Sinn kommt. Und die Feststellung, dies verhalte sich in religiösen Texten ähnlich, ist geradezu trivial: Es bedürfte keiner Exegese, wenn dies nicht so wäre. Man mag einwenden, dass auch in Alltagstexten ein wörtlich Bedeutetes und ein eigentlich Gemeintes häufig auseinanderfallen. Das ist fraglos richtig: Wer einen Passanten fragt, ob er ihm sagen könne, wie viel Uhr es sei, zielt

---

[17] Nikola Roßbach, Lust und Nutz. Historische, geistliche, mathematische und poetische *Erquickstunden* in der Frühen Neuzeit, Bielefeld 2015, 31.

nicht auf das wörtlich Bedeutete der Fähigkeit, die Uhrzeit anzugeben, will also nicht wissen, ob der Gefragte die Uhrzeit nennen *kann*, sondern meint mittels dieses (im Sinne der Sprachakttheorie) indirekten Sprechakts *eigentlich*, dass der Gefragte ihm die Uhrzeit mitteilen *möge* bzw. *solle:* Das in der Frage Bedeutete ist als Aufforderung gemeint. Doch bedarf es im Alltag in aller Regel keiner aufwändigen interpretatorischen bzw. exegetischen bzw. analytischen Verfahren, um von der ersten semantischen Ebene einer Äußerung auf ihre zweite zu schließen, sehr häufig liegen hier – wie bei der Frage nach der Uhrzeit – kommunikative Routinen vor, die uns kein analytisches Kopfzerbrechen bereiten. Literarische und religiöse Texte (nicht nur sie, aber sie in besonderer Weise) stellen hier ganz andere Anforderungen an uns.

Dieser Blick auf die semantischen Abläufe mag zwar von Literaturwissenschaftlern, Theologen und Linguisten geteilt werden, doch gilt für Letztere Folgendes: Linguisten und Linguistinnen geht es letztlich nicht um die Bedeutung oder um Sinn von Texten als solchen, nicht um kulturelle Inhalte irgendwelcher Art, sondern um die *Art und Weise des Zustandekommens von Bedeutung:* Wie funktionieren Texte (und Gespräche, die im Folgenden stets mitgedacht sind) als diejenigen sprachlichen Größen, die unser Bild von der Welt maßgeblich gestalten? Was in ihnen, d. h. in ihrer sprachlichen Gestalt, ist es, das uns veranlasst, einzelne ihrer Elemente oder Passagen oder sie insgesamt für prägnant, diffus, dunkel, aggressiv, pointiert, ästhetisch ansprechend usw. zu halten? Wenn wir nach der Lektüre eines Textes z. B. ein klares Bild von einem Sachverhalt und den Positionen des Verfassers zu haben glauben, nach der Lektüre eines anderen Textes zum selben Thema aber den Eindruck gewonnen haben, hier werde zwar dieselbe Ansicht vertreten, zugleich aber würden zwischen den Zeilen abweichende Positionen vorgebracht: Wie genau, durch welche Gestaltungselemente und durch welche ihrer Kombinationen werden solche Eindrücke evoziert? Anders formuliert: Wie genau verläuft der Weg von der sprachlichen Oberfläche von Texten zu dem, was wir ihnen an Bedeutung und Sinn zusprechen? Die Antwort auf diese Frage wird etwas über die individuellen Texte, die Gegenstand linguistischer Untersuchung sind, aussagen, wird aber auch – und das ist das eigentliche Anliegen der Sprachwissenschaft – etwas über die sprach- und kommunikationssystematischen Muster der Textgestaltung und damit darüber aussagen, welche Rolle Texten als den zentralen Vorkommensweisen von Sprache bei der Gestaltung unserer individuellen und der gesellschaftlichen Welt zukommt. Damit ist zugleich gesagt, dass es der linguistischen Analyse letztlich nicht um den wissenschaftlichen Nachvollzug individueller Lektüreerfahrung, sondern um die Bestimmung der Musterhaftigkeit der Textgestaltung geht, weil nur so etwas über den Ort von Texten *in der deutschen Sprache* ausgesagt werden kann.

Wenn bei der vorangehenden Beschreibung von *der Bedeutung von Texten* die Rede war (der *Sinn* des Textes wird im Folgenden mitgedacht, aber nicht gesondert hervorgehoben), dann ist damit keineswegs gesagt, dass die einem Text zugesprochene Bedeutung als unmittelbarer Niederschlag der Autorenintention zu gelten hat. Autorenintention und Textbedeutung sind nicht identisch. Bei einer textsemantischen Analyse muss zwar, wie der Dreischritt oben zeigt, die Position des Autors berücksichtigt werden, und natürlich können wir einen Text sehr wohl als Ausdruck der Intention eines Autors lesen, tun dies in der Regel auch. Aber wir wissen auch, dass Autoren Fehler unterlaufen und so textsemantische Intention und realisierte Bedeutungskonstruktion auseinanderfallen können. Hinzu kommt, dass sich Autoren nicht vollständig darüber im Klaren sein mögen, welche Motive, Einstellungen, Urteile sie beim Verfassen eines Textes geleitet und die semantische Gestaltung des Textes beeinflusst haben. Damit ist nicht das Konzept vom *Tod des Autors*, wie es prononciert bei Roland Barthes und ähnlich argumentierenden Texttheoretikern begegnet,[18] aufgegriffen. Allerdings ist die Position des Autors als desjenigen, der mit höchster Autorität über die Bedeutung des Textes zu urteilen vermag, gegenüber der im Text tatsächlich versprachlichten Bedeutung relativiert. Dieser Gedanke begegnet spätestens seit der Hermeneutik Friedrich Schleiermachers[19] in der Texttheorie immer wieder und scheint auch im Begriff der *intentio operis* auf. Auch diese *tatsächliche Bedeutung* wohnt dem Text natürlich nicht inne, sondern wird ihm von muttersprachlich kompetenten und in der Sache kundigen Lesern und Leserinnen zugesprochen, in einer Art *consensus eruditorum*.

Vor dem Hintergrund der Ausführungen zur linguistischen Texttheorie und Analysepraxis sei im Folgenden an einigen Beispielen ausgeführt, wie sich Sprachwissenschaftler biblischen Texten analytisch nähern würden.[20] Betrachtet werden soll eine Passage aus dem Matthäusevangelium[21]

»Vom Schätzesammeln und Sorgen

19 Ihr sollt euch nicht Schätze sammeln auf Erden, wo sie die Motten und der Rost
fressen und wo die Diebe einbrechen und stehlen. **20** Sammelt euch aber Schätze im

---

[18] Roland Barthes, Der Tod des Autors, in Ders., Das Rauschen der Sprache, Frankfurt a. M. 1967/2005, 57–63. Zu Gegenpositionen in der Literaturwissenschaft s. Fotis Jannidis u. a. (Hrsg.), Rückkehr des Autors. Zur Erneuerung eines umstrittenen Begriffs. Tübingen 1999. = Studien und Texte zur Sozialgeschichte der Literatur, 71.

[19] Friedrich Schleiermacher, Über den Begriff der Hermeneutik mit Bezug auf F. A. Wolfs Andeutungen und Asts Lehrbuch, in Hans-Georg Gadamer/Gottfried Boehm (Hrsg.), Seminar: Philosophische Hermeneutik, Frankfurt a. M. 1829/1976, 131–165.

[20] Für die folgenden Analysen danke ich Nina-Maria Klug für Anregungen.

[21] Der zitierte Text folgt der Ausgabe der Lutherbibel von 1984 (Hervorhebungen im Original): http://www.die-bibel.de/online-bibeln/luther-bibel-1984/bibeltext/bibel/text/lesen/stelle/50/60001/69999/ch/767a58a45b5eeeac084e5c2fe2ec20b6/ (Stand:08.03.2016).

> Himmel, wo sie weder Motten noch Rost fressen und wo die Diebe nicht einbrechen
> und stehlen. **21** Denn wo dein Schatz ist, da ist auch dein Herz.
>
> **22** Das Auge ist das Licht des Leibes. Wenn dein Auge lauter ist, so wird dein ganzer
> Leib licht sein. **23** Wenn aber dein Auge böse ist, so wird dein ganzer Leib finster sein.
> Wenn nun das Licht, das in dir ist, Finsternis ist, wie groß wird dann die Finsternis sein!
>
> **24 Niemand kann zwei Herren dienen: Entweder er wird den einen hassen und
> den andern lieben, oder er wird an dem einen hängen und den andern ver-
> achten. Ihr könnt nicht Gott dienen und dem Mammon.**
>
> **25** Darum sage ich euch: Sorgt nicht um euer Leben, was ihr essen und trinken
> werdet; auch nicht um euren Leib, was ihr anziehen werdet. Ist nicht das Leben mehr
> als die Nahrung und der Leib mehr als die Kleidung? **26** Seht die Vögel unter dem
> Himmel an: sie säen nicht, sie ernten nicht, sie sammeln nicht in die Scheunen; und
> euer himmlischer Vater ernährt sie doch. Seid ihr denn nicht viel mehr als sie? **27** Wer
> ist unter euch, der seines Lebens Länge eine Spanne zusetzen könnte, wie sehr er sich
> auch darum sorgt?
>
> **28** Und warum sorgt ihr euch um die Kleidung? Schaut die Lilien auf dem Feld an, wie
> sie wachsen: sie arbeiten nicht, auch spinnen sie nicht. **29** Ich sage euch, dass auch
> Salomo in aller seiner Herrlichkeit nicht gekleidet gewesen ist wie eine von ihnen.
> **30** Wenn nun Gott das Gras auf dem Feld so kleidet, das doch heute steht und morgen
> in den Ofen geworfen wird: sollte er das nicht viel mehr für euch tun, ihr Klein-
> gläubigen? **31** Darum sollt ihr nicht sorgen und sagen: Was werden wir essen? Was
> werden wir trinken? Womit werden wir uns kleiden? **32** Nach dem allen trachten die
> Heiden. Denn euer himmlischer Vater weiß, dass ihr all dessen bedürft.
>
> **33 Trachtet zuerst nach dem Reich Gottes und nach seiner Gerechtigkeit, so
> wird euch das alles zufallen.** **34** Darum sorgt nicht für morgen, denn der morgige
> Tag wird für das Seine sorgen. Es ist genug, dass jeder Tag seine eigene Plage hat.« (Mt
> 6, 19–33)

Folgt man dem oben skizzierten Dreischritt der Analyse, würde sich zunächst die Frage nach dem kommunikativ-pragmatischen Rahmen und damit unter anderem nach dem Autor des Textes stellen. Damit aber wäre sogleich ein Punkt angesprochen, der in das Zentrum des theologischen Textverständnisses hinein- und über die Kompetenz eines Sprachwissenschaftlers hinausführen würde. Zu klären wäre das Verhältnis eines historischen Autors, über dessen Person nur sehr rudimentäres Wissen vorliegt, zum *eigentlichen Sprecher* des Textes, als dessen Ausdruck der biblische Text traditionell verstanden wird, eben als Wort Gottes. Zu klären wäre auch, wie mit der Tatsache analytisch umzugehen ist, dass es sich bei dem Text um eine Übersetzung handelt. Alle diese Aspekte rufen sowohl philologische wie auch theologische Fragen auf, etwa die Frage danach, was es für das Textverständnis bedeuten würde, mit dem Konzept der Verbalinspiration zu argumentieren.

Eine linguistische Textanalyse kann solche Fragen nicht diskutieren. Erwähnt sei lediglich, dass sich die aus der Übersetzungsproblematik ergebende Frage dann als weniger problematisch erweist, wenn man den Text nicht unter dem Gesichtspunkt seiner ursprünglichen Einzelsprachlichkeit betrachtet, sondern unter dem der Praxis seiner Rezeption: Wird der Text in der oben zitierten sprachlichen Gestalt in den öffentlichen Raum gestellt, zur Rezeption für alle Interessierten, dann wird er dort wie ein Original rezipiert. Selbst wenn sich ein Leser (oder Hörer) der Tatsache bewusst sein mag, dass es sich um eine Übersetzung handelt, treten im Alltag der Rezeption die philologischen Fragen, die sich aus dem Übersetztsein eines Textes ergeben, hinter die unmittelbare Texterfahrung zurück, und das nicht nur bei religiösen Texten.

Bereits der Hinweis auf die Frage der Autorschaft zeigt, dass ein Analyseraster wie das oben vorgestellte nicht mechanisch abgearbeitet werden kann. Der Umfang dieses Beitrags erlaubt es lediglich, schlaglichtartig einige analytische Beobachtungen zu formulieren, wie sie bei sprachwissenschaftlichen Textanalysen begegnen, dort allerdings in die Beschreibung des Kontextes eines jeweiligen Analysegegenstandes eingebunden.

Vor dem Hintergrund dessen, was oben zur Wahrnehmung des deutschen biblischen Textes durch viele Leser und Leserinnen als *Quasi-Original* festgestellt wurde, müssen auch die Zwischenüberschriften als Teile dieses *originalen* Textes gelten. Auf die Überschrift zu Mt 6,19–34 sei im Folgenden kurz eingegangen, unter Einbeziehung unterschiedlicher Übersetzungen:[22]

»Vom Schätzesammeln und Sorgen«
(Luther 1984)

»Von der falschen und der rechten Sorge«
(Einheitsübersetzung 1980)

»Warnung vor Habsucht und irdischen Sorgen«
(Rev. Elberfelder Bibel 2008)

»Ungeteilter Dienst«
(Gute Nachricht Bibel 2000)

»Schätze auf Erden und im Himmel« (Mt 6,19–24)
»Von unnützen Sorgen« (Mt 6,25–34)
(Schlachter 2000)

---

22 Die Titelangaben folgen den gängigen Abkürzungen; zit. wird nach (Ausnahmen s. u.): *http://www.die-bibel.de/online-bibeln/ueber-die-online-bibeln/* (Stand: 08.03.2016); die folgenden Ausnahmen werden zit. nach http://de.bibleserver.com/text/HFA/Matthäus6 (Stand: 08.03.2016): *Hoffnung für alle, Neue evangelistische Übersetzung*; die *Volxbibel* wird zit. nach http://wiki.volxbibel.com/Matthäus_6 (Stand: 08.03.2016).

»Zweierlei Reichtum« (Mt 6,19–21)
»Licht und Finsternis. Das Gleichnis vom Auge« (Mt 6,22–23)
»Gottes Reich und irdische Sorgen« (Mt 6,24–34)
(Neue Genfer Übersetzung 2011)

»Falsche und wahre Frömmigkeit«
(Neue evangelistische Übersetzung 2014)

»Macht euch keine Sorgen!«
(Hoffnung für alle 2002)

»Gott muss die Nummer eins in deinem Leben sein!«
(Volxbibel 2011)

Unter diesen Varianten seien zunächst die folgenden vier hervorgehoben:

»Vom Schätzesammeln und Sorgen«
(Luther 1984)

»Von der falschen und der rechten Sorge«
(Einheitsübersetzung 1980)

»Warnung vor Habsucht und irdischen Sorgen«
(Rev. Elberfelder Bibel 2008)

»Macht euch keine Sorgen!«
(Hoffnung für alle 2002)

Die Überschriften zeigen Formen der Leserlenkung, deren Intensität in der Reihenfolge der Zitate zunimmt. In textlinguistischer Begrifflichkeit würde es sich anbieten, vom appellativen Charakter der Formulierungen zu sprechen. Dabei gilt die Appellfunktion von Texten als eine der Grundfunktionen von Sprache überhaupt. Die meisten Darstellungen der Funktionen von Sprache verweisen ausdrücklich auf ein Modell des Psychologen und Sprachtheoretikers Karl Bühler, das *Organonmodell*, das sich seinerseits auf eine Passage aus Platons *Kratylos* beruft, wonach die Wörter Werkzeuge zum Mitteilen und zum Unterscheiden der Dinge seien.[23] Neben der *Appellfunktion* von Sprache unterscheidet das Modell eine *Darstellungs-* und eine *Ausdrucksfunktion:* Erstere zielt auf das Gegenüber der Kommunikation (und ist für ihn daher *Signal*), die *Darstellung* ist ontologischer Natur und bezieht sich auf die Gegenstände und Sachverhalte der Realität (auf die durch das sprachliche Zeichen Kraft seiner Eigenschaft als *Symbol* zugegriffen wird), während die *Ausdrucksfunktion* die Haltung des Sprechers bzw. Autors spiegelt (und daher *Symptom* seiner *Innerlichkeit* ist).

---

23 KARL BÜHLER, Sprachtheorie. Die Darstellungsfunktion der Sprache, Stuttgart u.a. 1934/^{3}1999. – Der Bezugspunkt ist *Kratylos*, 388.

In der vierten der zitierten Überschriften, »Macht euch keine Sorgen!«, kommt die appellative Dimension der Äußerung durch den Imperativsatz deutlich zum Tragen. Die Formulierung »Warnung vor Habsucht und irdischen Sorgen«, die in der Elberfelder Bibel begegnet, kommt dagegen syntaktisch ohne explizite Aufforderung aus, enthält jedoch ein appellatives Element in dem Substantiv »Warnung«. In den Kategorien der Sprechakttheorie, die maßgeblich auf die Philosophen John Austin und John Searle zurückgeht und jede Äußerung zugleich als Handlung begreift,[24] liegt hier ein expliziter direkter Sprechakt vor. *Warnen* ist die *Illokution*, d. h. das mit der der Äußerung Intendierte, und es wird expressis verbis geäußert, ist damit ein Handeln: Wer die Äußerung vorträgt, spricht nicht nur, sondern handelt, indem er warnt. Sprachaktverben wie *Warnen* aber sind aufgrund der in ihnen angelegten Illokution immer auf ein Gegenüber gerichtet, eine Warnung richtet sich stets an eine Person oder an eine Gruppe von Menschen, sodass die gesamte Äußerung nicht statisch-deskriptiver Natur ist, sondern dynamisch-kommunikativen, eben appellativen Charakters: Auf eine Warnung soll reagiert werden, in welcher Form auch immer.

Der appellative Charakter der Formulierung wird jedoch nicht ausschließlich durch »Warnung«/*Warnen* zum Ausdruck gebracht. Eine implizite Aufforderung zu einem bestimmten Handeln ist auch in »Habsucht« angelegt, aufgrund der *deontischen Bedeutung* des Ausdrucks. Die lexikalische Semantik versteht darunter

> »diejenige Bedeutung oder Bedeutungskomponente von Wörtern und Wendungen [...], kraft derer Wort oder Wendung bedeutet oder mitbedeutet, daß wir, in Bezug auf einen Gegenstand, etwas nicht dürfen, dürfen oder sollen.«[25]

Die deontische Bedeutung ist also nicht rein deskriptiv, enthält vielmehr eine Ansprache an das Gegenüber, etwas zu tun oder zu unterlassen. Ein Beispiel: Der Ausdruck *Schädlinge* für bestimmte Kleintiere in Pflanzenbeeten beinhaltet nicht nur eine zoologische Deskription, sondern verdeutlicht im Unterschied zu *Insekten* auch die Tatsache, dass die Tiere beseitigt werden dürfen, sollen oder müssen. Analoges trifft z. B. auf *Missbrauch* zu, das nicht nur einen »übermäßigen

---

24 John L. Austin, How to Do Things with Words, Cambridge/Massachusetts 1962 (dt.: Zur Theorie der Sprechakte, Stuttgart 1972); John R. Searle, Speech Acts. An Essay in the Philosophy of Language, Cambridge/Massachusetts 1969 (dt.: Sprechakte. Ein sprachphilosophischer Essay, Frankfurt a.M. 1971).

25 Fritz Hermanns, Deontische Tautologien. Ein linguistischer Beitrag zur Interpretation des Godesberger Programms (1959) der Sozialdemokratischen Partei Deutschlands, in: Josef Klein (Hrsg.), Politische Semantik. Bedeutungsanalytische und sprachkritische Beiträge zur politischen Sprachverwendung, Opladen 1989, 69–152.

Gebrauch« oder eine »Vergewaltigung« bezeichnet[26], sondern damit zugleich etwas, das abzulehnen oder zu verhindern ist. Die Aufforderung, einen bestimmten *Missbrauch zu vermeiden*, gilt in dieser Terminologie als eine die Aussage intensivierende *deontische Tautologie*, da die Ablehnung des Bezeichneten bereits aus dem Ausdruck *Missbrauch* selbst hervorgeht. Die Aufforderung zu einem Tun oder Lassen ist bei Ausdrücken mit deontischem Bedeutungsanteil also im Lexem selbst angelegt und entsteht nicht erst auf der propositionalen Ebene, d. h. auf der Ebene der expliziten Aussage.

Eben das trifft auch auf *Habsucht* zu. Es bezeichnet etwas sozusagen *per se* Negatives und zu Vermeidendes, in religiösem Kontext verstärkt durch die Qualifizierung von *avaritia* als eine der Todsünden. Wird ausdrücklich vor »Habsucht« gewarnt, dann enthält die Formulierung etwas Tautologisches und damit Intensivierendes, denn auch ohne die explizite Warnung wäre die Aufforderung gegenwärtig: Auch eine um die Warnung gekürzte Überschrift wie *Habsucht und irdische Sorgen* würde bereits anzeigen, dass es im folgenden Abschnitt um etwas gehen wird, das (in unserem Kulturkreis bzw. vor dem Hintergrund der hier relevanten religiösen Überzeugungen) kritikwürdig und zu meiden ist.

Deontische Bedeutungsanteile sind ein Kennzeichen auch von *Schlagwörtern*, wie sie oft in Texten begegnen, in denen Wertungen und Überzeugungen eine besondere Rolle spielen und die appellativ stark gerichtet sind, also das Gegenüber für eine bestimmte Position gewinnen wollen. Das sind nicht selten politische und religiöse Texte. Schlagwortanalysen, die in textlinguistischen Arbeiten durchgeführt werden, differenzieren unter anderem in *Hochwertwörter* und *Stigmawörter*, deren Bestimmung von der weltanschaulichen Position des Autors und der gesellschaftlichen Gruppe, der er angehört, abhängt. Während es schwerfällt, sich eine gesellschaftliche Gruppe vorzustellen, in deren Sprachgebrauch *Missbrauch* ein Hochwertwort ist, verhält sich das bei Ausdrücken wie *Individualismus* oder *Säkularisierung* anders.

Die Wendung »Von der falschen und der rechten Sorge« wiederum, die in der *Einheitsübersetzung* begegnet, enthält kein Schlagwort, das für eine bestimmte gesellschaftliche Gruppierung charakteristisch wäre. Wohl aber enthält sie eine explizite Antonymie, wobei die Frage, ob diese Antonymie komplementärer Natur ist (d. h. des Typs *tot* vs. *lebendig*, bei gegenseitiger Exklusion) oder aber gradueller Natur (*heiß* vs. *kalt*, mit Zwischenstufen wie *warm*, *kühl* usw.) Gegenstand fachlicher Interpretation wäre. Zugleich enthalten die Adjektive *falsch* und *recht* ein deontisches Element, allerdings in einer sehr allgemeinen Form, da der Bezugsausdruck »Sorge« für beide Prädikationen gleich ist: Das *Falsche* ist eben zu vermeiden, das *Rechte* zu befolgen.

---

26 Duden-Universalwörterbuch, s.v. *Missbrauch*.

Interessanter ist die in der Formulierung enthaltene Präsupposition, mit der unterstellt wird, dass Sorgen *recht*, aber auch *falsch* sein können. Präsuppositionen sind implizite Voraussetzungen unterhalb der Ebene expliziter Aussagen und eignen sich, um die Wahrheit von Behauptungen zu suggerieren, ohne sie ausdrücklich zum Thema zu machen. Ein Satz wie *Dem um sich greifenden Kulturverfall kann nicht begegnet werden, wenn sich jeder Einzelne auf seine eigenen Interessen zurückzieht* thematisiert Fragen der Solidarität, präsupponiert dabei aber zugleich, *dass* es überhaupt einen *um sich greifenden Kulturverfall* gibt. Präsupponierte Elemente in Aussagen werden sozusagen als ontologisch gesetzt in die Aussage eingebracht und so für die folgende Argumentation stillschweigend vorausgesetzt.

Das trifft auch auf die Rede von der »falschen« bzw. »rechten Sorge« zu. Adjektivische Kollokationen mit »Sorge«, d. h. verfestigte Verbindungen eines Adjektivs mit dem Substantiv, in denen das Adjektiv eine unangemessene, unzutreffende, eben: »falsche« Sorge bezeichnet, finden sich im Deutschen nicht. Stattdessen begegnen, nach *Duden-Universalwörterbuch, drückende, ernste, wirtschaftliche, gesundheitliche, häusliche, schwere, große Sorgen.*[27] Die Beispiele fügen sich stimmig zur Bedeutungsangabe:

> »1. *(durch eine unangenehme, schwierige, gefahrvolle Situation hervorgerufene) quälende Gedanken; bedrückendes Gefühl der Unruhe u. Angst*« [...]
> 2. <o.Pl.> *Bemühen um jmds. Wohlergehen, um etw.; Fürsorge* [...]«

Sorge wird danach im Deutschen als etwas im weitesten Sinne Verständliches bzw. ausdrücklich Positives, also als *rechte Sorge* verwendet. Zwar sieht der Wörterbuchartikel auch eine Verwendung im Sinne einer *falschen Sorge* vor – »der hat [Sorge]-n!« (ugs. iron.; *er regt sich über belanglose, unwichtige Dinge auf*) – doch begegnet diese Verwendung nur innerhalb von Redewendungen, während die gängige Verwendung des Wortes in den Bereich einer *rechten*, zumindest verständlichen *Sorge* fällt.

Die in der Einheitsübersetzung gewählte Formulierung aber setzt die Existenz einer »falschen Sorge« durch die Präsupposition voraus und unterstreicht ihr Gegebensein zudem durch die Antonymie: *Ob* eine Sorge überhaupt *falsch* sein *kann*, steht gar nicht erst zur Debatte.

Mit all dem sei weder behauptet, dass ein Leser oder eine Leserin die bislang beschriebenen Bedeutungsimplikationen in der dargelegten Differenziertheit nachvollzieht, noch dass den zitierten Textstellen eine entscheidende Rolle für die Bedeutung der sich anschließenden Textpassagen zukommt. Vielmehr ging es darum, an einem Beispiel zu zeigen, wie textuelle Bedeutungskonstitution *zwischen den Zeilen* angelegt sein kann, auch jenseits einer ausdrücklichen Intention

[27] Diese und die folgenden Angaben nach Duden-Universalwörterbuch, s.v. *Sorge*.

des Autors. Solche subtileren Formen der Evokation von Bedeutung werden in der Regel erst im Verbund wirken, müssen daher auch Gegenstand einer textsemantischen Analyse sein.

Um die Diskussion der zitierten Beispiele abzuschließen: In »Vom Schätzesammeln und Sorgen« ist ein appellativer Charakter nur schwach erkennbar. Allenfalls ließe sich »Schätzesammeln« im Kontext des biblischen Gesamtzusammenhangs, in dem die Häufung irdischen Besitzes grundsätzlich kritisch bewertet wird, als Stigmawort bewerten. Wie die zwei zuvor besprochenen Überschriften aber – und wie auch andere der eingangs zitierten – enthält die Zeile ein Begriffspaar. Die dichotome Struktur, die dadurch geschaffen wird, ist in ihrer Häufung auffallend, angesichts der Tatsache, dass diese Überschriften Zusätze der Übersetzer bzw. Herausgeber sind. Es stellt sich also die Frage, wieso in den meisten deutschen Übersetzungen an diesen Textstellen die identische Struktur begegnet, ohne dass es dafür im Originaltext eine Vorlage gibt.

Um dieser Frage nachzugehen, soll im Folgenden der eingangs zitierte Text aus Luther 1984 herangezogen werden, also jene Passagen, die auf die Überschrift »Vom Schätzesammeln und Sorgen« folgen und eine Übersetzung des Ausgangstextes bieten. Hier der Beginn:

> »19 Ihr sollt euch nicht Schätze sammeln auf Erden, wo sie die Motten und der Rost fressen und wo die Diebe einbrechen und stehlen. 20 Sammelt euch aber Schätze im Himmel, wo sie weder Motten noch Rost fressen und wo die Diebe nicht einbrechen und stehlen. 21 Denn wo dein Schatz ist, da ist auch dein Herz.« (Mt 6,19–21)

Trennt man die Teilsätze, dann zeigt sich ein hohes Maß an kompositioneller Symmetrie:

> »19[a] Ihr sollt euch *nicht* Schätze *sammeln* auf *Erden,*«
>
> »20[a] *Sammelt* euch aber Schätze im *Himmel,*«

Entsprechend:

> »19[b] wo sie die Motten und der Rost *fressen* und wo die Diebe einbrechen und *stehlen.*«
>
> »20[b] wo sie *weder* Motten noch Rost *fressen* und wo die Diebe *nicht* einbrechen und *stehlen.*«

Die Opposition zwischen dem Sammeln irdischer Schätze und ihrem Nicht-Sammeln wird auf unterschiedlichen textuellen Ebenen hergestellt: durch die Verwendung antonymer Begriffe (»Erde« vs. »Himmel«), durch Negation bei

Beibehaltung desselben Bezugsausdrucks (»fressen«/»stehlen« vs. »weder fressen«/»nicht stehlen«) und durch die parallele Verteilung der semantisch relevanten Textausdrücke über die Sätze hinweg. Die sprachliche Gestaltung illustriert zum einen, dass Bedeutung, wie eingangs erwähnt, sowohl punktuell als auch flächig konstruiert wird, zugleich, dass keineswegs nur wortsemantische Elemente bei der Bedeutungskonstruktion relevant sind, sondern auch grammatische, wie in diesem Fall die syntaktische Struktur.

Die dichotome Struktur, einschließlich der Parallelkonstruktionen, erweist sich als das zentrale Gliederungsmoment der gesamten Textpassage. Dazu ein Sprung in die letzten Zeilen, wobei die für die Analyse relevanten Ausdrücke hervorgehoben werden:[28]

> »31 Darum sollt ihr *nicht sorgen* und sagen: Was werden wir essen? Was werden wir trinken? Womit werden wir uns kleiden? 32 Nach dem allen *trachten* die Heiden. Denn euer himmlischer Vater weiß, dass ihr all dessen bedürft.
>
> 33 *Trachtet* zuerst nach dem Reich Gottes und nach seiner Gerechtigkeit, so wird euch das alles zufallen. 34 Darum *sorgt nicht* für morgen, denn der morgige Tag wird für das Seine *sorgen*. Es ist genug, dass jeder Tag seine eigene Plage hat.« (Mt 6,31–34)

Erneut fällt die mehrfache Strukturierung des Textes auf. Erweitert man den Blick in die gesamte Passage, wird zusätzlich eine Bewegung vom *Ver*bot zum *Ge*bot deutlich:

> »sorgt nicht« (25) – »seht« (26)
> »warum sorgt ihr?« (28) – »schaut« (28)
> »[ihr] sollt nicht sorgen« (31) – »trachtet« (33)

Diese Bewegung fügt sich zur konsequent durchgeführten und rhetorisch ungemein eingängigen dichotomen Strukturierung. Dabei schlägt sich die Akzentuierung all dessen, was als verboten gilt, in der hohen Dichte an Negationspartikeln nieder:[29]

> sollt nicht...nicht dienen...nicht sorgen...auch nicht...ist nicht...nicht säen...nicht ernten...nicht sammeln...seid ihr denn nicht...arbeiten nicht...spinnen nicht...nicht gekleidet...sollte er nicht...sollt ihr nicht...sorgt nicht.

---

28 Hervorhebungen A. G.; die Hervorhebungen des Originals wurden für die folgende Darstellung getilgt, um Überschneidungen mit den analyserelevanten Hervorhebungen zu vermeiden.

29 Die Auflistung verzichtet der Übersichtlichkeit wegen auf den Ausweis der Textstellen als Zitate und auf die Angabe der Satzzählung.

Negation ist im Deutschen durch eine Reihe unterschiedlicher lexikalischer und grammatischer Mittel möglich. Die Konzentration auf die Partikel *nicht* mag dem *Variatio*-Prinzip widersprechen, erhöht allerdings die Eindringlichkeit des kommunikativen Anliegens.

Betrachtet man den gesamten Text unter dem Gesichtspunkt der Spannung von Verbot und Gebot, dann lassen sich weitere Gestaltungselemente erkennen, die die dichotome Strukturierung stärken. Dazu zählt der Wechsel zwischen Imperativ und rhetorischer Frage (Hervorhebung A. G.):

> »25 Darum sage ich euch: *Sorgt nicht* um euer Leben, was ihr essen und trinken werdet; auch nicht um euren Leib, was ihr anziehen werdet. *Ist nicht das Leben mehr als die Nahrung und der Leib mehr als die Kleidung?*« (Mt 6,25)

Über den Text hinweg ergibt sich diese Verteilung:

Imperativ	rhetorische Frage
»25 *Sorgt nicht* um euer Leben[...]«	»*Ist nicht* das Leben mehr[...]«
Imperativ	rhetorische Frage
»26 *Seht* die Vögel unter dem Himmel *an*[...]	»*Seid ihr denn nicht* viel mehr als sie?«
Unechte Frage	Imperativ
»28 *Und warum sorgt ihr euch*[...]?«	»*Schaut* die Lilien auf dem Feld« *an*...
rhetorische Frage	Imperativ
»30 *sollte er das nicht*[...]*für euch tun?*«	»31 *Darum sollt ihr nicht sorgen*[...]«
Imperativ	Imperativ
»*Trachtet* zuerst nach[...]	»*Darum sorgt nicht*[...]«

Die strenge formale und inhaltliche Strukturierung des Textes wird ergänzt durch ein stilistisches Element, dass sich nicht der Dichotomierung einfügt, aber dazu beiträgt, dem Text ein rhythmische Struktur zu verleihen und zugleich spezifische semantische Felder zu evozieren. Es handelt sich um die mehrfache Verwendung einer verbalen Trias:

> 25: »essen« – »trinken« – »anziehen«
>
> 26: »säen« – »ernten« – »sammeln«
>
> 31: »essen« – »trinken« – »kleiden«

Bisweilen begegnen lediglich zwei Verben (z. B. 28: »arbeiten« – »spinnen«), in jedem Fall aber wird mit den jeweiligen Verbgruppen ein semantisches Feld aufgerufen, das grundlegende (und lebenserhaltende) menschliche Tätigkeiten beschreibt. Das wiederum entspricht der Anlage des Textes als eines Appells an den Menschen im Spannungsfeld zwischen kreatürlicher Existenz und transzendenten Möglichkeiten.

Als letztes Beispiel für die hohe Dichte der formalen und semantischen Strukturelemente des Textes, unter denen das Gestaltungsprinzip der Dichotomie die zentrale Rolle spielt, sei die folgende Stelle zitiert. Sie erscheint in der Quelle als eigener Absatz und in Fettsatz:

> »24 Niemand kann zwei Herren dienen: Entweder er wird den einen hassen und den andern lieben, oder er wird an dem einen hängen und den andern verachten. Ihr könnt nicht Gott dienen und dem Mammon.« (Mt 6,24)

Die Darstellung besitzt eine quasi-logische Struktur:[30]

(1) Niemand kann dienen:		
zwei Herren		
(2) einen hassen		den andern lieben
	X	
(3) an einem hängen		den anderen verachten
(4) Ihr könnt nicht dienen:		
Gott *und* Mammon		

Im ersten Teilsatz wird eine allgemeine Behauptung aufgestellt, die durch die zwei folgenden Teilsätze expliziert wird; der vierte Teilsatz stellt die für den Kreis der Rezipienten spezifizierte Schlussfolgerung dar. Die beiden mittleren Teilsätze sind als Chiasmus gestaltet.

Stellt man die gesamte Textpassage Mt 6,19–34 im Hinblick auf die Verteilung positiv und negativ konnotierter semantischer Elemente dar, dann ergibt sich dieses Bild (wobei die folgende Darstellung den Blick auf andere Kapitel des Matthäusevangeliums erweitert):

positiv	negativ
Nicht-Sorgen um Weltliches/	Sorgen um Weltliches/
Hinwendung zu Gott	Nicht-Hinwendung zu Gott
Vögel	ihr
Lilien des Feldes	ihr

[30] Quasi-logische Argumentationen lehnen sich an Argumentationen der formalen Logik an, ohne deren zwingende Schlüssigkeit zu besitzen, basieren stattdessen auf alltagsweltlichen Plausibilitäten; vgl. etwa Chaïm Perelman, Das Reich der Rhetorik. Rhetorik und Argumentation, München 1980.

Fortsetzung

positiv	negativ
...	...
Reich Gottes (6,33)	Reiche der Welt (4,8)
Gottes Gerechtigkeit (6,33)	falsche Gerechtigkeit (5,20)
das ewige Leben im Himmelreich (9,29)	das weltliche Leben (6,19ff.)

Zum Abschluss der Analyse sollen die Motive der »Vögel des Himmels« und der »Lilien auf dem Felde« näher betrachtet werden:

> »26 Seht die Vögel unter dem Himmel an: sie säen nicht, sie ernten nicht, sie sammeln nicht in die Scheunen; und euer himmlischer Vater ernährt sie doch. Seid ihr denn nicht viel mehr als sie?«
>
> »28 Und warum sorgt ihr euch um die Kleidung? Schaut die Lilien auf dem Feld an, wie sie wachsen: sie arbeiten nicht, auch spinnen sie nicht. 29 Ich sage euch, dass auch Salomo in aller seiner Herrlichkeit nicht gekleidet gewesen ist wie eine von ihnen. 30 Wenn nun Gott das Gras auf dem Feld so kleidet, das doch heute steht und morgen in den Ofen geworfen wird: sollte er das nicht viel mehr für euch tun, ihr Kleingläubigen?« (Mt 6,26, 28–30)

In diesen Textstellen ist eine Argumentation angelegt, die in ihren einzelnen Schritten mittels einer *Toposanalyse* nachvollzogen werden kann. Der dabei verwendete Toposbegriff ist nicht der in der Literaturwissenschaft verbreitete, wo *Topos* ein stark konventionalisiertes Motiv meint (z. B. der Topos von der *verlorenen Unschuld*). Die Toposanalyse, wie sie in der Text- und Diskurslinguistik verwendet wird, ist stattdessen eine Argumentationsalanyse und kann sich auf die klassische Bestimmung von Aristoteles berufen.[31] Dabei lehnt sie sich an die Kategorie des Syllogismus an (Typ *Alle Menschen sind sterblich – Sokrates ist ein Mensch ⇒ Sokrates ist sterblich*), arbeitet allerdings mit dem weniger formalstrengen Enthymem. Das Resultat ist eine Variante der oben bereits erwähnten quasi-logischen Argumentation. Sie baut auf alltagsweltlichen Gewissheiten und Plausibilitäten auf und begegnet meist in dieser Struktur:

---

[31] Zur Argumentationstheorie der Rhetorik vgl. etwa: MANFRED KIENPOINTNER, Argumentationstheorie, in: ULLA FIX/ANDREAS GARDT/JOACHIM KNAPE (Hrsg.), Rhetorik und Stilistik. Ein internationales Handbuch historischer und systematischer Forschung. Rhetoric and Stylistics. An international handbook of historical and systematic research, Bd. 2, Berlin/New York 2008, 702–717. = Handbücher zur Sprach- und Kommunikationswissenschft HSK, 31.1.

Strittige Aussage/ —— Argument
Konklusion

Schlussregel

Stützung

Bei inhaltlicher Füllung ergibt sich z. B. ein Bild wie dieses:

X ist ein liberaler —— X hat sich gegen den
Katholik Zölibat ausgesprochen

Wer sich gegen den Zölibat ausspricht,
ist ein liberaler Katholik

Alltagswissen/-erfahrung

Setzt man die Schlussregel mit dem Topos gleich, dann nähert man sich dem verbreiteten Verständnis des Topos als eines Gemeinplatzes. Die Überzeugungskraft dieses Gemeinplatzes hängt nicht von einem streng logischen Schluss ab, sondern von dem Wissen, über das die Rezipienten einer Argumentation verfügen. Das kann Fachwissen sein – so wird etwa ein Topos wie *Wer überzeugter Katholik ist, vertritt die Transsubstantiationslehre* durch theologisches Fachwissen gestützt – kann aber auch, wie im oben zitierten Beispiel, ein Alltagswissen sein. Gerade dieser letztgenannte Fall ist interessant, wo Argumentationen in den gesellschaftlichen Raum hinein wirken sollen, wie es bei religiösen Texten oft der Fall ist. Es ist das im kollektiven Gedächtnis sedimentierte Wissen, an das solche Argumentationen appellieren, in der Hoffnung, Zustimmung zu erlangen: Wer der Schlussregel zustimmt, teilt den Topos und folgt der Argumentation.

Hinter thematisch spezifischen, sog. kontextbasierten Topoi wie dem oben zitierten zur Korrelation von Zölibat und liberalem Katholizismus stehen stets allgemeinere (kontextabstraktere) Topoi, die Teil unserer Lebenserfahrung sind. Der Grad ihrer Abstraktheit ist steigerbar, sodass sich für den zitierten Topos kontextabstrakter formulieren ließe: *Wer in einer Religionsgemeinschaft eine Kritik an traditionellen Positionen vorbringt, wird dem fortschrittlichen Teil dieser Religionsgemeinschaft zugerechnet.* Sehr weitgehend kontextabstrakt ließe sich formulieren: *Wer sich in einer bestimmten Weise verhält, wird nach diesem Verhalten beurteilt.* Diese Aussage ist in einem Maße eine Selbstverständlichkeit unserer

Lebenserfahrung, dass die daraus abgeleiteten spezifischeren Aussagen in ihrer Überzeugungskraft davon profitieren.

Die Toposanalyse sei nun auf diese Passage angewendet (Analoges gilt für Mt 6,28–30, den Vergleich mit den Lilien auf dem Felde):

> »26 Seht die Vögel unter dem Himmel an: sie säen nicht, sie ernten nicht, sie sammeln nicht in die Scheunen; und euer himmlischer Vater ernährt sie doch. Seid ihr denn nicht viel mehr als sie?« (Mt 6,26)

Dabei ergibt sich dieses Bild:

Gott wird euch ernähren ——— Gott ernährt die Vögel
(implizit)

Wenn Gott die Vögel ernährt
wird er euch *erst recht* ernähren.

Lebens-/Gotteserfahrung

Dass Gott die Vögel ernährt, ist eine Tatsache. Zur Diskussion steht, ob er auch die Menschen ernähren wird. Dass nun aus der Ernährung der Vögel auf die Ernährung der Menschen geschlossen werden kann, ist der Plausibilität der Schlussregel zu verdanken: Wenn Gott die mit einem geringeren Wert versehenen Vögel ernährt, wird er ohne Frage auch die höherwertigen Menschen ernähren.

Hinter diesem biblisch-kontextbasierten Topos steht ein kontextabstrakter: Wenn Entität A in einer für den Vergleich relevanten Hinsicht Entität B überlegen ist, dann sollte sie zumindest in gleichem Maße (›erst recht‹) vorteilhaft behandelt werden. Das wiederum ist die für den vorliegenden Fall modifizierte Form eines Topos, der sich aus unserem intuitiven Gefühl von Gerechtigkeit speist: Wenn Entität A in einer für den Vergleich relevanten Hinsicht Entität B gleicht, dann sollte sie auch gleich behandelt werden. Man könnte diesen Topos als Gerechtigkeitstopos bezeichnen. In ihm fallen Lebenserfahrung und Gotteserfahrung zusammen, Sorge wird vor ihrem Hintergrund zu Hoffnung und Zuversicht: Als der schlechthin Gerechte wird Gott nicht weniger gerecht an den in seiner Nachfolge stehenden Menschen handeln, als es sein Handeln schon an den Vögeln und den Lilien zeigt. Die in den Vergleichen mit ihnen implizierte Argumentation ist daher ganz und gar zwingend.

Zusammenfassend: Die Ausführungen dieses Beitrags dienen mehreren Zwecken. Am konkreten Beispiel sollen sie zunächst illustrieren, wie Bedeutung in Texten aus Sicht der Sprachwissenschaft konstituiert wird. Dabei erweist sich Bedeutung sowohl als punktuelles wie als flächiges Phänomen, ihre Konstitution spielt sich zu großen Teilen *zwischen den Zeilen* ab.

Dieser Tatsache muss der Textbegriff entsprechen: Der Text gilt als eine Größe, deren Bedeutung in einem komplexen Zusammenspiel lexikalischer, grammatischer und textkompositorischer Faktoren zustande kommt. Zugleich ist er eingebettet in einen kommunikativ-pragmatischen Rahmen, der seine Bedeutung und intendierte Wirkung entscheidend prägt.

Ein derart komplexer Textbegriff erfordert differenzierte Methoden der Analyse. Sie gehen von den Phänomenen der textuellen Oberfläche aus und zielen auf die textsemantische Tiefenstruktur, beziehen dabei sämtliche Ebenen des Textes ein, vom Layout über die phonetische Gestaltung, die Wortbildung, die Lexik und ihre Weiterungen (insbesondere Kollokationen und Phraseologismen), die Syntax und andere grammatische Spezifika, schließlich die Textkomposition: Alles an einem Text trägt zur Konstitution von Bedeutung bei. Die Bezugsdisziplinen der Analyse sind neben der Textlinguistik dementsprechend die lexikalische Semantik, mit ihren aktuellen kognitivistischen Erweiterungen (vor allem der *Frame-Semantik*), die Rhetorik und Stilistik, die Grammatik, die Diskurslinguistik, schließlich die Multimodalitätsforschung.

Die Anwendung dieser Methoden erlaubt eine explizite Analyse von Texten, die über das rein intuitive Verstehen hinausgeht. Analyse bedeutet jedoch nicht Nachvollzug der Autorenintention, entscheidend ist vielmehr das Urteil kompetenter Leser und Leserinnen.

Aus Sicht der Rezipienten dient das textanalytische Vorgehen der Erklärung, warum ein Text oder einzelne seiner Komponenten die Wirkung entfalten, die sie faktisch entfalten, warum der Text gerade so verstanden wird, wie er verstanden wird. Wenn Rezipienten z. B. feststellen, der hier besprochene Bibeltext hinterlasse bei Ihnen den Eindruck, dass dem Menschen die Unterschiede zwischen einem richtigen und einem falschen Weg eindringlich vor Augen geführt werden sollen, dann müssen sich die Gründe dafür – bei aller Berücksichtigung des kommunikativ-pragmatischen Rahmens des Textes – maßgeblich aus der konkreten Textgestalt herleiten lassen.

Die Analyse des Textes hat einen außerordentlich hohen Grad an Strukturiertheit deutlich werden lassen. Die alles dominierenden Dichotomien sind Ausdruck der thematischen Anlage des Textes, werden dabei aber nicht nur auf der explizit propositionalen Ebene, also inhaltlich ausgeführt, sondern durch facettenreiche formale Mittel der Textkomposition gestützt. Das erklärt möglicherweise auch die Dichotomien in den Überschriften: Die jeweiligen Begriffspaare stellen gewissermaßen die prägnanteste Form der Zusammenfassung der Bedeutung und intendierten Wirkung des Textes dar. Dass sich die Verfasser der Überschriften dabei auch der subtilen Formen der Bedeutungskonstitution bewusst gewesen sind, wird damit nicht behauptet. Aber dass die Dichotomien in fast allen Überschriften begegnen, obgleich diese Überschriften im Original nicht vorkommen, zeigt, dass der Text *funktioniert*, zeigt aber auch, dass diese Art der Analyse funktioniert, weil sie genau dieses (pragma)semantische Funktionieren des Textes aufzeigen und erklären kann.

LITERATUR

AUSTIN, JOHN L., How to Do Things with Words, Cambridge/Massachusetts 1962 (dt.: Zur Theorie der Sprechakte, Stuttgart 1972).

BARTHES, ROLAND, Der Tod des Autors, in: DERS., Das Rauschen der Sprache, Frankfurt a. M. 1967/2005, 57–63.

BESCH, WERNER, Luther und die deutsche Sprache. 500 Jahre deutsche Sprachgeschichte im Lichte der neueren Forschung, Berlin 2014.

BÜHLER, KARL, Sprachtheorie. Die Darstellungsfunktion der Sprache, Stuttgart u. a. 1934/^{3}1999.

D. Martin Luther Werke. Kritische Gesamtausgabe, Weimar 1883 ff.

Duden. Deutsches Universalwörterbuch, 5. überarbeitete Aufl., hrsg. v. d. Dudenredaktion, Mannheim/Leipzig/Wien/Zürich 2003.

GARDT, ANDREAS, Interpretation, in: BETTEN, ANNE/FIX, ULLA/WANNING, BERBELI (Hrsg.): Handbuch Sprache in der Literatur, Berlin/Boston (demn.). = Handbücher Sprachwissen HSW, 17.

GARDT, ANDREAS, Textanalyse als Basis der Diskursanalyse. Theorie und Methoden, in: FELDER, EKKEHARD (Hrsg.), Faktizitätsherstellung in Diskursen. Die Macht des Deklarativen, Berlin/Boston 2013, 29–56. = Sprache und Wissen, 13.

GARDT, ANDREAS, Textsemantik. Methoden der Bedeutungserschließung, in: BÄR, JOCHEN A./MÜLLER, MARCUS (Hrsg.): Geschichte der Sprache und Sprache der Geschichte. Probleme und Perspektiven der historischen Sprachwissenschaft des Deutschen. Oskar Reichmann zum 75. Geburtstag, Berlin 2012, 61–82.

GOETHE, JOHANN WOLFGANG V., Gedichte, hrsg. u. kommentiert v. TRUNZ, ERICH, München ^{16}1996.

HERMANNS, FRITZ, Deontische Tautologien. Ein linguistischer Beitrag zur Interpretation des Godesberger Programms (1959) der Sozialdemokratischen Partei Deutschlands, in: KLEIN, JOSEF (Hrsg.): Politische Semantik. Bedeutungsanalytische und sprachkritische Beiträge zur politischen Sprachverwendung. Opladen 1989, 69–152.

JANNIDIS, FOTIS u. a. (Hrsg.), Rückkehr des Autors. Zur Erneuerung eines umstrittenen Begriffs. Tübingen 1999. = Studien und Texte zur Sozialgeschichte der Literatur, 71.

KIENPOINTNER, MANFRED, Argumentationstheorie, in: FIX, ULLA/GARDT, ANDREAS/KNAPE, JOACHIM (Hrsg.), Rhetorik und Stilistik. Ein internationales Handbuch historischer und systematischer Forschung. Rhetoric and Stylistics. An international handbook of historical and systematic research, Bd. 2, Berlin/New York 2008, 702–717. = Handbücher zur Sprach- und Kommunikationswissenschaft HSK, 31.1.

KLUG, NINA-MARIA, Das konfessionelle Flugblatt 1563–1580. Eine Studie zur historischen Semiotik und Textanalyse, Berlin/Boston 2012. = Studia Linguistica Germanica, 112.

KLUG, NINA-MARIA, Multimodale Text- und Diskurssemantik, in: KLUG, NINA-MARIA/STÖCKL, HARTMUT (Hrsg.), Handbuch Sprache im multimodalen Kontext, Berlin/Boston 2016, 165, 189. = Handbücher Sprachwissen HSW, 7.

KLUG, NINA-MARIA/STÖCKL, HARTMUT (Hrsg.), Handbuch Sprache im multimodalen Kontext, Berlin/Boston 2016. = Handbücher Sprachwissen HSW, 7.

PERELMAN, CHAÏM, Das Reich der Rhetorik. Rhetorik und Argumentation, München 1980.

ROßBACH, NIKOLA, Lust und Nutz. Historische, geistliche, mathematische und poetische *Erquickstunden* in der Frühen Neuzeit, Bielefeld 2015.

SCHLEIERMACHER, FRIEDRICH, Über den Begriff der Hermeneutik mit Bezug auf F. A. Wolfs Andeutungen und Asts Lehrbuch, in: GADAMER, HANS-GEORG/BOEHM, GOTTFRIED (Hrsg.), Seminar: Philosophische Hermeneutik, Frankfurt a. M. 1829/1976, 131–165.

SEARLE, JOHN R., Speech Acts. An Essay in the Philosophy of Language, Cambridge/Massachusetts 1969 (dt.: Sprechakte. Ein sprachphilosophischer Essay, Frankfurt a. M. 1971).

SONDEREGGER, STEFAN, Geschichte deutschsprachiger Bibelübersetzungen in Grundzügen, in: BESCH, WERNER/BETTEN, ANNE/REICHMANN, OSKAR/SONDEREGGER, STEFAN (Hrsg.), Sprachgeschichte. Ein Handbuch zur Geschichte der deutschen Sprache und ihrer Erforschung, Bd. 1, [2]1998–2004, Berlin/New York, Bd. 1, 229–284. = Handbücher zur Sprach- und Kommunikationswissenschaft HSK, 2.

INTERNETQUELLEN

http://www.die-bibel.de/online-bibeln/luther-bibel-1984/bibeltext/bibel/text/lesen/stelle/1/10001/19999/ch/4fc3b5d891e421ed57355b9bb8850337/ (Stand: 28.02.2016).

http://www.die-bibel.de/online-bibeln/ueber-die-online-bibeln/ (Stand: 08.03.2016).

http://de.bibleserver.com/text/HFA/Matthäus6 (Stand: 08.03.2016).

http://wiki.volxbibel.com/Matthäus_6 (Stand: 08.03.2016).

http://www.wellnesshotels-resorts.de/de/erholungsurlaub-an-der-ostseekueste-ruhe-und-meeresluft-geniessen-1 (Stand: 01.03.2016).

Die Lust am heiligen Text – Textpraktiken und Subjektpositionen bei Hugo von St. Viktor und Bernhard von Clairvaux

Mirja Kutzer

Die Frage nach dem Subjekt stellt sich nicht zuletzt als Frage nach dem Umgang mit Texten. Die Theoriebildungen des dem weiten Feld der Postmoderne zuzurechnenden Poststrukturalismus, in dessen Umfeld programmatisch der »Tod des Subjekts« als »Tod des Autors«[1] verkündet wurde, sind nicht zuletzt eine Auseinandersetzung mit den Texten der literarischen Moderne. Durch das gezielte Durchbrechen von Sinn, die Disruptionen der Grammatik, die Auflösung linearer Erzählzusammenhänge arbeiten sich diese Texte daran ab, was Sprache generell zu leisten vermag. Es sind Texte, die der französische Semiotiker und Literaturkritiker Roland Barthes als »schreibbare«[2] Texte bezeichnet hat. Diese Texte sind, anders als diejenigen, die er »lesbare« Texte nennt, nicht darauf angelegt, Bedeutung zu kontrollieren. Indem diese Texte Sinn verweigern, stellen sie die Möglichkeit der Habbarkeit von Sinn generell in Frage und mit ihr das Subjekt als Instanz, die über den Sinn verfügt. Weder vermag der Autor über den Inhalt eines Textes zu gebieten, noch wird die Position des Lesers in einer Weise konstruiert, die als objektiv beschrieben werden könnte. Der Leser steht dem Text nicht gegenüber, sondern ist in ihn involviert. Er begibt sich, so beschreibt es Barthes in seinen Fragmenten über *Die Lust am Text*, in Akten der körperlich empfindbaren Wollust, der *jouissance* in den Text, setzt sein Ich aufs Spiel und erfährt darin sein Selbst als Wechselspiel aus Destabilisierung und Stabilität, Selbstaufgabe und Selbstbehauptung, Verschmelzen und Individualität.[3] Darin zeigt sich das Ich als ebenso fragil wie abhängig: Wie der Text seine Bedeutung im Akt der Lektüre durch den Leser erhält, mithin »geschrieben« wird, so erfährt sich auch das Ich als durchdrungen von Text bzw. den vielen Texten, die seine Sprache und mit ihr die

---

1 Der grundlegende Text »Der Tod des Autors« von Roland Barthes wurde erstmals 1967 im *Aspen Magazine* veröffentlicht. Die deutsche Übersetzung in: Fotis Jannidis u.a. (Hrsg.), Texte zur Theorie der Autorschaft, Stuttgart 2009, 185–193; im selben Band der ebenfalls programmatische Artikel Michel Foucaults, Was ist ein Autor?, 198–229.

2 Roland Barthes, S/Z, Frankfurt/Main 1976, 9.

3 Vgl. Roland Barthes, Die Lust am Text, Frankfurt/Main 1974.

Wahrnehmungen der Welt und seiner Selbst konstituieren.[4] Der Text der Moderne wird darin zur Kritik an der in der Neuzeit dominant gewordenen Beschreibung des Subjekts als einer in sich geschlossen gedachten Entität, dessen Anderes als von ihm abgesondertes Objekt seiner Beobachtung und instrumentellen Aneignung begriffen wird. Das Subjekt ist weder Herr über die Objekte noch über sich selbst. Der Text der Moderne entlarvt diese Konzeption des Subjekts als kulturelle Konstruktion.

Damit steht die Vermutung im Raum, dass sich mit den Textpraktiken auch die Subjektpositionen ändern bzw. ein neuzeitliches hypertrophes Subjektverständnis verbunden ist mit einer bestimmten Art und Weise einer wiederum für die Neuzeit bestimmenden Textbegegnung. Insbesondere Ivan Illich hat in seiner Arbeit über Hugo von St. Viktor, einer Zentralfigur der monastischen Theologie im 12. Jahrhundert, betont, dass das neuzeitlich für selbstverständlich genommene leise Lesen, in dem das Ich dem Text gegenüber sitzt und seinen Inhalt zu erfassen sucht, erst ab dem 13. Jahrhundert im Übergang von der monastischen zur scholastischen Theologie üblich geworden ist.[5] Vorher war die Lektüre ein Akt des lauten Lesens, des gemeinschaftlichen Hörens, des körperlichen Murmelns. Der Leser hat sich die Schriften seines Interesses, die entweder als Gottes Offenbarung gelten oder im Dienst derselben standen, angeeignet, einverleibt, sie im Inneren nachgelebt. Dies bleibt nicht ohne Rückwirkungen auf die Konstruktionen des Subjekts, das als ein affektives und dynamisches vorgestellt wird: Zu lesen bedeutet, das eigene Ich dem Text auszusetzen, es zu modellieren. Was bei dem Viktoriner ein insgesamt geordneter, strukturierter Vorgang ist, wird bei Bernhard von Clairvaux zu einem permanenten Kampfgebiet. Hier treffen wir auf Stilisierungen der Textbegegnung, deren Analogien zur poststrukturalistischen Texttheorie Roland Barthes' verblüffen. Dabei ist es nicht der Text der Moderne, der das Ich ebenso anlockt wie bedroht, sondern der biblische Text, insbesondere der des Hohelieds. Der Text findet seinen Sinn in der Absage an denselben und konstituiert so ein fragiles, aber keineswegs totes Subjekt.

1. Hugo von St. Viktor: Lektüre als Bildung des Inneren

Das 12. Jahrhundert wurde wiederholt mit dem Schlagwort der »Entdeckung« der Individualität[6] im Abendland belegt. Auch wenn, wie etwa Carolyn Walker

---

4 Vgl. Roland Barthes, Kritische Essays IV, Frankfurt/Main ^{3}2012, 26.

5 Ivan Illich, Im Weinberg des Textes. Als das Schriftbild der Moderne entstand, Ein Kommentar zu Hugos »Didascalicon«, München 2010, 55–66.

6 Vgl. Colin Morris, The Discovery of the Individual 1050–1200, London 1972; Aaron J. Gurjewitsch, Das Individuum im europäischen Mittelalter (Europa bauen), München 1994;

Bynum[7] zu Recht bemerkt hat, von einer Hochschätzung von Individualität im gegenwärtigen Sinn nicht die Rede sein kann, so stimmt dies doch insoweit, als der Einzelne in seiner jeweiligen geschichtlichen Situation Aufmerksamkeit erfährt. Zu vielen möglichen Faktoren, die diese Wahrnehmung befördert haben, kommt auch ein theologischer: Es schwindet eine vorher angenommene Transparenz des Äußeren auf das Innere. Der jeweilige geistliche oder weltliche Stand des Menschen sagt nichts oder nur wenig über den Zustand seines Inneren aus.[8] Selbst wer im Kloster lebt, vermag das Richtige aus den falschen Gründen zu tun, womit es um sein Seelenheil trotz guter äußerlicher Lebensführung schlecht bestellt ist. Aus diesem Transparenzverlust und der Sorge des Einzelnen um sich entsteht die mönchische Pädagogik als Kultivierung des Inneren, die Vorbildwirkung haben soll für die gesamte Gesellschaft.[9] Diese innere Kultivierung geschieht in einer genuin christlichen Formatierung und unterscheidet sich trotz der erkennbaren Einflüsse deutlich von antiken Figuren der Selbstsorge.[10] Hier geht es nicht um Techniken der Selbstregulierung, die wesentlich die Autonomie des Menschen im Blick haben. Das Ziel der Selbstsorge bedeutet vielmehr ein Verhältnis größtmöglicher Abhängigkeit und ist durch das »Schlagerthema« des Jahrhunderts benannt: die Gottesliebe.[11]

Saskia Wendel, Affektiv und inkarniert. Ansätze deutscher Mystik als subjekttheoretische Herausforderung, ratio fidei Bd. 15, Regensburg 2002.

[7] Vgl. Caroline Walker Bynum, Did the twelfth century discover the individual?, in: Dies., Jesus as mother. Studies in the spirituality of the High Middle Ages (Publications of the Center for Medieval and Renaissance Studies 16), Berkeley u. a. 2007, 82–109.

[8] Diese Trennung zeigt sich in der Differenz im Denken Hugos von St. Viktor und Bernhards von Clairvaux. Für den Viktoriner bilden äußere Tat und innerer Vorgang eine Entsprechung. Vgl. De sacramentis Christiani fidei II, 13, 1. [Der lateinische Text wird im Folgenden zitiert nach der von Rainer Berndt besorgten Ausgabe: De sacramentis Christiani fidei Corpus Victorinum. Texti historici Bd. 1, Münster 2008. Die Übersetzung nach Peter Knauer, Über die Heiltümer des christlichen Glaubens Corpus Victorinum Bd. 1, Münster 2010.]. Diese ist bei Bernhard aufgehoben. Vgl. etwa Gerhard Winkler, Bernhard und die Kartäuser. Zur Relativierung des monastischen Asketismus durch die reine Gottesliebe, in: Analecta Cartusiana 113 (1/1984), 5–19.

[9] Zur Hinwendung zum homo interior Vgl. etwa Walker Bynum, Did the twelfth century discover the individual?; Ineke van't Spijker, Fictions of the inner life. Religious literature and formation of the self in the eleventh and twelfth centuries Disputatio Bd. 4, Turnhout 2004.

[10] Beschrieben bei Michel Foucault, Sexualität und Wahrheit, Die Sorge um sich, Bd. 3, Frankfurt a. M. 1989.

[11] Vgl. zur Präsenz des Liebesthemas im 12./13. Jahrhundert Peter Dinzelbacher, Über die Entdeckung der Liebe im Hochmittelalter, in: Saeculum 32 (1981), 185–208.

Im Gefolge des Augustinus ist die stoische Suche nach Glück, die als ein Zustand der Ruhe[12] gefasst wird, auch eine christliche Angelegenheit geworden, und sowohl der Weg dorthin als auch dieser Zustand selbst wird mit der Gottesliebe identifiziert. Erst wo der Mensch, so fasst es Augustinus, alleine Gott liebt und alles andere, einschließlich sich selbst, nur noch um Gottes willen, hat er dieses Ziel erreicht.[13] Hugo von St. Viktor, der von seinen Zeitgenossen auch als *alter augustinus*[14] bezeichnet wird, methodisiert diesen Grundgedanken und formt daraus einen pädagogischen Aufstiegsweg, den der Einzelne zu beschreiten hat.[15] Immer mehr soll sich der geistige Mensch dem Geistigen zuwenden und nach und nach seine Liebe zu den materiell-irdischen Dingen überwinden. Ausgangspunkt dieser Liebesbewegung ist die Selbstliebe, in der der Mensch das eigene Gut begehrt. Da Gott als das *summum bonum* die Erfüllung dieses Begehrens ist, stehen Selbstliebe und Gottesliebe in einem linearen Verhältnis. Die Gottesliebe ist die Erfüllung der Selbstliebe, während die wahre Selbstliebe gleichzeitig Gottesliebe ist.[16]

Mit dem linear gezeichneten Weg korreliert eine verhältnismäßig stabile Subjektkonstruktion, die sich vom cartesianischen *ego cogito sum* dennoch deutlich unterscheidet. Das Ich steht der Welt nicht gegenüber, sondern ist vermittels affektiver Beziehungen in sie hinein verwoben. Diese gründen in einem Mangel, der den Menschen nach Fülle, Ruhe, letztlich Gott suchen lässt. Das aus dem Mangel resultierende Begehren dynamisiert das Subjekt. Es verstrickt sich entweder in die irdischen, materiellen Dinge und verfehlt darin sein Selbst. Oder es schreitet auf dem Weg der Gottesliebe voran und entwickelt sich fort. Ziel ist eine Identität, die prinzipiell habbar ist und zumindest im Vorgriff bereits erlangt werden kann. Der Mensch, der Gott kennt, beginnt ihn zu lieben und hat ihn in dieser Liebe immer schon, so dass der Weg als Entfaltung des bereits Bestehenden gedacht werden kann.[17] Alles, was dazu im Widerspruch steht, ist im Laufe dieses Weges abzulegen oder zu integrieren. Diese angestrebte Identität ist keineswegs individuell. Sie ist ein allgemeines, jedem Menschen zugedachtes Ideal, das seine Bestimmung durch Gott selbst findet: In der Gottesliebe, die einen Prozess zunehmender Verähnlichung mit Gott darstellt, sollen die Menschen

---

12 Vgl. Conf XIII, 8 (CSEL 33, Ed. Knöll).

13 Vgl. Augustinus, De doctrina christiana I (CCSL 32, Eds. Martin/Daur).

14 Belege in der Einleitung zu den Werken Hugos in PL 175 (Ed. Migne), 163–168.

15 Die kompakte Darstellung gibt Hugo von St. Victor in: De sacramentis II, 13.

16 Pierre Rousselot hat diesbezüglich von einer natürlichen bzw. »physischen« Konzeption der Gottesliebe gesprochen. Vgl. Pierre Rousselot, Pour l'histoire du problème de l'amour au Moyen Âge, Münster i. W. u. a. 1933.

17 Vgl. De sacramentis II, 13, 7.

einander fördern und sich damit auch einander angleichen.[18] Die Einfügung in den Sozialkörper des Klosters ist äußeres Zeichen dieses Prozesses.

STRUKTURIERUNG DES SELBST – AFFEKTIVES STUDIEREN

Dieser Bildung des Inneren dient nun auch der Umgang mit Texten. Deren Studium, das anzuleiten ein wesentliches Ziel der Schriften Hugos von St. Viktor ist, hat einer durch die Bibel vorgegebenen Ordnung zu folgen, denn in den Heiligen Schriften zeigt sich die kosmisch-symbolische Harmonie von Schöpfung und Heilsgeschichte, die wiederum dazu dient, eine Ordnung im Inneren des Lesers aufzubauen.[19] Der Weg der Einzelseele ist vorgebildet in der großen Narratio von Schöpfung, Fall und Erlösung, die die gesamte Menschheit umfasst. Dabei schwindet bei Hugo der Unterschied zwischen Schrift und Exegese. Indem der Autor als Exeget der göttlichen Schriften »die Geheimnisse ihrer Tiefe an das Licht zu bringen sucht«[20], teilt die Auslegung den Anspruch, Heiltum (*sacramentum*) zu sein, was in dem weiteren Sakramentsverständnis des Hugo meint: Es ist am Werk der Erlösung beteiligt, indem es der Ordnung des Inneren dient. Der Prolog seines als frühe Summe gehandelten Werkes *De sacramentis* legt diese Intention offen: Mit seinem Buch will der Verfasser dem Verstand des Lesers etwas Gewisses geben, »an das er seine Aufmerksamkeit (*intentio*) heften und ihm anzupassen (*conformare*) vermöchte«[21]. Wenn Hugo die Fakten der Heilsgeschichte beginnend mit der Schöpfung darlegt, kann der Leser in der Geschichte des Makrokosmos die Geschichte seines eigenen Selbst wahrnehmen.[22] Indem der Mensch seine *intentio* angleicht an die Geschichte von Schöpfung, Fall und Erlösung, sucht der Leser die Erlösung seiner Seele zu befördern. Einbezogen sind in diese Bildung des Selbst die gemäß der allegorischen Auslegung angenommenen verschiedenen Schriftsinne: Sowohl der allegorisch-heilsgeschichtliche als auch der tropologisch-moralische Schriftsinn stehen im Dienst der inneren Vervollkommnung[23], die auf der allegorischen Ebene vermittels der »Erkenntnis der Wahrheit« und auf der tropologischen Ebene durch die »Liebe zur Tugend«[24] und den daraus resultierenden Werken geschieht.

Dabei stellt Hugo die Lektüre als wesentlich affektgetragen dar.[25] Eingangs seines *Didascalicon* zitiert der Viktoriner Boethius: »*Est autem philosophia amor*

---

18 Vgl. auch VAN'T SPIJKER, Fictions, 1–17.

19 Vgl. ILLICH, Im Weinberg des Textes, 35.

20 De sacramentis I, 1.

21 Ebd.

22 Vgl. VAN'T SPIJKER, Fictions, 90–93.

23 Vgl. auch Didascalicon 5, 6 (FC 2/27, Ed. OFFERGELD).

24 De sacramentis I, Prolog.

25 Zur Rolle des Affekts in der Bibelauslegung vgl. INEKE VAN'T SPIJKER, »Ad commovendus affectus«. Exegesis and the affects in Hugh of Saint-Victor, in: RAINER BERNDT (Hrsg.), Bibel

et studium et amicitia quodammodo sapientiae.«[26] – »Philosophie ist also die Liebe zur Weisheit, das Streben nach Weisheit und gewissermaßen die Freundschaft mit der Weisheit.« Das Studium ist angetrieben durch die Liebe, die bei Hugo wesentlich Motivation zu richtigem Handeln ist.[27] Der Rezipient ist damit nicht als neutraler Leser, der sich einen Inhalt anzueignen sucht, gezeichnet, sondern er geht mit der Weisheit eine affektive Beziehung ein. Deren Medium sind die Gegenstände der Erkenntnis, wobei Hugo von einer strikten Korrelation von Inhalt und Affekt ausgeht, ohne dass eine Vorgängigkeit des einen vor dem anderen behauptet würde.[28] Diese Verbindung von Affektivität, Bildung des Selbst und Studium fordert Hugo insbesondere im Umgang mit den biblischen Schriften: Er empfiehlt denjenigen, die die Kenntnis der Tugenden erstreben und die richtige Form zu leben suchen, vor allem diejenigen Bücher zu lesen, die »*animum ad amorem conditoris sui accendunt*« – »die den Geist mit der Liebe zu seinem Schöpfer entflammen«[29]. Das Studium der Heiligen Schrift ist damit nicht allein als Erfassen eines Inhalts, sondern als Provokation eines Affekts und Förderung einer Beziehung beschrieben. Es dient dem Fortschritt in der Gottesliebe. In diesem Beziehungsgeschehen erscheint der Leser ebenso aktiv in seinem Streben wie passiv, da »entflammt« von der Liebe und vom Affekt getroffen. In dieser affektiven Textlektüre liegen nun auch die Bruchlinien, die das Konzept eines linearen Aufstiegswegs zu sprengen beginnen.

Sich fremd werden – Die »mystischen« Schriften

Diese Bruchlinien zeigen sich insbesondere in denjenigen Schriften des Viktoriners, die sich stärker dem tropologischen Schriftsinn zuordnen lassen und die heute gerne als »mystisch« oder spirituell bezeichnet werden.[30] Der Stil von *De amore sponsi ad sponsam*[31], *Soliloquium de arrha animae*[32] oder *De laude cari-*

---

und Exegese in der Abtei Saint Victor zu Paris. Form und Funktion eines Grundtextes im europäischen Rahmen (Corpus Victorinum. Instrumenta 3), Münster 2009, 215–234.

[26] Didascalicon 1, 2. Zitiert aus Boethius, in: Porph. Comm. Pr. 1, 2 (CSEL 48, 7).

[27] Vgl. De sacramentis II, 13, 3.

[28] Vgl. De sacramentis I, 6, 4; II, 13, 11.

[29] Didascalicon 5, 7.

[30] In Didascalicon 6, 3 unterscheidet Hugo die Schriftsinne wie folgt: »In der Geschichte findest du Veranlassung, die Taten Gottes zu bewundern, in der Allegorie, an seine Geheimnisse (*sacramenta*) zu glauben, in der Tropologie, seine Vollkommenheit nachzuahmen.«

[31] De amore sponsi ad sponsam, in: PL 176, Ed. Migne, 987–994. *Teilübersetzung:* Die Viktoriner, Mystische Schriften, ausgew., übertr. u. eingel. v. Paul Wolff, Wien 1936, 71–75.

[32] De arrha animae (Ed. Feiss/Sicard, Turnhout 1997, 211–300). *Teilübersetzung:* Die Viktoriner, Mystische Schriften, 87–114.

tatis[33] ist ein deutlich anderer als in *De sacramentis*, wo Hugo die Doktrin darlegt. Die Texte sind geprägt von hymnischen Elementen, appellativer und emotiver Rede, von Bildlichkeit. Deutlich wahrnehmbar tritt in ihnen die Wirkstruktur[34] der Texte in den Vordergrund: eine inszenierte Performativität, die nicht nur Zustimmung, sondern Einstimmung, Aneignung und Nachvollzug von Erfahrung fordert. Darin vollziehen die Texte in der Form die Hinwendung auf das Innere, die sie inhaltlich beschreiben. Sie wollen nicht nur von der Glut der Liebe sprechen, sondern sie evozieren und werden darin wahrnehmbar als Teil einer Praxis.

Eine entscheidende Rolle in dieser Textpraxis spielt die Rezeption des Hoheliedes. Im 12. Jahrhundert wird, vor allem bei Bernhard von Clairvaux, aber auch bei Hugo von St. Viktor oder Wilhelm von St. Thierry eine allegorische Auslegung wiederbelebt, deren christliche Anfänge bis zu Origenes zurückreichen.[35] Braut und Bräutigam des biblischen Textes werden übertragen auf die einzelne Seele und Gott. Was Origenes wesentlich als einen Erkenntnisweg zeichnet, wird im 12. Jahrhundert zu einem personal-affektiven Geschehen. Bei Hugo von St. Viktor zeigt sich dies insbesondere in *De amore sponsi ad sponsam*. Die Schrift ist den Versen 4,6–8 des Hohelieds gewidmet: der Aufforderung an die Frau, auf den Myrrhenberg zu kommen, welche die klassische Bezugsstelle für den Aufstiegsweg der Seele bildet.[36] In seiner Interpretation dieser Verse trennt Hugo teils sauber zwischen dem Literalsinn und der tropologischen Auslegung. Dem Literalsinn nach zeichnet er die Liebe zwischen Braut und Bräutigam als erwählend, exklusiv und begehrend, und zwar sowohl von Seiten der Braut wie des Bräutigams. Sobald er in die tropologische Auslegung wechselt, schwindet die Wechselseitigkeit. Die Ausführungen behandeln den linearen Aufstiegsweg, wie er ihn in *De sacramentis* ausführt.

Doch obgleich er inhaltlich nur die Doktrin darzulegen und ihr eine stärker affektiv gefärbte Form zu geben scheint, geschieht hier bemerkenswertes: In

---

33 De laude caritatis (Ed. Feiss/Sicard, Turnhout 1997, 182–207). *Übersetzung:* Wolff, Die Viktoriner, Mystische Schriften, 115–125.

34 Der literaturtheoretische Begriff »Wirkstruktur« ist hier verwendet im Sinne Wolfgang Isers. Dieser versteht darunter Strukturen des Textes, durch die die Wirkungen des Textes auf den Leser gesteuert werden, ohne diese vollständig kontrollieren zu können. Vgl. v.a. Wolfgang Iser, Der Akt des Lesens. Theorie ästhetischer Wirkung, München [4]2009. Dazu auch Mirja Kutzer, In Wahrheit erfunden. Dichtung als Ort theologischer Erkenntnis (ratio fidei 30), Regensburg 2006, 168–175.

35 Vgl. Ulrich Köpf, Art. Hoheslied III. Auslegungsgeschichte im Christentum, in: TRE 15, 508–513.

36 Die Vulgata gibt die Stelle wie folgt wieder: *Ibo mihi ad montem myrrhae et ad collem Libani, et loquar sponse meae: Tota speciosa es, proxima mea, et macula non est in te. Veni a Libano, veni, et vienis ad montem Seir et Hermon, a cubilibus leonum, a montibus leopardorum.*

einigen Passagen, die sich in direkter Anrede an die Rezipienten wenden, werden literaler Grundtext und tropologische Übersetzung ineinandergeschoben. Im Mund des göttlichen Bräutigams begegnen die Worte des fleischlichen Bräutigams und inszenieren Gott als einen erotisch Liebenden. Sechsmal wiederholt der Text den Ausruf über die Schönheit der Braut: *»tota speciosa es«*. Das Lob der Schönheit geht über in den Aufruf zu kommen. Gott tritt auf als Einladender, als Lockender, als seinerseits Begehrender. Die Verdoppelung des *veni* im Text der Vulgata wird bei Hugo vervielfacht. Er wiederholt es dreizehnmal als direkten Anruf, steigert die Dringlichkeit und mit ihr das performative Moment.

> *»Veni, inquit, veni. Veni foris intro ad te. Veni intus, interius, et plane intrinsecus supra te ad me. Veni ad Libanum, sponsa, veni ad Libanum. Veni de Libano, veni ad Libanum. Veni de Libano decandidato ad Libanum non decandidatum, sed candidum. Veni de corde mundato ad mundatorem cordium, non mundatum, sed mundum. Non pervenis ad me si remanes in te, ascende supra te et invenies me.«*[37] – »Komm, sagt Er, komm! Komm von draußen in dich hinein. Komm nach innen, noch mehr nach innen, und eben von innen über dich hinaus zu mir. ›Komm zum Libanon, meine Braut, komm zum Libanon!‹ Komm vom Libanon, komm zum Libanon! Komm vom geweißten Libanon zu dem Libanon, der nicht geweißt, sondern weiß ist. Komm aus gereinigtem Herzen zum Reiniger der Herzen, der nicht gereinigt, sondern rein ist. Du kommst nicht zu Mir, wenn du in dir bleibst, steige über dich hinaus dann wirst du Mich finden.«

Die Doktrin ist präsent: Es begegnen die neuplatonisch-augustinischen Momente der inneren Einkehr und der Selbsttranszendierung. Doch gewinnt durch die Wiederholung des längst Bekannten in der apellativen Form der Akt des Aussagens, die *énonciation* nach Émile Benveniste[38], an Gewicht gegenüber dem Ausgesagten. Der Text inszeniert die Liebe, die er beschreibt, als Redegeschehen: Der laut Lesende verschmilzt im Akt des Lesens mit dem lockenden Gott. Er nimmt in identifizierender Weise Gottes Position ein, so wie der Hörer die der Braut-Seele, der die Lockrufe gelten, besetzt. In diesem Vorgang der Identifizierung, in der sich das Ich auf die im Text vorgebildeten Positionen überträgt, wird die Gottesliebe zur textvermittelten, ästhetischen Erfahrung.[39]

Diese bewusst gesetzte Performativität lässt nun auch die Doktrin nicht unverändert. Es deuten sich Wirkungen an, die der Text des Hohelieds auf den Gottesdiskurs ausübt und damit das geschieht, was Julia Kristeva als Intertextualität bzw. Transposition[40] beschrieben hat: Im neuen Kontext bleiben Be-

---

[37] De amore sponsi ad sponsam: PL 176, C.990 A–B.

[38] Émile Benveniste, Probleme der allgemeinen Sprachwissenschaft, München 1974.

[39] Vgl. zur literaturtheoretischen Kategorie der ästhetischen Erfahrung Kutzer, in: Wahrheit erfunden, 175–189.

[40] Vgl. Julia Kristeva, Die Revolution der poetischen Sprache, Paris 1978, 22–24.

deutungen präsent, die dem ursprünglichen Zusammenhang entstammen und im neuen Umfeld den Sinn zu sprengen beginnen. Die Sprache der Liebenden im Hohelied wird in der Allegorese übersetzt, doch vermag die Übersetzung den Sinn nicht gänzlich zu kontrollieren. Durch die Übertragung des Bräutigams auf Gott wächst Gott die Position des leidenschaftlich Liebenden zu und bildet hier vor, was Hugo in *De laude caritatis* explizit machen und später etwa Mechthild von Magdeburg breit ausbauen wird: Gott wird zum Begehrenden, der selbst von der Liebe bezwungen wird.[41]

Ebenfalls nicht unverändert bleibt die Position des Gott liebenden Subjekts. Dies wird in *De arrha animae* besonders deutlich. Auch dieser Text ist eine Inszenierung. Angelehnt an das *Soliloquium* des Augustinus figuriert Hugo ein Selbstgespräch des Menschen als Dialog mit seiner Seele, der darin die innere Einkehr vollzieht, zu der Gott in *De amore sponsi ad sponsam* aufruft. Auch dieser Dialog enthält vielfach direkte Aufforderungen, die der Mensch an die Seele richtet. Wie in *De amore sponsi ad sponsam* sind es oft kompositorisch dichte, gedrängte Textstellen, gekennzeichnet von Imperativen, Anaphern, Parallelismen, Variationen der Klimax. Die »Süße der Rede« soll die Liebe entflammen und parallelisiert damit das Textgeschehen von *De arrha animae* mit denjenigen biblischen Schriften, die gemäß dem *Didascalicon* eben dieses bewirken. Hier nun erscheint die Gottesliebe nicht mehr als Fortentwicklung des im Menschen Angelegten. Stattdessen wird der Mensch durch die Begegnung mit Gott, der der Seele gleich dem Bräutigam der Braut des Hohelieds begegnet, sich fremd:

> »Was ist jenes Süße, das zuweilen bei der Erinnerung an Ihn mich zu berühren pflegt und mich ebenso stark wie zärtlich ergreift, daß ich schon anfange, mir selbst ganz fremd und, ich weiß nicht wohin, fortgerissen zu werden? Plötzlich nämlich werde ich erneuert und ganz verändert, und es beginnt mir wohl zu sein, mehr als ich sagen kann.«[42]

Wo die Seele sich selbst fremd wird (*a memetipsa abalienari)* und nicht weiß, wohin sie fortgerissen wird *(nescio quo abstrahi incipiam)*, liegt der zu beschreitende Weg nicht mehr als Fortsetzung des Vorhandenen vor ihr. Die erfahrene Gewalt steht für eine wirkliche Erneuerung (*innovor*) und Veränderung (*immutor*), die sich kaum mehr als Vollendung dessen denken lässt, was ohnehin schon da ist. Das Subjekt verliert, affiziert durch die textvermittelte Gottesliebe,

---

41 »Nescio enim an forte majus sit te Deum dicere an Deum te superasse.« – »Ich weiß nämlich nicht, ob es wohl mehr sei, dich [die Liebe] Gott zu nennen, als zu sagen, daß du Gott überwandest.« (De laude caritatis: PL 176, C. 0975B; Die Viktoriner, Mystische Schriften, 122.) Vgl. Barbara Newman, God and the Goddesses. Vision, poetry and belief in the Middle Ages, Philadelphia 2005, 147 f.

42 De arrha animae; Die Viktoriner, Mystische Schriften, 113.

die Kontrolle über sich selbst[43] und lässt die Idee der Weiterentwicklung eines unverlierbaren Kerns zur Illusion werden. Was sich bei Hugo andeutet, wird für die Konzeption der Gottesliebe bei Bernhard von Clairvaux prägend.

2. Das zerbrechende Selbst: Bernhard von Clairvaux

Hugo von St. Viktor und Bernhard von Clairvaux sind Zeitgenossen. Die Beziehungen des Zisterziensers zum Augustinerchorherrenstift St. Viktor sind zeitweise eng. Dessen Gründer Wilhelm von Champeaux gehört zu seinen frühen Förderern[44] und weiht ihn in seiner Funktion als Bischof von Châlons-sur-Marne zum Abt von Clairvaux. Hugo von St. Viktor wird Bernhard später in dessen Gegnerschaft zu Abaelard unterstützen. Doch während die Augustinerchorherren von St. Viktor der städtischen Kultur nahestehen und eine Hochschätzung des Studiums wesentlicher Teil ihrer Spiritualität ist, begegnen die Zisterzienser sowohl den Einflüssen der Stadt wie auch der Wissenschaft mit Skepsis. In Absetzung von der Praxis in Cluny wird das *laborare* der benediktinischen Regel in Rückbesinnung auf die Ursprünge des Ordens wieder als körperliche Arbeit interpretiert und nicht als durch das Studium erfüllbar gedacht.[45] Ihre Klöster errichten die Zisterzienser in unbesiedeltem, oft unwirtlichem Gebiet, das erst urbar gemacht und der Natur abgetrotzt wird. Und so wie das Kloster verteidigt werden muss gegenüber der andrängenden Natur und den Einflüssen des Außen, so ist auch die Seele ein stets bedrohtes Feld der Auseinandersetzung.

Letzteres zeigt sich in der gegenüber Hugo von St. Viktor unterschiedlichen Konzeption der Gottesliebe bei Bernhard von Clairvaux. Wie der Viktoriner zeichnet auch Bernhard in einem seiner wenigen in Traktatform gehaltenen Schriften *De diligendo deo*[46] einen Aufstiegsweg, der sich an Augustinus orientiert und einen linearen Weg von der Selbstliebe zur Gottesliebe suggeriert. Tatsächlich aber ist die Linearität nicht mehr gegeben. Denn um Gott ähnlich zu werden, muss die Seele nicht nur die Liebe zu den irdischen Dingen ablegen, sondern jegliches Interesse am eigenen Gut, mithin auch jegliche Selbstbezüglichkeit fahren lassen und sich ganz dem Anderen, Gott, hingeben. Dieses Aufbrechen des linearen Wegs von der Selbst- zur Gottesliebe zeigt sich u.a. in Bernhards Definition des *amor carnalis*. Anders als Augustinus und auch Hugo

---

[43] Hier besteht ein deutlicher Unterschied zum aktiven, selbstkontrollierten Moment bei Augustinus. Vgl. Conf. IX, 10, 24 (CSEL 33, Ed. KNÖLL).

[44] Vgl. PETER DINZELBACHER, Bernhard von Clairvaux. Leben und Werk des berühmten Zisterziensers, Darmstadt ²2012, 33f.

[45] Vgl. a.a.O., 39–44.

[46] BERNHARD VON CLAIRVAUX, De diligendo Deo, in: Sämtliche Werke. Lateinisch-deutsch, hrsg. v. GERHARD B. WINKLER, Bd.1, Innsbruck 1990, 74–151.

unterscheidet Bernhard nicht zwischen einem allgemeinen Begehren, das sich dann teilt in das Begehren des Irdischen, was klassischerweise als *amor carnalis* oder *concupiscentia* bezeichnet wird, und der Liebe zum Himmlischen, der *caritas.* Vielmehr ist jegliches Begehren, selbst wo es sich auf Gott als endgültiges Ziel ausrichtet, vom *amor carnalis* durchzogen, da es von einer immer schon sündhaften Selbstbezüglichkeit begleitet wird.[47] Entsprechend wird die Gottesliebe auch nicht als Erfüllung der Selbstliebe konzipiert. Ganz im Gegenteil muss der Mensch im Zuge des Fortschreitens in der Gottesliebe lernen, obwohl diese zweifellos das höchste Gut für ihn darstellt, ganz vom eigenen Nutzen, ja ganz von sich selbst abzusehen. Die Gottesliebe ist in ihrer Fülle dann erreicht, wo der Mensch quasi so ist, »als wäre er nicht«[48] – ein Zustand, der in diesem Leben, wenn überhaupt, nur in den augenblickhaften Momenten der *unio mystica* erreichbar ist. Der Kampf gegen das eigene Ich ist nicht zuletzt ein Kampf gegen den Körper und seine Notwendigkeiten. Denn die Bedürfnisse des Körpers binden den Menschen nicht nur an das Materiell-Irdische, sondern treiben ihn unweigerlich zur Sorge um sich und rufen ihn selbst dort zurück, wo er die Selbstaufgabe in der Vereinigung mit Gott erfährt.[49]

Darin erweist sich der *amor carnalis*, die vom Fleisch ausgehende und an das Irdische und sich selbst bindende Liebe, als eine höchst ambivalente Grundbefindlichkeit. Als Ausgangspunkt jeglichen Begehrens ist der *amor carnalis* auch Initialpunkt der Gottesliebe. Als solcher wird er von Gott in höchstem Maße gewürdigt: Gott, der in Christus selbst Fleisch wird, kommt dem fleischlich liebenden Menschen entgegen und weckt seine Liebe zu Gott, indem er sich an den *amor carnalis* wendet.[50] Gleichzeitig zeigt er sich als Widerstand der Gottesliebe, da er den Menschen an sich selbst kettet – und darin das Subjekt an der Auflösung in der Gottesliebe hindert. In diesem Spannungsfeld kommt der Mensch nicht zur Ruhe. Das Subjekt ist gespalten, sich selbst bleibend entzogen. Dennoch ist es als begehrendes, Gott liebendes Subjekt gerade in der Unerreichbarkeit der Vollkommenheit unweigerlich es selbst.

---

[47] Deutlich wird dies im gemeinsam mit *De diligendo deo* überlieferten Brief an die Kartäuser: »Indessen, weil wir Fleisch sind und aus dem Verlangen des Fleisches (*concupiscentia*) hervorgehen, muß notwendigerweise unsere Liebe vom Fleisch ihren Ausgang nehmen.« (De diligendo deo 39).

[48] De diligendo deo 27: *»Te enim quoddamodo perdere, tamquam qui non sis, et omnino non sentire teipsum, et a temetipso exinaniri, et paene annullari, caelestis est conversationis, non humanae affectionis.«* – »Denn dich selbst gewissermaßen zu verlieren, als wärest du nicht, dich selbst gar nicht mehr zu spüren, deiner selbst beraubt und beinahe zunichte zu werden, ist ein Zeichen himmlischen Wandels, nicht menschlicher Empfindung.«

[49] Vgl. De diligendo deo 27.

[50] Vgl. Sermones super cantica canticorum 20, 6, in: Sämtliche Werke, hrsg. v. GERHARD B. WINKLER, Bd. 5, Innsbruck 1994, 284–287.

Ausdruck des Affekts – Hoheliedpredigten

Dieses Erstreben des Selbstverlusts in der Gottesliebe bestimmt wiederum die Textpraxis, wobei das Hohelied zum Zentraltext avanciert. Bernhard meditiert über dem Text seit seiner Anfangszeit in dem von ihm gegründeten Kloster Clairvaux[51] und verfasst im Laufe seines Lebens 86 sogenannte »Lesepredigten«.[52] Dieses Textgenre figuriert eine mündliche Situation, ist aber von vorneherein für die schriftliche Verbreitung gedacht. »Bernhard stellt sich hier als Vortragender dar, der auf seine Zuhörenden eingeht und beinahe interaktiv mit ihnen in Kontakt steht.«[53] Diese »Lesepredigten« sind zur Zeit Bernhards eine eigene literarische Gattung. Bernhard wählt sie kaum zufällig. Sie gibt ihm die Möglichkeit, seine auch in den Traktaten spürbare Affektivität der Sprache auszubauen, auf eine durchgängige Linearität der Gedankenführung zu verzichten und immer wieder von Neuem anzufangen. Die Predigten behandeln den Text des Hohelieds lediglich bis zu Kapitel 3,1. Oft ist der Text nur Ausgangspunkt – ein Anlass, sich mit theologischen und spirituellen Themen zu beschäftigen, die zuvor nicht mit dem Hohelied in Verbindung gebracht wurden. Doch bleibt das Zentrum präsent – die bräutliche Liebe, in der die Seele Gott begegnet und die ihr Verhältnis zu Gott, zur Welt und zu sich selbst bestimmt.

Wie schon bei Hugo zeigt sich auch bei Bernhard die Textbegegnung als affektgetragen. Den hermeneutischen Schlüssel legt der Zisterzienser in die Erfahrung. Eingangs der dritten Predigt zum Hohelied schreibt er:

> »Heute lesen wir im Buch der Erfahrung: Lenkt euren Blick auf euch selbst; jeder beachte sein eigenes Bewußtsein in Hinblick auf das, was gesagt werden soll. Ich möchte ergründen, ob es jemals einem von euch gegeben wurde, von Herzen zu sagen: ›Er küsse mich mit dem Kuß seines Mundes.‹ Nicht jeder beliebige Mensch kann dies nämlich aus der Regung seines Herzens sagen; aber wenn jemand durch den Mund Christi auch nur einmal den geistlichen Kuß empfangen hat, erschüttert ihn gewiß, was ihm widerfahren ist, und er verlangt es aus freiem Antrieb von neuem. Ich glaube, nur der kann wissen, was dieser Kuß ist, der ihn empfangen hat.«[54]

---

51 Vgl. Peter Dinzelbacher, Bernhard von Clairvaux, 175–186.

52 Kurt Ruh, Geschichte der abendländischen Mystik, Die Grundlegung durch die Kirchenväter und die Mönchstheologie des 12. Jahrhunderts, Bd. 1, München 1990, 252. Zum Vorgang der Verschriftlichung der Predigten Bernhards vgl. Stefanie Rinke, Das »Genießen Gottes«. Medialität und Geschlechtercodierungen bei Bernhard von Clairvaux und Hildegard von Bingen (Berliner Kulturwissenschaft 3), Freiburg/Br. u.a. 2006, 45–51; Ulrich Köpf, Einleitung zu den Predigten über das Hohelied: Sämtliche Werke 5, 31–33.

53 Stefanie Rinke, Das »Genießen Gottes«, 43.

54 Sermones super cantica canticorum 3, 1.

Das eigene Selbst erscheint hier als ein Buch (*libro experientiae*), das gleich der Heiligen Schrift »gelesen« werden kann, weil es textproduktiv ist. Der Text, die Rede, entsteht *ex affectu*, ist dem Affekt geschuldet und dessen greifbares, »lesbares« Produkt, das hier zum Indikator einer Identifikation wird. Der Rezipient der Predigt soll dasselbe sagen können wie die Braut des Hohelieds – eine Vorstellung die sich auch bei Origenes findet. Doch während dieser Vorgang bei Origenes ein intellektuelles Erfassen meint,[55] ist es bei Bernhard ein Aufruf zur vom Affekt getragenen Einfühlung,[56] wobei dieser ein körperliches Moment eignet:

> »Wenn ich erfahre (*sensero*), daß sich mir der Sinn (*sensum*) der Schriften eröffnet, so daß ich ihn erkenne, wenn weise Rede gleichsam aus meinem Innersten hervorsprudelt oder wenn mir durch die Eingießung himmlischen Lichtes Geheimnisse enthüllt werden, wenn sich etwa sogar der überreiche Schoß des Himmels vor mir auftut und reichlichere Regengüsse bei der Betrachtung von oben in meine Seele fließen, dann zweifle ich nicht daran, daß der Bräutigam da ist.«[57]

Der Sinn (*sensum*) der Schriften muss gefühlt, erfahren, erspürt (*sentire*) werden und verweist damit auf etwas, das eher körperlich wahrnehmbar denn intellektuell und sprachlich fassbar ist. Der »erfühlte« Text provoziert »weise Rede«, die wiederum als körperlich spürbar beschrieben wird. Zur neuplatonischen Lichtmetapher tritt das »Fühlbild« des Regengusses. Die Rede tritt von außen in den Menschen ein bzw. sprudelt aus seinem Innersten hervor. Sie erscheint als eruptives, körperliches Geschehen, das sich der Kontrolle entzieht und deren Urheber unklar ist. In diesen Bildern zeigt sich das Ich nicht als Autor der Rede. Es kontrolliert weder ihren Inhalt noch, dass Rede geschieht.

In weit radikalerer Weise als bei Hugo von St. Viktor verlagert sich damit die Bedeutung der Rede vom Inhalt auf das Redegeschehen selbst. In Predigt 67 spricht Bernhard von einem Rülpsen, das die Braut, die das Brautgemach verlässt, eher als einen Satz hervorbringt. »Und wenn du meinst, sie habe schon einen Satz gesprochen, so denke daran, daß er aus ihr hervorgesprudelt ist und

---

[55] Origenes, Homiliae in Canticum Canticorum 1 (SC 37, Ed. Rousseau). Hier zitiert nach PG 13,38: *Et cum hoc intellexeris, audie Canticum Canticorum, et festina intelligere illud et cum sponsa dicere ea quae sponsa dicit, ut audias quae audivit et sponsa.* Vgl. Dagmar Heller, Schriftauslegung und geistliche Erfahrung bei Bernhard von Clairvaux (Studien zur systematischen und spirituellen Theologie 2), Würzburg 1990, 136f.

[56] Die Erfahrung stellt eine Beziehung zwischen den Seelenkräften des *intellectus* und des *affectus* her und ist darin kein Gegenkonzept zum rationalen Denken, bezieht in den Bereich der Vernunft aber immer den Bereich des Willens und des Affekts mit ein. Vgl. Heller, Schriftauslegung, 78.

[57] Sermones super cantica canticorum 69, 6.

nicht gegliedert oder im voraus geordnet wurde.«[58] Hier ist jedes »etwas sagen« aufgehoben und mit ihm die Idee, dass Sprache das Erlebte abbilden könnte. Das Rülpsen als Reaktion auf den Affekt wird zum Signifikanten eines Vor-Symbolischen, mit dem Körper Verbundenen, das sich mit Kristeva als das Semiotische bezeichnen lässt.[59] Das Semiotische ist an sich nicht fassbar. Es zeigt sich im unkontrollierten, quasi-körperlichen Rülpsen als Störung der symbolischen Ordnung. Es wird greifbar in der poetischen Sprache, die ihrerseits das Symbolische durchbricht.

Aus einer solchen »Störung« des Symbolischen gewinnt das Lied der Lieder seine besondere Gestalt. Bernhard beschreibt es als dem Seelenzustand seines Autors geschuldet. Salomo, den Bernhard der Tradition entsprechend als diesen identifiziert, habe es *exsultans in spirito* zum Singen getrieben.[60] Er sieht ihn als inspiriert (*divinitus inspiratus*)[61], wobei sich die Inspiration weniger auf das Wort bezieht, denn auf den durch die Gottesliebe hervorgerufenen Affekt, der die Rede motiviert. Die Folge ist eine Rede, die charakteristische Merkmale von Dichtung enthält. Sie ist *euloquius* und appelliert damit an den Genuss. Sie ist *figuratus*, ein Hervorbringen von Szenen, deren Bedeutung sich nicht in einer Bezeichnungsfunktion erschöpft, ja sich von einer solchen sogar ablösen. Tatsächlich ist das Hohelied nach Bernhard eine »figurierte«, keine abbildende Sprache. Zwar ist für die Möglichkeit der Allegorie die Intention des Hagiographen ohne Belang. Doch Salomo dichtete nach Bernhard von vornerein in der Absicht, die Begegnung zwischen Christus und der Kirche und die Sehnsucht der Seele zu schildern, und lediglich in Rücksicht auf die Rezipienten geschah dies in den Figuren zwischenmenschlicher Liebe, die so zum Medium der Gotteserfahrung werden. Sie ermutigen Affekte zu bilden und verhelfen ihnen zum Ausdruck. Die für den Bibeltext so charakteristischen Sprachformen der personalen, zwischenmenschlichen Liebe »schreiben« so die Beziehung der Seele zu Gott.

Der metaphorische Sog und die Prozessualisierung des Subjekts

In dieser Wirkstruktur des Bibeltextes, die der Predigttext aufgreift, verstärkt und lenkt, zeigt sich ein metaphorischer Sog, der nicht nur die Sprache, sondern das Subjekt betrifft. Formal wird dieser insbesondere dort sichtbar, wo Bernhard in der für ihn so charakteristischen Verwendung der Bibel direkte Zitate in seinen eigenen Sprachduktus einfließen lässt, ohne dass diese noch als Zitate kenntlich wären. Die Texte erfahren darin nicht einfach eine Übersetzung, die den fleischlichen Sinn in den tropologischen überführt, sondern in der Äußerung

---

58 A.a.O. 67, 4.

59 Vgl. Julia Kristeva, Die Revolution der poetischen Sprache, Frankfurt/Main ^{9}2010, 32–113.

60 Vgl. Dagmar Heller, Schriftauslegung, 61.

61 Vgl. Sermones super cantica canticorum 1, 8.

findet eine Identifizierung von beidem statt.[62] Bernhard schafft so keine »tote« Allegorie, die einen in sich geschlossenen Literalsinn in einen ebenso abschließbaren tropologischen Sinn überführt. Vielmehr bedient er sich der Kraft der lebendigen Metapher, wie sie Paul Ricœur in seiner Metapherntheorie beschrieben hat.[63] Er schließt zwei in der begrifflichen Ordnung getrennte Bereiche, die Gottesliebe und die Liebe der Brautleute, zusammen und behauptet ihre Identität bei gleichzeitiger Nichtidentität. Die Gottesliebe ist gemäß der Doktrin etwas grundlegend anderes als die Liebe zwischen den Brautleuten. Sie ist vor allem keine körperliche, sondern eine rein geistige Liebe. Dennoch lässt die zwischenmenschliche Brautliebe bis in das körperliche Fühlen hinein erfahren, wie die Gottesliebe ist, und treibt bei grundlegender Differenz identische Rede hervor.

Die sprachliche Identifizierung beruht auf einer Beziehung, die das Subjekt im Akt des Lesens/Hörens eingeht. Dies macht die Metapher von einem sprachlichen Phänomen zu einem der Beziehung. Bernhard beschreibt hier einen Vorgang, der an die Metapherntheorie Kristevas denken lässt, in der sie sich von Ricœur als ebenso inspiriert zeigt, wie sie sich von ihm absetzt:[64] In der Identifizierung, die als Liebeserfahrung deutbar ist und in der predigtvermittelten Hoheliedrezeption als solche explizit wird, tritt das Subjekt in den symbolischen Kontakt mit einem Anderen, den Kristeva als metaphorischen Anderen bezeichnet. Dadurch gerät das Subjekt in einen metaphorischen Sog, der mit der signifikanten Struktur auch das Subjekt selbst verändert und Neues hervorruft. In der diskursiven Erneuerung geschieht eine grundlegende Prozessualisierung des Subjekts, die ihr Korrelat in der Bedeutungsoffenheit der Metapher hat: »Die Univozität der Zeichen durchläuft eine Äquivozität und löst sich in einer mehr oder weniger unentscheidbaren Konnotation, wenn das Subjekt der Äußerung, in der Übertragung (in der Liebe) gegenüber einem anderen, dieselbe Identifizierungs- und Übertragungsoperation auf die Einheiten der Sprache transponiert: auf die Zeichen.«[65] Das Mehrdeutigwerden der Referenz verweist auf das subjektbezogene Fundament der Metapher: »Die Bedeutungseinheit (das ›Zeichen‹) öffnet sich bis auf ihre Trieb- und Empfindungskomponenten hin (wie in einer

---

[62] Bernhard kennt mit Literalsinn, Spiritualsinn, moralischem und mystischem Sinn vier Schriftsinne, die jedoch kein festgefügtes System darstellen und auch in der Terminologie nicht einheitlich gezeichnet sind. In der Abfolge der Schriftsinne hin zum mystischen Sinn geht es um Vordringen zu Gott mit dem Ziel der Begegnung, die in jedem Einzelnen vor sich geht, nicht in objektive Worte zu fassen ist und damit über die Auslegung hinausweist. Vgl. Heller, Schriftauslegung, 47 f.

[63] Vgl. Paul Ricœur, Die lebendige Metapher (Übergänge 12), München [3]2004.

[64] Vgl. Julia Kristeva, Geschichten von der Liebe, 263.

[65] Julia Kristeva, Geschichten, 263 f. Übersetzung gegenüber der deutschen Ausgabe geändert.

synästhetischen Metapher), während das Subjekt im Zustand der Liebesübertragung von der Empfindung bis hin zur Idealisierung zu glühen beginnt.«[66]

Diese metaphorische Beziehung der Identifizierung zeigt Bernhard in Bildern der körperlichen Einverleibung an, die den Text in Beziehung zum Christuskörper setzen. In seiner ersten Predigt beschreibt er das Lesen des Hohelieds als Essen von Brot, das als geistliche Nahrung qualifiziert wird. Das Essen von Brot ist durch das Sakrament der Eucharistie kodiert.[67] Dadurch wird bei Bernhard das Hohelied zum Schrift-Körper, der gleich dem eucharistischen Brot einverleibt wird, um Christusbegegnung zu ermöglichen. Bernhard spielt mit der Verschränkung von Geistigem und Sinnlichem, woraus bei ihm im Gefolge des Origenes[68] der spirituelle Geschmackssinn entsteht: Es ist kräftiges Brot, das gekaut werden muss. Das Hohelied ist »ausgezeichnet und schmackhaft (*splendidus sapidusque*)«[69]. In der Auslegung von Hld 1,1 spricht Bernhard von der Süße (*suavitas*) der Sprache des alten Buches, die zur Lektüre ermuntert und Genuss gewährt, wobei der Genuss wiederum auf die göttliche Gegenwart verweist.

> »Gewiss eine erfreuliche (*euloquium*) Rede, die mit einem Kuß beginnt! Die gleichsam schmeichelnde Anmut der Schrift verlockt und reizt trotz der Mühe leicht zur Lektüre, so daß es den Genuß gewährt, ihre verborgenen Geheimnisse aufzuspüren, denn wo die Süße der Sprache uns bezaubert, macht uns wohl auch die Schwierigkeit eines tieferen Eindringens nicht zu schaffen.«[70]

Es ist damit die Lust am Text, die das lesende Subjekt seine Position aufgeben und sich dem Text aussetzen lässt. Sie gibt dem Lesen eine sinnliche, sich der Kontrolle des Intellekts entziehende Komponente. »Die Lust am Text, das ist jener Moment, wo mein Körper seinen eigenen Ideen folgt – denn mein Körper hat nicht dieselben Ideen wie ich.«[71] Die körperliche Lust des Produzenten und Rezipienten lässt auch den Text als einen Körper verstehen, der mit den Körpern von Lesenden und Schreibenden in Interaktion tritt. Durch die christologische

---

[66] A. a. O., 264.

[67] Vgl. Horst Wenzel, Hören und Sehen. Schrift und Bild. Kultur und Gedächtnis im Mittelalter, München 1995, 354.

[68] Vgl. Origenes, Homiliae in Numeros III (SC 514, Ed. Doutreleau). Origenes sieht besonders das Hohelied dazu geeignet, den göttlichen Geschmack zu entnehmen, da es über eine sinnliche Sprache verfüge. Vgl. Karl Rahner, Le début d'une doctrine des cinq sens spirituels chez Origène, in: Revue d'Ascétique et de Mystique 13 (1932), 118. Vgl. auch Rinke, Das »Genießen Gottes«, 59.

[69] Sermones super cantica canticorum 1, 1.

[70] Ebd. 1, 5.

[71] Roland Barthes, Die Lust am Text, 26.

Kodierung des Hohelieds ist bei Bernhard dieser Text-Körper identifiziert mit dem Körper des Inkarnierten, der im Provozieren des prinzipiell selbstbezüglichen Genusses an den *amor carnalis* appelliert.

Gleichwohl ist die Lust am Text nur der Einstieg in den Weg zur Gottesliebe und erinnert damit an den Übergang von der Lust (*plaisir*) zur Wollust (*jouissance*) bei Roland Barthes. Gleich dem Leser bei Barthes verliert der Rezipient von Hohelied und Predigt in der durch den Text vermittelten Begegnung mit Christus die Distanz. Angestrebt ist ein Vorgang der Entäußerung, des zumindest zeitweisen Selbstverlusts. Charles Dumontier spricht, wenn er die Beziehung bei Bernhard zu Gott beschreibt, von *jouissance* und bemüht damit denselben Terminus, den Barthes für die Wollust am Text benutzt.[72] Die *jouissance* zerbricht das menschliche Selbst. In der Wollust der Lektüre verliert sich das Ich an den Text. Und wie bei Bernhard die Bedürfnisse des Körpers die Seele aus dem Selbstverlust des Brautgemachs zurückrufen, so findet der wollüstige Leser bei Barthes seinen Körper wieder, der ihn als Individuum begründet. »Jedesmal wenn ich versuche einen Text zu ›analysieren‹, der bei mir Lust erregt hat, dann finde ich nicht meine ›Subjektivität‹ wieder, sondern mein ›Individuum‹, die Gegebenheit, die bewirkt, daß mein Körper von den anderen Körpern getrennt ist, und ihm sein Leiden oder seine Lust zueignet: es ist mein Körper der Wollust, den ich wiederfinde.«[73]

Damit ist das Subjekt bei Barthes wie auch bei Bernhard nicht verabschiedet. Es bleibt als eine an die Körperlichkeit gebundene Instanz, die die Selbstauflösung in der Lektüre ebenso begehrt wie ihr widersteht. Bei Bernhard ist dies freilich kein positiver Befund: Die in der Körperlichkeit manifest werdende Subjekt-Instanz widersetzt sich der Identifizierung mit dem Göttlichen in der *unio* und weist eine immer schon sündhafte Selbstbezüglichkeit auf. Die spätere Mystik, insbesondere die Frauenmystik von Mechthild von Magdeburg über Theresa von Avila hin zu Thérèse von Lisieux wird diese Fragilität des Subjekts anders interpretieren und gegenüber den neuzeitlich dominant gewordenen Diskursen eines ebenso selbstgewissen wie körperlosen Subjekts auf eben dieser Fragilität beharren.[74]

---

72 Charles Dumontier, Saint Bernard et la Bible, Paris 1953, 87.

73 Roland Barthes, Die Lust am Text, 92.

74 Diesbezüglich hat Julia Kristeva sich auf dem Friedenstreffen von Assisi auf Theresa von Avila berufen und in der christlichen Mystik ein Reservoir an Symbolisierungen ausgemacht, die entgegen den vorherrschenden Diskursen insbesondere der Körperlichkeit des Menschen und damit seiner Verletzlichkeit gerecht zu werden vermögen. Vgl. Julia Kristeva, 10 Prinzipien für den Humanismus des 21. Jahrhunderts, in: Communio 41 (4/2012), 476–480.

3. OFFENBARUNG – LESEN

Damit hat die Textbegegnung im 12. Jahrhundert das Subjekt an seine Grenzen geführt. Dynamisiert durch ein Begehren, das in der Lektüre des Hohelieds gleichermaßen angesprochen wie provoziert wird, zeigt sich das Ich als ausgerichtet auf Totalität, die es in der Textbegegnung zu erlangen sucht. Wo sich dieses Begehren in der Rezeption des Hohelieds Bahn bricht, geraten Sicherheiten ins Wanken: Mit der Sprache schwindet die Struktur des Inneren und die Idee einer habbaren Identität. Vollkommenheit, so deutet es sich bei Hugo von St. Viktor an und wird bei Bernhard von Clairvaux leitend, gibt es nur im Zerbrechen des Selbst. Sie setzt die Identifizierung mit einem Anderen voraus, was zunächst bedeutet: In der Übernahme einer fremden Symbolisierung gibt das Subjekt seine Position auf. Es lässt sich verändern und erneuern. Dabei geht das Sich-Fremd-Werden bei Bernhard deutlich weiter, denn er legt das Ziel der Lektüre nicht in die Symbolisierung, sondern in den darin zum Ausdruck kommenden Affekt, der wiederum der sprachlosen Unmittelbarkeit der Gottesbegegnung geschuldet ist. Während bei Hugo Affekt und Inhalt noch miteinander korrelieren, drängt der Affekt bei Bernhard zu einer Transzendierung von Sprache hin auf etwas, was allen sprachlichen Ordnungen vorgeordnet ist und diese grundlegend erschüttert. In dieser Erschütterung des Symbolischen erlebt das Subjekt, das sich in den heiligen Text hineinziehen lässt, seinen Sturz als kontrollierende, seiner selbst gewisse Instanz. Im Ausgriff auf Fülle riskiert es seine Nichtung. Dennoch erweist es sich in seiner Fragilität als keineswegs tot. Es behauptet sich als Instanz, die nicht gänzlich identisch wird mit der fremden Symbolisierung, die die Verschmelzung verhindert und kenntlich bleibt als Leser. Begehren und Lesen erscheinen hier als zwei Seiten derselben Medaille. Solange das Ich lesend begehrt und begehrend liest, *ist* es.

Dem Text eignet darin eine personale Struktur. Diese versucht Barthes mit dem zu beschreiben, was er die Körperlichkeit des Textes nennt, in der der Leser den Text begehrt und seinerseits vom Text begehrt wird. Sie kommt bei Kristeva zum Tragen, wo sie auf die subjekttheoretische Grundlage des Metaphorischen verweist. Beide nehmen hier Bezug auf eine bestimmte Qualität von Texten, nämlich ihre Fähigkeit, den Leser in ihren Bann zu ziehen und zum Verlassen des Eigenen bis hin zur Aufgabe von Sinn zu bewegen. Insofern diese Texte eine Erschütterung des Vorhandenen – sowohl des Subjekts wie der Symbolisierung – bedeuten, ist hier die Rede von poetischen Texten.

Diese texttheoretisch grundgelegte personale Struktur gewinnt in der christologischen Kodierung der Heiligen Schrift offenbarungstheologische Qualität. Vermittelt durch den Text-Körper begegnet Gott. Dies geschieht nach Bernhard im Literalen, Fleischlichen, Konkreten, denn nur so ist Offenbarung für den sprechenden, körperlichen, geschichtlichen Menschen möglich. Die über den konkreten Text vermittelte Offenbarung findet ihr Ziel damit nicht im Inhalt, wenn sie auch nicht von ihm losgelöst ist und an ihn gebunden bleibt, sondern in der Vermittlung von Beziehung.[75] Diese Beziehung ist nicht als Du-Du-Beziehung zu qualifizieren, sondern einer solchen Interpersonalität noch vorgelagert. Sie manifestiert sich in der identifizierenden, gleichsam liebenden[76] Übernahme der fremden Symbolisierung, die nicht geschehen kann, ohne die Symbolisierung gleichzeitig zu erschüttern. Die Textstruktur, die den metaphorischen Sog, die Lust am Text auszulösen vermag, macht den biblischen Text zum Medium der Gottesliebe. Je neu führt sie den Leser an die Schwelle von Sprache und Sprachlosigkeit, Selbstgenuss und Selbstverlust und sucht in der Körperlichkeit der Lektüre eine Totalität erfahrbar zu machen, die der Sprache unzugänglich und doch nur als *Jenseits* konkreter Sprache fassbar wird. Hier liegt die offenbarungstheoretische Grundlage für die Poetizität der Bibel, die im Hohelied einen Gipfelpunkt erreicht.

Literatur

Augustinus, Confessiones (CSEL 33, Ed. Knöll).

Augustinus, De doctrina christiana (CCSL 32, Eds. Martin/Daur).

Barthes, Roland, Die Lust am Text, Frankfurt/Main 1974.

Barthes, Roland, S/Z, Frankfurt a. Main 1976.

Barthes, Roland, Der Tod des Autors, in: Jannidis, Fotis u.a. (Hrsg.), Texte zur Theorie der Autorschaft, Stuttgart 2009, 185–193.

Barthes, Roland, Kritische Essays IV, Frankfurt/Main ³2012.

Benveniste, Émile, Probleme der allgemeinen Sprachwissenschaft, München 1974.

Bernhard von Clairvaux, De diligendo Deo, in: Sämtliche Werke. Lateinisch-deutsch, hrsg. v. Winkler, Gerhard B., Bd.1, Innsbruck 1990, 74–151.

Bernhard von Clairvaux, Sermones super Cantica Canticorum, in: Sämtliche Werke, hrsg. v. Winkler, Gerhard B., Bd. 5, Innsbruck 1994, 284–287.

Bynum, Caroline Walker, Did the twelfth century discover the individual?, in: Dies., Jesus as mother. Studies in the spirituality of the High Middle Ages (Publications of the Center for Medieval and Renaissance Studies 16), Berkeley u.a. 2007, 82–109.

Dinzelbacher, Peter, Über die Entdeckung der Liebe im Hochmittelalter, in: Saeculum 32 (1981), 185–208.

Dinzelbacher, Peter, Bernhard von Clairvaux. Leben und Werk des berühmten Zisterziensers, Darmstadt ²2012.

Dumontier, Charles, Saint Bernard et la Bible, Paris 1953.

---

75 So fasst es auch Dei Verbum 2.

76 Sigmund Freud hat eine solche Identifizierung bzw. Einfühlung als Fundament des Liebeswahns beschrieben. Vgl. Sigmund Freud, Massenpsychologie und Ich-Analyse VII. Die Identifizierung: Studienausgabe IX, 106.

FOUCAULT, MICHEL, Sexualität und Wahrheit, Bd. 3: Die Sorge um sich, Frankfurt a. Main 1989.

FOUCAULT, MICHEL, Was ist ein Autor?, in: JANNIDIS, FOTIS U.A. (Hrsg.), Texte zur Theorie der Autorschaft, Stuttgart 2009, 198–229.

FREUD, SIGMUND, Massenpsychologie und Ich-Analyse VII. Die Identifizierung, in: Studienausgabe IX, Frankfurt a. Main [5]2010, 98–103.

GURJEWITSCH, AARON J., Das Individuum im europäischen Mittelalter (Europa bauen), München 1994.

HELLER, DAGMAR, Schriftauslegung und geistliche Erfahrung bei Bernhard von Clairvaux (Studien zur systematischen und spirituellen Theologie 2), Würzburg 1990.

HUGO V. ST. VIKTOR, De amore sponsi ad sponsam (PL 176, Ed. MIGNE, 987–994). *Teilübersetzung*: Die Viktoriner, Mystische Schriften, ausgew., übertr. u. eingel. v. WOLFF, PAUL, Wien 1936, 71–75.

HUGO V. ST. VIKTOR, De arrha animae (Ed. FEISS/SICARD, Turnhout 1997, 211–300). *Teilübersetzung*: Die Viktoriner. Mystische Schriften, ausgew., übertr. u. eingel. v. WOLFF, PAUL, Wien 1936, 87–114.

HUGO V. ST. VIKTOR, De laude caritatis (Ed. FEISS/SICARD, Turnhout 1997, 182–207). *Übersetzung*: Die Viktoriner. Mystische Schriften, ausgew., übertr. u. eingel. v. WOLFF, PAUL, Wien 1936, 115–125.

HUGO V. ST. VIKTOR, De sacramentis Christiani fidei (Corpus Victorinum. Texti historici 1, Ed. BERNDT), Münster 2008. *Übersetzung:* Über die Heiltümer des christlichen Glaubens, übers. v. KNAUER, PETER (Corpus Victorinum 1), Münster 2010.

HUGO V. ST. VIKTOR, Didascalicon (FC 2/27, Ed. OFFERGELD).

ILLICH, IVAN, Im Weinberg des Textes. Als das Schriftbild der Moderne entstand. Ein Kommentar zu Hugos »Didascalicon«, München 2010, 55–66.

ISER, WOLFANG, Der Akt des Lesens. Theorie ästhetischer Wirkung, München [4]2009.

KÖPF, ULRICH, Art. Hoheslied III. Auslegungsgeschichte im Christentum: TRE 15, 508–513.

KÖPF, ULRICH, Einleitung zu den Predigten über das Hohelied: BERNHARD VON CLAIRVAUX, Sämtliche Werke. Lateinisch-deutsch, hrsg. v. WINKLER, GERHARD B., Bd.5, Innsbruck 1994, 31–33.

KRISTEVA, JULIA, 10 Prinzipien für den Humanismus des 21. Jahrhunderts, in: Communio 41(4/2012), 476–480.

KRISTEVA, JULIA, Die Revolution der poetischen Sprache, Frankfurt a. Main [9]2010, 32–113.

KRISTEVA, JULIA, Geschichten von der Liebe, Frankfurt a. Main [6]2007.

KUTZER, MIRJA, In Wahrheit erfunden. Dichtung als Ort theologischer Erkenntnis (ratio fidei 30), Regensburg 2006.

MORRIS, COLIN, The discovery of the individual 1050–1200, London 1972.

NEWMAN, BARBARA, God and the Goddesses. Vision, poetry and belief in the Middle Ages, Philadelphia 2005.

ORIGENES, Homiliae in Canticum Canticorum (SC 37, Ed. ROUSSEAU).

ORIGENES, Homiliae in Numeros (SC 514, Ed. DOUTRELEAU).

RAHNER, KARL, Le début d›une doctrine des cinq sens spirituels chez Origène, in: Revue d‹Ascétique et de Mystique 13 (1932), 113–154.

RICŒUR, PAUL, Die lebendige Metapher (Übergänge 12), München [3]2004.

RINKE, STEFANIE, Das »Genießen Gottes«. Medialität und Geschlechtercodierungen bei Bernhard von Clairvaux und Hildegard von Bingen (Berliner Kulturwissenschaft 3), Freiburg/Br. u.a. 2006, 45–51.

ROUSSELOT, PIERRE, Pour l'histoire du problème de l'amour au Moyen Âge, Münster i.W. u.a. 1933.

RUH, KURT, Geschichte der abendländischen Mystik, Bd. 1: Die Grundlegung durch die Kirchenväter und die Mönchstheologie des 12. Jahrhunderts, München 1990.

SPIJKER, INEKE VAN'T, »Ad commovendus affectus«. Exegesis and the affects in Hugh of Saint-Victor, in: BERNDT, RAINER (Hrsg.), Bibel und Exegese in der Abtei Saint Victor zu Paris. Form und Funktion eines Grundtextes im europäischen Rahmen (Corpus Victorinum. Instrumenta 3), Münster 2009, 215–234.

SPIJKER, INEKE VAN'T, Fictions of the inner life. Religious literature and formation of the self in the eleventh and twelfth centuries (Disputatio 4), Turnhout 2004.

WENDEL, SASKIA, Affektiv und inkarniert. Ansätze deutscher Mystik als subjekttheoretische Herausforderung (ratio fidei 15), Regensburg 2002.

WENZEL, HORST, Hören und Sehen. Schrift und Bild. Kultur und Gedächtnis im Mittelalter, München 1995.

WINKLER, GERHARD B., Bernhard und die Kartäuser. Zur Relativierung des monastischen Asketismus durch die reine Gottesliebe, in: Analecta Cartusiana 113 (1/1984), 5–19.

Bibel und Reformation

Tom Kleffmann

»Am Anfang war das Wort, und das Wort war bei Gott, und Gott war das Wort. [...] Alle Dinge sind durch dasselbe gemacht.«

Der Anfang des Johannesevangeliums bringt in unüberbietbarer Konzentration seinen Anspruch zur Sprache: Das Wort zu reden, schriftlich wiederzugeben, das Gott selbst ist – wenn denn dieses Wort, wie es dort auch heißt, Fleisch wurde und so in menschlicher Rede begegnet. Und wenn es dort heißt, dass alle Dinge durch das Wort geworden sind, so liegt darin weiter der Anspruch, dass diese menschliche Rede, die uns als griechisch oder deutsch geschriebener Text begegnet, auch den Kosmos als Buch oder Text Gottes verstehen lässt – den Sinn der Dinge.

Ich beginne meinen Beitrag mit einem Gedanken zum weitest möglichen Zusammenhang von Bibel und Reformation. Und die stärkste theologische These dazu ist: Wenn es eine konzentrierte Gestalt des Anspruchs biblischer Texte ist, das Wort zu reden, das Gott selbst ist und das auch den Kosmos als Text Gottes verstehen lässt, dann beginnt überhaupt nur der sie zu verstehen, in dessen Denken und Leben sie eine Reformation, eine Erneuerung auslösen. Oder dessen Denken und Leben sie wenigstens in Frage stellen.

Der Anspruch, die Gespräche von Gott und Mensch wiederzugeben (das Gespräch, das im Sinne des Johannesevangeliums zu Gottes Wesen selbst gehört), zielt auf ein Gottesverhältnis derer, die dies verstehen. In den Geschichten, Berichten, Symbolisierungen, Biographien, Legenden, Reden, mythischen Dichtungen, Liedern, Predigten, Reflexionen, die in der Bibel versammelt sind, geht es wesentlich um das menschliche Gottesverhältnis. Aber nicht, indem sie über das Gottesverhältnis reden wie einen Gegenstand, über den sie so oder so informieren. Vielmehr zielen diese Texte, indem sie vom Gottesverhältnis reden, auf ein Verstehen, das dieses Gottesverhältnis tradiert – nicht zuletzt im gottesdienstlichen Brauch.

Was ist das: Ein Gottesverhältnis? Das ist hier nicht auszuloten. Aber ich biete eine Fortsetzung der o.g. These an: Ein Gottesverhältnis ereignet sich ursprünglich im Gespräch und ist ein Ereignis, welches den Menschen sich selbst anders verstehen lässt – welches ihn Leben und Tod, die Gesellschaft, die Dinge anders verstehen lässt. Wenn das Gottesverhältnis zur Gewohnheit wird, ist es verschwunden.

Wenn nun Texte der Bibel solche Gespräche (oder ihre Bedingungen, ihr Ausbleiben, ihr Scheitern) erzählen, dann tun sie es so, dass sie dieses Gespräch fortschreiben, weiter eröffnen wollen, indem sie gelesen, gehört werden.

Warum ist ein Gottesverhältnis wesentlich ein Ereignis im Gespräch? Von der Begründung im Gottesbegriff war schon die Rede: Wenn Gott das Wort *ist*, das *bei* Gott ist, das Mensch ist und durch das alles geworden ist – dann ist Gott selbst als Gespräch zu denken, als Dreieinigkeit von Sprecher, Wort und Hören[1]; ein Gespräch, ein Sichäußern und Verstandenwerden, an dem der Mensch im Gottesverhältnis teilhat. Was aber im Zusammenhang des Themas *Bibel und Reformation* eher interessiert, ist die anthropologische Seite. Also eine weitere Fortsetzung der These: Dass für einen Menschen oder eine Gesprächsgemeinschaft die Selbstverständlichkeit des Denkens und Lebens zerbricht, dass der Mensch aus dem selbstverständlichen Prinzip, sich seine Welt zu konstruieren, ausbricht, dass er aus seiner selbstverständlichen, auch kollektiven Egozentrizität, aus seiner grandiosen (da die bekannte Welt mit umfassenden) Einsamkeit, kurz: aus sich selbst herauskommt, – das kann er sich nicht selber geben. Er braucht den Anderen, der ihn anspricht – den Menschen, der ihn im Namen des einen Anderen anspricht. Das Gottesverhältnis, das sich wesentlich im Gespräch ereignet, lässt alles neu verstehen: die Dinge, Leben, Tod, Gerechtigkeit, Liebe, das Denken, die Zukunft, die Vergangenheit.

Das ist das Paradox der Bibel: Die biblischen Texte wollen das Gespräch *fortschreiben*, in dem sich das Gottesverhältnis ereignet, das *alles anders* verstehen lässt. Und in der Tat haben Texte der Bibel vielleicht zu allen Zeiten ihrer kanonischen Geltung Lebenswenden, neue Leidenschaft und Lebenstiefe, individuelle und kollektive Selbsterkenntnis, und davon ausgehend reformatorische Bewegungen in der Kirche und Gesellschaft ausgelöst – auch vor Wiclif, Hus und Luther.

Theologisch gesehen ist die Möglichkeit dessen nicht einfach in den wiederkehrenden religiösen Krisen begründet, die neu fragen ließen, sondern ursprünglich in den *göttlichen Gesprächen*, die den Kanon allererst hervorbrachten. Mit dem zugegebenerweise etwas poetischen Ausdruck *göttliches Gespräch* meine ich vorläufig ein Gespräch, in dem illokutionär im Namen Gottes ein menschliches Gottesverhältnis erklärt wird, welches den Menschen sich selbst, die menschliche Gesellschaft, die Welt neu verstehen lässt. Dass Texte der Bibel immer wieder so verstanden wurden und werden, dass sie eine im weiteren Sinne reformatorische Kraft entfalten, das liegt in den göttlichen Gesprächen, die sie darstellen. Denn dass sie gottesdienstlich gelesen oder gehört werden, zielt darauf, eine Fortsetzung dieses Gespräches zu initiieren. Das heißt dann poin-

[1] Vgl. Martin Luther, WA 46, 59,31–60,2; 547,6–19.

tiert: Nur kraft der ursprünglichen göttlichen Gespräche, die den Kanon hervorbrachten, also in der kritisch erschließenden Kraft und Illokution seiner Texte (in der Zusage des Gottesverhältnisses) kann der Kanon immer wieder reformatorisch wirken.

> Wenn hier von Ursprünglichkeit göttlicher Gespräche die Rede ist, zielt das nicht auf einen isolierten historischen Ursprung, sondern schließt ebenso die zum kanonischen Text beitragende authentische Bearbeitung, Gestaltung, Redaktion usf. ein. Die Ursprünglichkeit bezeichnet dann die Kraft der kanonischen Texte, ein gemeinsames Verständnis des Gottesverhältnisses, einen gemeinschaftsbildenden Glauben (oder: eine Religion) auszubilden.[2]

Wenn ich dies die *theologische* Begründung der reformatorischen Kraft der Bibel genannt habe, so impliziert das – durchaus nicht selbstverständlich – für den Begriff der Theologie, dass es ihr proprium ist, sich im Zusammenhang ihrer wissenschaftlichen Disziplinen dem Anspruch der Texte auf göttliche Gespräche zu stellen.[3] Das ist der Horizont ihrer philologischen, historischen, kulturgeschichtlichen, kritischen, philosophischen Wissenschaft. Also müsste auch die Theologie reformatorisch-praktisch wirken und immer wieder den Menschen sich selbst, seine Gesellschaft, den Kosmos neu verstehen lassen.

Soweit der Gedanke zum weitest möglichen Zusammenhang von Bibel und Reformation – eine Einleitung. Von da aus ist nun der historisch konkrete Themenbereich in den Blick zu nehmen, den der Titel des Beitrags erwarten lässt – die Wechselwirkung von Bibelrezeption und Reformation im 16. Jahrhundert. Die Dynamik dieser Wechselwirkung hat wie vielleicht keine andere Entwicklung des Christentums vorher oder nachher nicht nur die westliche Kirche geprägt (und zwar letztlich in ihren beiden späteren Konfessionen), sondern auch die allgemeine Kultur – in Deutschland, Europa, und von da aus in der ganzen Menschheit.

Das Thema lässt sich natürlich hier auch nicht ansatzweise ausschöpfen. Vier Aspekte greife ich heraus: Die Bedeutung der Bibel für Luther (1), das entspre-

---

2 Darin steckt selbst eine reformatorische Einsicht: nicht die Kirche ist Schöpferin der Bibel (creatrix des Kanons), sondern umgekehrt ist die Kirche creatura verbi. Das heißt auch: Sie muss sich immer wieder dem Widerspruch der Texte aussetzen. (Die Formulierung von der Kirche als creatura verbi findet sich wörtlich bei Luther nicht. Vgl. aber in den Vorlesungen über 1. Mose von 1535–1545, WA 42, 334,12: »Ecclesia enim est filia, nata ex verbo, non est mater verbi« – und dazu Albrecht Beutel, In dem Anfang war das Wort. Studien zu Luthers Sprachverständnis. Tübingen 1991 (unveränderte Studienausgabe 2006), 450, und Ulrich H. J. Körtner, Arbeit am Kanon. Studien zur Bibelhermeneutik, Leipzig 2015, 55, 58.

3 Zur Gesamtaufgabe der Theologie im Zusammenspiel ihrer Disziplinen vgl. Tom Kleffmann, Grundriß der systematischen Theologie, Tübingen 2013, 65–82.

chende Verständnis Gottes als redender Gott (2), die reformatorische Bibelhermeneutik (3) und die kirchen- und bildungspolitischen Konsequenzen (4).

1. Die neue, reformatorische Zuwendung zur Bibel hat eine breite Vorgeschichte. Und doch konzentriert sie sich auch in der irreduziblen Tatsache, dass ein Einzelner dort Gott und sein Heil suchte und schließlich fand, indem er sich von tradierten Denkkategorien freiarbeitete und den Text neu verstand. So verkörperte er nicht nur die Frage seiner Zeit nach Gott, sondern vermochte sie sprachmächtig zu beantworten.

Seit dem Wintersemester 1512/13 war der Augustinereremit Luther Professor der Theologie in Wittenberg und dabei mit der Interpretation der Heiligen Schrift beauftragt. Es gibt Hinweise darauf, dass Luther in der intensiven Beschäftigung mit den Texten eine ganze Kette von Durchbrüchen erfuhr. Vieles, was dann 1517 in den 95 Thesen an die Öffentlichkeit tritt, findet sich schon in der Psalmenvorlesung 1513-15 oder in der anschließenden Römerbriefvorlesung. Im Rückblick von 1545 aber erscheint die Entdeckung konzentriert in der Frage nach der Gerechtigkeit Gottes, in der sich das Gottesverhältnis des Sünders entscheidet. Luther berichtet, wie er schließlich immer wieder um einen Vers aus dem Römerbrief, den Satz von der Gerechtigkeit Gottes (Röm 1,17) kreiste und unermüdlich »anklopfte« (»Pulsabam tamen importunus«), um ihn in seinem Zusammenhang zu verstehen.[4]

> In der Übersetzung heißt es: »Ich hasste nämlich diese Wortverbindung ›Gerechtigkeit Gottes‹« [Oderam enim vocabulum istud, Iustitia Dei], »die ich nach der üblichen Verwendung bei allen Lehrern gelehrt war, philosophisch zu verstehen als die [...] aktive Gerechtigkeit, auf Grund deren Gott gerecht ist und die Sünder [...] straft. Ich aber, der ich, so untadelig ich auch als Mönch lebte, mich vor Gott als Sünder mit ganz unruhigem Gewissen fühlte und nicht darauf vertrauen konnte, durch mein Genugtun versöhnt zu sein, liebte Gott nicht, ja, ich hasste vielmehr den gerechten und den Sünder strafenden Gott [...]. Bis ich, durch Gottes Erbarmen, Tage und Nächte darüber nachsinnend meine Aufmerksamkeit auf die Verbindung der Wörter richtete [Donec [...] meditabundus dies et noctes connexionem verborum attenderem]. Da begann ich, die Gerechtigkeit Gottes zu verstehen als diejenige, durch die der Gerechte als durch Gottes Gabe lebt, nämlich durch den Glauben [...]. Hier fühlte ich mich völlig neugeboren und durch geöffnete Tore in das Paradies eingetreten zu sein. Da zeigte sich mir sogleich ein anderes Gesicht der ganzen Schrift.«[5]

---

4 Vgl. zu WA 54, 179-187 Joachim Ringleben, Gott im Wort. Luthers Theologie von der Sprache her, Tübingen 2010, 252-257.

5 Martin Luther, Vorrede zum ersten Band der lateinischen Schriften [1545], in: Lateinisch-deutsche Studienausgabe Bd. 2, hrsg. und eingeleitet von J. Schilling, Leipzig 2006, 505,23-507,12.

Während das gewohnte Verständnis von Gerechtigkeit Gott und Mensch als getrennte Subjekte voraussetzt und damit auch im Verhältnis von Gott und Mensch stets die Trennung voraussetzt, sagt das Evangelium die Gerechtigkeit Gottes, die Gottesgemeinschaft als Geschenk zu. Wenn das menschliche Umsichselbstkreisen das Wesen der Sünde ist, dann vollzieht sich Gottes Gerechtigkeit darin, dass er dem Sünder seine Gemeinschaft schenkt und ihn so vom Gesetz seines Umsichselbstkreisens (in dem er für sich Subjekt seines Lebens und Tuns ist) befreit – eben das *geschieht* für Luther darin, dass er den Text neu versteht und seiner Botschaft vertraut.

Dem entspricht eine hermeneutische Grunderfahrung: Zum Verständnis der Bibel als eines Textes, in dessen Verstehen sich das Gottesverhältnis des Lesers (und damit sein Selbstverständnis, sein Weltverständnis) entscheidet, gehört die Notwendigkeit, sich von scheinbar selbstverständlichen, tradierten Kategorien des Denkens zu lösen.[6] Freilich ist es der Text selbst, in dem sich diese Erfahrung vermittelt. Dem entspricht die Überzeugung, in der Bibel immer wieder das hören zu können, was von Gott her der sich ebenfalls immer wieder einschleichenden Vereinnahmung des Verstehens durch den alten Menschen widerspricht. Der Widerspruch muss sich immer wieder einstellen, denn »die schrifft ist offen, unßer augen sind nit gar offen.«[7] So müssen wir ihr Schüler bleiben.[8]

Das Verstehen zu öffnen, die Augen zu öffnen, bleibt unsere zum einen hermeneutisch selbstkritische, zum anderen historisch philologische Arbeit. Wenn aber für jeden Text gilt, dass zum wirklichen Verständnis auch die Vertrautheit mit dem Lebenszusammenhang seines Gegenstandes (als dem weiteren Kontext) gehört, dann gilt am meisten im Blick auf die *göttliche Aenäis*, deren Lebenszusammenhang das in der Kirche lebendige, geschichtliche Gottesverhältnis ist, dass das Verstehen nie auszuschöpfen ist. Nachdem Luther 34 Jahre lang Professor der Heiligen Schrift gewesen war, fand man an seinem Sterbebett einen letzten Zettel.

> Dort stand lateinisch (ich übersetze): »Vergil in seinen bucolica und georgica kann niemand verstehen, wenn er nicht 5 Jahre Hirt oder Landmann gewesen ist. Cicero in seinen Briefen versteht niemand, wenn er nicht 20 Jahre in einem hervorragenden Staatswesen beschäftigt war. Die heilige Schrift meine niemand genügend geschmeckt zu haben, er habe denn 100 Jahre mit den Propheten Kirchen geleitet. Darum ist es ein ungeheures Wunder um: 1. Johannes den Täufer, 2. Christus. 3. die

---

6 Vgl. weiter 3.

7 WA 10/1,1, 180,3. Vgl. zur Einführung Albrecht Beutel, Theologie als Schriftauslegung, in: Luther Handbuch, hrsg. v. A. Beutel, Tübingen 2005, 444–449. Dort finden sich auch die beiden letztgenannten Zitate.

8 Vgl. WA 34/2, 167,11–15; vgl. bei Beutel, Theologie, 446.

Apostel. Vergreife dich nicht an dieser göttlichen Aenäis [Hanc tu ne divinam Aeneide tenta], sondern beuge dich und verehre ihre Spuren.«

Und dann, halb auf Deutsch: »Wir sein pettler. Hoc est verum.«[9]

2. Gott selbst ist im Wort, das dich anspricht: das war im Kern die reformatorische, befreiende Wiederentdeckung – Gott ist deus loquens, redender Gott. Dass die philologische Arbeit getan, der Hauptsinn durch das Abarbeiten des verstellenden Vorverständnisses freigelegt wird, zielt entsprechend darauf, dass sich die Schrift als gesprochene Zusage verwirklicht. Das Evangelium ist viva vox, lebendige Stimme, »gut Geschrey/dauon man singet /saget vnd frölich ist«.[10] Das heißt, so Luther in der Freiheitsschrift von 1520: Im Evangelium »hörist [du] deynen gott zu dir reden« – sein Wort widerspricht, bringt den Hörer zur Selbsterkenntnis in der Nichtigkeit des menschlichen Umsichselbstkreisens, aber damit du »auß dir und von dir« loskommst, lässt Gott »dir durch seyn lebendigs trostlichs wort sagen: Du solt« auf Christus vertrauen.[11] Und indem die Seele dem Wort vertraut, wird sie mit ihm vereinigt[12], wird selbst zum Gespräch. Es ist das Wort, das sie leben lässt, das sie gerecht macht und von Ichfixierung und ihrer Angst, von Tod und Teufel befreit – und von allen Gesetzen, und seien es auch kirchliche, die das Leben äußerlich zu regeln beanspruchen.

Das Evangelium, die Erlösung vom Umsichselbstkreisen durch die Zusage der Gemeinschaft von Gott und Mensch, erschließt aber auch die Welt, die Schöpfung als Text Gottes: »Sic mundus plenus sprach« (so ist die Welt voller Sprache);[13] »arbores [die Bäume], wenn sie bluhen, sprechen: ›Hephetah‹«, tu dich auf.[14] Indem die Bibel ihren Sinn übersetzt, widersprechen auch blühende Bäume der falschen, egozentrischen Selbstverständlichkeit unserer Wahrnehmung. Es ist »unser Haus, Hoff, Acker, Garten und alles vol Bibel. Da Gott durch seine Wunderwerck nicht allein prediget, Sondern auch an unsere Augen klopfet, unsere Sinne rüret und uns gleich ins Herz leuchtet [...].«[15] Das Wort, der Text, die Anrede Gottes, ihr Gespräch ist die ursprüngliche Wirklichkeit.

Die Bibel im ersten Sinn aber, das geschriebene Wort des Evangeliums, ist für Luther wie ein schützender Lebensraum, wie ein Mutterleib, der den Menschen

---

[9] Vgl. WA TR 5, Nr. 5677, 317,12–318,3.

[10] Luther, Vorrede auf das Neue Testament, WA DB 6, 3,24f.

[11] WA 7, 22,26–34.

[12] A.a.O., 24,22–29.

[13] WA 46, 493,30. Zu diesem und den nächsten beiden Zitaten vgl. Tom Kleffmann, Die Erbsündenlehre in sprachtheologischem Horizont. Eine Interpretation Augustins, Luthers und Hamanns, Tübingen 1994, 141–143, sowie Oswald Bayer, Schöpfung als Anrede. Zu einer Hermeneutik der Schöpfung, Tübingen 1986, 63–71.

[14] A.a.O. 495,21f.

[15] WA 49, 434,16–18.

und sein Denken, seine Vernunft neu »auß gott« gebiert, aber so, dass er doch Lebensraum bleibt – »daher wirt das Euangelium gottis uter [Gebärmutter] genennet, das er darynnen unß empfehet, tregt und gepiertt, wie eyn weyb eyn kind [...].«[16]

3. Aus der hermeneutischen Grunderfahrung Luthers, dass eine Emanzipation von tradierten Kategorien des Denkens, vom allgemeinen Vorverständnis notwendig sein kann, um Gott in seinem Wort oder Text zu verstehen, ergibt sich auch eine Reformation des kirchlichen Umgangs mit den biblischen Texten.[17]

Zweierlei kommt in Betracht.

a) die Einsicht, dass auf den Urtext zurückzugehen ist, da auch schon eine dogmatisch verbindliche Übersetzung ein verfälschendes Vorverständnis implizieren kann. Der Geist spricht immer eine bestimmte Sprache, und die Sprachen sind zu unterscheiden, um übersetzen zu können.

> »So lieb nu alls uns das Euangelion ist, so hart last uns uber den sprachen hallten. Denn Gott hat seyne schrifft nicht umb sonst alleyn ynn die zwo sprachen schreiben lassen, das allte testament ynn die Ebreische, das new ynn die Kriechische. [...] Und last uns das gesagt seyn, Das wyr das Euangelion nicht wol werden erhallten on die sprachen. Die sprachen sind die scheyden, darynn dis messer des geysts stickt. Sie sind der schreyn, darynnen man dis kleinod tregt. Sie sind das gefess, darynnen man disen tranck fasset. Sie sind die kemnot, darynnen dise speyse ligt. Und wie das Euangelion selbs zeygt, Sie sind die koerbe, darynnen man dise brot und fische und brocken behellt.«[18]

Zum Beispiel zeigt Luther in seinem *Sendbrief vom Dolmetschen* von 1530 ein präzises Bewusstsein der hermeneutischen Schwierigkeit, dass der Engel Gabriel zu Maria hebräisch redete, was Lukus griechisch wiedergibt und nicht über den Umweg einer lateinischen Übersetzung des 4. Jahrhunderts zu verdeutschen ist.[19] Der Übersetzer muss aber nicht nur mit den Ursprachen und ihren Denkweisen vertraut sein, sondern zugleich auch die Sprache der Gegenwart beherrschen, um der viva vox evangelii zu dienen.

> Es handelt sich um eines der bekanntesten Lutherzitate: »man mus nicht die buchstaben inn der Lateinischen sprachen fragen, wie man sol Deudsch reden, wie diese Esel thun, Sondern, man mus die mutter ihm hause, die kinder auff der gassen, den

---

[16] WA 10/1,1 232,7–14; zur Neubestimmung der Vernunft 233,7 ff.

[17] Dieser reformatorische Impuls steht in Wechselwirkung mit älteren humanistischen Ansätzen, die hier nicht erläutert werden können.

[18] An die Ratsherren aller Städte deutschen Landes, daß sie christliche Schulen aufrichten und halten sollen [1524], WA 15, 37,17–19; 38,7–12.

[19] Vgl. WA 30/2, 639,4 ff.

gemeinen man auff dem marckt druemb fragen, vnd den selbigen auff das maul sehen, wie sie reden, vnd darnach dolmetschen. so verstehen sie es denn, vnd mercken, das man Deudsch mit ihn redet.«[20]

b) Die Kenntnis der Sprachen vorausgesetzt, interpretiert sich die Schrift selbst (»Scriptura [...] sui ipsius interpres«).[21] Das ist zugespitzt gegen die Willkür kirchlicher Konstruktivisten und Deutungstheologen gesagt, deren Deutungen als solche in der Gefahr stehen, bloß Funktion der vorausgesetzten Identität des deutenden Subjekts zu sein – oder schlimmer: Funktion der faktischen Kirche und ihrer Macht über die Seelen.

Dass die Schrift sich selbst interpretiert, hat dann eine sowohl allgemein hermeneutische als auch eine eher spezifisch theologisch hermeneutische Bedeutung. Der allgemein hermeneutische Skopus liegt darin, dass im Text selber zu suchen ist, in welchem Sinn er verstanden sein will. Gut tun die, die den zu suchenden Sinn »nennen grammaticum, historicum sensum, unnd were feyn, das man yhn nennet der [...] sprachen synn«.[22] Nur so ist anzunehmen, dass in der Schrift etwas zu verstehen gegeben ist, das dem faktischen Vorverständnis im Blick auf den Gegenstand oder sogar dem Selbstverständnis des Interpreten oder auch der dogmatischen Vereinnahmung widerspricht und auch ein kritisches Potenzial gegenüber einer dogmatischen Vereinnahmung durch die faktische Kirche bedeutet.

Freilich interpretiert sich die Schrift für uns nur selbst, indem wir den literarischen, aber auch historischen und pragmatischen Kontext der Texte berücksichtigen. Die Bibel ist keine Sammlung richtiger Sätze. »Du must scripturam sacram nicht stückweise ansehen, sed integram«[23] – nicht »vil schrifft rips raps zusammen werffen«.[24]

Dass die Schrift sich selbst interpretiert, bedeutet dann theologisch: der Widerspruch des Textsinns gegen die allzu selbstverständlichen Kategorien des Verstehens oder gar Deutens läuft darauf hinaus, dass das Subjekt der Interpretation nicht der Mensch für sich ist, sondern der sprechende Text in seinem Gesamtzusammenhang selbst, d. h. der Geist des Gottesverhältnisses, das sich im Verstehen vermittelt und den Menschen aus seinem Umsichselbstkreisen befreit.

---

20 A. a. O., 637,17–22.

21 WA 7, 97,21–23.

22 WA 7, 652,24–26; der eine »recht hewbt synn« liegt in den Buchstaben (a. a. O. 650,19 f.). Vgl. zu diesem Zusammenhang Ringleben, Gott im Wort, 288–293.

23 WA 47, 681,1 f.

24 WA 6, 301,19–21. Die beiden letztgenannten Zitate finden sich auch bei Beutel, Theologie, 447.

Entsprechend kann Luther zusammenfassend Christus den »einheitsstiftenden *sensus principialis*« der Schrift nennen.[25]

In der Destruktion, dem Abarbeiten des sinnverstellenden Vorverständnisses liegt neben dem Erarbeiten von Sprache und Kontext die wichtigste theologisch-hermeneutische Arbeit. Das entspricht schon dem Bewusstsein Luthers, dass die Verschiedenheit der Sprachen und Redeweisen klar sein muss, um übersetzen zu können. Es hat aber auch den eben angedeuteten konkret theologischen Sinn, der nun noch etwas weiter auszuführen ist. Es war ja Luthers eigene Erfahrung, sich erst von den philosophisch-scholastischen Denkkategorien der gewöhnlichen Theologie freiarbeiten zu müssen, um das Evangelium neu zu verstehen. Diese vor allem aristotelisch erscheinenden Denkkategorien, Denkformen und Grundbegriffe, in denen der Mensch sich und die gegenständliche Welt methodisch versteht, dienen zwar dem Leben in der Welt der Dinge, taugen auch für eine rationale Organisation des Soziallebens, nicht aber ohne weiteres für das Verstehen Gottes und das Denken des Gottesverhältnisses. Diese Denkkategorien, Denkformen und Grundbegriffe, wie sie auch als lateinische rechtsgeschichtliche Tradition selbstverständlich die Theologie beherrschten, stehen ursprünglich in der Funktion innerweltlicher Freiheit, Gesellschaft und Herrschaft über die Dinge. Als solche sind sie richtig. Doch auf das Gottesverhältnis übertragen sind sie Funktionen der Identität des alten Menschen, der Gott von sich und seiner Welt fern hält. Luther zeigt das z. B. an Joh 1,14, also dem Satz »das Wort ward Fleisch«.

> In »der Philosophie sei das schlechthin unmöglich und absurd«.[26] In Anwendung der Regeln rationaler Aussage- und Schlusslogik folgt aus dem Vordersatz, dass Gott Mensch ist, der Unsinn, daß er eine Kreatur ist oder geworden ist.[27] In den Glaubensartikeln sei also zu einer anderen Dialektik und Philosophie überzugehen. Im Reich des Glaubens müssten wir lernen, eine neue Sprache zu sprechen.[28]

Der Gott des Evangeliums erscheint in dem Widerspruch, dass seine Kraft in der letzten menschlichen Schwäche erscheint, seine Macht in der Ohnmacht[29], also eben darin, dass seine Gottheit in der Menschheit erscheint und seine Weisheit in der Torheit, die ihn am menschlichen Kreuz verkündigt. Um dies zu verstehen, so

---

[25] Ebd.

[26] Vgl. WA 39/II, 3–5; hier These 2.

[27] Vgl. a.a.O., These 10–25.

[28] Vgl. a.a.O., These 27.40.

[29] Vgl. WA 40/1, 360,6–10.

Luther immer wieder, dürfen wir nicht Aristoteles fragen, sondern müssen in der Sprache in die Schule gehen, die Gott als Mensch spricht.[30]

Auch diese Einsicht hat eine Vorgeschichte: Luther wusste, dass er von der kritischen Sprachreflexion seiner nominalistischen Lehrer gelernt hatte. Seine Einsicht hat aber auch eine interessante philosophische Nachgeschichte im 20. Jahrhundert. Martin Heidegger schreibt 1926 in *Sein und Zeit*[31], die Theologie entdecke endlich die »Einsicht Luthers wieder«, »daß ihre dogmatische Systematik auf einem ›Fundament‹ ruht, das nicht einem primär glaubenden Fragen entwachsen ist und dessen Begrifflichkeit [...] die theologische Problematik [...] verdeckt und verzerrt«.[32]

Doch hatte auch Heidegger selbst den lutherischen Ansatz zum Programm seiner philosophischen Arbeit gemacht: die Notwendigkeit, die Real-Geschichte der uns selbstverständlichen Kategorien des Seins, wie sie in der Geschichte der philosophischen (insbesondere aristotelischen) beziehungsweise naturwissenschaftlichen Ontologie erscheint, zu destruieren, damit sich neu zeigt, was ist – theologisch ließe sich sagen: damit neu spricht, was uns näher ist als wir uns selbst.

4. Aus der Befreiungserfahrung mit Texten der Bibel und dem entsprechenden neuen methodischen Umgang mit der Bibel ergaben sich entscheidende reformatorische Konsequenzen – sie betreffen das Selbstverständnis der Theologie, das Selbstverständnis der Kirche, die theologische Lehre, aber auch weitreichende politische Forderungen und bildungspolitische Konsequenzen.

Die Kirche hatte faktisch geirrt, ja sie hatte das Evangelium pervertiert, als sie die Gnade Gottes verkaufte, um ihre allzumenschliche Macht zu stärken. Diese Einsicht, dieser Widerspruch berief sich auf den neu gelesenen, neu verstandenen Text der Bibel. Daraus folgt aber für die Geltung der Bibel: Sie soll nicht nur Grund der Predigt sein und als Predigt lebendig werden. Sondern angesichts der faktischen Irrtümer und Irrwege der Kirche in ihrer Geschichte ist sie auch *Kriterium* – und zwar ein Kriterium, das um der Wahrheit der Kirche willen der

---

30 Was die entsprechende theologische Dekonstruktion scheinbar selbstverständlicher Kategorien und Denkformen im Verstehen der Bibel, sofern sich in ihr das Gottesverhältnis vermittelt, bei Luther konkreter bedeutet und inwiefern die entsprechende *neue Sprache* die Logik und Begriffe des Verstandes, indem sie sich davon abstößt, doch voraussetzt – dazu vgl. einführend Kleffmann, Grundriß, 28–30.

31 Vgl. aber auch schon Phänomenologische Interpretationen zu Aristoteles (Anzeige der hermeneutischen Situation) [1922], hrsg. v. H.-U.Lessing, in: Dilthey-Jahrbuch, hrsg. v. F. Rodi, Göttingen, Bd. 6 1989,263. – Zum Zusammenhang vgl. Tom Kleffmann, Filosofia e teologia in Heidegger, in: Heidegger tra filosofia e teologia. A cura di A. Anelli. Humanitas 68, 4, Brescia 2013, 588–603.

32 Martin Heidegger, Sein und Zeit, Tübingen [15]1979, 10.

faktischen Kirche auch gegenübersteht und im Zweifel ihrer Theologiegeschichte und ihrem Lehrsystem widersprechen können muss.

Damit war einer systematischen, zugleich institutionellen und theologischen Selbstimmunisierung der faktischen Kirche widersprochen, die eine grundlegende Reform notwendig machte. In der 1520 erschienenen Adelsschrift beschreibt Luther drei Mauern, durch die sich die »Romanisten« abschotten, gegen Kritik immunisiert haben.[33] Drei Mauern haben sie »umb sich zogen, damit sie sich biszher beschutzt, das sie niemant hat mugenn reformierenn«.[34] Die erste Mauer besteht in der Erfindung eines geistlichen Standes, der einem weltlichen Stand in der Kirche gegenübersteht – also die Erfindung eines priesterlichen, gestuften, der Gemeinde gegenüber Christus verkörpernden Mittleramtes, einer Hierarchie im ursprünglichen Sinn des Wortes. Dem entspricht sogleich die zweite Mauer, dass es allein der Hierarchie, schließlich dem Papst gebühre, die Schrift auszulegen – dass also eine authentische, irrtumsfreie Interpretation der Bibel durch die Hierarchie vorausgesetzt wird. Und auch die dritte Mauer steht in unmittelbarem Zusammenhang mit den ersten beiden: Dass allein dem Papst als Spitze der Hierarchie die Vollmacht zukommt, ein allgemeines Konzil zum Zwecke der Reformation einzusetzen.[35]

Das Evangelium selbst zu verstehen, bedeutet die Mauern umzustoßen und die Selbstimmunisierung der Hierarchie zu durchbrechen. Fällt die zweite Mauer, so sind auch die erste und die dritte gefallen. Es gibt in Wahrheit keine Hierarchie – so versteht Luther das Neue Testament, entgegen dem lehramtlich dogmatisierten Verständnis. Durch Taufe, Evangelium und Glaube sind alle Christen geistlichen, ja priesterlichen Standes.[36] Paulus spricht zumal allen Christen die Vollmacht zu, geistlich zu urteilen. So »sollen wir mutig und frey werden unnd den geyst der freyheit (wie yhn Paulus nennet) nit lassen mit ertichten wortten der Bepst abschrecken, sondern frisch hyndurch allis, was sie thun oder lassen, nach unserm gleubigen vorstand der schrift richten [...]«.[37] Und so geschah es auch, insbesondere in der Frühzeit der Reformation: ein bis dahin unerhörter Anspruch der Mündigkeit verbreitete sich. Einfache Leute, Handwerker, Männer und Frauen, bürgerliche Ratsherren, traten auf und lasen nicht nur selbst die

---

[33] Romanisten heißen hier die Anhänger der römischen Hierarchie; nie nennt Luther seine Gegner Katholiken.

[34] An den christlichen Adel deutscher Nation von des christlichen Standes Besserung, WA 6, 406, 21–23. Vgl. den vorzüglichen Kommentar zu dieser Schrift von Thomas Kaufmann, An den christlichen Adel deutscher Nation von des christlichen Standes Besserung. Kommentare zu Schriften Luthers, Bd. 3, Tübingen 2014.

[35] Vgl. a.a.O., 406,23ff.

[36] Vgl. a.a.O., 407,13ff.

[37] A.a.O., 412,27–30.

Bibel, sondern wussten sich berufen, selbst über die religiösen Fragen zu schreiben.[38]

Für Luther konnte die Reform der Kirche nur im freien Selbst-Verstehen des Evangeliums begründet sein. Alle mündigen Christen haben Recht und Auftrag, die Kirche im Sinn des Evangeliums zu reformieren. Ja, im Blick auf die Kirche kommen die Notwendigkeit des Selbst-Verstehens und der Inhalt des zu Verstehenden zusammen: Die Kirche ist nichts anderes als die Gemeinschaft, der *Haufen* derer, unter denen das Evangelium laut wird und seine Gottesgemeinschaft gefeiert wird. Das Pfarr- und Bischofsamt ist in dem Auftrag der Gemeinde begründet, auf kompetente, philologisch und praktisch ausgebildete Weise das Evangelium nach der heiligen Schrift zu predigen und die Sakramente zu feiern. Das heißt, das kirchliche Amt spezifiziert nur den Dienstauftrag durch Christus, den alle getauften Christen haben – es ist kein Mittleramt, das der Gemeinde allererst das Heil vermittelt. Also gibt es auch keine Hierarchie, die ein unfehlbares System von Dogmen, ein unbezweifelbares System wahrer Lehrsätze begründen könnte. Vielmehr ist kirchliche Lehre immer wieder aktuell im Verstehen des Evangeliums, durch ein philologisch, historisch, systematisch gebildetes Verständnis der Bibel zu begründen, und im Zweifel (unter Voraussetzung der Fehlbarkeit) auf dieser Grundlage auch allgemein kritisierbar.

Dieser Zusammenhang von Bibelhermeneutik und Kirchenverständnis gestaltete sich politisch zum bis dahin größten Bildungsprogramm in der Menschheitsgeschichte. Genauer gesagt: Die schon im späten 15. Jahrhundert vitalen Momente einer neuen Bildungsbewegung – bürgerliches Selbstbewusstsein, steigende Alphabetisierung, Interesse der Territorialherrschaft an guter Ausbildung, Entwicklung der Druckindustrie – erfahren durch die Reformation die entscheidende Verstärkung. Denn zum einen wird die Mündigkeit der Allgemeinheit vorausgesetzt, zum anderen ist sie auszubilden. Die Mündigkeit der Gemeinde ist vorauszusetzen, weil sie durch Wort und Glauben alles hat, was sie zum Seelenheil braucht. Das heißt aber auch: Selbst-Verstehen ist eine Notwendigkeit. »die schrifft gibt [...] eynem iglichen Christen macht, die lere tzu urteylen, 1.Cor.14 [...] eyn iglicher muß fur sich selb glawben unnd unterscheytt wissen zwischen rechter und falscher lehre«.[39] Dann aber ist die vorausgesetzte Mündigkeit auch auszubilden. Das heißt zuerst: Allen Christen ist in ihrer Muttersprache eine aus den Ursprachen übersetzte Bibel zugänglich zu machen. Bibeln sind frei zu übersetzen und frei zu drucken. Was für uns selbstverständlich

---

[38] Vgl. dazu Thomas Kaufmann, Der Anfang der Reformation. Studien zur Kontextualität der Theologie, Publizistik und Inszenierung Luthers und der reformatorischen Bewegung, Tübingen 2012, 506–559. Außerdem in exemplarischer Ausführung Ders., Pfarrfrau und Publizistin. Das reformatorische ›Amt‹ der Katharina Zell, in: Zeitschrift für historische Forschung 23, 1996, 169–218.

[39] WA B2, Nr. 478 [1522], 508,41–46.

ist, hat z. B. der englische Bibelübersetzer Tyndale aufgrund des kirchlich initiierten Verbots von Übersetzung und Druck 1536 mit dem Leben bezahlt. Dagegen forderte Luther in seiner Schrift *Von weltlicher Obrigkeit, wie weit man ihr Gehorsam schuldig sei* im Ansatz das, was wir heute Pressefreiheit nennen – zunächst die Forderung, den Druck von Bibeln und religiösen Schriften freizugeben.

> »Denn Gott der Allmechtig unszere fursten toll gemacht hatt, das sie nit anders meynen, sie mügen thun und gepieten yhren unterthanen was sie nur wollen; [...] szo gar unnd gantz, das sie nu angefangen haben, den leutten zu gepieten, bücher von sich thun, glewben und hallten was sie fur geben; damit sich vermessen auch ynn Gottis stuel zu setzen und die gewissen und glawben zu meystern und nach yhrem tollen gehyrn den heyligen geyst zur schulen furen.«[40]

Dieser Forderung entspricht aber sogleich die weitere politische Forderung, dass erstmals Schulen für alle Jungen und (wie Luther mehrfach fordert) Mädchen einzurichten sind[41] – denn Lesen und Schreiben sind die Grundbedingungen eines ausgebildeten kritischen Selbstverstehens der Bibel. In Gernrode im Harz steht die 1533, also neun Jahre nach Luthers Aufforderung *An die Ratsherren der Städte deutschen Landes, dass sie christliche Schulen aufrichten und halten sollen*, gegründete, erste evangelische Schule. Bis zur ersten Mädchenklasse dauerte es freilich noch einmal mehrere Jahrzehnte.[42]

Und schließlich folgt aus der Annahme der Mündigkeit einer Gemeinde, die durch Evangelium und selbst verstandene Bibel alles für ihr Seelenheil Notwendige haben kann, die Forderung nach dem, was heute in einem weiteren Sinne Religionsfreiheit heißt – also die Forderung, dass nicht der Staat im Auftrag der Kirche über die Konfession bestimmt.

> »Das welltlich regiment hatt gesetz, die sich nicht weytter strecken denn uber leyb und gütt und was eußerlich ist auff erden. Denn uber die seele kan und will Gott niemant lassen regirn denn sich selbs alleyne. Darumb wo welltlich gewallt sich vermisset, der seelen gesetz zu geben, do greyfft sie Gott ynn seyn regiment und verfuret und verderbet nur die seelen. Das wollen wyr so klar machen, das mans

---

[40] WA 11, S. 246,23–30 [1523].

[41] Vgl. z.B. An den christlichen Adel deutscher Nation von des christlichen Standes Besserung, WA 6, 461,11–23; dazu THOMAS KAUFMANN, An den christlichen Adel, 456f. Vgl. ferner An die Ratsherren, WA 15, 44,24ff.; WA 30/2, 517ff. – Auch z.B. Martin Bucer in Straßburg setzte sich früh für den Schulunterricht für Mädchen ein.

[42] Die allgemeine Schulpflicht auch für Mädchen wurde zuerst Ende des 16. Jahrhundert in einigen evangelischen Territorien wie dem Herzogtum Pfalz-Zweibrücken eingeführt.

greyffen solle, auf das unser iunckern, die fursten und bischoffe sehen, was sie fur narren sind, wenn sie die leutt mit yhren gesetzen und gepotten zwingen wollen, sonst oder so zu glewben.«[43]

Die Aufklärung – das war dann die Reformation und Freiheit ohne Christus, ohne Bibel.

Und heute? Diejenigen, denen etwa allgemeine Schulen, Religionsfreiheit, Pressefreiheit und auch das Pathos des Selbstverstehens eine Selbstverständlichkeit sind, sind alle auch Enkel der Reformation. Auch als philologisch arbeitende Geisteswissenschaftler, in unserem kritisch historischen Bewusstsein sind wir Enkel der Reformation. Das gilt für die Theologie nicht nur der evangelischen, sondern auch der römisch-katholischen Konfession, jedenfalls in Deutschland, Europa und Nordamerika, wenn man von fundamentalistischen Gruppen absieht. Den Anspruch der Mündigkeit werden sich heute weder evangelische noch katholische Gemeinden nehmen lassen.

Aber wir sind auch Kinder der Aufklärung, auch wir Theologen. Die Rede von Gott ist nicht mehr selbstverständlich. Auch dass die Bibel Gottes Wort ist, ist nicht mehr selbstverständlich. Ist das, theologisch verstanden, gut, oder ist das schlecht?

Dass der Text, wie Luther sagt, zur viva vox evangelii wird, zur lebendigen Anrede, ist nie selbstverständlich. Das Zerbrechen jeder Selbstverständlichkeit dient hier der möglichen Aneignung.

Haben Texte der Bibel auch heute noch reformatorische Kraft? Trägt die historisch-, philologisch-, systematisch-theologische Arbeit dazu bei, diese Kraft freizulegen? Finden sich dort Worte, die sagen, was sich keiner selbst sagen kann? Die aus der Zukunft sprechen?

»Das Volk, das im Finstern wandelt, sieht ein großes Licht.« (Jes 9,1)

Und:

»Selig sind die Sanftmütigen, denn sie werden das Erdreich besitzen.« (Mt 5,5)

Und am Ende:

»Am Anfang war das Wort, und das Wort war bei Gott, und Gott war das Wort. [...] Alle Dinge sind durch dasselbe gemacht.« (Joh 1,1.2)

---

[43] WA 11, 262,7–15.

LITERATUR

BAYER, OSWALD, Schöpfung als Anrede. Zu einer Hermeneutik der Schöpfung, Tübingen 1986.

BEUTEL, ALBRECHT, In dem Anfang war das Wort. Studien zu Luthers Sprachverständnis, Tübingen 1991 (unveränderte Studienausgabe 2006).

BEUTEL, ALBRECHT, Theologie als Schriftauslegung, in: DERS. (Hrsg.), Luther Handbuch, Tübingen 2005.

HEIDEGGER, MARTIN, Phänomenologische Interpretationen zu Aristoteles (Anzeige der hermeneutischen Situation) [1922], hrsg. von LESSING, HANS-ULRICH, in: Dilthey-Jahrbuch, hrsg. v. RODI, FRITHJOF, Göttingen, Bd. 6, 1989.

HEIDEGGER, MARTIN, Sein und Zeit, Tübingen ^{15}1979.

KAUFMANN, THOMAS, Pfarrfrau und Publizistin, Das reformatorische ›Amt‹ der Katharina Zell, in: Zeitschrift für historische Forschung 23, 1996, 169–218.

KAUFMANN, THOMAS, Der Anfang der Reformation. Studien zur Kontextualität der Theologie, Publizistik und Inszenierung Luthers und der reformatorischen Bewegung, Tübingen 2012.

KAUFMANN, THOMAS, An den christlichen Adel deutscher Nation von des christlichen Standes Besserung. Kommentare zu Schriften Luthers, Bd. 3, Tübingen 2014.

KLEFFMANN, TOM, Die Erbsündenlehre in sprachtheologischem Horizont. Eine Interpretation Augustins, Luthers und Hamanns, Tübingen 1994.

KLEFFMANN, TOM, Grundriß der systematischen Theologie, Tübingen 2013.

KLEFFMANN, TOM, Filosofia e teologia in Heidegger, in: Heidegger tra filosofia e teologia. A cura di A. Anelli, Humanitas 68, N. 4, Brescia 2013, 588–603.

KÖRTNER, ULRICH H. J., Arbeit am Kanon. Studien zur Bibelhermeneutik, Leipzig 2015.

LUTHER, MARTIN, D. Martin Luthers Werke. Kritische Gesamtausgabe. Weimar 1883 ff.

LUTHER, MARTIN, Lateinisch-deutsche Studienausgabe, Bd. 2, hrsg. und eingeleitet von J. SCHILLING, Leipzig 2006.

RINGLEBEN, JOACHIM, Gott im Wort. Luthers Theologie von der Sprache her, Tübingen 2010.

Der »Apostel Englands«: William Tyndale und die englische Volksbibel im 16. Jahrhundert

Daniel Göske

Die Bibel ist das Grundbuch der abendländischen Kulturen und ihrer weltweiten Ableger. Vor allem in den protestantischen Ländern, also überall da, wo man es schon früh wichtig fand, das Evangelium den Laien in ihrer eigenen Sprache zugänglich zu machen, prägte die volkssprachliche Bibel die Entwicklung der Sprache, der Literatur und, mittelbar, auch das Bildungswesen in ganz besonderer Weise. Martin Luthers epochale Verdeutschung ist das berühmteste und einflussreichste Beispiel.[1] Dieses langjährige Mammutprojekt begann mit einem Paukenschlag. In nur elf Wochen übersetzte der von der römischen Kirche verketzerte, vogelfreie Mönch und Wittenberger Bibelprofessor, geschützt von seinem Landesherrn Friedrich dem Weisen und getarnt als Junker Jörg, im Winter und Frühjahr 1522 auf der Wartburg das Neue Testament aus lateinischen Übersetzungen und dem griechischen Urtext. Das wegen seines Publikationsdatums so genannte *Septembertestament* von 1522 war noch weitgehend eine Einzelleistung. Für alle späteren Revisionen, die von Störungen unbehelligt in Wittenberg stattfanden, konnte Luther jedoch auf die tatkräftige Hilfe gelehrter Kollegen wie Melanchthon, Matthäus Aurogallus, Justus Jonas und anderer Kenner der alten Sprachen an der Universität Wittenberg zurückgreifen.

Luthers Übersetzungsprojekt, das 1522 begann und über zwei Jahrzehnte bis zur letzten, noch zu seinen Lebzeiten publizierten Vollbibel von 1545 andauerte, transportierte die Heilige Schrift aus dem Hebräischen und Griechischen sowie der Sprache der Kirche, dem Lateinischen, in die Sprache des Volkes. Diese ist ja, für Luther wie für die Reformatoren anderer Länder und Zeiten, die eigentliche Zielsprache des Evangeliums. In Deutschland hatte es schon vor Luther Bibelübersetzungen gegeben, seit 1466 sogar im Druck. Aber diese frühen deutschen Bibeln, unerschwinglich für einfachere Leute, beruhten alle auf dem Text der

---

1 Vgl. den Beitrag von Tom Kleffmann in diesem Band sowie Hans Volz, Einleitung, in: Ders. (Hrsg.), D. Martin Luther, Die gantzte Heilige Schrift Deudsch. Wittenberg 1545, München 1972, 33*-142*, und Heinz Blanke, Bibelübersetzung, in: Albrecht Beutel (Hrsg.), Luther Handbuch, Tübingen 2005, 258-265.

Vulgata, und sie glichen eher einer sklavisch an der lateinischen Syntax entlang sich pirschenden Interlinearversion als dem verständlichen, womöglich gar klangvollen, dabei aber philologisch reflektierten Text, den Luther und seine Freunde anstrebten.

Auch in England, das in der frühen Renaissance kulturell weniger entwickelt war als viele Länder auf dem Kontinent, hatten reformerische Kräfte schon im 14. Jahrhundert versucht, die Bibel dem Volk zugänglich zu machen. Wegweisend war dafür der Oxforder Theologe John Wyclif gewesen. Er hatte in den 1370er Jahren scharfe Kritik an der Papstkirche geübt und die Bibel als alles entscheidende Autorität bezeichnet. Papst Gregor XI. erklärte ihn deshalb 1377 zum Ketzer. Aber der Weg von Rom nach Oxford ist weit, und Wyclif starb friedlich im Jahr 1384. Zu diesem Zeitpunkt hatten seine als *Lollarden* denunzierten Anhänger bereits große Teile der lateinischen Bibel ins Englische übertragen. Das stieß auf den wütenden Widerstand der kirchlichen Hierarchie. Alle Manuskripte, deren man habhaft werden konnte, wurden verbrannt. (Manche aber wurden gut gehütet: Fragmente von ca. 250 Exemplaren sind erhalten.) Die sog. *Constitution of Oxford* von 1409 untersagte schließlich die Herstellung und den Besitz von volkssprachlichen Bibeln, mit der Folge, dass – anders als in Deutschland – die erste Bibel in englischer Sprache erst über 75 Jahre nach Erfindung des Buchdrucks erschien.[2] Für die römische Kirche des ausgehenden Mittelalters war die unkontrollierte Verbreitung von Bibeln in der Volkssprache eine große Gefahr, und in England war ihre Angst vor dem Verlust von Macht und Deutungshoheit besonders groß. Um ganz sicherzugehen, ließ man Wyclifs Leichnam im Jahr 1428, über vier Jahrzehnte nach seinem Tod, ausgraben, verbrennen und in den Fluss Swift werfen. Geholfen hat es nicht. Trotz grausamer Verfolgung der Lollarden wurde die Wyclif-Bibel in Handschriften weiter verbreitet, bis 100 Jahre später William Tyndale dem Projekt einer englischen Volksbibel zum Durchbruch verhalf.[3]

Um 1520 hatte sich freilich die Lage der römischen Kirche völlig gewandelt, und die Frage der Volksbibel stellte sich ganz neu. Denn für die Übersetzung der Bibel aus den Ursprachen, nicht aus der lateinischen Sprache des Klerus, hatte

---

2 Zur relativen Verspätung des Buchdrucks und der Bibelübersetzung in England vgl. Henry Wansbrough, Tyndale, in: Richard Griffiths (Hrsg.), The Bibel in the Renaissance. Essays on Biblical Commentary and Translation in the Fifteenth and Sixteenth Centuries, Aldershot 2001, 116–132, bes. 118f.

3 Zur Geschichte der frühen englischen Bibeln vgl. David Daniell, The Bible in English. Its History and Influence, New Haven 2003; David Norton, A History of the English Bible as Literature, Cambridge 2000 und David Price & Charles C. Ryrie, Let It Go Among Our People. An Illustrated History of the English Bible from John Wyclif to the King James Version, Cambridge 2004.

Erasmus von Rotterdam die Initialzündung geliefert.[4] Seine Aufrufe zur Bibellektüre der Laien erschienen zwar nur auf Latein. Dennoch wurde der große Humanist zum »publizistisch einflussreichsten Propagandisten der volkssprachlichen Verbreitung der Bibel«.[5] Sein *Novum Instrumentum*, die griechisch-lateinische Ausgabe des Neuen Testaments (NT) von 1516, bildete das philologische Fundament für die Reformation, die Rückbesinnung auf die ursprüngliche Gestalt des christlichen Glaubens. Mit ihr war das Zeitalter der großen Bibelübersetzungen in die neueren Sprachen angebrochen. Luthers *Septembertestament* von 1522 gab den entscheidenden Impuls, und dies nicht nur für den deutschen Sprachraum. Nach Luther muss William Tyndale, der in Deutschland außerhalb engster Fachkreise kaum bekannt ist, als einer der wirkmächtigsten Reformatoren des Humanismus gelten. Kenner nennen ihn den »father of English Bible translation«.[6] Sie betonen vor allem seine sprachschöpferische Leistung als ein philologisch versierter Bibelübersetzer, der neben der Vulgata auch Erasmus' Ausgabe und Luthers deutsche Fassungen nutzte.[7] Über die Art und das Ausmaß von Tyndales *Abhängigkeit* von Luther gibt es von deutscher und anglophoner Seite freilich unterschiedliche Ansichten.[8]

---

4 Zu Erasmus und seiner Bedeutung für die frühe Reformation vgl. Thomas Kaufmann, Der Anfang der Reformation, Studien zur Kontextualität der Theologie, Publizistik und Inszenierung Luthers und der reformatorischen Bewegung, Tübingen 2012, v.a. 78–87.

5 Kaufmann, Anfang, 82.

6 Norton, History, 19. Die besten deutschen Arbeiten zu Tyndale sind Heinz Holeczek, Humanistische Bibelphilologie als Reformproblem bei Erasmus von Rotterdam, Thomas More und William Tyndale, Leiden 1975, und vor allem Arne Dembek, William Tyndale (1491–1536), Reformatorische Theologie als kontextuelle Schriftauslegung, Tübingen 2010.

7 Maßgeblich, wenn auch philologisch nicht immer verlässlich, ist David Daniell, William Tyndale, New Haven 1994. Vgl. auch die Biographie von Brian Moynahan, If God Spare My Life: William Tyndale, the English Bible and Sir Thomas More, London 2002. Einzelfragen von Tyndales Theologie und Übersetzungswerk diskutieren auch Gerald Hammond, William Tyndale's Pentateuch, Its Relation to Luther's German Bible and the Hebrew Original, Renaissance Quarterly 33.3 (1980) 351–385, Brian Cummings, The Theology of Translation: Tyndale's Grammar, in: John T. Daly u.a. (Hrsg.), Word, Church, and State, Tyndale Quincentenary Essays, Washington, D.C. 1998, 36–59, John L. Flood, Luther and Tyndale as Bible Translators, Achievement and Legacy, in: Geraldine Horan u.a. (Hrsg.), Landmarks in the History of the German Language, Oxford 2009, 35–56, und Gergely M. Juhász, Translating Resurrection, The Debate between William Tyndale and George Joye in Its Historical and Theological Context, Leiden 2014.

8 Daniell plädiert für Tyndales Selbständigkeit, versteht freilich Luthers Deutsch häufig falsch (Tyndale, 112, 135, passim). Etwas umsichtiger argumentieren Flood, Luther, und Hammond, Tyndale's Pentateuch. Vgl. auch Margret Popp, The Green Horse or Was Tyndale's Bible Translation an Independent Humanistic Achievement?, in: Fritz-Wilhelm Neumann (Hrsg.), Anglistentag 1998 Erfurt: Proceedings. Trier 1999, 137–157, und Daniel

William Tyndales Pionierleistung einer Übersetzung aus den Ursprachen prägt die englische Bibel bis heute – nur wissen das wenige. Und da der Vergleich der Vater der Erkenntnis ist, will ich bei der exemplarischen Vorstellung von Tyndales Erstfassung des NT von 1526 bzw. der revidierten Ausgabe von 1534 nicht nur kurze Blicke auf andere frühe englische Bibeln werfen, sondern auch einige signifikante Parallelen in Luthers Septembertestament von 1522 berücksichtigen. Als Vorkämpfer einer philologisch begründeten volkssprachlichen Bibelfassung waren Luther und Tyndale ja besonders herausgefordert. Nicht nur mussten sie verstehen, was im Urtext der Heiligen Schrift gesagt und gemeint war. Obendrein mussten sie den Sinn jeder Stelle für breite Leser- und Hörerkreise in deren Lebenswelt und Umgangssprache überzeugend ausdrücken, also zum Sprechen und zum Klingen bringen. Der Vergleich ihrer Versionen des NT zeigt, wie prinzipiell ähnlich und doch in wichtigen Details unterschiedlich sich Luther und sein englischer Kollege dieser Doppelaufgabe stellten.[9] Zugleich belegen Seitenblicke auf die späteren englischen Bibeln, wie sehr Tyndales Einzelleistung die Geschichte der englischen Volksbibeln mitbestimmte. Zunächst will ich jedoch den biographischen und historischen Kontext seines Lebenswerks skizzieren.

»Apostle of England«: Tyndale und die englische Bibel

Wie Luther war auch William Tyndale (ca. 1494–1536) ein ebenso bibelgläubiger wie sprachmächtiger Gelehrter. Viele Details seines bewegten Lebens sind unbekannt. Soviel aber ist gewiss: In Oxford ausgebildet und vielleicht in Cambridge zum ersten Mal mit der lutherischen Lehre in Kontakt gekommen, war er um 1522 als Hauslehrer in Gloucestershire tätig und hatte sich durch kirchenkritische Predigten und eine englische Fassung von Erasmus' *Enchiridon Militis Christiani* hervorgetan. Bald danach fasste der junge Gelehrte den riskanten Plan, die Bibel aus den alten Sprachen neu zu übersetzen. Er wollte, wie er später, selbst- und sendungsbewusst, im Vorwort seiner Übersetzung des Pentateuch (1530) schrieb, das klare Wort Gottes, das die *Sophistereien* und *Allegorien* der

---

Göske, »The touchstone that trieth all doctrines«: Der eigentliche Sinn der Heiligen Schrift in frühen Übersetzungen Tyndales und Luthers, in: Claudia Brinker-von der Heyde u.a. (Hrsg.), Eigentlichkeit: Zum Verhältnis von Sprache, Sprechern und Welt, Berlin 2015, 259–281. Die komplizierte Frage nach Tyndales Umgang mit Luthers Übersetzung des NT harrt noch einer gründlichen Untersuchung.

9 Vgl. dazu etwas ausführlicher Göske, Touchstone, 265–78.

Kleriker verdunkelt hatten, für die »unlearned lay people« ans Licht und zum Leuchten bringen.[10]

Anders als der Wittenberger Bibelprofessor genoss Tyndale jedoch nicht den Schutz eines Landesherrn und das Umfeld einer aufstrebenden Universität. Zudem hatte die Kirche in England ja den Besitz einer volkssprachlichen Fassung unter Todesstrafe gestellt.[11] Daher verweigerte sich Tyndales Vorgesetzter Cuthbert Tunstall, der Bischof von London, ein Freund Erasmus' und früher Gegner Luthers, diesem brisanten Projekt.

Tyndale jedoch gab nicht auf. Er versicherte sich der heimlichen Unterstützung reformatorischer Kreise in der Londoner Kaufmannschaft und floh 1524 nach Deutschland. Da er keine Spuren hinterlassen durfte, ist man für viele Details seines Exils auf Indizienbeweise angewiesen. Wahrscheinlich gelangte er über Hamburg nach Wittenberg, wo er vielleicht Luther und Bugenhagen kennenlernte und vermutlich seine erste Übersetzung des NT fertigstellte. Auch für die Jahre bis zu seinem Tod, die er vermutlich in Flandern zubrachte, sind exakte biographische Daten rar. Tyndales Grab ist unbekannt, ein authentisches Konterfei gibt es nicht. Was auf die Nachwelt gekommen ist, sind seine gedruckten Werke: einige theologische Schriften und vor allem seine Bibelübersetzungen. Diese wurden über ein geheimes Netzwerk von Unterstützern, in Tuchballen und Heringsfässern versteckt, nach England geschmuggelt. Als ketzerische Werke, die die Deutungshoheit der Papstkirche und die Autorität des zunächst noch romtreuen Königs Henry VIII. bedrohten, wurden die meisten frühen Exemplare jedoch aufgespürt und vernichtet.

Schon 1525 hatte Tyndale in Köln versucht, sein englisches NT in einem reich ausgestatteten Quartband drucken zu lassen. Aber Johannes Cochlaeus, ein Gegner Luthers, hatte Wind davon bekommen und den Druck stoppen lassen.[12] Tyndale floh mit seinem Manuskript nach Worms. Dort ließ er im Frühjahr 1526 das erste vollständige NT in englischer Sprache drucken. Der handliche Oktavband, der sich für den illegalen Import bestens eignete, bot nur den nackten Bibeltext, ohne Marginalien oder Verszählung, sowie ein knappes Nachwort.

---

[10] W. T. to the Reader, in: David Daniell (Hrsg.), Tyndales Old Testament, being the Pentateuch of 1530, Joshua to 2 Chronicles of 1537 and Jonah. A modern spelling edition, New Haven 1991, 3f.

[11] Auf dem europäischen Festland kam es dagegen erst 1546, als Reaktion auf die Reformation, zur römisch-katholischen »Dogmatisierung der Vulgata als Grundlage der Schriftauslegung« und zum Verbot aller »nicht approbierten« volkssprachlichen Bibeln, verbunden mit der »generellen Genehmigungspflicht der laikalen Bibellektüre« (Kaufmann, Anfang, 82).

[12] Nur Tyndales Prolog und die ersten 22 Kapitel des Matthäusevangeliums wurden gedruckt. Das einzige erhaltene Exemplar liegt in der British Library.

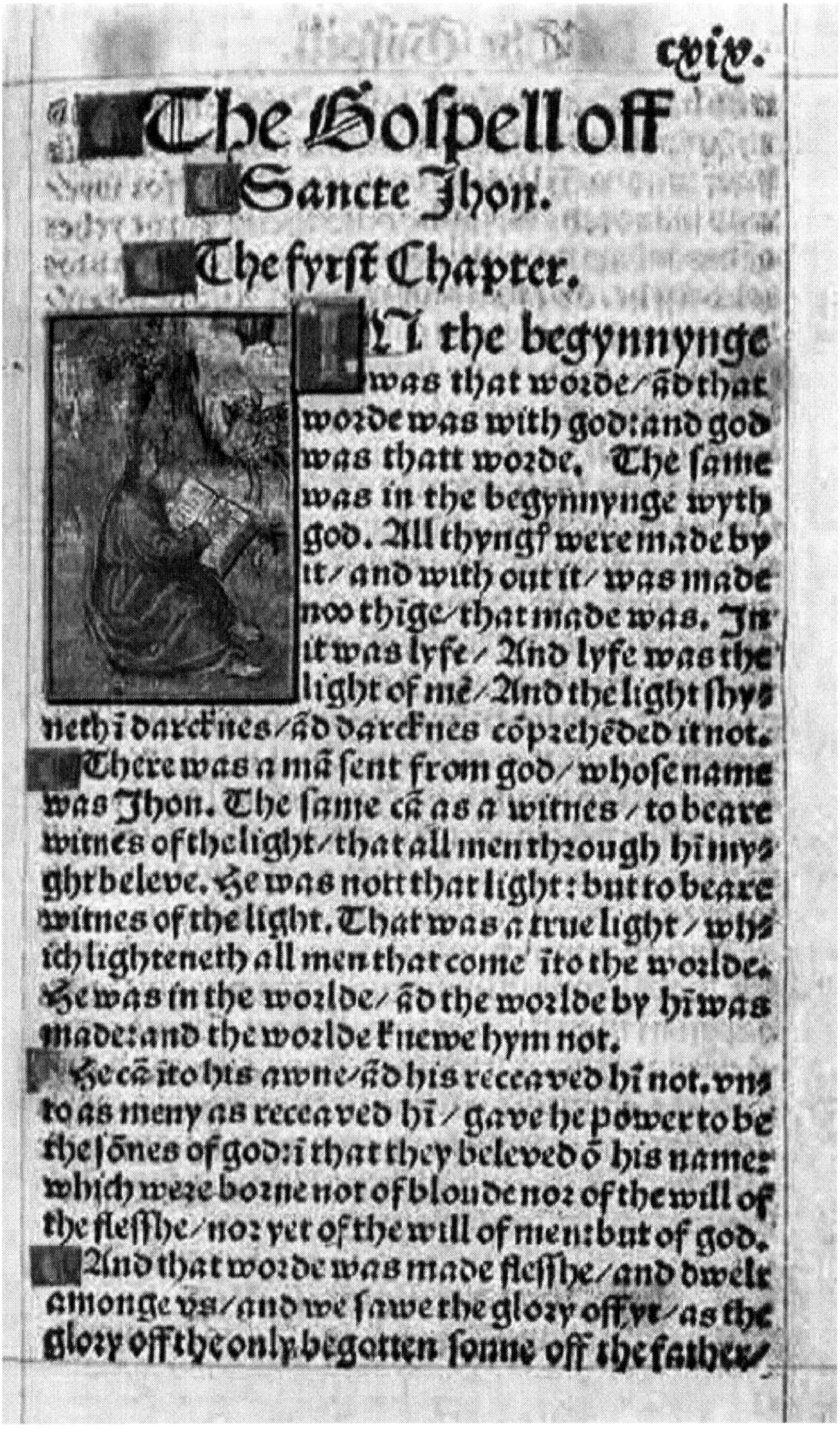

cxiv.

The Gospell off Sancte Jhon.

The fyrst Chapter.

IN the begynnynge was that worde/ ād that worde was with god: and god was thatt worde. The same was in the begynnynge wyth god. All thyngs were made by it/ and with out it/ was made noo thīge/ that made was. In it was lyfe/ And lyfe was the light of mē/ And the light shyneth ī darcknes/ ād darcknes cōprehēded it not. There was a mā sent from god/ whose name was Jhon. The same cā as a witnes/ to beare witnes of the light/ that all men through hī myght beleve. He was nott that light: but to beare witnes of the light. That was a true light/ which lighteneth all men that come īto the worlde. He was in the worlde/ ād the worlde by hī was made: and the worlde knewe hym not. He cā īto his awne/ ād his receaved hī not. vnto as meny as receaved hī/ gave he power to be the sōnes of god: ī that they beleved ō his name: which were borne not of bloude nor of the will of the flesshe/ nor yet of the will of men: but of god. And that worde was made flesshe/ and dwelt amonge vs/ and we sawe the glory off yt/ as the glory off the only begotten sonne off the father/

Schon in dieser ersten Fassung des NT ist Tyndales Sprachgewalt erkennbar, z. B. im Logoshymnus des Johannesevangeliums.

Tyndales Erstling war ein Bestseller und fand viele heimliche Leser, denn obwohl das erste englische Buch schon gut 50 Jahre zuvor gedruckt worden war, lagen erst wenige, verstreute Bibelverse (Bußpsalmen und das Vaterunser) in gedruckter Form auf Englisch vor. Die wütende Reaktion der Hierarchie sorgte freilich dafür, dass von diesem ersten NT in englischer Sprache trotz einer vermuteten Erstauflage von 3000 bis 6000 Stück nur ganze drei Exemplare erhalten sind. Innerhalb eines Jahres brachte jedoch ein geschäftstüchtiger Drucker in Antwerpen eine neue Ausgabe von ca. 3000 Stück heraus – ein Beleg für die große Nachfrage.[13]

Wenig später fand Tyndale offenbar Zuflucht in der freien Reichsstadt Antwerpen, dem Hauptsitz der protestantischen Bewegung in Holland und dank der großen jüdischen Gemeinde ein idealer Ort, um Hebräisch zu studieren. Hier konnte er mit Unterstützung englischer Kaufleute leben und seine Übersetzung des Pentateuch (1530) und des Buchs Jona (1531) drucken lassen. Und neben einigen theologischen und exegetischen Traktaten erschien im November 1534 schließlich seine *sorgfältig korrigierte und mit dem griechischen Text verglichene* Übersetzung des NT, zum ersten Mal unter seinem Namen und mit einem fiktiven Porträt.

Kenner bezeichnen das NT von 1534 als Tyndales Meisterwerk. Die meisten der ca. 4000 Veränderungen gegenüber dem NT von 1526 zielen darauf ab, den englischen Wortlaut noch klarer, anschaulicher und rhythmisch eindringlicher zu machen und zugleich näher an den griechischen Urtext heranzuführen.[14] Auch die Buchausstattung setzte neue Maßstäbe. Neben einer Vorrede an den Leser enthielt der 400 Seiten starke, aber handliche Band ausführliche Einleitungen zu den Evangelien und den Briefen, nützliche Querverweise und Marginalglossen sowie liturgische Texte aus dem AT und den Episteln, geordnet nach dem Kirchenjahr. Damit ließ sich eine Reform des Gottesdienstes auf der Basis des in der Volkssprache hörbaren Gottesworts betreiben.

Das war eine große Gefahr für die Papstkirche, von der sich Henry VIII. unter dem Einfluss der reformorientierten Anne Boleyn gerade losgesagt hatte, indem er sich zum Oberhaupt einer Staatskirche gemacht hatte. Diese dramatische Wende in der englischen Geschichte bedeutete freilich nicht, dass Tyndales Hoffnung auf die Sympathie seines Königs aufging. Aber die Verbreitung seines NTs, von dem Anfang 1535 noch eine leicht revidierte Auflage erschien, ließ sich nicht mehr völlig unterdrücken, obwohl die Anhänger der Hierarchie alles dar-

---

[13] Vgl. JUHÁSZ, Resurrection, 291 f.

[14] Vgl. DAVID DANIELL (Hrsg.), Tyndale's New Testament (1534), a modern spelling edition, New Haven 1989, xxi–xxx.

ansetzten. Thomas Morus zum Beispiel forderte, nicht nur die Übersetzung selbst, sondern auch ihren Autor und seine Leser zu verbrennen.[15]

Dann überschlugen sich in den Wirren der frühen englischen Reformation die Ereignisse. Noch bevor der Ketzerjäger Morus selbst im Juli 1535 wegen Hochverrats aufs Schafott kam, wurde Tyndale verraten, aus seinem Versteck gelockt und von den Häschern Habsburgs aus Antwerpen entführt. Man warf ihn in den Kerker des Burgfrieds von Vilforde bei Brüssel und machte ihm den Prozess. In einem seiner letzten erhaltenen Briefe bat der gefangene Gelehrte im September 1535 um wärmende Kleidung, eine Lampe und eine hebräische Bibel nebst Grammatik und Wörterbuch »that I may pass the time in that study«.[16] Im August 1536 schließlich wurde er als Ketzer verurteilt, Anfang Oktober öffentlich erdrosselt und verbrannt.

---

15 Morus nannte Tyndale einen *Höllenhund im Zwinger des Teufels*, einen *neuen Judas*, einen *Götzendiener und Teufelsanbeter, schlimmer als ein Mohammedaner* (nach dem Zitat in Daniell, Tyndale, 277). Zur publizistischen Kontroverse zwischen Morus und Tyndale vgl. auch Rhodes, Translation Theory, 84–109, Holeczek, Bibelphilologie, 310–358 und Dembek, Tyndale, 249–334.

16 Zitiert in Daniell, Tyndale, 379.

Holzschnitt aus John Foxe, *Acts and Monuments* (1563)

Tyndales Hauptwerk ließ sich jedoch nicht mehr vernichten. Seine Bibelübersetzungen fanden in England reißenden Absatz und wurden in den folgenden Jahren vielfach nachgedruckt. Auch Tyndale als Person blieb lange Zeit im Gedächtnis der englischsprachigen Kulturen. Denn John Foxe bezeichnete ihn in seinen *Acts and Monuments of Matters Happening in the Church*, einer zuerst 1563 gedruckten und bis weit ins 19. Jahrhundert in Großbritannien und Nordamerika enorm populären protestantischen Märtyrerhistorie, als »the Apostle of England in this our latte [sic!] age«.[17] Damit bezog sich Foxe auch auf Tyndales theologische Schriften und Polemiken gegen die römische Papstkirche, die damals viel Aufsehen erregten und durch sein Martyrium besondere Dignität bei den späteren Protestanten Englands erhielten.

---

[17] So die Überschrift im achten Buch des auch Book of Martyrs genannten Werks seit der Ausgabe von 1570, die eine ausführliche Biographie Tyndales bietet: John Foxe, *The Unabridged Acts and Monuments Online* or *TAMO* (1576 edition) (HRI Online Publications, Sheffield 2011). http://www.johnfoxe.org (Stand: 12.03.2016).

Heute liegt Tyndales Bedeutung jedoch vor allem in seiner philologischen und literarischen Leistung als Bibelübersetzer. Denn seine bildkräftige, volkstümliche, rhythmisch durchgeformte Sprache klingt in den großen Volksbibeln des 16. und 17. Jahrhunderts sehr deutlich durch. Dazu gehört die sog. Great Bible von 1539, die Tyndales Versionen übernahm und durch jene alttestamentlichen Texte ergänzte, die der englische Augustiner und spätere Calvinist Miles Coverdale für die erste, 1535 in Zürich, Marburg oder Köln gedruckte englische Vollbibel übersetzt hatte (freilich nur aus lateinischen Fassungen und Luthers deutscher Version). Der teure Prachtband der Great Bible sollte, autorisiert vom König, in den Kirchen ausgelegt werden; für den privaten Gebrauch war er nicht gedacht.

Ganz anders die einflussreiche Geneva Bible von 1560, die wohl auch Shakespeare benutzte. Die durch die römisch-katholische Königin Mary (*Bloody Mary*) ins Genfer Exil getriebenen englischen Calvinisten, die dort schon 1557 ein englisches NT gedruckt hatten, legten damit eine veritable Studienbibel vor, die mit zahlreichen Karten, Illustrationen, Tabellen, Vorreden, summarischen Überschriften und ausführlichen Randglossen versehen war. Zudem gab es zum ersten Mal eine Verszählung, so dass man sich, auch dank zahlreicher Parallelstellen am Rand, gut zurechtfinden und eine Vorstellung von der Heiligen Schrift als Ganzem bekommen konnte. Die gelehrten Genfer Übersetzer orientierten sich streng an den alten Sprachen, aber auch an den gelungenen Vorläuferübersetzungen. Vor allem Tyndales NT von 1534 und sein Pentateuch von 1530 gingen, kritisch geprüft, in die weit verbreitete Geneva Bible ein.

Gut zwanzig Jahre später, als sich in England unter Elisabeth I. das Blatt gewendet hatte und die Anhänger der römischen Papstkirche unterdrückt wurden, publizierten einige Exilanten 1582 in Rheims eine neue englische Übersetzung des NTs. Sie ist insofern ein Kuriosum, als sie ausschließlich auf der alten, im Konzil von Trient 1546 autorisierten lateinischen Übersetzung des Hieronymus beruhte und daher die Fortschritte der humanistischen Bibelphilologie bewusst missachtete. In Syntax und Wortwahl folgte das Rheimser NT der Vulgata so eng wie möglich, und die ausführlichen Kommentare und Randglossen hatten eine eindeutig antiprotestantische Tendenz.[18] Seine Verbreitung in England war gering; viele seiner Latinismen und Neologismen gingen jedoch in die berühmte *King James Version* (KJV) von 1611 ein.

Diese Bibelübersetzung, eine Synthese der wichtigsten Vorläufer des 16. Jahrhunderts, beeinflusste wie keine andere die Sprach- und Literaturgeschichte aller anglophonen Länder weltweit. Insofern ist die KJV in kulturhistorischer Hinsicht der Lutherbibel durchaus zu vergleichen. Ihre Entstehung, ihre theologischen und (kirchen)politischen Prämissen sowie ihr bewusst hoch-

---

[18] »Thus, in style and, to a degree, in methodology, the Douai-Rheims is a retrograde version.« Price, Let it Go, 109.

sprachlicher, ja bewusst archaisierender Duktus unterscheiden sich aber deutlich von Luthers (und von Tyndales) prägnantem Stil und der dahinter liegenden Strategie.[19] Tyndales Übersetzungen bilden dennoch, vermittelt v. a. über die Genfer Bibel, den sonoren Generalbass dieser bis heute klassischen englischen Bibel. Denn das vom König James I. im Jahr 1604 autorisierte Kollegium von 47 Theologen und Bischöfen übernahm zwischen 80 und 90 Prozent seiner Fassungen.[20] Dem Pionier war, wie so oft, eine Kommission gefolgt. In einigen signifikanten Passagen und Grundsätzen wich die KJV freilich von Tyndales Text ab, und sie verzichtete auch auf Randglossen.

Zurück zum Jahr 1525, zu Tyndales Kölner Fragment des NT. Der »radikale Traditionsbruch« des lutherischen Septembertestaments mit seinen Vorreden und Randglossen lag erst drei Jahre zurück.[21] Tyndale orientierte sich erkennbar daran, wie schon die Holzschnitte, der Prolog und die Marginalglossen belegen. Vor allem aber der direkte, alltagssprachliche Duktus seiner Übersetzung erinnert stark an das Wittenberger Vorbild. Dennoch setzte Tyndale eigene Akzente.[22] Ein gutes Beispiel ist seine sprechsprachliche Variation des griechischen *εὐαγγέλιον* (lat. evangelium), das Luther als Fremdwort wiedergab (Euangelion, Euangelium). Dagegen nutzte Tyndale schon 1525 das alte englische Wort »gospell« (gute Nachricht) oder das gleichfalls leicht verständliche Synonym »glad tidinges« (frohe Zeitung oder Kunde).[23] Auch anderswo tendierte er bei der Wiedergabe zentraler Begriffe zur nuancierenden Variation, um seinem Zielpublikum das Verständnis zu erleichtern. Der Prolog zum NT von 1525 formulierte den Dreischritt von Tyndales Übersetzungsstrategie: das philologisch präzise

---

19 »Latinity, rather than contemporary English, was thought to bring with it the great weight of the authority of the past.« (Daniell, Bible, 441) Zu Daniells Polemik gegen die »weak philological purists« der KJV vgl. Norton, History, 418 f.

20 »Throughout the New Testament, where the Authorised Version is direct, simple and strong, what it prints is pure Tyndale.« Daniell, Tyndale's New Testament, x. Neuere Schätzungen sprechen von ca. 84 Prozent Übereinstimmung im NT und 76 im AT (Flood, Luther, 40). Der Nachhall Tyndales in den späteren englischen Bibeln lässt sich in Weigles Octapla des NT (1962) und der Genesis gut verfolgen (1952).

21 Kaufmann, Anfang, 95.

22 Vgl. Göske, Touchstone, 263 ff.

23 Ich zitiere im Folgenden Luthers NT aus Martin Luther, Werke: Die Deutsche Bibel, Bde. 6 und 7, Weimar, 1929–1931, Tyndales NT von 1526 aus W. R. Cooper (Hrsg.), The New Testament, translated by William Tyndale, the text of the Works edition of 1526 in original spelling, London 2000, und das revidierte NT von 1534 der besseren Lesbarkeit halber aus dem orthographisch modernisierten Text in Daniell, Tyndale's New Testament. Die griechischen und lateinischen Zitate entstammen, wenn sie von Erasmus' zweisprachiger Ausgabe nicht gravierend abweichen, Kurt Aland/ Erwin Nestle (Hrsg.), *Novum Testamentum Graece et Latine*, London 1969.

Verständnis der Ausgangssprache (»sense of the tongue«), die theologische Deutung der jeweiligen Stelle (»meaning of the scripture«) und die Suche nach dem treffenden Ausdruck der Zielsprache (»right English word«).

Eine nicht nur für die römische Kirche entscheidende Stelle des Kölner Fragments ist Jesu wortspielerische Bevollmächtigung des Simon Petrus in Mt 16,18f. Ähnlich wie Luther interpretiert Tyndale das mit dem griechischen *ἐκκλησία* (ecclesia) eigentlich Gemeinte nicht im Hinblick auf die erst Jahrhunderte später entstandene Institution einer hierarchischen, transnationalen (also katholischen) Kirche. Seine Deutung favorisiert die urchristliche Gemeinde als egalitäre Gemeinschaft der Gläubigen: »thou arte Peter: and apon this rocke I wyll bylde my congregacion« (Luther: »du bist Petrus, vnnd auff disen felß will ich bawen meyne gemeyne«).[24] Für die Anhänger der Papstkirche war dies natürlich pure Ketzerei. Aber selbst die Kommission des von schottischen Presbyterianern erzogenen James I., dem Oberhaupt der anglikanischen Staatskirche, sorgte später dafür, dass das kongregationalistische Verständnis von Kirche als egalitärer Gemeinde in der KJV von 1611 keine Nahrung fand. Dort heißt es: »upon this rock I will build my church.«

Aus römisch-katholischer Sicht waren auch andere Stellen des Kölner Fragments von 1525 anstößig. Ein herausragendes Beispiel betrifft den Aufruf des Täufers zur Umkehr in Mt 3,2. Seit der Vulgata war der griechische Imperativ zur Umkehr (μετανοεῖτε) einseitig auf die Buß- und Ablasspraxis hin interpretiert worden (poenitentiam agite). Sogar Erasmus hatte diese herkömmliche Wendung beibehalten und nur in den Anmerkungen zaghaft auf die eigentliche Bedeutung im Griechischen hingewiesen. Tyndales bündiges »repent« dagegen zielte mehr auf eine innere Reue als auf äußerliche Bußleistungen. Seine Fassung wurde von allen wichtigen englischen Bibeln übernommen. Nur das von englischen Katholiken aus der Vulgata übersetzte und 1582 in Rheims publizierte NT blieb bei der traditionellen Deutung (doe [sic!] penance) bekräftigte so die von der römischen Kirche als Mittlerin verwalteten Bußleistungen.

Ich komme nun zu Tyndales erster vollständiger Übersetzung des NT, die 1526 in Worms erschien. Sie richtete sich, wie Tyndales knapper Epilog zeigt, an Laien und Kleriker gleichermaßen. Letztere sollten sich nicht an der Rohheit (»rudnes«) dieser ersten englischen Fassung stören, sondern die Lage des anonymen Übersetzers bedenken. Er habe keinen Vorläufer *nachahmen*, keine

---

[24] Luthers knappe Randglosse (»alle Christen sind Petri vmb der bekenntnis willen, die hie. Petrus thut«) hat Tyndale deutlich erweitert: »Then ys every christen man & woman Peter«. Und in einer Randnotiz zu Mt 18,18 bindet er auch die ›Schlüsselgewalt‹ nicht an den Papst, sondern unmissverständlich an die Gemeinde: »Here *all* bynde and lowse« (m.H., N. Hardy Wallis (Hrsg.), The New Testament Translated by William Tyndale 1534, Cambridge 1938. o.S., und WA DB 6: 76. Vgl. auch Dembek 2010: 81).

englischsprachigen Fassungen nutzen können.[25] Luthers Übersetzung verschwieg Tyndale; der Wittenberger Professor galt ja als rechtmäßig verurteilter Ketzer.

Das Wormser Testament ist im Wortsinn eine einsame Einzelleistung. Anders als der Wittenberger Bibelprofessor, der in der Heimat im interdisziplinären Kollegenkreis arbeitete, war Tyndale obendrein auch sprachlich im Exil. Deshalb bezeichnete er sein Testament von 1526 als *Frühgeburt* und *unvollendetes* Werk. Zugleich deutete er an, wie er später seine Erstfassung verbessern wollte: Überflüssige Zusätze seien zu streichen und Übersehenes hinzuzufügen, umständliche Wendungen (»translated at the lengthe«) müssten kompakter gefasst (»compendeuousnes«) und im Sinn eines angemesseneren, natürlichen englischen Ausdrucks (»more proper englysshe«) optimiert werden. Zusätzliche Tabellen könnten zudem ungewöhnliche Wörter erklären und so dem gemeinen Volk (»the commen people«) verständlich machen, wo die Ausgangs- der Zielsprache nicht umstandslos entsprechen kann (»where one tonge taketh nott another«).[26]

Tyndale wusste, dass er sprachliches Neuland beackerte. Manchmal wird er das im Urtext eigentlich Gemeinte nur ungefähr erfasst haben. Dennoch musste er sich als Übersetzer festlegen. Philologischer Sachverstand und Improvisation gingen dabei oft Hand in Hand. Dass er auch sprachschöpferisch erfolgreich war, beweist das größte historische Wörterbuch des Englischen, das *Oxford English Dictionary*. Es verzeichnet 125 Lemmata, deren Erstbelege sich in seinen Bibelübersetzungen finden. Immer wieder ersann Tyndale griffige, sprechende, z. T. bis heute gebräuchliche Wörter wie »childishness«, »to excommunicate«, »fisherman«, »judgment seat«, »scapegoat«, »sorcerer«, »unbeliever«, »ungodly«, »uproar« oder »weakling«.

Das Wormser Testament von 1526 ist, trotz mancher Fehler und Inkonsistenzen, eine großartige literarische Leistung. Tyndales Text lässt fast überall die leitenden Prinzipien seiner Übersetzungsstrategie erkennen: philologische Präzision, also die Konzentration auf den Sinn des Urtexts, und kommunikative Klarheit, mit dem Ideal eines alltagstauglichen »proper englysshe« als Richtschnur. Im Vorwort seiner Schrift *The Obedience of a Christian Man* (1528) verwarf Tyndale wenig später die Ansicht seiner Kritiker, die viel zu rohe (»rude«) englische Sprache sei dem Lateinischen weit unterlegen. Im Gegenteil: das Englische sei den Eigenheiten (»propirties«) der griechischen und mehr noch der hebräischen Sprache in grammatischer und syntaktischer Hinsicht viel näher.[27]

---

25 »I had no man to counterfet, nether was holpe with englysshe of eny that had interpreted the same.« To the Reder, in: Alfred W. Pollard (Hrsg.), Records of the English Bible, Folkestone 1974, 114–17, 116.

26 In Pollard, Records, 116.

27 Vgl. den Text und die Diskussion bei Cummings, Theology, 38.

Daher könne man oft wörtlicher übersetzen, ohne der natürlichen Struktur der englischen Alltagssprache Gewalt anzutun. Mit dieser Meinung stand Tyndale damals weitgehend allein, aber sie entsprach seinem wichtigsten Ziel, dass er mit Luther teilte.

Andreas Gardt hat den fundamentalen Unterschied zwischen der »exegetischen Theorie und Praxis Roms und derjenigen Luthers« klar herausgearbeitet. Die Übersetzung des Wittenberger Professors, eine notwendige Konsequenz seiner Theologie, sei als »kommunikativ-pragmatisch« zu bezeichnen: »Leitendes Prinzip des Übersetzens ist nicht ›die‹ Wiedergabe ›des‹ Ausgangstextes, sondern die Herstellung eines Zieltextes, der *deutliche vnd yderman verstendliche rede* ist, *mit vnuerfelschtem synn und verstand*«.[28] Luthers und Tyndales Absicht war es, das griechische und hebräische Original in das gesprochene Idiom des einfachen Volkes zu übertragen und sozusagen Klartext zu reden. Dass auch Tyndales gründlich revidiertes NT von 1534 dennoch manchmal dunkel blieb, lag meist an seinen Quelltexten und ändert nichts an diesem hohen Anspruch. Vor allem in den Episteln ergaben sich häufig Probleme, die den Exegeten ebenso forderten wie den sprachschöpferischen Übersetzer.

Das zeigt z. B. der Römerbrief als theologischer *locus classicus* der für die Reformation zentralen Rechtfertigungslehre. Eine Kernstelle ist die paulinische Rede von der Gerechtigkeit Gottes (δικαιοσύνη θεοῦ/iustitia dei), die für den jungen Luther so zentral geworden war.[29] Dieser übersetzte 1522 das mitreißende Bekenntnis des Apostels in Röm 1,16 f. so:

> »Denn ich scheme mich des Euangelion von Christo nicht, denn es ist eyn krafft gottis, die da selig macht, alle, die dran glewbenn, die Juden furnemlich, vnd auch die Kriechen, syntemal drynnen offinbart wirt die gerechtickeyt die fur got giltt, wilche kompt auß glawben ynn glawben, wie denn geschrieben stehet, Der gerechte wirt leben aus seynem glawben.«

Tyndales Version, die ich hier und im Folgenden aus Daniells moderner Ausgabe des NT von 1534 zitiere, wirkt prägnanter, nicht nur im abschließenden Schriftzitat. Sie vermeidet Luthers explizierende Umschreibungen (»die da selig macht« für εἰς σωτηρίαν/in salutem und »wilche kompt auß glawben ynn glawben« für ἐκ πίστεως εἰς πίστιν/ex fide in fidem), unterscheidet klar zwischen Juden und Heiden (»gentiles« für Ἕλληνι bzw. Graeco) und deutet die Gerechtigkeit Gottes als eine Kraft, die von ihm *ausgeht:*

---

28 Andreas Gardt, Die Übersetzungstheorie Martin Luthers, in: Zeitschrift für Deutsche Philologie 111 (1992), 82–111, 94 f.

29 Vgl. dazu den Beitrag von Tom Kleffmann in diesem Band.

»For I am not ashamed of the gospel of Christ, because it is the power of God unto salvation to all that believe, namely to the Jew, and also to the gentile. For by it the righteousness *which cometh of God* [m.H.], is opened, from faith to faith. As it is written: The just shall live by faith.«[30]

Ein weiterer locus classicus ist Röm 3,28 mit Luthers berühmter Hinzufügung des Wörtchens »alleyn«: »So halten wyrs nu, das der mensch gerechtfertiget werde, on zu thun der werck des gesetzs, alleyn durch den glawben«. Im berühmten *Sendbrief vom Dolmetschen* begründete er 1530 seinen Zusatz und bezog sich auf die »art unser deutschen sprache« in »teglichen brauch«, die die eingefügte Partikel hier erfordere – eine Behauptung, die Gardt aus sprachwissenschaftlicher Sicht mit Recht abweist und auf die »letztlich theologische Prägung von Luthers Übersetzung« zurückführt.[31]

Eine theologische Prägung lässt sich freilich für keinen Bibelübersetzer immer vermeiden, wie oben schon am Beispiel des griechischen *ἐκκλησία* (ecclesia) in Mt 16,18 deutlich wurde. Tyndales Version von Röm 3,28 zeigt jedoch exemplarisch, dass für ihn im Zweifel der philologische Befund Vorrang vor theologischen Erwägungen hatte: »For we suppose that a man is justified by faith without the deeds of the law.« Dass er den lutherschen Zusatz nicht übernahm, sondern dem Wortlaut des Originals treu blieb, belegt seine relative Unabhängigkeit von Luther, in theologischer wie philologischer Hinsicht.[32]

Es wäre wohl voreilig, wollte man aufgrund dieser Befunde bei Tyndale vom Primat der Philologie vor der Theologie reden. Zudem ist ja auch Luthers Theologie entschieden bibelphilologischer Natur. Dennoch ist der Detailvergleich instruktiv. Man könnte folgende Hypothese aufstellen, die freilich noch ausführlicher zu belegen wäre: Der frühe Luther übersetzt einen griechischen Begriff oder eine Formel meist einheitlich. Tyndale scheint dagegen häufiger zu variieren, je nach Mikrokontext, z. B. wenn er das griechische ἔθνη (gentes) im Römerbrief durch »hethen people« (Röm 1,5), »gentyles« (Röm 15,10) oder »nacions« (Röm 4,18 oder 16,26) wiedergibt, während Luther konsistent von »heyden« spricht. Tyndales Stilprinzip einer nuancierten Variation wurde vielleicht erleichtert durch die Struktur des Frühneuenglischen um 1500, das in der All-

---

30 Tyndales Randglosse erklärte das rätselhafte ἐκ πίστεως εἰς πίστιν zudem so: »From faith to faith: that is from a weak faith to a stronger, or from one battle of faith to another [...].«

31 Sendbrief vom Dolmetschen, WA 30.2, 636–637, 637. Gardt, Übersetzungstheorie, 100 f.

32 Auch in Lk 1,28 orientiert er sich nicht an Luthers herzlich-emotiver, aber theologisch sinnentleerter Fassung des Englischen Grußes (»Gegrusset seystu holdselige«), sondern am griechischen bzw. lateinischen Wortlaut (χαῖρε, κεχαριτωμένη/Ave, gratia plena): »Hail full of grace«. Die Genfer Bibel ersetzte Tyndales prägnante Formel durch »Haile thou (that art) freely beloved«, die KJV durch »Haile thou that art highly favoured«.

tagssprache stärker germanisch, im hochsprachlichen und höfischen Gebrauch aber eher französisch und lateinisch geprägt war. Der englische Übersetzer scheint sich wechselweise beider Substratsprachen bedient zu haben.

Dafür finden sich gerade im Römerbrief mehrere Belege. In Röm 2,22 übersetzt Luther z.B. analog zum Griechischen: »du sprichst man solle nicht eebrechen, vund du brichst die ehe« (μοιχεύειν, moechari). Tyndale benutzt dagegen zuerst das romanisch-legalistische Abstraktum und dann die anschauliche Metapher aus der germanisch gefärbten Volkssprache: »Thou sayest, a man should not commit advoutry [adultery, Ehebruch]: and thou breakest wedlock« (= zerbrichst die Ehe). Manchmal hat Tyndale auch die aus der Vulgata bezogene legalistische Übersetzungsvariante einer volkstümlichen, aber unschärferen Wiedergabe vorgezogen. Ein gutes Beispiel ist sein »adopcio« für υἱοθεσία (Röm 9,4), also die Annahme an Kindes Statt (Adoption). Der Hinweis auf diesen auch theologisch bedeutsamen Rechtsakt klingt in Luthers schlichter »kindschafft« so deutlich nicht an.

Die Übertragung mancher Schlüsselbegriffe, die sich ekklesiologisch, also im Hinblick auf das Wesen und die Rolle der Kirche, deuten ließen, war um 1520 natürlich heikel. In Apg 14,23 erzählt Lukas, wie Paulus und Barnabas unter den verfolgten Christen Antiochiens erste Gemeindestrukturen schufen: χειροτονήσαντες δὲ αὐτοῖς κατ' ἐκκλησίαν πρεσβυτέρους (constituissent illis per singulas ecclesias presbyteros). Die römisch-katholische Tradition deutete diesen Akt im Hinblick auf ihre später entstandene Praxis der Ordination von Priestern für die Kirche, wie das NT aus Rheims zeigt: »they had ordained to them Priests in every Church«. Bei Luther hatten die Apostel dagegen »durch alle gemeynen Elltisten verordnet«. Auch Tyndale vermied den anachronistischen Hinweis auf eine Priesterkirche. Zudem betonte er das Motiv der Wahl: »they had ordained them *elders by election* in every congregation« (Hervorhebung D.G.).[33] Und die verwandte Stelle in Titus 1,5 versah er mit einer Randglosse, die sein anti-hierarchisches Verständnis von πρεσβύτερος (presbyteros) betonte: »Bishops and elders is all one and an officer chosen to govern the congregation in doctrine and living.«

Ein Markenzeichnen Tyndales ist sein Gespür für die unterschiedlichen Register in den verschiedenen Textsorten des NTs. Das trifft auch auf Luther und andere frühe Übersetzer zu, aber es gibt interessante Unterschiede. Es ist freilich nicht leicht, Tyndales Präferenz für eine seiner vier Vorlagen – den griechischen Urtext, die Vulgata, Erasmus' lateinische Übersetzung und Luthers deutsche

[33] Vor Tyndale war der Presbyter der frühen Christenheit auf Englisch immer als »priest« bezeichnet worden. In seinem NT nutzte er das Wort jedoch konsequent für das griechische *ἱερεύς* (*sacerdos*), das ausschließlich die Juden- oder Heidenpriester meint (vgl. Mt 8,4 oder Apg 14,13). Zur humanistischen Debatte um die Uneinheitlichkeit der »Sakralbegriffe« vgl. Holeczek, Bibelphilologie, 323–355.

Version – präzise zu klären. Der Detailvergleich mit seinem deutschen Vorläufer belegt immerhin, dass er die Vorteile des Nachfolgenden ebenso auszunutzen wusste wie die Möglichkeiten des Frühneuenglischen. Im paulinischen Hohelied der Liebe, einem rhetorisch stark durchgeformten Text, wird Tyndales Bemühen schön deutlich, den Sinn des stellenweise durchaus dunklen griechischen Wortlauts in klarem Englisch auszudrücken und zum Klingen zu bringen:

> »Though I spake with the tongues of men and angels, and yet had no love, I were even as sounding brass: or as a tinkling cymbal. And though I could prophesy, and understood all secrets, and all knowledge: yea, if I had all faith so that I could move mountains out of their places, and yet had no love, I were nothing. And though I bestowed all my goods to feed the poor, and though I gave my body even that I burned, and yet had no love, it profiteth me nothing.« (1Kor 13,1–3)

Tyndales geniale Wiedergabe der gellenden Cymbel (κύμβαλον ἀλαλάζον, cymbalum tinniens) durch das bimmelnde Geklingel der tinkling cymbal findet sich, wie die meisten anderen seiner glücklichen Wendungen, in allen späteren englischen Fassungen wieder. Thomas Morus und andere polemisierten freilich gegen seine Verwendung des schlichten Worts »love« für ἀγάπη (caritas). Sowohl die Rheims Bible von 1582, als auch die KJV von 1611 führten hier das traditionelle Wort (»charity«) wieder ein, denn es spielte ja auf just jene Stiftungen, Almosen und karitativen Institutionen an, die der katholischen Weltkirche ebenso wichtig waren wie der jungen anglikanischen Nationalkirche. Ansonsten aber bildete Tyndales Hohelied die Grundmelodie für die meisten englischen Bibeln. Das gilt auch für den Katalog der Eigenschaften christlicher Liebe in den Versen 4–8. In der einfachen und doch nuancierten Wortwahl und im klar rhythmisierten Satzbau ist er ein Modellfall des schlichten Stils (»plain style«):

> »Love suffereth long, and is courteous. Love envieth not. Love doth not frowardly, swelleth not, dealeth not dishonestly, seeketh not her own, is not provoked to anger, thinketh not evil, rejoiceth not in iniquity: but rejoyceth in the truth, suffereth all things, believeth all things, hopeth all things, endureth in all things. Though that prophesying fail, or tongues shall cease, or knowledge vanish away, yet love falleth never away.« (1Kor 13, 4–8)

Luther setzt die wuchtigen Wiederholungen des siebten im achten Vers fort, gegen den dreimal variierten griechischen und lateinischen Wortlaut: »die liebe verfellet nymer mehr, ßo doch die weyssagung *auffhoren* werden, vnd die zungen *auffhoren* werden, vnd das erkentnis *auffhoren* wirt« (Hervorhebungen D.G.). Tyndale verwendet dagegen vier verschiedene Verben. Und er verschiebt, im Gegensatz zum Urtext, zur Vulgata und zu Luther, den Skopus des Satzes – die Unvergänglichkeit der Liebe – als effektvolle Schlussbeschwerung ans Ende.

Der Abgesang des paulinischen Hohelieds bot mit seiner rätselhaften Bildlichkeit eine besondere Herausforderung. Der direkte Vergleich macht Tyndales Anleihen bei und Abweichungen von Luther gut deutlich:

»Denn vnser wissen ist stuckwerck, vnnd vnser weyssagen ist stuckwerck, Wenn aber komen wirt, das volkomene, so wirt das stuckwerck auffhoren. Da ich eyn kind war, da redet ich wie eyn kind, vnd richtet wie eyn kind, vnd hette kindische anschlege, Da ich aber eyn man wart, that ich abe was kindisch war. Wyr sehen ytzt durch eyn spiegel ynn eynem tunckeln wort, denne aber von angesicht zu angesicht. Jtzt erkenne ichs stucksweyß, denne aber werd ichs erkennen, gleych wie ich erkennet byn. Nu aber bleybt, glawbe, hoffnung, liebe, dise drey, aber die liebe ist die grossist vnter yhn.« (1Kor 13, 9–13)

Tyndale folgte Luthers eindrücklicher Nominalisierung der griechischen Verbalphrase in Vers 9 (ἐκ μέρους γὰρ γινώσκομεν, ex parte enim cognoscimus) nur zum Teil. Zudem ersetzte er Luthers geniale Metaphorisierung des alten deutschen Worts »Stückwerk« durch das aus dem Lateinischen bezogene, dort aber nur einmal (Vers 10) und auf die Wiederkunft Christi bezogene Wort perfectum. Die dreifach negierte Form (imperfect) betont so die große Verwandlung am Ende der Zeit:

»For our knowledge is imperfect, and our prophesying is imperfect. But when that which is perfect is come, then that which is imperfect shall be done away. When I was a child, I spake as a child, I understood as a child, I imagined as a child. But as soon as I was a man, I put away childishness. Now we see in a glass even in a dark speaking: but then shall we see face to face. Now I know imperfectly: but then shall I know even as I am known. Now abideth faith, hope, and love, even these three: but the chief of these is love.« (1Kor 13, 9–13)

Luthers »kindische anschlege« verbalisiert Tyndale geschickt mit dem Hinweis auf die kindliche Vorstellungs- oder Einbildungskraft »imagined« für ἐλογιζόμην bzw. cogitabam); das bündige Nomen »childishness« ist seine Neuschöpfung. Seine ungelenke Formulierung in Vers 12 (»in a dark speaking«) deutet den rätselhaften Umriss (ἐν αἰνίγματι, in aenigmate) des hienieden nur ungefähr Geschauten offenbar analog zu Luthers »dunklem Wort«.[34] Anders aber als dieser bringt Tyndale mit der Endstellung von »love« den von schlichten Einsilbern rhythmisierten Schlusssatz und damit das ganze Hohelied der Liebe wirkungs-

---

[34] Erst die Genfer Bibel fand die auch von der KJV übernommene und heute klassische Formulierung (»we see through a glass darkly«), während das Rheimser NT raunte: »We see now by a glasse in a darke sort«.

voll auf den Punkt, und die meisten englischen Bibeln bis zur revidierten King James Version von 1960 folgten ihm darin.

* * *

»For accuracy Tyndale's first translation of the Bible from Greek into English has been surpassed, for its spirit and verse it reigns supreme.«[35] Vor allem wegen seiner literarischen Qualitäten wurde sein Neues Testament zu einem entscheidenden Dokument in der englischen Kulturgeschichte. Das Evangelium, für die meisten Menschen jahrhundertelang verborgen in der lateinischen Sprache, war seit 1526 in der Alltagsprache zu haben, zu lesen und zu hören. Trotz der bis 1539 äußerst rigiden Unterdrückung seiner Werke und der brutalen Verfolgung ihrer Besitzer bildeten Tyndales Übersetzungen der Heiligen Schrift das feste Fundament der großen englischen Volksbibeln des 16. und 17. Jahrhunderts. Seine klare, bildreiche, kraftvoll rhythmisierte Prosa, die sich in der modernen Ausgabe noch heute hervorragend liest, trug zudem entscheidend dazu bei, dass aus dem um 1500 noch unklaren Gemisch aus angelsächsischen, nordfranzösischen und lateinischen Strömungen eine unvergleichlich reiche Volks-, Literatur- und Wissenschaftssprache entstand, die zur modernen Weltsprache geworden ist. So wurde William Tyndale, der *Apostel* Englands, zugleich zu einem der prägenden Autoren der anglophonen Kulturen weltweit.

LITERATUR

AUSGABEN

ERASMUS VON ROTTERDAM, Novum Instrumentum, Basel 1516. (Versio graeca et latina) Faksimile. Mit einer Einleitung von Heinz Holeczek, Stuttgart 1986.

COOPER, W. R. (Hrsg.), The New Testament. Translated by William Tyndale. The text of the Works edition of 1526 in original spelling, London 2000.

DANIELL, DAVID (Hrsg.), Tyndale's New Testament (1534). A modern spelling edition, New Haven 1989.

DANIELL, DAVID (Hrsg.), Tyndale's Old Testament: Being the Pentateuch of 1530, Joshua to 2 Chronicles of 1537, and Jonah. A modern spelling edition, New Haven 1992.

FOXE, JOHN, *The Unabridged Acts and Monuments Online* or *TAMO* (HRI Online Publications, Sheffield 2011). http://www.johnfoxe.org (Stand: 12.03.2016).

LUTHER, MARTIN, Ein Sendbrief vom Dolmetschen, in: MARTIN LUTHER, Werke. Kritische Gesamtausgabe, Bd. 30, Weimar 1909, 632–646.

LUTHER, MARTIN, Werke. Kritische Gesamtausgabe, Die Deutsche Bibel, Bde. 6 und 7, Weimar 1929–1931.

NESTLE, ERWIN/ALAND, KURT (Hrsg.), Novum Testamentum Graece et Latine, London 1969.

35 WANSBROUGH, Tyndale, 132.

Pollard, Alfred W. (Hrsg.), The New Testament Translated by William Tyndale 1525. Facsimile of the Unique Fragment of the Uncompleted Cologne Edition, Oxford 1926.

Volz, Hans (Hrsg.), D. Martin Luther. Die gantzte Heilige Schrift Deudsch, Wittenberg 1545, München 1972.

Wallis, N. Hardy (Hrsg.), The New Testament Translated by William Tyndale 1534, Cambridge 1938.

Weigle, Luther A. (Hrsg.), The Genesis OCTAPLA. Eight English Versions of Genesis in the Tyndale-King James Version Tradition, New York 1952.

Weigle, Luther A. (Hrsg.), The New Testament OCTAPLA. Eight English Versions of the New Testament in the Tyndale-King James Version Tradition, New York 1962.

Forschungsliteratur

Beutel, Albrecht, Auf dem Weg zum »Septembertestament« (1522). Die Anfänge von Luthers Dolmetschung des Neuen Testaments, in: Groß, Walter (Hrsg.), Bibelübersetzung heute. Geschichtliche Entwicklungen und aktuelle Herausforderungen, Stuttgart 2001, 95–116.

Blanke, Heinz, Bibelübersetzung, in: Beutel, Albrecht (Hrsg.), Luther Handbuch, Tübingen 2005, 258–265.

Cummings, Brian, The Theology of Translation. Tyndale's Grammar, in: Daly, John T. u. a. (Hrsg.), Word, Church, and State. Tyndale Quincentenary Essays, Washington D.C. 1998, 36–59.

Daniell, David, William Tyndale. A Biography, New Haven 1994.

Daniell, David, The Bible in English. Its History and Influence, New Haven 2003.

Dembek, Arne, William Tyndale (1491–1536). Reformatorische Theologie als kontextuelle Schriftauslegung, Tübingen 2010.

Flood, John L., Luther and Tyndale as Bible Translators. Achievement and Legacy, in: Horan, Geraldine u. a. (Hrsg.), Landmarks in the History of the German Language, Oxford 2009, 35–56.

Gardt, Andreas, Die Übersetzungstheorie Martin Luthers, in: Zeitschrift für Deutsche Philologie 111 (1992), 82–111.

Göske, Daniel, »The touchstone that trieth all doctrines«. Der eigentliche Sinn der Heiligen Schrift in frühen Übersetzungen Tyndales und Luthers, in: Brinker-von der Heyde, Claudia u. a. (Hrsg.), Eigentlichkeit. Zum Verhältnis von Sprache, Sprechern und Welt, Berlin 2015, 259–281.

Hammond, Gerald, William Tyndale's Pentateuch. Its Relation to Luther's German Bible and the Hebrew Original, Renaissance Quarterly 33.3 (1980), 351–385.

Holeczek, Heinz, Humanistische Bibelphilologie als Reformproblem bei Erasmus von Rotterdam, Thomas More und William Tyndale, Leiden 1975.

Juhász, Gergely M., Translating Resurrection. The Debate between William Tyndale and George Joye in Its Historical and Theological Context, Leiden 2014.

Kaufmann, Thomas, Der Anfang der Reformation. Studien zur Kontextualität der Theologie, Publizistik und Inszenierung Luthers und der reformatorischen Bewegung, Tübingen 2012.

Moynahan, Brian, If God Spare My Life. William Tyndale, the English Bible and Sir Thomas More, London 2002.

Norton, David, A History of the English Bible as Literature, Cambridge 2000.

Pollard, Alfred W. (Hrsg.), Records of the English Bible. The Documents relating to the translation and publication of the Bible in English, 1525–1611, Folkestone 1974.

Popp, Margret, The Green Horse or Was Tyndale's Bible Translation an Independent Humanistic Achievement?, in: Neumann, Fritz-Wilhelm (Hrsg.), Anglistentag 1998 Erfurt. Proceedings, Trier 1999, 137–157.

Price, David/Ryrie, Charles C., Let It Go Among Our People. An Illustrated History of the English Bible from John Wyclif to the King James Version, Cambridge 2004.

Rhodes, Neil (Hrsg.), English Renaissance Translation Theory. Modern Humanities Research Association, London 2013.

Wansbrough, Henry, Tyndale, in: Griffiths, Richard (Hrsg.), The Bibel in the Renaissance. Essays on Biblical Commentary and Translation in the Fifteenth and Sixteenth Centuries, Aldershot 2001, 116–32.

Volz, Hans, Einleitung, in: Volz, Hans (Hrsg.), D. Martin Luther. Die gantzte Heilige Schrift Deudsch, Wittenberg 1545, München 1972, 33*–142*.

Psalm, Poesie, Predigt im Barock. *Poetische Erquickstunden* und die Bibel

Nikola Roßbach

Der folgende Beitrag nimmt nach einem kurzen Überblick über die barocke Psalmendichtung zwei ganz unterschiedliche Textsammlungen in den Blick, die beide mit *Poetische Erquickstunden* überschrieben sind: Johann Heermanns zwei Bände *Poetische Erquickstunden* und *Geistlicher Poetischer Erquickstunden Fernere Fortsetzung* (1656) sowie Hans Ernst von Osterhausens *Poetische Erqvick-Stunden* (1676). Im Blickpunkt stehen die stark divergierenden Referenzen dieser Poesien auf das alttestamentliche Buch der Psalmen.

Geistliche Literatur dominiert im 17. Jahrhundert weiterhin den Buchmarkt des Alten Reichs. 40% der Buchproduktion nehmen theologische und religiöse Schriften ein – nur 3–5% die sogenannte schöne Literatur.[1] Das gilt auch und ganz besonders für die Lyrik; geistliche Lyrik macht laut Volker Meid »den wohl größten Teil der lyrischen Produktion im 17. Jahrhundert« aus.[2] Dass dabei die Bibel das Buch schlechthin war, die Autorität, die Referenz, und zwar für geistliche Dichter aller konfligierenden Glaubensrichtungen im konfessionellen Zeitalter, muss kaum betont werden.

Im Folgenden geht es um spezifische Ausprägungen der barocken Psalmendichtung, die in der ersten Jahrhunderthälfte und besonders zur Jahrhundertmitte hin vor allem in der protestantischen Literatur breit entfaltet wurde: »Luther hatte die liedhafte Psalmenparaphrase als geeignetes Mittel zur Verbreitung des Evangeliums empfohlen«[3] – und etliche Schriftsteller folgten ihm.

---

1 Volker Meid, Die deutsche Literatur im Zeitalter des Barock. Vom Späthumanismus zur Frühaufklärung, München 2009, 771.

2 A. a. O., 129.

3 A. a. O., 264. Als Referenztext der folgenden Psalmenparaphrasen wird daher die Luther-Bibel von 1545 zugrunde gelegt, zit. nach der Ausgabe 1858: Martin Luther, Die Bibel, oder die ganze Heilige Schrift des Alten und Neuen Testaments, verdeutscht von D. Martin Luther. Nach der Original-Ausgabe von 1545. Stereotypendruck, Stuttgart [6]1858.

Liedhafte Übersetzungen des ganzen Psalters entstanden, daneben einzelne Psalmenlieder. Literarisch besonders interessant sind die »Psalmenversionen und -variationen, die sich von den stilistischen Vorgaben des Gemeinschaftslieds entfernen und die Mittel der humanistischen Kunstdichtung uneingeschränkt einsetzen«,[4] etwa von Paul Fleming, Andreas Gryphius und Georg Rodolf Weckherlin.

I. Barocke Psalmendichtung: Ps 6 und seine Anschlusskommunikationen

Um die Möglichkeiten der barocken Psalmenparaphrase zu veranschaulichen, folgt eine Synopse eines Psalms und mehrerer Anschlusskommunikationen, und zwar zum vielbearbeiteten, den Klageliedern zugeordneten Davidspsalm 6.

Psalm 6	Martin Opitz: Der 6. Psam [sic]. Auff die Weise deß 77.	Hans Ernst von Osterhausen: Der VI. Psalm	Johann Georg Albini d.Ä. (?): Der VI. Psalm	Sidonia Hedwig Zäunemann: Buß-Andacht über den 6ten Psalm
1. Ein Psalm Davids, vorzusingen auf acht Saiten.	Zu GOtt in dem Himmel droben.	Ein Psalm Davids/ vorzusingen auff acht Saiten.		
2. Ach, Herr, strafe mich nicht in deinem Zorn und züchtige mich nicht in deinem Grimm!	[zu 2] HERR/ nicht schicke deine Rache/ Vber meine böse Sache/ Ob sie wol durch Vbelthat Grossen Zorn verdienet hat; Freylich muß ich es bekennen/ Vrsach hastu sehr zubrennen: Doch/ du wollest jetzt allein Vatter/ vnd nicht Richter seyn.	[zu 2] ACh! HErr/ dein grosser Zorn/ der wolle meiner schonen. Und deinen Sünden-Knecht nicht nach der That belohnen!	[zu 2] 1. Straf mich nicht in deinen [sic] Zorn, Großer Gott, verschone. Ach las mich nicht seyn verlohrn, Nach Verdienst nicht lohne. Hat die Sünd Dich entzündt, Lösch ab in dem Lamme Deines Grimmes Flamme.	[zu 2] Ach HErr! gerechter GOtt, mit sehnlicher Begier, Mit Andacht, Buß und Reu erscheine ich vor dir, Und bitte, straf mich nicht im Zorn nach meinen Sünden. HErr! schone meiner Schuld Mit Gnade und Gedult, Und laß mich deinen Zorn nicht nach Verdienst empfinden. HErr! züchtge mich doch nicht in deinem grossen Grimm, Sonst falle ich vor dir wie eine Blume um, Und muß vor deiner Macht verderben und vergehen. Vergieb mir meine Sünd, Die deinen Zorn entzündt, Und laß mich deine Hand nicht fühlen, oder sehen.

4 MEID, Die deutsche Literatur, 265.

Fortsetzung

Psalm 6	Martin Opitz: Der 6. Psam [sic]. Auff die Weise deß 77.	Hans Ernst von Osterhausen: Der VI. Psalm	Johann Georg Albini d.Ä. (?): Der VI. Psalm	Sidonia Hedwig Zäunemann: Buß-Andacht über den 6ten Psalm
3. Herr, sei mir gnädig, denn ich bin schwach; heile mich, Herr, denn meine Gebeine sind erschrocken,	[zu 3] 2. Schicke lieber/ O mir Armen/ Für den Eyffer dein Erbarmen: Heyle mich/ dann ich vorhin Schwach vnd Lagerhafftig bin. Siehe/ wie ich ab sey kommen/ Wie mir alle Krafft genommen: Mache/ HERR/ es ja nicht lang/ Marck vnd Bein ist sterbekranck.	[zu 3] HERR/ sey doch gnädig mir! ach! heile mich/ mein Gott! Mein Tröster/ liebster HErr/ hilf mir aus meiner Noth.		[zu 3] HErr! der du gütig heist! HErr! der du gnädig bist, Sieh meine Seele an, die voll Betrübniß ist; Sieh HErr, wie schwach und matt ich ietzo vor dir liege. Vergieb nach deiner Gnad Mir meine Missethat; Sey gnädig, daß mein Geist bald wieder Stärke kriege. HErr! sieh mich gütig an! komm! heile meine Seel In ihrem grossen Schmerz mit deinem Freuden-Oel! Hilf meiner Schwachheit auf, denn ich bin sehr erschrocken. Zieh mich nicht vors Gericht, Verstosse mich doch nicht; Sieh, mein Gebeth sucht dir die Gnade abzulocken. Ach wie erschrocken ist mein Herz, mein Geist und Sinn! Die Angst und Bangigkeit wirft meine Seele hin, Und seufzt und girrt und fleht nach deiner grossen Gnade. HErr! sieh mich liebreich an; Vergieb was ich gethan, Damit mir nicht der Biß der alten Schlange schade.
4. und meine Seele ist sehr erschrocken. Ach, du Herr, wie lange!	[zu 4] 3. Für der Sorgen/ Pein vnd Schmertzen Ist kein Hertz in meinem Hertzen: Mein Gemüth das dich liebt Ist biß auff den Grund betrübt. Mein Trost/ kanstu noch verweilen? Hat es keine Noht zueylen? Macht dann deine Hülffe sich Schwächer/ als der Kummer mich?	[zu 4] Es sind mir gantz und gar erschrocken die Gebeine/ Deßgleichen auch die Seel'. Ich wache stets/ und weine/		[zu 4] Ach du mein Lebens-Fürst! ach du mein HErr und GOtt! Erbarm dich über mich! ach sieh auf meine Noth! Wie lange wartest du? wie lange soll ich klagen? Wie lange soll ich schreyn? Ach! komm und siehe drein! Ach! komm! und laß mich nicht in meiner Angst verzagen!
5. Wende dich, Herr, und errette meine Seele; hilf mir um deiner Güte willen!	[zu 5] 4. Kehre wider/ wider kehre/ Ehe ich mich in Angst verzehre: Reiche deine Hand/ O GOtt/ Meiner Seelen in der Noth: Zwar du möchtest sie wol hassen/ Weil sie selber dich verlassen: Doch betrachte diß darbey/ Was dein Heyl vnd Güte sey.	[zu 5] Mein Helffer/ wende dich. Mein Helffer/ hilff mir doch! Es wird mir gar zu schwer dz saure Sünden- Joch.		[zu 5] HErr! kehre deinen Zorn und deinen Grimm von hier; Zeig mir dein Angesicht, und wende dich zu mir, Und sieh auf meinen Schmerz, und höre auf mein Schreyen! HErr sey mir jetzt nicht fern! Du hilfst ja sonsten gern, Drum wollest du mich auch mit deiner Hülf erfreuen. Du Allmachts-voller GOtt! der du in Noth beschützt, Hilf meinem armen Geist, der in Betrübniß sitzt, Komm und errette mich, und meine arme Seele; Befreye doch mein Herz Von seinem herben Schmerz, Damit es sich nicht mehr bekümmre oder quäle. Um deiner Gnad und Huld, um deiner Güt und Treu Steh mir in meiner Angst und meinem Elend bey! Hilf mir, o Vater-Herz! um deiner Güte willen. Du hast ja allezeit Die Weinenden erfreut; So hoff ich, wirst du auch dein Wort an mir erfüllen.

Fortsetzung

Psalm 6	Martin Opitz: Der 6. Psam [sic]. Auff die Weise deß 77.	Hans Ernst von Osterhausen: Der VI. Psalm	Johann Georg Albini d.Ä. (?): Der VI. Psalm	Sidonia Hedwig Zäunemann: Buß-Andacht über den 6ten Psalm
6. Denn im Tode gedenkt man dein nicht; wer will dir in der Hölle danken?	[zu 6] 5. Menschen/ die nicht mehr im Leben/ Die den Geist schon auffgegeben/ Wissen nichts von Schuld und Pflicht/ Vnd gedencken deiner nicht: Dann wer kan dir Ehr erweisen/ Wer vermag dich wol zupreisen/ Wann er schon liegt außgestreckt/ Vnd im tieffen Grabe steckt?	[zu 6] Wer wird im Tode dir ein danckbars Opfer bringen? Wer wird in finstrer Grufft ein schönes Lied dir singen/ Wie ich bißher gethan? Erhöre deinen Knecht/ Ob er gleich sündlich ist/ und sonsten allzuschlecht!	[zu 6] 2. HErr, wer denckt im Tode dein? Wer danckt in der Hölle? Rette mich aus jener Pein Der verdamten Stelle, Daß ich dir Für und für Dort an jenem Tage, Höchster Gott, danck sage. [zu 5] 3. Zeig mir deines Vaters Huld, Stärck mit Trost mich schwachen. Ach HErr! hab mit mir Gedult. Mein Gebeine krachen. Heil die Seel Mit dem Oel Deiner großen Gnaden, Wend ab allen Schaden. [zu 3] 4. Ach sieh mein Gebeine an, Wie sie all erstarren. [zu 4] Meine Seele gar nicht kan Deiner Hülffe harren.	[zu 6] Kein Todter lobet dich in seiner dunklen Gruft; Kein Abgeschiedner singt in seiner tiefen Kluft Von deiner Gütigkeit und deinen Gnaden-Gaben. Drum hilf mir, daß mein Geist Dich rühmet, lobt und preist; So solst; so kanst du auch von mir ein Danklied haben.
7. Ich bin so müde vom Seufzen, ich schwemme mein Bette die ganze Nacht und netze mit meinen Tränen mein Lager.	[zu 7] 6. Meine müde Seufftzer sagen/ Was der Mund nicht weiß zuklagen: Durch mein Weynen alle Nacht/ Wird mein Bette naß gemacht: Meiner Augen heisse Zehren/ Die mir Ruh vnd Schlaff beschweren/ Quellen/ als ein Wasserfluß/ Daß mein Lager schwimmen muß.	[zu 7] Ich bin für seufftzen matt; Die Krafft entgeht der Zungen. Wie manche Thränen-Fluth hat schon mein Bett verschlungen?	[zu 7] Ich verschmacht, Tag und Nacht Muß mein Lager fliessen Von den Thränen giessen.	[zu 7, 8] Von Seufzern und Geschrey bin ich ganz müd und schwach, Von Thränen wird mein Bett zu einem Wasser-Bach. Mein Antlitz und Gestalt ist jämmerlich verfallen. Vor Trauren schein ich alt, Von Kummer ungestalt; Ich werd geängstiget: von wem? Ach GOtt! von allen.
8. Meine Gestalt ist verfallen vor Trauern und ist alt worden; denn ich allenthalben geängstet werde.	[zu 8] 7. Von der Pein die ich empfunden/ Ist mein Antlitz abgeschwunden/ Vngedult macht die Gestalt Mir für meinen Jahren alt: Dann ich muß von allen Seiten Mit dem losen Hauffen streitten/ Der mir anthut Schmach vnd Spott/ Vnd mich ädert auff den Todt.	[zu 8] Die Schönheit ist hinweg: Es runtzelt sich die Haut/ Und ist für trauern alt/ so/ daß mir selber graut.	[zu 8] 5. Ach ich bin so müd und matt Von den schweren Plagen. Mein Hertz ist der Seufzer sat, Die nach Hülffe fragen. Wie so lang Machstu bang Meiner armen Seele In der Schwermuths Höle?	
9. Weichet von mir, alle Übeltäter; denn der Herr höret mein Weinen,	[zu 9] 8. Nun jhr Vbelthäter/ ziehet/ Ihr Tyrannen/ auff vnd fliehet/ Geht jhr Volck der Eytelkeit Hin/ woher jhr kommen seyt: Dann der HERR sicht/ wann ich weyne/ Daß ich diß mit Trewen meyne: Meine Thränen fliessen hin In sein Hertz vnd beugen ihn.	[zu 9] Doch weg/ ihr loses Volck/ ihr Ubelthäter/ weichet/ Mein weinen hat nunmehr die Himmels Burg erreichet.	[zu 9] 6. Weicht, ihr Feinde, weicht von mir,	[zu 9] Ihr Ubelthäter weicht, verhöhnet mich nur nicht, Der HErr wendt sich zu mir, sein gnädig Angesicht Kehrt sich nach meiner Noth, und siehet auf mein Weinen. Mein Elend sieht er an: Er denket nun daran, Wie er mir in der Noth mit Hülfe will erscheinen.

Fortsetzung

Psalm 6	Martin Opitz: Der 6. Psam [sic]. Auff die Weise deß 77.	Hans Ernst von Osterhausen: Der VI. Psalm	Johann Georg Albini d.Ä. (?): Der VI. Psalm	Sidonia Hedwig Zäunemann: Buß-Andacht über den 6ten Psalm
10. der Herr höret mein Flehen, mein Gebet nimmt der Herr an.	[zu 10] 9. Er der HERR/ hat schon mein Flehen Mit Genaden angesehen: Mein Gemühte das mich regt Hat ihm seines auch bewegt: Alsobald ich ihn gebetten/ Ihm für Augen bin getretten/ Hatt auch seine Güte sich Außgebreitet vber mich.	[zu 10] Gott ist mir wieder gut/ er nimt mein Flehen an/ Das Flehen seines Knechts/ den er nicht lassen kan.	[zu 10] GOtt erhört mein bethen. Nunmehr darf ich mit Begier Vor sein Antlitz treten; Teuffel, weich, Hölle, fleuch! Was mich vor gekräncket, Hat mir Gott geschencket. 7. Vater, dir sey ewig Preiß Hier und auch dort oben Wie auch Christo gleicherweiß, Der allzeit zu loben. Heilger Geist, Sey gepreist, Hochgerühmt, geehret, Daß du mich erhöret.[5]	[zu 10] Mein Flehen hat der HErr in Gnaden angesehn; Nunmehr wird meiner Seel was liebliches geschehn; Nun hat der HErr mein GOtt mein arm Gebeth erhöret. Die ganze Sünden-Schuld Hat er nach seiner Huld Vergeben, und mein Herz durch seinen Geist bekehret.
11. Es müssen alle meine Feinde zuschanden werden und sehr erschrecken, sich zurückkehren und zuschanden werden plötzlich.[6]	[zu 11] 10. Für der gantzen Welt auff Erden Sollen die nun Schamroht werden/ Zittern noch für GOtt vnd mir/ Die mich hassen für vnd für: Weichen müssen sie zurücke Plötzlich vnd im Augenblicke/ Vnd doch sehen auch darbey Daß der HERR mein Heyland sey.[7]	[zu 11] Es müssen alsobald erstarren und erschrecken Die Feinde meines Glücks/ und sich für Furcht verstecken/ Und eingetrieben seyn; mit Schand und Schmach bestehn/ Verderben gantz und gar/ ja plötzlich untergehn.[8]		[zu 11] Da mich nun GOttes Huld mit Hülf und Gnad bedacht; So wird der Feinde Schwarm zu Schand und Spott gemacht; Er zittert und erschrickt, und muß zurücke kehren. So siege ich durch GOtt, Und mache sie zu Spott. Davor will ich den HErrn mit Mund und Seele ehren.[9]

An erster Stelle steht Martin Opitz, der große Theoretiker des Barock (der übrigens in seinem *Buch von der Deutschen Poeterey* von 1624 die Psalmendichtung nicht erwähnt oder gar als Gattung definiert). Opitz findet 1634 mit seinem hier in der ersten Spalte abgedruckten »6. Psalm. Auff die Weise deß 77.« einen regelmäßigen poetischen Ausdruck für die biblische Vorlage. Das Gedicht, bestehend aus zehn Strophen mit je acht Versen (vierhebigen Trochäen), ist deutlich umfangreicher als der Prätext. Es differenziert die Themen des Psalms sprachlich und inhaltlich stark aus, wobei den Absätzen des Psalms analog die Strophen 1–10 entsprechen. Dabei bedient Opitz sich häufig einer pathetisch-prangenden, wenig affizierenden Rhetorik. Auf den Osterhausen-Text in Spalte 2, chronologisch nach Opitz' »Der 6. Psalm«, wird später eingegangen.

---

[5] ALBINI [ALBINUS] DER ÄLTERE, JOHANN GEORG, Der VI. Psalm, in: ALBERT FISCHER, Das deutsche evangelische Kirchenlied des 17. Jahrhunderts. Vollendet und hrsg. v. Wilhelm Tümpel, 4 Bde., Gütersloh 1904–1908, Bd. 4 (1908), 276f.

[6] LUTHER, Bibel, 568.

[7] MARTIN OPITZ, Geistliche Poemata 1638. Hrsg. v. ERICH TRUNZ. Reprint der Ausg. 1638, 2. überarb. Aufl. Tübingen 1975, 200–202.

[8] HANS ERNST VON OSTERHAUSEN, Des Edlen und nunmehro seligen Herrn Hannß Ernsten von Osterhausen/ Auff Nickern/ und Nieder-Lockewitz ec. Poetische Erqvick-Stunden, Dresden 1676, 1–3.

[9] SIDONIA HEDWIG ZÄUNEMANN, Poetische Rosen in Knospen, Erfurt 1738, 101–105.

Das nächste Beispiel stammt aus dem Jahr 1675: »Der VI. Psalm«, höchstwahrscheinlich verfasst von dem Theologen und Schriftsteller Johann Georg Albini d. Ä. (1624–1679), ist ein Kirchenlied mit äußerst regelmäßiger Liedform.[10] Der wiegende Rhythmus macht es gut sangbar, es passt sich harmonisch ein in den von Orgel begleiteten, typischerweise etwas behäbigen Chorgesang einer Kirchengemeinde. Die im Text aufgerufenen Gefühle von Trauer, Schmerz, Verzweiflung, schließlich Freude gewinnen an keiner Stelle wirkliche Intensität: Zwar schwimmt auch in Albinis »Der VI. Psalm« das Bett fast davon vor lauter Tränen, doch bleibt die Metaphorik milde und moderat: »Ich verschmacht, ‖ Tag und Nacht ‖ muß mein Lager fliessen ‖ von den Thränen giessen.« Nicht nur die Reihenfolge ist – insbesondere in der Textmitte – abgewandelt bzw. eine synoptisch darstellbare Zuordnung unmöglich. Auch die inhaltliche Ausrichtung des Albini-Textes ist deutlich vom Originalpsalm unterschieden: Während der biblische Psalm ebenso wie die anderen hier vorgestellten von ihm inspirierten Gedichte mit Blick auf die von Gottes Gnade besiegten Feinde des klagenden Ichs schließen, ersetzt Albini diese negativen Verse, die Tod und Vernichtung fokussieren, durch einen finalen Preis Gottes, dem für Erhörung von Bitte und Klage gedankt wird.

In den 30er Jahren des 18. Jahrhunderts tritt eine junge Erfurterin mit Gedichten hervor, die den Bogen von geistlicher Dichtung über spätbarocke Kasuallyrik bis hin zu frühaufklärerischer weltlicher Literatur spannen: Sidonia Hedwig Zäunemann (1711–1740). Ihre »Buß-Andacht über den 6ten Psalm« (1738) ist metrisch ebenfalls sehr regelmäßig konstruiert.[11] Bereits die Paraphrase des Psalm-Abschnitts 6,1 nimmt zwei ganze Strophen ein, was signifikant für Umfang und Differenziertheit der poetischen Gestaltung ist. Zäunemanns Auseinandersetzung mit Psalm 6 ist als jüngstes der hier gelisteten Beispiele die mit Abstand umfangreichste Psalmendichtung. Jedem der biblischen Psalmabschnitte 2–11 entsprechen jeweils ein bis drei sechszeilige Strophen. Dennoch ist Zäunemanns Text nicht nur der ausführlichste, sondern auch der expressivste und lebendigste. Es ist der Psalmtext, der das klagende Ich am stärksten als ein von Erfahrungen und Emotionen affiziertes Individuum inszeniert. Anrufungen Gottes, Exklamationen und Fragen intensivieren und radikalisieren die Dialogizität des Textes – auch wenn es bereits vorher, vom biblischen Psalm ange-

---

[10] Jede Strophe besteht aus acht Versen mit deutlicher Zäsur nach der ersten Strophenhälfte. Der erste Teil umfasst jeweils alternierend zwei vierhebige und zwei dreihebige trochäische Verse im Kreuzreim. Der zweite Teil umfasst zwei zweihebige trochäische paargereimte sowie anschließend zwei dreihebige trochäische paargereimte Verse.

[11] Sie besteht aus 14 Strophen à sechs Versen, einem Paarreim und einem umarmenden Reim. Vier Verse sind Alexandriner, und auch die Verse 4/5, zwei dreihebige paargereimte Jamben, bilden zusammen einen Alexandriner mit Zeilenumbruch und Binnenreim an der Mittelzäsur.

fangen über die barocken Anschlussdichtungen, natürlich immer wieder eine Ich-Du-Situation der Kommunikation gab.

2. Literarische *Erquickstunden*

Nach diesem knappen Überblick, der exemplarisch die Vielfalt der früh- bis spätbarocken Psalmendichtung zeigen sollte, werden nun zwei etwas abseitigere Beispiele etwas genauer besehen – abseitig, aber dennoch signifikant. Es handelt sich nicht um vollständige Psalterübersetzungen oder -poetisierungen, sondern um einzelne Psalmendichtungen innerhalb von Gedichtbänden, die in verschiedenen literatur- und kulturgeschichtlichen Kontexten stehen: Johann Heermanns und Hans Ernst von Osterhausens *Poetische Erquickstunden.*

Es existiert im weiten Feld der frühneuzeitlichen Literatur ein vielfältiges, im Ganzen überschaubares, knapp 40 Werke umfassendes Korpus, welches sich durch das gemeinsame Merkmal des ›Erquickstunden‹-Titels konstituiert. Von der Mitte des 16. bis zum Beginn des 18. Jahrhunderts erscheinen poetische, historische, mathematische, religiöse und pädagogische *Erquickstunden* auf dem Buchmarkt, ergänzt um wenige Spätlinge im 19. Jahrhundert. Das Korpus vereint komisch-ernste Erzählliteratur, moralische Exempelliteratur, religiöse und pädagogische Erbauungsliteratur sowie Rätselliteratursammlungen.[12]

Der Begriff ›erquicken‹ wird in der Frühen Neuzeit oft als Übersetzung von *recreare* gebraucht, mit ›beleben‹ und ›stärken‹ umschrieben. *Erquicken* können in erster Linie religiöse Erfahrungen, aber durchaus auch physische, sinnliche und emotionale. Grimms *Deutsches Wörterbuch* informiert in einem 1860 entstandenen Lemma ausführlich zum Begriff ›erquicken‹. Verzeichnet wird als erste Hauptbedeutung »**1)** *eigentlich beleben, lebendig machen, animare, mlat. vivificare*«.[13] Beispiele sind die Belebung des Körpers durch Nahrung und Getränke sowie die belebende Einwirkung Gottes auf das menschliche Dasein, die Erweckung vom Tod einbegriffen. Es folgt »**2)** herz, geist, seele erquicken«.[14] Die zugehörigen Belege entstammen meistenteils dem religiösen Bereich und meinen mit Erquicken die göttliche Belebung von Herz, Geist und Seele. An dritter Stelle folgt »**3)** *überhaupt laben, stärken, trösten*«.[15] Grimms Sprachbelege, nicht selten biblischer Herkunft, dokumentieren Erquicken häufig als von Gott ausgehenden Akt; doch auch Beispiele von Erquicken durch Wasser, Nahrung, Schlaf und Liebe

---

12 Näher dazu Nikola Roßbach, Lust und Nutz. Historische, geistliche, mathematische und poetische *Erquickstunden* in der Frühen Neuzeit, Bielefeld 2015.

13 Jacob Grimm/Wilhelm Grimm, Deutsches Wörterbuch, 33 Bde., Stuttgart u.a. 1854–1984, Bd. 3 (1860), 939.

14 A.a.O., 940.

15 Ebd.

werden aufgenommen. Das Substantiv ›Erquickung‹ wiederum wird im Grimm knapp mit »recreatio, labsal« erklärt.[16] Die entsprechenden Belegstellen entstammen ähnlich wie beim Verb ›erquicken‹ überwiegend, aber nicht ausschließlich dem religiösen Bereich.

Ganz allgemein wird das (Da-)Sein des Menschen im mittelalterlichen und frühneuzeitlichen christlich geprägten Deutungshorizont als defizitäres, durch göttliche Gnade zu rettendes wahrgenommen: Die eigentliche Erquickung des sündigen Menschen, während des irdischen Lebens und jenseits davon, kommt von Gott. Besonders der Erquickung bedürftig erscheint der Mensch in krisenhaften Situationen wie Krankheit, Unglück, Elend, Trauer und Not. Erquickung als positive Zustandsveränderung erscheint dann möglich durch religiöse Praktiken wie Gebet und Gesang, durch stärkende Nahrung, Trank oder Medizin, aber auch durch emotionalen Zuspruch und Zuwendung anderer Menschen und auf andere Arten. Zum Beispiel durch Literatur: Auch sie kann oder soll zumindest erquicken. In diesem Sinne werden Textsammlungen metonymisch als *Erquickstunden* betitelt.

Im Folgenden wird das Korpus literarischer *Erquickstunden* überblickshaft aufgelistet. Mit Abstand am meisten Korpustitel weist die geistliche Literatur auf. Hier ist es allerdings bemerkenswert, dass die entsprechenden Werke verhältnismäßig spät erscheinen, waren es doch bis ins 18. Jahrhundert hinein überwiegend religiöse Erfahrungen – vor körperlichen, geistigen oder emotionalen –, welche als ›erquickend‹ galten. Genauso bemerkenswert ist aber die Zahl geistlicher *Erquickstunden*, nämlich rund 25, während die anderen Teilkorpora 1–4 Werke enthalten.

Die Trennung ist natürlich schematisch, besonders hinsichtlich der Kategorien poetische/geistliche Erquickstunden. Gerade die im Folgenden besprochenen Korpusbeispiele, Heermann und Osterhausen, oszillieren ja schon zwischen beiden.

Historische *Erquickstunden*
Daniel Federman: *Erquickstunden. Von allerley Kurtzweiligen Historien/ Philosophischen vnd Poetischen Sprüchen/ Lehrreichen Fablen/ vnnd schimpfflichen Bossen* (1574)
Jacob Zannach: *Lhore de Recreation. ErquickStunden* (1609–1623)
Hundstägige Erquickstund: Das ist/ Schöne/ Lustige Moralische vnd Historische Discurß vnd Abbildungen (1650–1653)
August Bohse: *Schertz- und Ernsthaffte Historische Erquickstunden* (1702)

Mathematische *Erquickstunden*
Daniel Schwenter/Georg Philipp Harsdörffer: *Mathematische und Philosophische Erquickstunden* (1636, 1651, 1653)

16 A.a.O., 941.

Johann Hemeling: *Arithmetisch-Poetisch- und Historisch-ErquickStund* (1660)
Anton Blierstorp: *Arithmet- Geomet- Quadrat- und Cubic-Cossische Erquick-Stunden* (1670)
Christian Pescheck: *Arith- und geometrische Erqvick-Stunden* (1726)

Geistliche *Erquickstunden*
Johann Heermann: *Poetische Erquickstunden, Geistlicher Poetischer Erquickstunden Fernere Fortsetzung* (1656)
Heinrich Bergmann: *Dreifache Erquick-Stunde/ voll gottseliger Betrachtungen/ Gebet und Seuffzer* (o. J. [1661])
Samuel Lange: *Davids Erstick- und Erquick-Stunden/ Aus dem Psal. XCIV, 19. Bey Christlicher Leichen-Bestattung Der Fr. Reginen/ Des [...] Johannis Rüdigers/ gewesenen Bürgers und Lohgerbers Sel. hinterlassenen Wittbe/ Allhier in Leipzig/ den 24. Maii/ des 1664. Jahrs* (1664)
Heinrich Müller: *Geistliche Erquickstunden* (3 Bde. 1664–1666)
Johann Ludwig Schönleben: *Feyertäglicher Erquick-Stunden Theil. Das ist: Ehren- und Lobpredigen der lieben Heiligen Gottes/ Welche in der Allgemeinen/ Römischen Catholischen Kirchen Jährlich verehret werden Nicht allein denen beschäfftigten Seelsorgern zu einem Behelff/ sondern auch dem gemainen Layen zur Geistlichen Underweisung gestellet/ und der Preß underlegt* (2 Bde. 1669/70)
Salomon König: *Hiobs Himmel auf Erden/ Das ist Wahrer Christen Erquick-Stunden in Noth und Tod wurden/ auß Hiobs C. XIX. v. 25. 26. 27. Ich weiß daß mein Erlöser lebet/ etc. Bey Christlicher und volckreicher Begräbnüs Des weyland WohlEhrwürdigen/ Vor-Achtbarn und Wohlgelahrten Hr. M. Philip Richters/ Wohlverordneten/ und bißdaher treufleisigen Seelsorgers zu Lasse* (1670)
Johann Feinler: *Krancker Christen Lehr und Trost-ührlein/ oder Erquick-Stunden Was Sie auf ihren langwierigen Lager betrachten sollen/ [...] Sich selber und andern frommen Christen zu Nutz verfertiget* (1674)
Johannes Lassenius: *Sionitische Erquick-Stunden Voll heiliger Andachten und Christlicher Betracht- und Nach-Sinnungen; auß heiliger Schrifft/ und unverworffenen Kirchen-Lehrern/ Auff alle Tag des gantzen Jahrs gerichtet/ und Zur Ehre des Allmächtigen/ geschrieben* (1676)
Daniel Klesch: *Eiliger Vortrab Geistlicher Madrigalischer Seelen-Lust/ Oder Sontägl. Evangelischer Erquickungs-Stunden/ In welchem die darinnen enthaltenen sonderbahren Biblischen Kern- und Krafft-Sprüche in lustigen Madrigalien an- und ausgeführet werden* (1677)
August Pfeiffer: *D. Augusti Pfeiffers Evangelische Erquick-Stunden Oder Auserlesene/ anmuthige/ lehrreiche/ auff den Kern der ordentlichen Evangelien eingerichtete und applicirte/ und frommen Christen zu ihrer Sabbatischen Seelen-Lust dienliche Exempel und Historien* (1683)
Johann Christoph Salbach: *Johann Christoff Salbachs Otium Theologico-Practicum, sive Horarum Subcesivarum Meditationes Subitaneae Evangelicae. Das ist: Sonntägliche Evangelische Equick-Stunden/ Oder Geistliche Betrachtungen* (1683)
Peter Theodor Seelmann: *M. Petri Theodori Seelmanns Epistolische und Apostolische Erquick-Stunden* (1685)

Georg Schimmer: *M. Georgi[i] Schimmers/ Predigers an der Haupt-Kirchen zu S. Marien in Wittenberg/ Geistliche Erquick-Stunden/ Oder Kirchen-Andachten/ Uber den Trost- und Schrifft-reichen Gesang/ Wer nur den lieben Gott läst walten In der Furcht deß Herrn abgefasset/ und Nachmals zur Erbauuung seiner Gemeine zum Druck überlassen* (1689)
Johann David Wilhelmi: *Wochentliche Buß- Bet- Und Erquick-Stunden Wie solche durchs gantze Jahr/ Nach Anleitung Der ordentlichen Sonn- und Fest-Tags-Evangelien Erbaulich anzustellen seyn* (1690)
Peter Goldschmidt: *Sionitische Erquick-Stunden Bestehende in H. Andachten und christlichen Betrachtungen und Nachsinnungen aus H. göttlicher Schrifft und unverworffenen Lehrern* (1699) [Fortsetzung von Lassenius 1676]
Michael Mueller: *Geistliche Erquick-Stunden/ Eines nach dem Lande der Ruhe sich sehnenden und wallenden Christlichen Streiters und Pilgrims* (1706)
Anonym: *Einer himmlisch-gesinnten Seelen In Gesang- und Gebet gesuchte Erquick-Stunden. Das ist: Vollständiges- neu-vermehrtes Auff die Hauß- und Kirchen-Andachten in dem Hertzogthum Würtemberg gerichtete Gesang- und Gebet-Buch, In sich haltend Theils die mehreste außerlesen-geistreicheste Neue und Alte Lieder Wie auch Die Son- Fest- und Feyertags Evangelien, mit schönen Figuren und erbaulichen Nutz-Anwendungen, auch darauf gerichteten Gebeten, und Episteln wie sie bey dem öffentlichen Gottes-Dienst vorgelesen werden* (1714)
Peter Henning Mueller: *Geistliche Erquick-Stunden in einer heiligen Lieder-Andacht* (1738)
Anonym: *Die von einer himmlisch-gesinnten Seele In Gesang und Gebet Gesuchte Erquick-Stunden In dem Heiligthum GOttes* (1743)
Gottlieb List: *Geistliche poetische Ruhe und Erquick-Stunden zur Ehre Gottes und zur Erbauung des Nächsten* (1747)
Anonym: *Trostreiche Erquick-Stunden, oder kleine Tag-Zeiten nebst neun-tägiger Andacht und verschiedenen Gebetter zu der fast vergessenen, anjetzo aber wiederum starck hervor glantzenden Perlen, der Heil. Jungfrauen und ersten Martyrin des Weiblichen Geschlechts Thecla, einer grossen Fürsprecherin, auch besondern Patronin in der Sterbstunde* (1751)
Anonym: *GOtt-geheiligte Erquick-Stunden, Oder Neu-vermehrtes Gesang-Buch* (3. Aufl. 1752)
Conrad Friedrich Stresow: *Sonn- und Festtägliche Erquickstunden, oder Geistliche Lieder* (1757)
Benedict Peuger: *Erquickungsstunden für Kranke* (1816)
Anonym: *Erquickungsstunden in Morgen-Abend und andern Gebeten* (o.J.)

Poetische *Erquickstunden*
Hans Ernst von Osterhausen: *Poetische Erqvick-Stunden* (1676)
Johann Georg Albini d.J.: *Der Jungfern und Junggesellen kurtzweilige Erquickstunden* (1683)
Paul Pfeffer: *Poëtische Erqvick-Stunden: Oder in deutschen Versen abgefassete Gute Gedancken/ Bey Erwegung allerhand Biblischer Sprüche* (1709/1718), *Vorbereitung zum Tode, oder: Letzte deutsche Verse: als ein kurtzer Anhang Zum andern Theile Seiner*

Poetischen Erquick-Stunden (1725)
Orilestes: *Anmuthige und gefällige Erquick-Stunden* (1722)

Pädagogische *Erquickstunden*
Franz Hermann Kahle: *Pädagogische Erquickstunden* (1880)

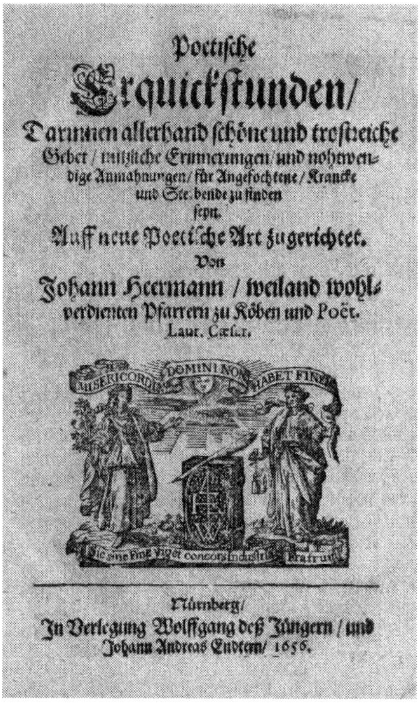
Poetische
Erquickstunden/
Darinnen allerhand schöne und trostreiche
Gebet/ nützliche Erinnerungen/ und nohtwen-
dige Anmahnungen/ für Angefochtene/ Krancke
und Ste. beyde zu finden
seyn.
Auff neue Poetische Art zugerichtet.
Von
Johann Heermann / weiland wohl-
verdienten Pfarrern zu Köben und Poët.
Laur. Cæsar.
Nürnberg/
In Verlegung Wolffgang deß Jüngern / und
Johann Andreas Endtern/ 1656.

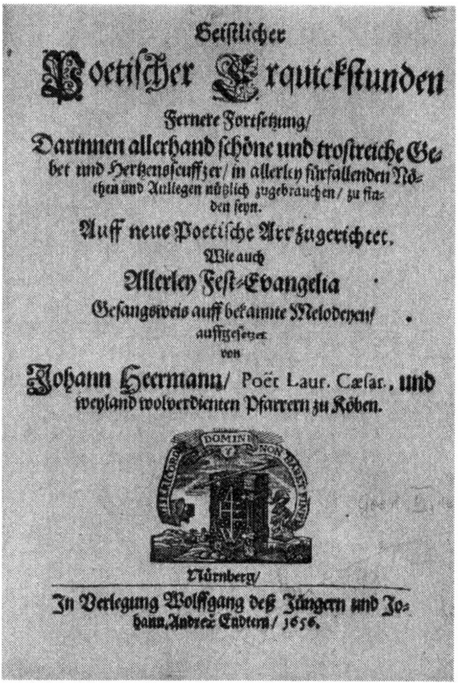
Geistlicher
Poetischer Erquickstunden
Fernere Fortsetzung/
Darinnen allerhand schöne und trostreiche Ge-
bet und Hertzensseufftzer/ in allerley fürfallenden Nö-
then und Anliegen nützlich zugebrauchen/ zu fin-
den seyn.
Auff neue Poetische Art zugerichtet.
Wie auch
Allerley Fest-Evangelia
Gesangsweis auff bekannte Melodeyen/
auffgesetzet
von
Johann Heermann/ Poët Laur. Cæsar., und
weyland wolverdienten Pfarrern zu Köben.
Nürnberg/
In Verlegung Wolffgang deß Jüngern und Jo-
hann Andreæ Endtern/ 1656.

Abb. 1, 2: HEERMANN, Poetische Erquickstunden, Titelblatt, © Herzog August Bibliothek Wolfenbüttel, Sign. M: Th 1188, http://diglib.hab.de/drucke/th-1188/start.htm?image=00587; HEERMANN, Geistlicher Poetischer Erquickstunden Fernere Fortsetzung, Titelblatt, © Herzog August Bibliothek Wolfenbüttel, Sign. Xb 8300, http://diglib.hab.de/drucke/xb-8300/start.htm.

2.1 POETISCHE ERQUICKSTUNDEN I:

Johann Heermann: *Poetische Erquickstunden/* *Geistlicher Poetischer Erquickstunden Fernere Fortsetzung* (1656)

Im Fokus des folgenden Abschnitts stehen zwei postum publizierte Gebet- und Liedersammlungen des schlesischen Pastors und geistlichen Schriftstellers Johann Heermann (1585–1647). Heermann, »nächst Paul Gerhardt der bedeutendste evangelische Liederdichter des 17. Jahrhunderts«,[17] ist zunächst Poet, bevor er Pastor wird; er wird sogar zum kaiserlichen Dichter gekrönt. Von 1611 bis 1639 wirkt er als Pfarrer in Köben an der Oder (heute polnisch: Chobienia). Während seiner langen Dienstzeit in Köben hat Heermann nicht nur unter den allgemeinen Schrecken des Dreißigjährigen Krieges zu leiden, sondern auch persönlich unter Verfolgung durch religiöse Gegner sowie durch eine schwache Gesundheit, die ihn seit 1634 am eigenständigen Predigen hindert. Als protestantischer Pfarrer bekommt er die konfessionellen Streitigkeiten der Zeit ganz konkret zu spüren. Mehr als einmal muss er fliehen und sich verstecken vor den religiösen Gegnern, die unter anderem Zwangsbekehrungen zur katholischen Kirche durchführen. Besonders skandalös empfunden wurde damals der Einfall eines Liechtensteiner Dragonerregiments in die Stadt Glogau (die Hauptstadt des Erbfürstentums Glogau, in der Nähe von Köben), welches die ansässigen Protestanten mit Gewalt zum Glaubenswechsel zwang; auch andernorts wurden evangelische Geistliche vertrieben und Kirchen rekatholisiert.[18] Im Jahr 1638 gibt Heermann sein Pastorenamt auf und zieht nach 28 Jahren seelsorgerischem Wirken nach Lissa. Als Grund für seinen Weggang nimmt man außer den religiösen Verfolgungen zum einen die furchtbaren Zerstörungen des Krieges an, der Köben 1629 erreicht. In den 1630er-Jahren wird die Stadt immer wieder geplündert, wobei auch Heermann seinen ganzen Besitz verliert.[19] Ein anderer Grund sind die Schrecken der Pest, die 1631/32 auch in Köben sichtbar werden. Heermanns Predigtsammlungen, Kasualreden und Passionsandachten werden »oft aufgelegt und gern gelesen. Sie machen den überwiegenden Teil seines Lebenswerkes aus«.[20] Sein Werk steht im seelsorgerischen Kontext. Es ist selbst religiöse Praxis, *labor sacer.* Die Popularität der kirchenjahrbegleitenden Schriften Heermanns ist enorm.

Seine *Erquickstunden*-Bände umfassen 72 und 380 Einzeltexte, wobei die zahlreichen Texte des zweiten Bandes wesentlich kürzer sind: Die *Poetischen Erquickstunden* versammeln nach zwei Widmungen auf 102 Seiten 72 unterschiedlich lange Texte. Die *Geistlicher Poetischer Erquickstunden Fernere Fortsetzung* ihrerseits enthält 380 »Reim-Gebetlein und Trost-Sprüche«; jedes Hundert beginnt mit einer größer gedruckten Überschrift und neuer Zählung, wobei das »Vierdte Hundert« eben nicht ganz voll wird. Meist sind die abgedruckten

---

[17] Hermann Palm, Heermann, Johann, in: Allgemeine Deutsche Biographie. Hrsg. durch die Historische Kommission bei der Bayerischen Akademie der Wissenschaften, 56 Bde., Leipzig 1875–1912, Bd. 11 (1880), 247–249, 248.

[18] Vgl. Bernhard Liess, Johann Heermann (1585–1647). Prediger in Schlesien zur Zeit des Dreißigjährigen Krieges, Münster 2003 (Diss. Neuendettelsau 1999), 46f.

[19] Vgl. a.a.O., 48.

[20] Martin Rössler, Liedermacher im Gesangbuch. Martin Luther, Ambrosius Blarer, Nikolaus Herman, Philipp Nicolai, Johann Heermann, Bd. 1, Stuttgart 1990, 147.

Sprüche, Gebete, Gedichte und Lieder kurz, umfassen zwei, häufig vier, selten acht oder zwölf Zeilen. Allgemein sind die Gedichte, Gebete und Gesänge formal wenig abwechslungsreich.

Heermann will in erster Linie erbauen, trösten, stärken, er will moralisch belehrend auf sein Lesepublikum einwirken. Oft greift er dabei auf vorgängige Quellen zurück; häufigste Referenten sind Pseudo-Augustinus, ein sehr wirkungsmächtiges, in Spätantike bzw. frühem Mittelalter entstandenes Handschriftenkonvolut, welches (fälschlich) unter Augustinus' Namen überliefert wurde, und Bernhard von Clairvaux, jener schriftstellerisch sehr produktive und von Luther hochgeschätzte Mönch und Mystiker des Mittelalters (um 1090–1153) und so genannte letzte Kirchenvater. Heermanns Adaptionen und Übersetzungen wollen religiöse Botschaften verständlich machen, sie zielen auf Popularisierung. Besonders deutlich zeigen das die Übersetzungen nicht nur von Prosa in Poesie, sondern vom Lateinischen ins Deutsche. Neben der Popularisierung lässt sich als zweites Ziel der Heermann'schen Adaptionen die Poetisierung konstatieren: Der Dichter gestaltet Vorlagen künstlerisch um, macht sie sangbar oder zumindest durch Reimform besser für Vortrag und Memorierung geeignet, etwa wenn eine Prosapredigt zum Alexandrinergedicht wird.

Heermanns Schreiben ist funktional eng verknüpft mit christlich geprägter Lebensgestaltung. Ein wichtiges Ziel ist Alltagsbegleitung, aber auch -bewältigung: Frömmigkeitspraxis ist Krisenmanagement. Heermanns *Erquickstunden*-Texte bieten Unterstützung, Anregung und Begleitung in allen Lebenslagen, besonders in schwierigen: Angst, Elend und Not, Sünde, Glaubenszweifeln, Kriegsgefahr, Krankheit und Tod. Zahllose Gebete und Sprüche des *schlesischen Hiob*[21] schreiben gegen innere und äußere Krisen an, erbitten göttliche Stärkung und Heil oder stellen es hoffnungsfroh in Aussicht. Auffällig ist dabei die Christozentrik etlicher Texte; Liess spricht von einer ausgeprägten »Jesus-Frömmigkeit Heermanns, die sich auch in seinem Wahlspruch ›Mihi omnia Jesus‹« ausdrücke.[22]

Wenngleich der Fokus der christozentrischen Poesie und Lieddichtung Heermanns eindeutig auf dem Neuen Testament liegt, schreibt er auch Psalmendichtung: Sieben von 380 Texten seines zweiten *Erquickstunden*-Bandes referieren bereits im Titel ausdrücklich auf den alttestamentlichen Psalter.[23]

---

[21] Rudolf Irmler, Johann Heermann: Der schlesische Hiob, Gießen 1959.

[22] Liess, Johann Heermann, 56; vgl. ebd., 121.

[23] Die Gedichttitel lauten: »III. Ans [sic] dem 51. Psalm: Schaffe in mir/ec.«, »XIIX. HErr/ wann ich nur dich habe/ e[t]c. aus dem 73. Psalm.«, »LIII. Seuffzer einer abgematteten Seelen/ aus dem 42. Psalm.«, »LXX. König Davids und aller frommen Christen Wunsch aus dem 27. Psalm.«, »LXXI. Vmb Erhörung/ aus dem 27. Psalm v. 8.«, »LXXVI. Threnen Saatzeit und Freuden Erndte/ aus dem 126. Psalm.«, »LXI. Auff einen Reichen/ ex Psalmo 49.« (in: Johann

Jener dient als Stoff- und Motivquelle, als Gedankenpool für moraldidaktisch intendierte Verse. Heermann nimmt Psalmen nicht als poetische, für sich wirkende Einheiten wahr, sondern als Steinbruch, in dem er hier und da nach Bedarf schürft. Nebenbei sei bemerkt, dass diese Steinbruch-Technik selbstredend im homiletischen und allgemein religionspraktischen Umgang mit der Bibel üblich ist und hier nicht als irgendwie extraordinär hervorgehoben werden soll. Dennoch gäbe und gibt es eben auch andere Möglichkeiten der Psalmendichtung – auch im Barock. Möglichkeiten, die womöglich den Kunstcharakter der Originaltexte stärker berücksichtigen oder auch erst hervortreiben.

Zurück zu Heermann: Die Überschriften markieren diesen seligierenden, reduktiven Bibelzugriff deutlich. Sie lauten nicht etwa »Psalm #«, sondern sämtlich »Aus dem #. Psalm«, einmal »ex Psalmo #«. Konsequenterweise sind sie auch kürzer als der Prätext, aus dem sie meist nur den gedanklichen Kern weniger Verse übernehmen. So adaptieren und entfalten die acht Verse des Liedes »Threnen Saatzeit und Freuden Erndte/ aus dem 126. Psalm«[24] lediglich die beiden letzten Abschnitte des biblischen Prätextes: »5. Die mit Thränen säen, werden mit Freuden ernten. 6. Sie gehen hin und weinen, und tragen edeln Samen, und kommen mit Freuden, und bringen ihre Garben.«[25] Den Kontext der aus Gefangenschaft heimkehrenden Israeliten lässt Heermann weg. Der Psalm wird zum Erntedanklied und passt sich damit in den kirchenjahrbegleitenden Gemeindegesang ein.

»JEtzt muß ich mit eitel Klagen
Auffs Feld meinen Saamen tragen/
Und der Erden anvertrauen.
Ach GOtt! laß mich fröhlich schauen/
Wann die Erndte Zeit wird kommen/
Wie die Früchte zugenommen.
Laß mich bey den Garben singen/
Und sie heim mit Freuden bringen.«[26]

Zum Teil sind Heermanns Psalmgedichte sprachlich, syntaktisch, metrisch und strophisch so weit vom biblischen Prätext entfernt, dass sich die Verse und Abschnitte nicht analogisieren, geschweige denn synoptisch darstellen lassen – dies im deutlichen Unterschied nicht nur zu dem hier verglichenen Osterhausen, sondern auch zu den erwähnten früheren Psalmgedichten von Martin Opitz und

---

Heermann, Geistlicher Poetischer Erquickstunden Fernere Fortsetzung, Nürnberg 1656, 1, 4, 12–13, 16, 17, 62).

24 A.a.O., 17.

25 Luther, Bibel, 633, Ps 126,5–6.

26 Heermann, Geistlicher Poetischer Erquickstunden Fernere Fortsetzung, 17.

den späteren Sidonia Hedwig Zäunemanns. Es ist kein Zufall, dass sich Heermanns Psalmendichtung am ehesten mit derjenigen des zitierten Naumburger Pastors und Kirchenliedautors Albini vergleichen lässt, dessen Texte ebenfalls für Gemeindegesang und -gebet geschrieben wurden. Das in der Synopse abgedruckte, vom Psalm 6 inspirierte Lied »Der VI. Psalm« (»Straf mich nicht in deinem Zorn«), welches wie gesagt vermutlich aus der Feder Albinis stammt, distanziert sich formal und inhaltlich am weitesten vom Prätext, wie zu sehen war. Besonders weit ab vom Original erscheint auch Heermanns Gedicht zu Psalm 51:

> »Ans [sic] dem 51. Psalm: Schaffe in mir/ ec.
> SChaff/ O du frommer GOtt/ ein reines Hertz' in mir/
> Daß dir ergeben sey/ und diene mit Begier.
> Gieb einen neuen Geist in mich/ und andre Sinnen:
> Die dich/ und ohne dich sonst nichts bedencken können.
> Verwirff mich nicht mein GOTT/ du meines Lebens Liecht/
> Aus Zorn und Ungedult/ von deinem Angesicht'.
> Und deinen Heiligen Geist/ der mich zu dir muß ziehen/
> Wo ich dein bleiben sol/ laß ja von mir nicht fliehen.«[27]

Heermann übernimmt noch nicht einmal den thematischen Hauptfokus des Davidpsalms, die Bitte um Vergebung von Schuld. In keiner Weise wird die eindringliche Selbstbezichtigung Davids aufgegriffen, der immer wieder von »Missetat«, von »Sünden« und »Blutschuld« spricht. Zu jener Ausblendung passt denn auch die Entkonkretisierung des ursprünglichen Kontextes, den das Davidslied unverblümt benennt: »1. Ein Psalm Davids, vorzusingen; 2. Da der Prophet Nathan zu ihm kam, als er war zu Bathseba eingegangen.«[28]

Eine solche Entkonkretisierung kann als pragmatische Verallgemeinerung aufgefasst werden – angesprochen sind nun außer Ehebrechern eben auch andere Sünder. Man kann sie aber auch als Verwässerung, als Abmilderung der harten und klaren Worte des Psalmisten wahrnehmen. Besonders eklatant zeigt sich das an Heermanns Versen zu Psalm 73. Sie wirken wie gemäßigte Variationen, wie kreisend-wiederholende Entfaltungen von lediglich zwei der im Original immerhin 28 Psalmabschnitte.

---

[27] A. a. O., 1.

[28] Luther, Bibel, 591, Ps 51,1–2.

Psalm 73	HErr/ wann ich nur dich habe/ e[t]c. aus dem 73. Psalm
1. Ein Psalm Assaph. Israel hat dennoch GOtt zum Trost, wer nur reines Herzens ist. 2. Ich aber hätte schier gestrauchelt mit meinen Füßen, mein Tritt hätte vielnahe geglitten. 3. Denn es verdroß mich auf die Ruhmredigen, da ich sahe, daß es den Gottlosen so wohl gieng. 4. Denn sie sind in keiner Fahr des Todes, sondern stehen fest wie ein Palast. 5. Sie sind nicht in Unglück wie andere Leute und werden nicht wie andere Menschen geplagt. 6. Darum muß ihr Trotzen köstlich Ding seyn, und ihr Frevel muß wohlgethan heißen. 7. Ihre Person brüstet sich wie ein fetter Wanst; sie thun, was sie nur gedenken. 8. Sie vernichten alles, und reden übel davon, und reden und lästern hoch her. 9. Was sie reden, das muß vom Himmel herab geredt seyn; was sie sagen, das muß gelten auf Erden. 10. Darum fället ihnen ihr Pöbel zu, und laufen ihnen zu mit Haufen, wie Wasser, 11. Und sprechen: Was sollt GOtt nach jenen fragen? Was sollt der Höchste ihr achten? 12. Siehe, das sind die Gottlosen; die sind glückselig in der Welt, und werden reich. 13. Solls denn umsonst seyn, daß mein Herz unsträflich lebt, und ich meine Hände in Unschuld wasche? 14. Und bin geplagt täglich, und meine Strafe ist alle Morgen da? 15. Ich hätte auch schier so gesaget, wie sie; aber siehe, damit hätte ich verdammt alle deine Kinder, die je gewesen sind.	

Fortsetzung

Psalm 73	HErr/ wann ich nur dich habe/ e[t]c. aus dem 73. Psalm
16. Ich gedacht ihm nach, daß ichs begreifen möchte; aber es war mir zu schwer, 17. Bis daß ich gieng in das Heiligthum GOttes, und merkte auf ihr Ende. 18. Aber du setzest sie aufs Schlüpferige, und stürzest sie zu Boden. 19. Wie werden sie so plötzlich zu nichte! Sie gehen unter, und nehmen ein Ende mit Schrecken. 20. Wie ein Traum, wenn einer erwacht, so machst du, HErr, ihr Bild in der Stadt verschmäht. 21. Aber es thut mir wehe im Herzen, und sticht mich in meinen Nieren, 22. Daß ich muß ein Narr seyn, und nichts wissen, und muß wie ein Thier seyn vor dir.	
23. Dennoch bleibe ich stets an dir; denn du hältst mich bei meiner rechten Hand, 24. Du leitest mich nach deinem Rath, und nimmst mich endlich mit Ehren an. *25. Wenn ich nur dich habe, so frage ich nichts nach Himmel und Erde.* *26. Wenn mir gleich Leib und Seele verschmachtet, so bist du doch, GOtt, allezeit meines Herzens Trost und mein Theil.* 27. Denn siehe, die von dir weichen, werden umkommen; du bringest um alle, die wider dich huren. 28. Aber das ist meine Freude, daß ich mich zu GOtt halte, und meine Zuversicht setze auf den HErrn HErrn [sic], daß ich verkündige alle dein Thun.[30]	HErr/ wann ich dich nur kan in meinem Hertzen haben: So acht' ich nichts die Welt mit allen ihren Gaben. Ja/ auch deß Himmels Bau ist mir nichts ohne dich: Dann ausser dir kan er in Noth nicht trösten mich. Du aber kanst es thun. Wil gleich in mir verschmachten Für Trauren Seel' und Leib: so darff ichs nicht groß achten: Du stärckest mich/ du machst mich frisch gesund und heil/ GOtt meines Hertzens Trost/ mein Fels und bestes Theil.[29]

Der 27. Psalmabschnitt, der auf die beiden von Heermann adaptierten Abschnitte folgt, spricht radikal von der Vernichtung der Gottlosen. Heermann lässt diesen

---

[29] Heermann, Geistlicher Poetischer Erquickstunden Fernere Fortsetzung, 4.

[30] A. a. O., 602 f., Ps 73, Hervorh. N. R.

Gedanken weg und konzentriert sich ganz auf die stärkende, tröstende Perspektive für die Gläubigen. Er schält *eine*, nicht die einzig mögliche, moraldidaktische Botschaft aus dem Psalm heraus und gestaltet die biblischen Worte in neuer Form und Sprache. Wichtigster, eigentlich einziger Ausgangspunkt ist dabei die psalmische Idee des *solus deus*. Gott ist der einzige Grund und Halt, die einzige Macht. Diese Idee entfaltet Heermann und lässt sie in erbaulichen Trost und Hoffnung münden.

Mit einer solchen eklektizistischen Strategie der Bibelreferenz wird vieles ausgeblendet. Der Textzugriff ist selbst immer schon Interpretation. Denn der Asafpsalm 73 wäre für den schlesischen Pfarrer natürlich auch anders zu lesen, zu adaptieren und zu verwenden gewesen. So hätte er der bildlich sehr starken, beißenden Kritik des Psalmisten an den frevelnden und schließlich bestraften Reichen – »Ihre Person brüstet sich wie ein fetter Wanst; sie thun, was sie nur gedenken.« – durchaus auch im funktionalen Rahmen von Gottesdienst, von Gesang, Gebet oder Predigt neuen Ausdruck geben können.

Heermann scheint jedoch gerade die gesellschaftskritische Dimension psalmischer Rede bewusst zu meiden. So klingt auch eine andere Mahnung an wohlhabende Menschen, sich nicht auf ihren irdischen Besitz zu verlassen, im Gegensatz zum ursprünglichen Psalm 49 milde, bedächtig, geradezu gemütlich:

»Auff einen Reichen/ ex Psalmo 49.
DEines Hauses Herrlichkeit
Ist berühmet weit und breit;
Doch wann du wirst sollen sterben/
Bleibet alles deinen Erben:
Wer' es auch mehr tausendfach.
Nicht ein Pfenning folgt dir nach.«[31]

Heermann nutzt hier lediglich die zwei biblischen Abschnitte 17 und 18 (von 21 Abschnitten) des Psalms 49 als Vorlage. Nicht mehr zu ahnen ist der ursprünglich aggressiv-harte Duktus des »Psalm[s] der Kinder Korah«, in dem die trügerische Sicherheit der Reichen, die dem Tod ebenso wenig entgehen würden »wie ein Vieh«, angeprangert und ihre Vernichtung genüsslich ausgemalt werden: »Sie liegen in der Hölle wie Schafe, der Tod naget sie; aber die Frommen werden gar bald über sie herrschen, und ihr Trotz muß vergehen, in der Hölle müßen sie bleiben.«[32]

Entradikalisierung und Entkonkretisierung von Inhalten und Sprache ziehen sich wie ein roter Faden auch durch die weiteren Psalmendichtungen Johann Heermanns. So greift ein Text zu Psalm 27 die Abschnitte 4–6 heraus und for-

---

[31] A.a.O., 62.

[32] LUTHER, Bibel, 590, Ps 49,13–14.

muliert die frohgestimmt-zuversichtliche Bitte des Ich, zeitlebens im Hause Gottes bleiben zu dürfen: »König Davids und aller frommen Christen Wunsch aus dem 27. Psalm«.[33] Unterschlagen werden dabei die in den restlichen elf Abschnitten des Davidpsalms ausgemalten Widerstände, die einer solch positiven Vision entgegenstehen: die bösen »Widersacher und Feinde«, die »an mich wollen, mein Fleisch zu fressen«, ein ganzes »Heer«, das sich »wider mich legt«, Vater und Mutter, die das Ich verlassen, und falsche Zeugen, die ihm Unrecht tun.[34]

In einem direkt anschließend abgedruckten Zweizeiler kommt Heermann erneut auf jenen Psalm 27 zurück, diesmal auf die Abschnitte 8 und 9 – auch wenn in der Überschrift nur von »v. 8« die Rede ist. Der biblische Text lautet: »8. Mein Herz hält dir vor dein Wort: Ihr sollt mein Antlitz suchen. Darum suche ich auch, HErr, dein Antlitz. 9. Verbirge dein Antlitz nicht vor mir, und verstoße nicht im Zorn deinen Knecht; denn du bist meine Hülfe. Laß mich nicht, und thu nicht von mir die Hand ab, GOtt, mein Heil.«[35] Wieder geht es Heermann bei seiner Paraphrase ausschließlich, unter Ausblendung des weiteren menschlichen Umfeldes, um die Beziehung von Ich und Gott:

»Vmb Erhörung/ aus dem 27. Psalm v. 8.
DEin Rath ist diß/ O GOtt/ komme suche mein Angesicht'.
Itzt such ichs: ach! verbirg vor mir dein Andlitz nicht«[36]

Ein Zwischenfazit zu Heermanns *Poetischen Erquickstunden:* Die eklektizistische und stark modifizierende Strategie der Bibelreferenz, wie sie der Pfarrer, Prediger und Kirchenlieddichter Johann Heermann in seinen Psalmenparaphrasen praktiziert, hat bedeutende Konsequenzen. Sie führt zu einer deutlichen Entradikalisierung und Entkonkretisierung der biblischen Texte hinsichtlich von Inhalten und sprachlicher Gestaltung. Dies geschieht im Sinne einer religionspraktischen Funktionalisierung: Die Psalmenparaphrasen dienen primär der erbaulichen Stärkung und Tröstung, auch der moraldidaktischen Ermahnung der Gemeinde, eingegliedert in den Rhythmus des Kirchenjahrs.

2.2 Poetische Erquickstunden II:

Hans Ernst von Osterhausen: Poetische Erqvick-Stunden (1676)

Bei den zweiten hier vorzustellenden *Poetischen Erquickstunden* handelt es sich um einen schmalen, gut 100 Seiten umfassenden Lyrikband eines unbekannten

33 Heermann, Geistlicher Poetischer Erquickstunden Fernere Fortsetzung, 16.

34 Luther, Bibel, 578, Ps 27,2.3.10.12.

35 A.a.O., Ps 27,8–9.

36 Heermann, Geistlicher Poetischer Erquickstunden Fernere Fortsetzung, 16.

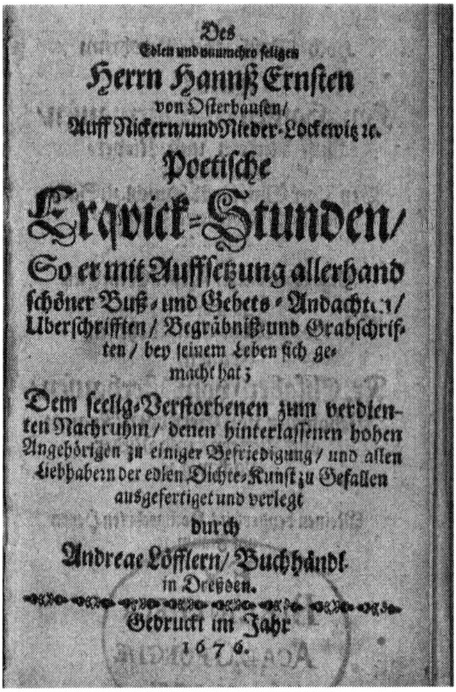

Des
Edlen und nunmehro seligen
Herrn Hannß Ernsten
von Osterhausen/
Auff Nickern/und Nieder-Lockewitz ꝛc.
Poetische
Erqvick-Stunden/
So er mit Auffsetzung allerhand
schöner Buß- und Gebets- Andachten/
Uberschrifften/ Begräbniß- und Grabschrif-
ten/ bey seinem Leben sich ge-
macht hat;
Dem seelig-Verstorbenen zum verdien-
ten Nachruhm/ denen hinterlassenen hohen
Angehörigen zu einiger Befriedigung/ und allen
Liebhabern der edlen Dicht-Kunst zu Gefallen
ausgefertiget und verlegt
durch
Andreae Löfflern/ Buchhändl.
in Dreßden.
Gedruckt im Jahr
1676.

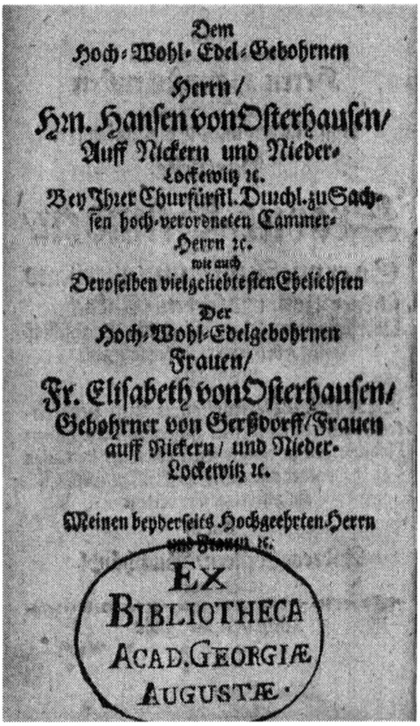

Dem
Hoch-Wohl-Edel-Gebohrnen
Herrn/
Hn. Hansen von Osterhausen/
Auff Nickern und Nieder-
Lockewitz ꝛc.
Bey Ihrer Churfürstl. Durchl. zu Sach-
sen hoch-verordneten Cammer-
Herrn ꝛc.
wie auch
Derselben vielgeliebtesten Eheliebsten
Der
Hoch-Wohl-Edelgebohrnen
Frauen/
Fr. Elisabeth von Osterhausen/
Gebohrner von Gerßdorff/Frauen
auff Nickern/ und Nieder-
Lockewitz ꝛc.
Meinen beyderseits Hochgeehrten Herrn
und Frauen ꝛc.

Abb. 3, 4: OSTERHAUSEN, Poetische Erqvick-Stunden, Titelblatt und Widmung, © Niedersächsische Staats- und Universitätsbibliothek Göttingen, Sign. 8 P GERM II, 7802, http://gdz.sub.uni-goettingen.de/dms/load/img/?PPN=PPN591881926&IDDOC=427092, Scan Nummer: uncounted 5, uncounted 6.

dichtenden Privatiers: Hans Ernst von Osterhausen. Die postume Publikation seiner Gedichte scheint in erster Linie intime Memorialfunktion zu erfüllen. Sie dient dem ehrenden Andenken eines jung verstorbenen Adligen, der in Poesie dilettiert hat.

Osterhausen entstammt einem alten thüringischen Adelsgeschlecht. Sein Großvater, der 1627 gestorbene Johann Georg von Osterhausen, hatte als hoher Hofbeamter am kurfürstlichen Hof zu Dresden die Rittergüter Oberlockwitz und Nickern erworben (jenes Nickern übrigens, das in den 1930er Jahren nach Lockwitz eingemeindet wurde, Lockwitz anschließend nach Dresden). Die zwei Söhne Johann Georgs, die das Erwachsenenalter erreichten, dienten als kurfürstlich-sächsische Kammerherren. Beim Tod des Familienoberhaupts erbte der erste Sohn, Johann Georg d. J. (1607–1670), Oberlockwitz, der zweite Sohn, Hans (gest. 1686), Niederlockwitz und Nickern. Dessen Sohn wiederum ist der Verfasser der *Poetischen Erqvick-Stunden*; Hans und Elisabeth von Osterhausen als den trauernden Eltern gilt mithin die Widmung des Buchhändlers Andreas Löffler, welcher den Lyrikband herausbringt.

Das erste Drittel des Bandes nehmen geistliche Gedichte ein: elf Langgedichte, die meisten davon Psalmendichtungen. Es lassen sich mehrere mögliche Gründe dafür anführen, dass Osterhausens Lyrik so stark auf biblischen Prätexten basiert. Bei Heermann stellte sich die Frage weniger, da er als Pfarrer vielfach in religiöse Praktiken eingebunden ist. Warum aber dichtet ein junger Adliger vor allem Geistliches? Der erste, naheliegendste Grund ist, dass das Schreiben geistlicher Texte für einen jungen Poeten des 17. Jahrhunderts eine Art Grundausbildung darstellt. Man fängt einfach damit an. Religiosität und Poesie sind so eng verbunden, dass ein säkulares Thema wesentlich höheren Legitimationsbedarf besitzt. Die Bibel als Ausgangstext zu nehmen ist dabei ein überaus gängiges Verfahren geistlicher Lyrik, und gerade das Buch der Psalmen wird immer wieder als Vorlage verwendet. Ein weiterer möglicher Grund liegt sicherlich in der zeitgenössischen Literatur allgemein, die wie gesagt vielfältige Psalmendichtungen hervorbringt. Inwieweit nun Osterhausen Lyrik und Lyriktheorie seiner Zeit wahrgenommen hat, ist jenseits der vorhandenen nachgelassenen Gedichte selbst nicht zu eruieren. Die Texte selbst geben aber immerhin einige Hinweise bzw. belegen sporadisch, dass der junge Adlige aus Dresden die großen barocken Dichter und Dichtungstheoretiker rezipiert hat.

In der obigen Synopse der Paraphrasen von Psalm 6 findet sich auch ein Text Hans Ernst von Osterhausens. Mit ihm werden die *Poetischen Erqvick-Stunden* eröffnet. Allgemein orientiert sich Osterhausens »Der VI. Psalm« eng am biblischen Prätext. Vollkommen eindeutig lassen sich die Verse denjenigen des Psalmisten zuordnen, die Reihenfolge bleibt unangetastet. Sogar die syntaktische Struktur ist über weite Strecken analog konstruiert.[37]

Osterhausens poetische Interpretation des sechsten Psalms orientiert sich von allen Beispielen der Synopse am engsten am biblischen Original, inhaltlich, strukturell und formal. Der markanteste Unterschied des barocken Klagegedichts zum biblischen Psalm liegt in der sprachlichen Gestaltung. Osterhausens Sprache ist metaphernreicher, stärker mit rhetorischen Mitteln überformt. Ein Beispiel: »denn der Herr höret mein Weinen« wird zu »Mein weinen hat nunmehr die Himmels Burg erreichet«. Klage und Hilferuf erscheinen eindringlich und flehentlich. Allerdings sorgt gerade der Affekt des Trauerns schon im biblischen Prätext für die bildintensivste Ausdrucksweise: »ich schwemme mein Bette die

---

[37] Im biblischen Psalm bestehen die zehn inhaltlichen Abschnitte 2–11 jeweils aus binomen Satzstrukturen mit deutlicher inhaltlich-formaler Zäsur in der Mitte (eine Ausnahme bildet die Dreierstruktur des 7. Abschnitts). Osterhausen nun bildet entsprechend zu jedem Psalmabschnitt zwei Alexandrinerverse, jeweils paargereimt; auch dem ›Terzett‹ des 7. Abschnitts steht ein Alexandrinerpaar gegenüber. Lediglich aus dem 6. und dem 11. Psalmabschnitt macht Osterhausen jeweils nicht zwei, sondern vier Verse, wird also ausführlicher. – Letzteres auszudeuten, fällt nicht leicht, da es sich hier weder um besonders zentrale noch um besonders affektgeladene Verse handelt.

ganze Nacht und netze mit meinen Tränen mein Lager«, dichtet der Psalmist, während Osterhausen – nicht wirklich drängender – seufzt: »Wie manche Thränen-Fluth hat schon mein Bett verschlungen?« Erst recht im Vergleich mit einer früheren barocken Ausgestaltung jener ›Bettszene‹ wirkt Osterhausens Ausdrucksweise geradezu nüchtern. Klagte doch das lyrische Ich bei Opitz:

»Durch mein Weynen alle Nacht
Wird mein Bette naß gemacht,
Meiner Augen heisse Zehren,
Die mir Ruh und Schlaff beschweren,
Quellen als ein Wasserfluß,
Daß mein Lager schwimmen muß.«[38]

Martin Opitz, dessen *Buch von der Deutschen Poeterey* (1624) als normative Instanz die barocke Lyrik vor allem in der ersten Hälfte des 17. Jahrhunderts prägte, wendet sechs Verse dazu auf, die von Tränen befeuchteten Laken des klagenden Ich zu bedichten – pathetisch, allerdings wenig gefühlsintensiv.

Auch Osterhausen schreibt überwiegend als Opitzianer: Zumal sein »VI. Psalm« ist eine geradezu exemplarische barocke Poetisierung: Der biblische Psalm wird zum opitzianisch regelkonformen Gedicht, bestehend aus Alexandrinern, stets alternierend und den natürlichen Wortakzent beachtend. Dennoch lässt sich beobachten, wie Osterhausen einen eigenen Ton erprobt, wie er versucht, das Klagegedicht mit einem ganz eigenen, zum Teil fast persönlich-intim wirkenden Affektausdruck auszugestalten. Die von ihm inszenierten Anrufungen Gottes sind gefühlsbetonter als diejenigen seiner Vorgänger, werden durch den Partikel »Ach!« eingeleitet oder – dies ist charakteristisch und kommt nur bei Osterhausen vor – wiederholt, identisch oder mit Variation:

»HERR/ sey doch gnädig mir! ach! heile mich/ mein Gott!
Mein Tröster/ liebster HErr/ hilf mir aus meiner Noth. [...]
Mein Helffer/ wende dich. Mein Helffer/ hilff mir doch!«[39]

Zwei Psalmgedichte seien noch hervorgehoben. Das eine ist erneut von einem Davidspsalm inspiriert: »III. Der XXXVIII. Psalm. Ein Psalm Davids zum Gedächtniß.«[40] Die biblische Klage eines Kranken hat den jungen Dichter aus biographischen Gründen vermutlich besonders angesprochen – der Verleger und Herausgeber Löffler verweist in der Widmung auf »das zeitliche Ungemach [...]

38 Opitz, Geistliche Poemata, 201.

39 Hans Ernst von Osterhausen, Poetische Erqvick-Stunden, 1676, 1 f.

40 Osterhausen, Poetische Erquickstunden, 6.

seines kranckhafften Lebens«[41] und kontrastiert rhetorisch die Leibesschwäche Osterhausens mit seiner Gedankenkraft: »Und ist zu bethauern/ daß die Natur/ (man vergönne mir also zureden) Was demselben am Gemüthe so mildiglich verliehen/ am Leibes-Kräfften aber so mißgünstiglich abgezogen hat.«[42] Osterhausens Gedicht zum 38. Psalm bietet eindringliche, körperbezogene Bilder eines gequälten, von allen verlassenen und angefeindeten Menschen, der sein Leiden als grausame Gottesstrafe begreift und um Gnade fleht. Bereits im alttestamentlichen Original sind die körperlichen Schmerzen in grausame Bilder von Gewalt und brutaler Agression gefasst. Das Ich hat gebrochene Knochen, eiternde Wunden, brennende Lenden. Es »ist nichts Gesundes an meinem Leibe«, heißt es zweimal; Pfeile und schlagende Hände versehren den Körper. In Osterhausens Klage gewinnen die biblischen Körperbilder an zusätzlicher Härte. Eine Gegenüberstellung zeigt das deutlich:

Psalm 38	III. Der XXXVIII. Psalm. Ein Psalm Davids zum Gedächtniß
3. Denn deine Pfeile stecken in mir, und deine Hand drücket mich.	[zu 3] Es haben mich durchbohrt/ HErr deine scharffe Pfeile/ Die stecken noch in mir. Wie manche Wund' und Beule Schlägst du mit deiner Hand! Sie lieget noch auff mir/ Und läst nicht so viel ab; sie schläget für und für.
4. Es ist nichts Gesundes an meinem Leibe vor deinem Dräuen, und ist kein Friede in meinen Gebeinen vor meiner Sünde.	[zu 4] Mein Leib ist Striemen voll. Für deinem grossen Dräuen/ Muß ich mich meiner Schuld und Sünden halber scheuen/ Für deinem grossem Zorn ist nichts an mir gesund; Du bist mir gar zu schwer; du schlägst mich kranck und wund.
[...]	[...]
6. Meine Wunden stinken und eitern vor meiner Torheit.	[zu 6] Die Schweren gehen auff; für Eiter muß ich sincken/ Wenn mir so über sehr die Thorheits-Wunden stincken.

[41] A. a. O., »Dedicatio«, unpag. [2].

[42] A. a. O., »Dedicatio«, unpag. [3].

Fortsetzung

Psalm 38	III. Der XXXVIII. Psalm. Ein Psalm Davids zum Gedächtniß
7. Ich gehe krumm und sehr gebücket, den ganzen Tag gehe ich traurig.	[zu 7] Ich gehe fort und fort gantz traurig und gebückt;
8. Denn meine Lenden verdorren ganz, und ist nichts Gesundes an meinem Leibe.	[zu 8] Die Lenden dorren aus gantz matt und unerqvickt. Gantz anders ists mit mir. Ich darff es Niemand sagen/ Als dir/ mein GOtt/ allein. Dir will ichs/ Vater/ klagen.
9. Es ist mit mir gar anders, und bin sehr zerstoßen. Ich heule vor Unruhe meines Herzens.[43]	[zu 9] Ich weiß nicht wie mir ist. Der übergrosse Schmertz/ Ach! der/ der frist mir ab mein fast halbtodtes Hertz.[44]

Die strafende Hand Gottes, die im Psalm schwer auf dem Ich lastet, verursacht ihm bei Osterhausen Wunden und Beulen; sie schlägt »für und für«, so dass der Leib voller Striemen ist – »du schlägst mich kranck und wund«.[45] Es entsteht das Bild eines von schwärenden, eitrigen Wunden stinkenden Körpers; ein starkes, unerbittliches Bild, das sich, ganz unbesehen des mitgedachten theologischen Konzepts von Schuld und Sühne, ins Gedächtnis der Lesenden prägt. Vor ihren Augen entsteht die Vorstellung eines Leidenden, welcher halbtot vor Schmerzen dahinvegetiert. Die Inszenierung eines kaum mehr menschlichen Daseins wird verstärkt durch die eindringliche Selbstbezeichnung, die das Ich an anderer Stelle für sich findet: »Das ausgefleischte Mensch.«[46]

Das Ich in Osterhausens Psalmgedicht leidet jedoch nicht nur unter körperlichen Schmerzen, sondern auch unter der empfundenen Scham und dem damit verbundenen Verstummen. Das ist neu gegenüber dem biblischen Prätext. Der Psalmist schildert zwar, dass Freund und Feind den Kranken meiden – analog heißt es bei Osterhausen: »Niemand gut mir ist«.[47] Nicht aber wird schon im Psalm wie später dann in der barocken Nachdichtung ein selbst auferlegtes, beschämtes Schweigen des Ich thematisiert. Ein Schweigen, das offenbar nicht nur körperliche Schwäche allgemein, sondern speziell sexuelle Impotenz betrifft. »Denn meine Lenden verdorren ganz«, heißt es im psalmischen Prätext – und bei

43 LUTHER, Bibel, 585.

44 OSTERHAUSEN, Poetische Erquickstunden, 6.

45 Ebd.

46 A.a.O., 9.

47 A.a.O., 10.

Osterhausen nun: »Die Lenden dorren aus gantz matt und unerqvickt./ ‖ Gantz anders ists mit mir. Ich darff es Niemand sagen ‖ Als dir/ mein GOtt/ allein. Dir will ichs/ Vater/ klagen.«[48] Das gesellschaftliche Kommunikationsverbot, das hier anklingt, macht nicht nur das Gebet, sondern auch den schriftlichen Ausdruck der persönlichen Situation umso essenzieller. Trost, im besten Fall Erquickung, findet das Ich in seiner emotionalen Notlage durch Glaubenspraxis, aber auch durch Schreibpraxis. Es ist ein intimes, höchstens auf den Familienkreis beschränktes Schreiben, darauf deuten auch die Personenreferenzen der weiter hinten abgedruckten Glückwunsch- und Trauergedichte Osterhausens hin. Erst postum publiziert Verleger Löffler Osterhausens lyrische Arbeiten als *Poetische Erquick-Stunden*. Eine Veröffentlichung, eine Sichtbarmachung, die wohl kaum ohne Einverständnis, sondern vielmehr im Sinne der verwaisten Eltern geschehen ist: Familie Osterhausen muss dem Dresdener Buchhändler das Manuskript – auf Anregung des ehemaligen, ebenfalls dichtenden Hauslehrers ihres Sohnes – zur Verfügung gestellt und zum Druck freigegeben haben. So schreibt Löffler: »Ja Er lebet noch immerdar auff der Zungen seines gewesenen treuen Informatoris, Herrn Magister David Trommers/ Ihrer Chur-Printzlichen Durchläuchtigkeit zu Sachsen bißhero verordneten Feld-Predigers/ und nunmehro beruffenen Pastoris zu Bayern/ welcher/ als ein wohlgeübter/ und bekandter Poet/ nichts unebens an dem Seeligen Herrn von Osterhausen/ gezogen/ auch nicht unbillich dessen hinterlassene auffgesetzte Sachen an mich recommendirt hat [...].«[49]

Auf die starke Inszenierung versehrter Körperlichkeit folgen zwei weitere Psalmgedichte. Auch sie sprechen von schwer empfundener Schuld und erflehen göttliche Gnade. Dabei ist »Der LI. Psalm. Ein Psalm Davids vorzusingen«[50] wie gehabt eng an das biblische Original angelehnt – ein Satz wie »wasche mich, daß ich schneeweiß werde« (Ps 51,7) wird zu »Wasch'/ HErr/ und saubre mich/ und mache mich Schnee-weiß/«.[51] Eindringlicher als der Prätext mutet hingegen das darauffolgende Gedicht Osterhausens an, das beginnt: »Aus tieffer Hertzens-Angst/ aus tieffer Sünden-Hölen/‖ Schreyt/ HErr/ zu deiner Burg das ächtzen meiner Seelen.« (»Der CXXX. Psalm«)[52] Im zugrunde liegenden 130. Psalm hieß es schlichter: »Aus der Tiefe rufe ich, HErr, zu dir. HErr, höre meine Stimme, laß deine Ohren merken auf die Stimme meines Flehens.«[53]

Eine ganz andere, verheißungsvolle Stimmung vermitteln die beiden letzten geistlichen Gedichte des Abschnitts. Jene positive Stimmung ist komplementär,

---

48 A. a. O., 8.

49 A. a. O., »Dedicatio«, unpag. [4].

50 A. a. O., 11.

51 A. a. O., 12.

52 A. a. O., 15.

53 Luther, Bibel, 634, Ps 130,1–2.

nicht widersprüchlich zu den vorausgegangenen, überwiegend düsteren Klageliedern angelegt. Bittgebeten folgen Dankgebete. Osterhausen singt in »Der CIV. Psalm.« das Lob des göttlichen Schöpfers, der alles wohl eingerichtet hat und zum Guten führt. Dem biblischen Prätext entsprechend geht er systematisch alle möglichen Lebensbereiche durch, von Luft und Erde, Wasser, Berg und Tal über Tiere, Pflanzen und Menschen bis hin zum Weltall, zu Sonne, Mond und Sternen. Eine zentrale Bedeutung nimmt das biblische Bild der fest gegründeten, unverrückbaren Position der Erde im Weltall ein – »Der du das Erdreich gründest auf seinen Boden, daß es bleibt immer und ewiglich«,[54] rühmt der Psalmist. Osterhausen beschwört dieses Bild wortreich, gleichsam wie zur eigenen Beruhigung:

> »Du hast sehr wunderlich den Erden-Kreiß gegründet/
> Denn Boden Ihm gesetzt/ so daß er niemals schwindet;
> Er bleibet feste stehn/ wird niemahls nicht bewegt/
> Ob er gleich dein Geschöpff' und alles auf sich trägt.«[55]

Die positive Gestimmtheit drückt sich in der poetischen Paraphrase affektreicher aus als im psalmischen Original. Die Rede ist von »Hertzens-Lust«; »schön«, »lieb« und »lustig« sind auffällig häufig verwendete Adjektive, immer wieder auch in superlativischer Form: »überschön/ und lustig« oder »liebster GOtt«.[56] Die gleichmäßige, beschwingt-harmonische Rhythmik der Verse unterstützt den Lobpreis Gottes, ebenso tut dies eine schlichte, direkte Sprache, die wie von Metaphern entrümpelt erscheint:

> »Dem Menschen aber/ HErr/ dem lästu wachsen Saat/
> Davon auff dieser Welt er Brot zu essen hat;
> Und daß der edle Wein das Menschen-Hertz erfreue/
> Daß von dem Oele sich das Angesicht verneue/
> Daß auch das liebe Brodt dem Menschen Stärckung geb'/
> Auff daß er könne thun sein Werck/ und sonsten leb':
> HErr/ HErr/ daß thustu auch. Wie auch/ das Bäume stehen/
> Und daß die Zedern fast bis an die Wolcken gehen/
> An schöner Größ' und Pracht/ an starcker Aeste Zahl/
> Das thustu/ liebster GOtt/ das schaffstu allzumahl.«[57]

In manchen dieser Verse wird ein fast kindlich-naiv anmutender Sprachgestus eingenommen, der eine affektgeprägte Vater-Kind-Beziehung von Gott und

---

54 A.a.O., 619, Ps 104,5.

55 Osterhausen, Poetische Erquickstunden, 25.

56 A.a.O., 26, 28.

57 A.a.O., 28.

Mensch verbalisiert. Oben wurde festgestellt, dass Osterhausen einen eigenen, expressiven Ton zu finden sucht – und dies meist durch stärkere Metaphorisierung und rhetorisch-stilistische Überformung des Prätextes realisiert. Die Paraphrase zu Psalm 104 nun ist ein Gegenbeispiel. Hier gelingt ein eigener Ton nämlich gerade in Passagen wie der hier zum Schluss zitierten, die sich eben nicht einer im Barock oft allzu naheliegenden pathetischen oder opulenten Metaphorik bedient: Bei diesem Gotteslob, das den 104. Psalm weiterdichtet, handelt es sich um eine affektiv geprägte, ebenso schlichte wie poetische Anschlusskommunikation an biblische Rede.

3. Fazit

Die zwei *Erquickstunden*-Bände Johann Heermanns und Hans Ernst von Osterhausens, beide postum erschienen, stellen ganz unterschiedliche Beispiele barocker Psalmendichtung dar: alter, erfahrener Prediger und Lieddichter versus in Poesie dilettierender aristokratischer Gutsherrensohn.

Heermanns Psalmendichtung ist vor allem in ihrem alltagspraktischen Funktionskontext zu verstehen, eingebunden in die kirchliche Praxis von Gottesdienst, Gemeindegesang und -gebet. Dem Seelsorger und praktischen Theologen geht es nicht darum, singuläre Kunstwerke zu schaffen. Der Psalter dient ihm als Stoff- und Motivquelle, als Gedankenpool für moraldidaktisch intendierte, erbauliche Verse. Seine Psalmengedichte entfernen sich sprachlich, syntaktisch und formal weit vom Prätext, dies im deutlichen Unterschied nicht nur zu Osterhausen, sondern auch zu den Psalm 6-Dichtungen von Martin Opitz und (später) Sidonia Hedwig Zäunemann. In der und durch die Adaption des biblischen Psalters erreicht Heermann eine sprachliche und inhaltliche Entradikalisierung und Entkonkretisierung.

Osterhausen hingegen orientiert sich in seiner Dichtung strukturell und syntaktisch eng am biblischen Prätext und versucht zugleich durch rhetorische Bildlichkeit, manchmal aber auch durch schlichte Direktheit einen individuellen Ton zu finden – religiöse Kunstlyrik würde Meid das nennen. Es handelt sich bei Osterhausens Werk zudem um private, vermutlich nicht für den Buchmarkt bestimmte geistliche Lyrik. Es geht dem Verfasser darum, dem biblischen Original einen neuen, eigenen, womöglich radikalisierenderen Nachklang zu verleihen. Inspiriert von im Titel benannten alttestamentlichen Psalmen, besonders den Davidspsalmen, entwickelt Osterhausen eine poetische Inszenierung der biblischen Themen von Klage und Lob Gottes, von irdischem Leid und himmlischer Gnade.

Die Bibel ist *das* Buch, ist *der* Ausgangspunkt für die geistliche Dichtung des Barock. Ihre Ziele, ihre poetischen Ergebnisse könnten kaum unterschiedlicher sein.

LITERATUR

ALBINI [ALBINUS] DER ÄLTERE/JOHANN GEORG, Der VI. Psalm, in: FISCHER, ALBERT, Das deutsche evangelische Kirchenlied des 17. Jahrhunderts. Vollendet und hrsg. v. TÜMPEL, WILHELM, 4 Bde. Gütersloh 1904–1908, Bd. 4 (1908).

GRIMM, JACOB/GRIMM, WILHELM, Deutsches Wörterbuch, 33 Bde., Stuttgart u.a. 1854–1984, Bd. 3 (1860).

HEERMANN, JOHANN, Geistlicher Poetischer Erquickstunden Fernere Fortsetzung, Nürnberg 1656.

IRMLER, RUDOLF, Johann Heermann: Der schlesische Hiob, Gießen 1959.

LIESS, BERNHARD, Johann Heermann (1585–1647). Prediger in Schlesien zur Zeit des Dreißigjährigen Krieges, Münster 2003 (Diss. Neuendettelsau 1999).

LUTHER, MARTIN: Die Bibel, oder die ganze Heilige Schrift des Alten und Neuen Testaments, verdeutscht von D. Martin Luther. Nach der Original-Ausgabe von 1545. Stereotypendruck, Stuttgart ^{6}1858.

MEID, VOLKER, Die deutsche Literatur im Zeitalter des Barock. Vom Späthumanismus zur Frühaufklärung, München 2009.

OPITZ, MARTIN, Geistliche Poemata 1638. Hrsg. von TRUNZ, ERICH. Reprint der Ausg. 1638, 2. überarb. Aufl. Tübingen 1975.

OSTERHAUSEN, HANS ERNST VON, Des Edlen und nunmehro seligen Herrn Hannß Ernsten von Osterhausen/ Auff Nickern/ und Nieder-Lockewitz ec. Poetische Erqvick-Stunden, Dresden 1676.

PALM, HERMANN, Heermann, Johann, in: Allgemeine Deutsche Biographie. Hrsg. durch die Historische Kommission bei der Bayerischen Akademie der Wissenschaften, 56 Bde., Leipzig 1875–1912, Bd. 11 (1880), 247–249.

ROßBACH, NIKOLA, Lust und Nutz. Historische, geistliche, mathematische und poetische *Erquickstunden* in der Frühen Neuzeit, Bielefeld 2015.

RÖSSLER, MARTIN, Liedermacher im Gesangbuch. Bd. 1: Martin Luther, Ambrosius Blarer, Nikolaus Herman, Philipp Nicolai, Johann Heermann, Stuttgart 1990.

ZÄUNEMANN, SIDONIA HEDWIG, Poetische Rosen in Knospen, Erfurt 1738.

König David und die Ordnung der Musik

Markus Böggemann

Die Figur des David ist in der Musik allgegenwärtig: Als göttlicher Sänger, der mit seiner Kunst Macht über die Seelen der Menschen hat und den König Saul zumindest zeitweise kuriert, als Psalmdichter und damit als Urheber der weitaus am häufigsten vertonten Bibeltexte und nicht zuletzt als Protagonist eines dramaturgisch höchst ergiebigen Korpus von Erzählungen. Darüber hinaus spielt er aber auch eine zentrale Rolle für die biblischen Ursprungserzählungen der Musik. In ihm erwächst der christlichen Überlieferung eine Figur, die den antiken Entstehungsmythen an die Seite gestellt werden kann, weil sie, ihnen vergleichbar, eine spezifische Ordnung der Musik verbürgt. David erscheint dabei stärker noch als der eigentliche biblische Stammvater der Musik, Jubal[1], als eine »Symbolfigur«[2], die bis weit in die Neuzeit hinein die Musik in vielfältiger Form bestimmt.

Ein frühes Beispiel sowohl der angesprochenen antik-christlichen Mythenkonkurrenz als auch von Davids prominenter Rolle hierin bietet die um die Mitte des 9. Jahrhunderts entstandene *Musica disciplina* des Aurelianus Reomensis. Ihr zweites Kapitel behandelt neben anderem auch die Entdecker der Musik:

> »Musica autem est scientia recte modulandi, sono cantuque congrua. [...] Apud Grecos autem traditur Phitagoras ex malleorum fabrilium sonitu huius artis scientiam cognovisse atque aliis tradidisse, quem Euclides Ptolomeusque secuti studio clariore eius praecepta luculentius posteris tradidere. Apud nostros autem scripture auctoritas refert primum Iubal antediluvium huius artis fuisse precipuum; posteaque beatissimum David cantantium habuisse abundantissimum chorum, qui laude gloriosa super Domini sacrificia musa personarent dulcedinem carminum. Itidemque filium eius Salomonem habuisse manifestum est.«[3]

---

1 Vgl. Gen 4,22.

2 Walter Salmen, König David. Eine Symbolfigur in der Musik, Fribourg 1995.

3 Aurelianus Reomensis, Musica disciplina, in: Lawrence Gushee (Hrsg.), Corpus scriptorum de musica, Bd. 21, Rom 1975, 53–135, 61 f.

Einerseits sichert der Hinweis auf den vorsintflutlichen Jubal der biblischen Überlieferung den zeitlichen Vorrang vor der heidnisch-antiken Tradition, andererseits aber kann Aurelianus wenig mehr über ihn berichten, als dass er sich in der Musik besonders hervortat. Plastischer und detaillierter sind da die Erzählungen über David, der hier mit einer besonders glänzenden Musikpraxis in Verbindung gebracht wird. Der Begriff des Chores verweist dabei schon auf ein Moment der Ordnung, der Regulierung dieser Praxis, auf das noch zurückzukommen sein wird.

Die relative Blässe der Figur Jubal zeigt sich auch darin, dass sie frühzeitig mit einer anderen, Tubalcain, verwechselt wird und beide unter dem Namen Tubal verschmelzen.[4] Greifbar wird dieser Vorgang erstmals bei Isidor von Sevilla, in dessen *Etymologiae* (um 630) es heißt:

> »Moyses dicit repertorem musicae artis fuisse Tubal, qui fuit de stirpe Cain ante dilivium. Graeci vero Pythagoram dicunt huius artis invenisse primordia ex malleorum sonitu et cordarum extensione percussa. Alii Linum Thebaeum et Zetum et Amphion in musica arte primos claruisse ferunt.«[5]

Wie bei Aurelianus kommt neben der biblischen auch die antike Ursprungserzählung zur Sprache, verkörpert in der Figur des Pythagoras und der mit ihm verbundenen Schmiedelegende: Diese berichtet bekanntlich, dass Pythagoras, als er einmal an einer Schmiede vorbeikam, auf die harmonischen Zusammenklänge aufmerksam wurde, die durch das paarweise Schlagen unterschiedlicher Hämmer entstanden. Um dem Phänomen auf den Grund zu gehen, wog der Gelehrte die Werkzeuge, wobei sich ergab, dass ihre Gewichte in einfachen geradzahligen Verhältnissen zueinander standen, entsprechend den Proportionen der konsonanten Intervalle Oktave (1:2), Quinte (2:3) und Quarte (3:4). In physikalischer Hinsicht mag diese Geschichte unhaltbar sein – sehr verkürzt gesagt, korrespondieren die genannten Intervallproportionen nicht mit dem Gewicht von Hämmern, sondern mit der Länge einer schwingenden Saite –, für ihre Wirksamkeit im Rahmen der antiken Musiktheorie verschlägt das aber nichts.[6] Zusammen mit der pythagoreisch geprägten Kosmologie aus Platons *Timaios* bildete sie darüber hinaus die Grundlage für die spekulative Musiktheorie des gesamten Mittelalters. Der proportionalen Geordnetheit der Musik entspricht dabei die als *musica mundana* bezeichnete zahlhafte

---

4 Vgl. dazu Max Haas, Musikalisches Denken im Mittelalter. Eine Einführung, Bern 2005, 192 f.

5 Isidori Hispalensis, Epsicopi Etymologiarum Libri XX, hrsg. v. Wallace Martin Lindsay, 2 Bde., Oxford 1911, Lib. III, xvi.

6 Dazu Barbara Münxelhaus, Pythagoras musicus. Zur Rezeption der pythagoräischen Musiktheorie als quadrivialer Wissenschaft im lateinischen Mittelalter, Bonn-Bad Godesberg 1976, 50–53.

Ordnung des Kosmos, die sich in der Sphärenharmonie, d.h. in den in harmonischen Intervallverhältnissen einander zugeordneten Gestirnen manifestiert. Die Musik erscheint so als das klingende Abbild der Weltordnung.[7] Im Sinne dieser Zahlhaftigkeit heißt es bei Isidor: »Musica est disciplina quae de numeris loquitur, qui inveniuntur in sonis.«[8] Damit ist zwar vorderhand nur die unterscheidende Charakterisierung der Musik innerhalb des Quadriviums gemeint, ihre Abgrenzung von Geometrie, Astronomie und Arithmetik, im Rahmen des topischen Lobs der Musik einige Absätze später wird aber auch ihre kosmologische Dimension benannt: »Itaque sine Musica nulla disciplina potest esse perfecta, nihil enim sine illa. Nam et ipse mundus quadam harmonia sonorum fertur esse conpositus, et coelum ipsud sub harmoniae modulatione revolvi.«[9]

Die hier zur Sprache kommende ursprünglich pythagoreische Lehre, dass die Welt auf der Harmonie der Sphären beruht und die Himmel und Planeten sich wie musikalische Intervalle zueinander verhalten, findet ihre biblische Entsprechung in dem Satz aus Weish 11,20, »Du aber hast alles nach Maß, Zahl und Gewicht geordnet«, der denn auch von Isidor zitiert wird.[10] Für das frühe Christentum und zumal für die Kirchenväter ergab sich durch solche Anschlussfähigkeit der eigenen Religion an philosophische Traditionen der heidnischen Antike die Möglichkeit, deren Wissensbestände zu amalgamieren oder zu neutralisieren. Darüber hinaus aber blieb auch die Herausforderung bestehen, sie in die Schranken zu weisen und zu bekämpfen – auch in der Musik. Das zeigt eindrucksvoll das Beispiel Clemens' von Alexandria, dessen *Mahnrede an die Heiden* sich an zentralen Inhalten der antiken musikalischen Mythologie abarbeitet. Amphion, Arion und der von Clemens nur »jener Thraker« genannte Orpheus erscheinen ihm bloß als

> »Betrüger, die unter dem Deckmantel der Musik Unheil über das Menschenleben brachten und, selbst von kunstvoller Zauberei wie von einem Dämon zum Verderben besessen, Freveltaten in ihren Orgien feierten, menschliches Leid zum Gegenstand göttlicher Verehrung machten und so zuerst die Menschen zum Götzendienst verführten, ja in der Tat mit Stein und Holz, d. i. mit Statuen und Bildern, die Verkehrtheit

---

7 Die Unterteilung in musica mundana, musica humana (die Harmonie von Körper und Seele) und von Instrumenten hervorgebrachte Musik (quae in quibusdam constituta est instrumentis) begegnet zuerst bei Boethius, dem mit Abstand wichtigsten Vermittler antiker Musiktheorie für das lateinische Mittelalter. Vgl. Roger Harmon, Die Rezeption griechischer Musiktheorie im römischen Reich. II. Boethius, Cassiodorus, Isidor von Sevilla, in: Thomas Ertelt/Heinz von Loesch/Frieder Zaminer (Hrsg.), Geschichte der Musiktheorie, Bd. 2: Vom Mythos zur Fachdisziplin: Antike und Byzanz, Darmstadt 2006, 401.

8 Isidor, Ethymologiae III, praefatio.

9 A.a.O., III, xvii.

10 Vgl. a.a.O., III, iv.

heidnischer Religion aufbauten und jene wahrlich herrliche Freiheit derer, die unter dem Himmel als freie Bürger lebten, durch ihre Lieder und Zaubergesänge unter das Joch der äußersten Sklaverei spannten.«[11]

Im Kontrast dazu steht für Clemens »mein Sänger; er ist gekommen, um binnen kurzem die bittere Knechtschaft der tyrannischen Dämonen zu zerstören; und indem er uns zu dem sanften und menschenfreundlichen Joche der Frömmigkeit hinführt, ruft er die auf die Erde Geschleuderten zum Himmel zurück.«[12] Die Musik erscheint hier als der metaphorische Ort, an dem alter und neuer Glaube miteinander kämpfen. Der neue Glaube, der göttliche Logos,[13] ist das »neue Lied«. Wo Amphion angeblich Städte entstehen ließ und von Orpheus behauptet wurde, dass sein Gesang Tiere bändige, da vermag es weit mehr: »Menschen hat es aus Steinen, Menschen aus Tieren gemacht. Und die sonst wie tot waren und keinen Anteil am wahren Leben hatten, sie wurden wieder lebendig, sobald sie nur Hörer des Gesanges geworden waren.«[14] Damit nicht genug, gab dieser Gesang auch »dem All eine harmonische Ordnung und stimmte den Mißklang der Elemente zu geordnetem Wohlklang, damit die ganze Welt ihm zur Harmonie werde«.[15] Der neue, christliche Glaube löst die antiken Traditionen nicht nur ab, er usurpiert sie auch rückwirkend: Clemens christianisiert hier Kernaussagen der pythagoreischen Lehre, wie mehr als vier Jahrhunderte nach ihm auch Isidor. Dieser Synkretismus gilt den Ideen, nicht aber, zumindest nicht in gleicher Weise, den mythologischen Figuren. Der von Clemens als gefährlicher Schwindler entlarvte Orpheus wird von ihm nicht christlich vereinnahmt, sondern ersetzt. An seine Stelle tritt nun David als Stimme des neuen Liedes: »Und dieses reine Lied, die feste Grundlage des Alls und die Harmonie der Welt, [...] hat dieses All harmonisch gemacht, nicht nach Art der Musik des Thrakers, die der des Jubal ähnlich ist, sondern nach dem väterlichen Willen Gottes, den David zu erfüllen bestrebt war.«[16] Dass Orpheus auf die Ebene von Jubal zurückgestuft wird bzw. umgekehrt, dass der biblische Jubal keinen Vorzug vor Orpheus erhält, zeigt dabei nur, welch geringe Rolle für Clemens offenbar Fragen nach Ursprung oder entstehungsgeschichtlichem Vorrang spielen. Stattdessen verkörpert David für ihn

---

11 Clemens von Alexandria, Mahnrede an die Heiden (Protrepticus), in: Ders., Ausgewählte Schriften, Bd. 1, übers. v. Otto Stählin, Bibliothek der Kirchenväter, 2. Reihe, Band 7, Kempten/München 1934, 73.

12 A.a.O., 74.

13 Ebd.

14 A.a.O., 75.

15 Ebd.

16 Ebd. Vgl. dazu auch Enrico Fubini, Geschichte der Musikästhetik. Von der Antike bis zur Gegenwart, Stuttgart/Weimar 1997, 47: »Dieselbe Macht, die die Alten im Gesang des Orpheus zu erkennen glaubten, wird nun im Christentum auf den biblischen Sänger David übertragen.«

den neuen Menschen, das durch den heiligen Geist mit Harmonie erfüllte Instrument Gottes.[17]

Diese Harmonie teilt sich auch Anderen mit. David ist schon bei Clemens von Alexandria nicht nur ein Repräsentant göttlicher Ordnung, sondern zugleich auch ihr Organon. Sein Gesang heilt den König Saul, weil die Musik durch ihre Geordnetheit eine herrschende Unordnung beheben kann. Als Demonstration der Macht der Musik zählt diese Geschichte zum Grundbestand jenes topischen Lobes der Musik, von dem oben bereits die Rede war. Sie ist darüber hinaus aber auch selbst zum Anlass von Musik geworden, am beredtesten vielleicht in den 1700 erschienenen *Biblischen Sonaten* Johann Kuhnaus, deren vollständiger Titel lautet: »Musicalische Vorstellung einiger Biblischer Historien, in 6. Sonaten, auff dem Claviere zu spielen«. Kuhnau (1660–1722), der als Leipziger Thomaskantor der unmittelbare Amtsvorgänger Johann Sebastian Bachs war, komponiert hier eine frühe Form von Programmmusik. Getreu der zeitgenössischen Ästhetik geht es dabei um die Darstellung von Affekten und deren Nachvollzug, nicht aber um das unmittelbare Hervorrufen dieser Affekte im Hörer. Die Musik konzentriert sich deshalb auf die Wiedergabe einzelner signifikanter Momente des zugrunde liegenden Plots, die am Ende eines erläuternden Vorworts zu der jeweiligen Sonate genannt werden. Zur zweiten der sechsten Sonate, *Der von David vermittelst der Music curirte Saul*, heißt es:

> »Unter die harten Schläge, die uns GOtt aus heiligen Ursachen zuweilen giebet, gehören auch die Kranckheiten des Leibes. [...] Alleine wo die Kranckheit hauptsächlich das Gemüthe angreiffet, da will die Gedult immer unten liegen; da kommen die Leibes-Schmertzen dagegen in keine Vergleichung. [...] Die Schrifft führet uns in ein Lazareth solcher Krancken. Unter andern treffen wir einen Königlichen und sonderlichen Patienten an. Saul ist sein Nahme. [...] Dieweil aber GOtt bißweilen durch Menschen Wunder zu thun pfleget; So schicket er ihm einen herrlichen Musicum, den vortrefflichen König David, und leget auff sein Harffen-Spiel eine ungemeine Krafft. Denn wenn Saul, so zu reden, in der heißen Bad-Stube der Traurigkeit schwitzet, und David nur ein Stückgen musiciret, so wird der König gleich wieder erquicket und zur Ruhe gebracht. Also praesentieret die Sonata: (1) Sauls Traurigkeit und Unsinnigkeit, (2) Davids erquickendes Harffen-Spiel, und (3) Des Königs zur Ruhe gebrachtes Gemüthe.«[18]

---

[17] Vgl. Clemens von Alexandria, Mahnrede, 75 f.: »Der göttliche Logos aber, der von David stammt und doch vor ihm war, verschmähte Lyra und Harfe, die leblosen Instrumente, erfüllte durch den Heiligen Geist diese Welt und dazu auch die Welt im Kleinen, den Menschen, seine Seele und seinen Leib, mit Harmonie und preist Gott mit diesem vielstimmigen Instrument und singt zu dem Instrument, dem Menschen.«

[18] Johann Kuhnau, Klavierwerke, hrsg. v. Karl Päsler. Neuauflage hrsg. von Hans Joachim Moser, Denkmäler Deutscher Tonkunst, 1. Folge, Bd. 4, Wiesbaden/Graz 1958, 134.

Die Ordnung stiftende Kraft der Musik wird bei Kuhnau mit musikalischen Mitteln dargestellt, ebenso wie das entsprechende Vermögen Davids. In dieser biblischen Erzählung stiftet er eine innere Ordnung *durch* Musik; in einer weiteren, die abschließend betrachtet werden soll, ist es hingegen eine äußere Ordnung *von* Musik, die er etabliert, indem er die Leviten zur Musik vor der Bundeslade einteilt:

> »David bestellte für den Dienst vor der Lade des Herrn Leviten, die den Herrn, den Gott Israels, rühmen, loben und preisen sollten. Er bestellte Asaf als ersten, Secharja als zweiten, ferner Jaasiël, Schemiramot, Jehiël, Mattitja, Eliab, Benaja, Obed-Edom und Jëiël. Sie sollten die Harfen und Zithern spielen, Asaf die Zimbeln schlagen und die Priester Benaja und Jahasiël ständig die Trompeten blasen vor der Bundeslade Gottes.«[19]

Die Stelle berichtet, was bei dem eingangs zitierten Aurelianus Reomensis schon leise anklang. Dessen Verweis auf die davidische Musikpraxis nennt nicht nur die Schönheit der Gesänge und die Vielzahl der zur Verfügung stehenden Sänger, sondern eben auch den Umstand, dass sie in spezifischen Organisationseinheiten, in Chören, zusammengefasst waren. Neben seiner Rolle als Sänger und als Urheber der Psalmen, d. h. als ausübender Musiker und als Dichter/Komponist, tritt David somit auch als Organisator kultischer Musikpraxis, ja Gründungs- und Referenzfigur einer geregelten Kirchenmusik überhaupt hervor. In Michael Prätorius' zwischen 1615 und 1619 erschienenem *Syntagma musicum*, einem gleichsam enzyklopädischen Überblick über die Musikpraxis seiner Zeit, werden dazu, unter Verweis auf 1Chr 23,5 und 1Chr 25,7 genauere Angaben gemacht:

> »Der König David hat nicht allein eine berümbte, wolbestalte und Volckreiche Capellen zu Jerusalem angeordnet, sondern auch viele Instrumenta erfunden [...]. Es ist aber König Davids Capell in die vier tausent Personen starck und dergestalt disponirt gewesen, das darunter zweyhundert und acht und achtzig Directores, so in vier unnd zwäntzig Chor abgetheilet, und in jedem Chor zwölff Personen gebraucht worden, unter denen sind drey tausent, sieben hundert und zwölff andere Musicanten, welche zu jedem Chor mehr als anderhalb hundert Personen thun, gewesen.«[20]

Diese utopischen Größenordnungen mögen manchen Komponisten angeregt haben, entscheidender aber ist die damit eröffnete Möglichkeit, sein Tun in die Nachfolge und gleichsam unter die Fittiche Davids zu stellen. Dafür gibt es ein bildliches Zeugnis: 1676, vier Jahre nach seinem Tod, entstand ein Holzschnitt,

---

19 1Chr 16,4–6.

20 Michael Prätorius, Syntagma musicum, Bd. 2, Wolfenbüttel 1619, o.S. [Vorrede, 2f.] Digitalisat unter: http://imslp.org/wiki/Syntagma_Musicum_%28Praetorius,_Michael%29 (Stand: 30.04.2016).

der Heinrich Schütz in der Dresdener Hofkapelle im Kreise seiner Kapellsänger zeigt. Die Gruppe steht in der Mitte des Raumes um ein großes Notenpult herum. Hinter ihr erhebt sich der den Altarraum abgrenzende Lettner, der in der Mitte, und damit auch in der Mitte der Bildkomposition, von einer monumentalen Statue des harfespielenden Königs David überragt wird.[21] Sie zeigt den Sänger und Psalmdichter; sie zeigt aber auch die mythische Figur, die, indem sie der Musik eine Ordnung gab, das Tun der Kapelle vor ihr allererst ermöglicht.

Literatur

Aurelianus Reomensis, Musica disciplina, in: Gushee, Lawrence, Corpus scriptorum de musica, Bd. 21, Rom 1975.

Clemens von Alexandria, Mahnrede an die Heiden (Protrepticus), in: ders., Ausgewählte Schriften, Bd. 1, übers. von Stählin, Otto, Bibliothek der Kirchenväter, 2. Reihe, Band 7, Kempten/München 1934.

Fubini, Enrico, Geschichte der Musikästhetik. Von der Antike bis zur Gegenwart, Stuttgart/Weimar 1997.

Haas, Max, Musikalisches Denken im Mittelalter. Eine Einführung, Bern 2005.

Harmon, Roger, Die Rezeption griechischer Musiktheorie im römischen Reich. II. Boethius, Cassiodorus, Isidor von Sevilla, in: Ertelt, Thomas/Loesch, Heinz von/Zaminer, Frieder (Hrsg.), Geschichte der Musiktheorie, Bd. 2: Vom Mythos zur Fachdisziplin: Antike und Byzanz, Darmstadt 2006.

Isidor Hispalensis, Episcopi Etymologiarum Libri XX, hrsg. von Wallace, Martin Lindsay, 2 Bde., Oxford 1911.

Kuhnau, Johann, Klavierwerke, hrsg. von Päsler, Karl. Neuauflage hrsg. von Moser, Hans Joachim, Denkmäler Deutscher Tonkunst, 1. Folge, Bd. 4, Wiesbaden/Graz 1958.

Münxelhaus, Barbara, Pythagoras musicus. Zur Rezeption der pythagoräischen Musiktheorie als quadrivialer Wissenschaft im lateinischen Mittelalter, Bonn-Bad Godesberg 1976.

Prätorius, Michael, Syntagma musicum, Bd. 2, Wolfenbüttel 1619, o.S. [Vorrede, 2f.] Digitalisat unter: http://imslp.org/wiki/Syntagma_Musicum_%28Praetorius,_Michael%29 (Stand: 30.04.2016).

Salmen, Walter, König David – eine Symbolfigur in der Musik, Fribourg 1995.

[21] Eine Abbildung in guter Qualität findet sich unter http://www.staatskapelle-dresden.de/fileadmin/home/images/gallerien/Kapelle_historisch/12_Schuetz__Heinrich_mit_der_Hofkapelle_in_der_Schlosskirche_1676__Foto_Slub.jpg (Stand: 30.04.2016).

Die Bibel im spanischen Schelmenroman

Jan-Henrik Witthaus

1. Einleitung

Insbesondere die im europäischen Norden zirkulierenden Spanienbilder dürften hierzulande bestimmte Vorstellungen hervorrufen, wenn es sich um den Einfluss der katholischen Religion auf den Verlauf der spanischen Geschichte dreht. So wird insbesondere die sogenannte *Schwarze Legende* dazu beigetragen haben,[1] das Land jenseits der Pyrenäen als das dunkle Reich der Gegenreformation und der Inquisition stereotyp zu verdichten. Aber welche Konsequenzen hat dieses Bild, selbst wenn man ihm beipflichtet, für die Tradition der Bibel?

Bibelfestigkeit lässt sich nicht unbedingt daraus ableiten, vielmehr wären wir vor der historischen Gegenfolie Nordeuropas und der Erfahrung des Protestantismus dazu geneigt, Berührungsängste mit dem Umgang der Heiligen Schrift anzunehmen, d.h. eine Zurückhaltung darin, sie in ihren originalen Sprachen zu studieren, sie zu verstehen, sie zu übersetzen, sie zu verbreiten – Tätigkeiten also, die wir bezogen auf das 16. Jahrhundert mit dem christlichen Humanismus oder auch mit der Reformation assoziieren. Und ist hier die Erwähnung von Martin Luthers Bibelübersetzung naheliegend, so mag man ebenso an eine Äußerung des in Spanien zumindest in der ersten Hälfte des 16. Jahrhunderts viel gelesenen

---

[1] Die sogenannte *Schwarze Legende* umfasst ein Bündel von Vorwürfen gegen die spanische Krone und Inquisition, das in der Frühen Neuzeit zumeist von den Kriegsgegnern, aber auch darüber hinaus (vgl. die *Brevísima relación de la destrucción de las Indias*, 1552, von Bartolomé de las Casas), lanciert wurde. Zentral werden immer wieder in diesem Zusammenhang die militärische Grausamkeit, die religiöse Intoleranz und die Reformunfähigkeit oder Rückständigkeit genannt (spanische Infanterie, Eroberung und gewaltexzessive Kolonialisierung Amerikas, Inquisition, Philipp II. als erbarmungsloser Monarch etc.). Die Begriffsprägung erfolgt allerdings sehr viel später, nämlich 1914 in der Gegenschrift von Julián Juderías, La leyenda negra y la verdad histórica: contribución al estudio del concepto de España en Europa, de las causas de este concepto y de la tolerancia política y religiosa en los países civilizados, Madrid 1914.

Erasmus von Rotterdam erinnern, der in der Vorrede zu seiner griechischen Ausgabe der Evangelien schreibt:

»Ich wünschte, alle Frauen läsen das Evangelium, läsen die Paulinischen Briefe. Wenn sie doch in alle Sprachen übertragen wären, so dass nicht nur die Schotten und Iren, sondern auch die Türken und Sarazenen sie lesen und verstehen könnten! [...] Wenn nur der Bauer am Pflug etwas davon vor sich hin sänge, auch der Weber an seinem Schiffchen und ebenso der Wanderer sich auf seinem Weg damit die Zeit vertreibt.«[2]

Erasmus, der seinerseits ein gespaltenes Verhältnis zu Spanien hatte,[3] war dort eine Leitfigur für viele humanistische Schriftsteller – dies allerdings bevor mit dem Konzil von Trient die Gegenentwürfe einer katholischen Reform eingeläutet wurden.

Den Anhängern des Erasmus auf der Iberischen Halbinsel war es primär daran gelegen, die Ausübung des christlichen Glaubens weniger im Ritual und in der Prätention, als in einer Aufrichtigkeit des Glaubens und der Ausübung von Tugenden zu verankern. Der berühmte französische Hispanist Marcel Bataillon geht in seiner mittlerweile klassischen Studie davon aus, dass gerade das in Auseinandersetzung mit Erasmus entstehende Schriftgut Spaniens Teilhabe an der Epoche der Renaissance ausmache.[4] Allerdings ist die Reichweite dieser Texte begrenzt. Nach dem Tridentinum werden die Erasmisten verfolgt und ihre Publikationen mit dem Erscheinen der ersten Indizes verbotener Bücher zensiert. Mit Blick auf das hier angeschnittene Thema ist überdies aufschlussreich, dass Beschlüsse von Trient den Stellenwert des lateinischen Bibeltextes, der *Vulgata*, zementieren und die Übersetzung und Verbreitung der Heiligen Schrift mit harten Strafen belegen. Dem Erasmus-Zitat ist in diesem Sinne eine Stellungnahme von Melchior Cano nachzustellen. Der Dominikanermönch Cano war ein einflussreicher Theologe aus der Schule von Salamanca und spanischer Unterhändler in Trient. Zur Verbreitung der Bibel äußerste er sich wie folgt:

---

2 Eigene Übersetzung. Vgl. zum Wortlaut DESIDERIUS ERASMUS, Novum instrumento omne, Basel 1516 [10] (http://www.e-rara.ch/bau_1/content/pageview/895566 (Stand: 19.05.2016)): »Optarim ut omnes mulierculæ legant euangelium, legant Paulinas epistolas. Atque utinã hæc in omnes omniũ linguas essent transfusa, ut non solũ a Scothis & Hybernis, sed a Turcis quoque & Saracenis legi cognoscique possint. [...] Vtinam hinc ad stiuam aliquid decantet agrigola, hinc nonnihil ad radios suos moduletur textor, huiusmodi fabulis itineris tædiũ leuet uiator.«

3 Vgl. zu seinem Verdikt ›Non placet Hispania‹: MARCEL BATAILLON, Erasmo y España. Estudios sobre la historia espiritual del siglo XVI, Madrid [3]2007, 77–82.

4 Vgl. das Vorwort zur französischen Erstausgabe: BATAILLON, Erasmo y España., vii.

»So schön dieser Baum der Erkenntnis auch den Augen erscheinen, so sanft er dem Gaumen schmeicheln mag, so sehr auch die Schlange verspricht, dass man dem Volk mit dieser Speise die Augen öffnet, und die Frauen mit unstillbarem Appetit einfordern, diese Frucht zu essen. Es ist notwendig, dies mit dem Feuerschwert zu verbieten, damit das Volk nicht an ihn herankommt.«[5]

Die Rhetorik Canos zielt darauf ab, die direkte Verbreitung der Bibel im Volke als weiteren Sündenfall zu brandmarken, der die Lehre der katholischen Kirche gefährdet und ihre Macht unterwandert, wobei mit Rückbezug auf die bewusste Episode aus Gen 3,1–24 dem weiblichen Geschlecht ein besonderes Misstrauen entgegengebracht wird. Es fällt also ins Auge, dass Cano hier nicht nur über die Bibel spricht, sondern durch den Bezug auf eine ihrer bekanntesten Episoden eine Aussage herstellt, sie instrumentalisiert und damit ein Zugriffsrecht markiert sowie eine Autorität im Umgang *mit dem* Text zu erkennen gibt, die er in der Rede *über* den Text anderen Menschen abspricht.

Beide Zitate zeigen, dass es lohnenswert ist, die Frage nach dem kulturgeschichtlichen Stellenwert der Bibel im weitesten Sinne kulturpragmatisch zu stellen. Dabei steht der methodische Gedanke im Vordergrund, dass es bei der Beurteilung eines Textes oder Textkorpus in seiner Bedeutung für eine Gruppe oder Gesellschaft nicht nur um den bloßen Stellenwert oder die Autorität seiner Inhalte geht, sondern dass der Einfluss zentraler Texte einer Kultur mit ihrem konkreten Umgang, also mit der Frage zu tun haben, was man aufgrund welcher gesellschaftlichen Voraussetzungen mit diesem Text tut, wenn man ihn interpretiert, übersetzt, verbreitet oder wenn man ihn zitiert, auf ihn anspielt, ihn instrumentalisiert. So formuliert ist der Frage nach der Präsenz oder Nichtpräsenz der Bibel in einer Gesellschaft einige Aussagekraft beschieden, nämlich im Hinblick auf die Formation von kulturellen Gedächtnissen, wie sie der Religionswissenschaftler Jan Assmann beschrieben hat:

---

5 Zitiert nach: Mariano Delgado, Dem ›christlichen Beruf‹ treu geblieben? Zu den expliziten und impliziten religiösen Diskursen im *Quijote*, in: Christoph Strosetzki (Hrsg.), Explizite und implizite Diskurse im *Don Quijote*, Berlin 2005, 59–81, 61f. [eigene Übersetzung]: »[...] teniendo entendido que el arbol de esta sçiençia por mas que parezca hermoso a los ojos y suaue al gusto, por mas que prometa la serpiente que se abriran los ojos al pueblo con este manjar, y por mas que las mugeres reclamen con insaciable apetito de comer esta fruta, es necesario vedarlo y poner chuchillo de fuego para que el pueblo no llegue à el.«

> »Unter dem Begriff des kulturellen Gedächtnisses fassen wir den jeder Gesellschaft und jeder Epoche eigentümlichen Bestand an Wiedergebrauchs-Texten, -Bildern und -Riten zusammen, in deren ›Pflege‹ sie ihr Selbstbild stabilisiert und vermittelt, ein kollektiv geteiltes Wissen vorzugsweise (aber nicht ausschließlich) über die Vergangenheit, auf das eine Gruppe ihr Bewußtsein von Einheit und Eigenart stützt.«[6]

Mit dem Rekurs auf den Begriff der *Pflege* verbindet Assmann die Frage nach dem Gebrauch von Texten, Ritualen und Artefakten mit der althergebrachten Bedeutung von Kultur, als ›Pflege von etwas‹.[7] Allerdings erfolgt dabei auch ein Brückenschlag zu Niklas Luhmanns Begriff der Semantik, der diese als ein abrufbares Repertoire der in einer Gesellschaft verfügbaren generalisierten Formen zur Verarbeitung von Sinn versteht:

> »Die Semantik einer Gesellschaft ist auf dieser einfachen Ebene ausschnittsweise, und die Ausschnitte überschneiden sich, für jedermann verfügbar. Hier zählt jeder Fluch der Ruderer in den Galeeren. Zusätzlich entwickelt sich aber schon sehr früh für ernste, bewahrenswerte Kommunikation eine besondere Variante der Vertextung. Sie übernimmt zugleich auch die Funktion, die Grenzen des sprachlichen Ausdrucks und die Risiken der Formulierung zu kontrollieren. Man könnte in diesem Bereich von ›gepflegter Semantik‹ sprechen [...].«[8]

Nun sieht es so aus, dass der restringierte Umgang mit der Bibel in der katholischen Tradition, wie sie sich in Spanien beispielhaft ausprägt, nicht nur auf eine ›gepflegte Semantik‹, sondern vielmehr auf eine ›gepflegte Pragmatik‹ hinausläuft, dann nämlich, wenn man die Kontrollmechanismen nicht nur auf Bedeutungssysteme, sondern auch auf die Mittel der Zeichenbenutzung bezieht:[9] Speicherung, Verbrei-

---

6 Jan Assmann, Kultur und Gedächtnis, Frankfurt a. Main 1988, 15.

7 Vgl. Dirk Baecker, Art. »Kultur«, in: Karlheinz Barck u.a. (Hrsg.), Ästhetische Grundbegriffe. Historisches Wörterbuch in sieben Bänden, Bd. 3, Stuttgart 2001, 510–556.

8 Niklas Luhmann, Gesellschaftsstruktur und Semantik. Studien zur Wissenssoziologie der modernen Gesellschaft, Bd. 1, Frankfurt a. Main 1993, 19.

9 Roland Posner, Was ist Kultur? Zur semiotischen Explikation anthropologischer Grundbegriffe, in: Marlene Landsch/Heiko Karnowski (Hrsg.), Kultur-Evolution. Fallstudien und Synthese, Frankfurt a. Main 1992, 1–65, 11, resümiert im Rahmen der Semiotik die Pragmatik wie folgt: »Die Pragmatik untersucht die Bedingungen, die jemand erfüllen muß, um in einer Semiose einem Zeichen eine Botschaft zuordnen zu können: ihr Gegenstand ist der Zeichenbenutzer (Sender, Adressat oder Empfänger) und dessen Beziehungen zu den anderen Faktoren der Semiose.« Posner nennt diese Dimension im Rahmen der Kultursemiotik auch »soziale Kultur«, vgl. hierzu auch Roland Posner, Kultursemiotik, in: Ansgar Nünning/Vera Nünning (Hrsg.), Konzepte der Kulturwissenschaften. Theoretische Grundlagen – Ansätze – Perspektiven, Stuttgart/Weimar 2003, 39–71, 49f.

tung oder Transfers bzw. Übersetzung. Denn die ›Aktualisierung von Sinn‹ ist von den genannten Aspekten nur schwer zu trennen. »Nicht nur«, so liest man nun wiederum bei Assmann weiter, ist das im Kollektiv geteilte Wissen einer Gesellschaft »inhaltlich von Kultur zu Kultur, aber auch von Epoche zu Epoche verschieden. Auch seine Organisationsformen, seine Medien und Institutionen, sind höchst unterschiedlich.«[10] Mit Blick auf die Bibel lassen sich nicht nur die Vorgänge der Kanonisierung, Überlieferung und Interpretation thematisieren, sondern ebenso ihre kulturellen Aktualisierungen, die Frage nach ihrem Gebrauch im konkreten historischen Kontext, nach den Akteuren, die sich hieran maßgeblich beteiligen, und den Institutionen, die damit in Verbindung stehen.

2. Spanische Bibelprojekte zwischen Mittelalter und Früher Neuzeit

Die nachfolgenden Erläuterungen sind selbstredend nicht exhaustiv. Es geht eher darum, die in der Einleitung gegebenen Überlegungen als Fragen an die in der Folge erwähnten Etappen heranzutragen, auch wenn diese nicht so eindeutig beantwortet werden können.[11]

Die Bibel in Volkssprache zu lesen war in der ersten Hälfte des 13. Jahrhunderts mehrmals verboten worden, so auf den Konzilien von Tolosa (1229) und Tarragona (1233). Den Hintergrund bildete zumeist die Furcht vor der Häresie, auch jene, die man in Frankreich verortete, daher meinte Volkssprache auch das Altfranzösische oder das Okzitanische. Dennoch ist vom alltäglichen Gebrauch der Bibel in der jüdischen Bevölkerung Spaniens auszugehen, zu dessen Zweck Übersetzungen angefertigt wurden – für die Bewältigung des rituellen Alltags, der Festtage etc., aber auch zu Bildungszwecken, waren Verständnishilfen in Volkssprache unabdingbar, die allerdings gar nicht auf die Produktion eines syntaktisch einwandfreien Textes in altspanischer Zielsprache abzielten, sondern nur auf die punktuelle Übertragung der hebräischen Ausgangsversion.

Jene Bibelprojekte, die in christlichen Kreisen entstanden, sind von sozial Privilegierten, zumeist Vertretern des hohen Adels, initiiert worden, die über den Verdacht möglicher Häresie erhaben waren. Es ist jedoch bezeichnend für die Verteilung der biblischen Textkompetenz im Mittelalter, dass zur Übersetzung biblischer Texte vor allem die jüdische Expertise in Anspruch genommen wurde. Dies gilt zumindest für das bekannte Beispiel, die Bibel von Alba, die 1433

---

10 Assmann, Kultur und Gedächtnis, 15f.

11 Vgl. zu den folgenden beiden Absätzen: Gemma Avenoza, Las traducciones de la Biblia en castellano en la Edad Media y sus comentarios, in: Gregorio del Olmo Lete/María Isabel Toro Pascua (Hrsg.), La Biblia en la literatura española, I. Edad Media, Bd. 1, Madrid 2008, 13–75, bes. 14–19.

vollendet und von dem Großmeister des Calatrava-Ordens Luis González de Guzmán in Auftrag gegeben wurde. Guzmáns Ärger über die Unkenntnis der heiligen Texte und den Müßiggang des ihm zeitgenössischen Adels ist verbrieft. Der Rabbi Mošé Arragel von Maqueda in der heutigen Provinz Toledo übersetzte für diesen Auftraggeber das Alte Testament und fügte seine Kommentare hinzu, die dann nach Durchsicht christlicher Gelehrter und nach der Zugabe von Miniaturen fertiggestellt wurde. Dieses Bibelprojekt dient also konkret der Bekanntmachung biblischer Texte in den Kreisen des Adels, der sich nach den Vorstellungen des Großmeisters Guzmáns eher durch Bibellektüre als mit Jagden und Festen die Zeit vertreiben solle.

Bekannter als die Bibel von Alba dürfte allerdings die häufig so genannte Alfonsinische Bibel sein.[12] Alfons X., genannt *el sabio* – dies sollte auf seine Gelehrsamkeit hindeuten –, versammelte bereits Mitte des 13. Jahrhunderts an seinem Hofe arabische und jüdische Gelehrte, die an der monumentalen Aufgabe mitwirkten, einen Großteil des damals verfügbaren Bildungsvorkommens und Wissens ins Altkastilische zu übersetzen. Diese als zweite Übersetzerschule von Toledo in die Geschichte eingegangene Initiative war Teil einer umfassenden Kulturpolitik, die dazu dienen sollte, das Spanische als Wissenschaftssprache zu etablieren:

> »Alfonso el Sabio schuf eine Art Enzyklopädie der Wissenschaften in der Volkssprache seines Königreiches, eine für seine Zeit revolutionäre Neuerung. Mit dieser Wendung hin zum Spanischen machte er das Wissen breiteren Schichten zugänglich; zugleich wurde allerdings die Verbreitung dieses Wissens in Europa behindert, weil die europäische Gelehrtensprache Latein zurückgedrängt wurde.«[13]

Zu den Disziplinen, die bei diesen großangelegten Unternehmungen berührt wurden, zählten nicht nur Beiträge zur Naturforschung und Technik, sondern auch unter dem Einfluss der Rechtsschule von Bologna die Konstitution eines Gesetzeskorpus – die sogenannten *Siete Partidas* – wie darüber hinaus die Rekonstruktion einer allgemeinen und spanischen Geschichte. Die Übersetzungs- und Kompilationsarbeiten, die zum monumentalen Projekt der *Allgemeinen Geschichte* (*General Estoria*) führen sollten, setzten in der zweiten Hälfte des 13. Jahrhunderts ein und bildeten den maßgeblichen Kontext für die Übertragung weiter Teile der Bibel ins Kastilische. Die biblischen Texte in der Volkssprache fungierten dabei als Hauptreferenz für eine Geschichtsschreibung, die ursprünglich von den Anfängen bis in Alfons Gegenwart führen sollte. Auf sieben Teile war dieses Projekt angelegt, auf uns gekommen sind fünf und das Fragment eines sechsten Teils. Der überlieferte Text umfasst neben dem

---

12 Vgl. Zu den folgenden zwei Absätzen Pedro Sánchez-Prieto Borja, La Biblia en la Historiografía medieval, in: Gregorio del Olmo Lete/María Isabel Toro Pascua (Hrsg.), La Biblia en la literatura española, I. Edad Media, Bd. 1, Madrid 2008, 112–154.

13 Georg Bossong, Das maurische Spanien. Geschichte und Kultur, München 2007, 78.

Pentateuch die wohl zentralen Bücher und Texte des Alten Testaments. Da der sechste Teil, der Leben und Wirken von Jesus Christus beinhalten sollte, nur fragmentarisch erhalten ist – die Geschichte endet mit der Geburt der Jungfrau Maria – und noch andere philologische Argumente dagegen sprechen, ist zweifelhaft, in welchem Umfang oder ob überhaupt das Neue Testament im Rahmen dieses Projektes übersetzt worden ist.

Die Grundlage der *General Estoria* bildet die *Vulgata*, wobei die Forschung die jeweiligen zirkulierenden Fassungen zu identifizieren versucht. Auch wurde auf bereits in die Volkssprache übersetztes Textmaterial zurückgegriffen. Wenn nun das Rückgrat dieser Kompilation die biblischen Texte darstellen, so werden diese, stellenweise ganz kunstvoll, mit anderen Quellen des nicht jüdisch-christlichen Altertums, aber auch mit den Erträgen der Exegese und des Kommentars kombiniert. So stellt sich nun die Frage, welche kulturpragmatischen Vorgaben Alfons Bibelübersetzung zugrunde liegen. Die Bibel bildet das Grundgerüst, von dem die restlichen Handlungsstränge der Weltgeschichte abzugehen scheinen. Zudem ist darauf hingewiesen worden, dass nicht die erzählenden Teile der Bibel, sondern auch die für die historische Rekonstruktion nicht notwendigen Psalmen oder der Bibelkommentar auf den Kreuzungspunkt zweier Projekte hindeuten: eben das Vorhaben einer universalen Geschichtsschreibung einerseits, aber auch die Übertragung der Bibel in die Volkssprache andererseits.[14] Angesichts einer langjährigen Arbeit, die Kompilation und Übertragung in Anspruch nahmen, ist es daher kühn, von einer durchgehenden Intention auszugehen, die auf einen eindeutigen Umgang mit den biblischen Texten hindeuten würde. Zumindest findet man sogar in literaturgeschichtlichen Darstellungen den Hinweis auf die politische Bedeutung der *General Historia*, scheint sie doch »auf eine Rechtfertigung der imperialen Bestrebungen Alfons' des Weisen angelegt gewesen zu sein, der nach der Kaiserkrone des ›Heiligen Römischen Reiches‹ strebte.«[15] Wäre nämlich Alfonsos Projekt vollendet worden und hätte die Geschichte in seine Gegenwart gereicht, so wäre sie als Genealogie und damit Legitimation der eigenen kastilischen Herrschaft zu verstehen gewesen.

So spiegelt allein schon die Diskussion, die das Textkorpus in Fachkreisen ausgelöst hat, den Umstand zurück, dass im Ergebnis ein hybrides und auch unvollendetes Werk vorliegt, das allerdings in einem insgesamt enzyklopädischen Kontext entsteht, der den kulturpolitischen Rahmen ausmacht. Im eindeutigen Sinne von einer Alfonsinischen Bibel zu sprechen, dürfte somit – abgesehen von der angesprochenen Unvollständigkeit – eher gewagt erscheinen, obwohl vergleichbare Intentionen insbesondere zu Beginn eine Rolle gespielt haben mögen.

Mit Anbruch der Neuzeit verändert sich auch der allgemeine kulturelle Zusammenhang, in der sich mögliche Bibelprojekte situieren. Dies liegt vor allem

---

14 Vgl. Sánchez-Prieto Borja, La Biblia en la Historiografía medieval, 119 f.

15 Hans-Jörg Neuschäfer (Hrsg.), Spanische Literaturgeschichte, Stuttgart ^{2}2001, 38.

am Buchdruck, der die Reichweite der Distribution potenziert und daher den Umgang mit Bibeltexten mit anderen Vorzeichen versieht. Im Kontext des spanischen Humanismus entsteht die von Kardinal Francisco de Cisneros initiierte, besorgte und in Alcalá de Henares erstellte *Polyglotte* – ein Druck der biblischen Texte in ihren originalen Sprachen und Übersetzungen:[16] Das Alte Testament erscheint auf Hebräisch und in aramäischer (*Targum Onkelos*), griechischer (*Septuaginta*) und lateinischer (*Vulgata*) Übersetzung. Der aramäische Text wird darüber hinaus noch einmal neu ins Lateinische übersetzt, so dass der Leser das Alte Testament auf fünf Spalten parallel lesen kann. Obwohl über die Mitarbeiter der Polyglotten keine letzte Gewissheit besteht, ist davon auszugehen, dass Cisneros zum Christentum konvertierte Juden mit der Erstellung des Hebräischen und Aramäischen Textes betraute – nach dem Ende der Reconquista waren die Juden von der Iberischen Halbinsel vertrieben oder zwangskonvertiert worden. Das Neue Testament wird auf Griechisch und Lateinisch wiedergegeben, wobei nicht, wie in der Evangelium-Edition von Erasmus der Ausgangstext neu ins Lateinische übersetzt wird, sondern lediglich eine möglichst fehlerfreie Version des Wortlautes der *Vulgata* textkritisch erarbeitet wird.

Die *Polyglotte* umfasst sechs Bände und wird 1520 in einer Auflage von 600 Exemplaren gedruckt. Cisneros bezweckte mit diesem prestigestarken Unternehmen, dem Studium der Theologen ein Arbeitsinstrument an die Hand zu geben, das im Sinne des humanistischen Rückgangs auf die Quellen neue Maßstabe setzen, aber auch der kastilischen Gelehrsamkeit zu neuem Ansehen verhelfen sollte. Über die Methoden humanistischer Textkritik kann man allerdings verschiedener Auffassung sein. So weist Marcel Bataillon darauf hin, dass der bedeutende spanische Humanist Antonio de Nebrija dem Unternehmen weitgehend fernblieb,[17] weil Cisneros nicht bereit war, vom absoluten Bezugspunkt der *Vulgata*, dessen Wortlaut nicht mit den griechischen oder hebräischen Versionen gegengelesen werden sollten, abzurücken.

Die geringe Auflage deutet schon darauf hin, dass dieses Projekt nicht auf die Verbreitung biblischer Inhalte abzielte, sondern nur den kleinen Kreis von Gelehrten adressierte, der überhaupt dazu befähigt war, in den erwähnten Sprachen zu lesen. Die geringe Verbreitung führte zu einer erneuten, erweiterten Edition, die von Philipp II. initiiert und Benito Arias Montano realisiert wurde. Diese wird unter dem Titel *Biblia Regia* in Antwerpen in den Jahren 1568–72 gedruckt.

Eine katholische Gesamtübersetzung der Bibel ins Spanische lässt bis zum Ende des 18. Jahrhunderts auf sich warten. Die auch nur anteilige Übertragung ihrer Texte wird im Zeitalter des Buchdrucks beargwöhnt, nach dem Konzil von Trient und im Zusammenhang der Gegenreformation wird dergleichen, wie oben angemerkt, gar strengstens verboten. Die im protestantischen Umfeld entstehende volkssprachliche

---

16 Vgl. zu den folgenden Absätzen: Bataillon, Erasmo y España, 26–43.

17 Vgl. Bataillon, Erasmo y España, 37f.

Bibel, die entweder nach den Herausgebern *Reina-Valera* oder nach dem Frontispiz *La Biblia del Oso* genannt wird, erfährt daher auf der Iberischen Halbinsel eine entsprechende Ächtung. Sie war 1568 in Basel vom evangelischen Theologen Casiodoro de Reina publiziert worden, eine revidierte Form erschien 1602 in Amsterdam, herausgegeben von Cipriano de Valera. Die *Biblia del Oso* entsteht auf der Grundlage des hebräischen und des auf Erasmus zurückgehenden griechischen Textes (*Textus Receptus*), die Herausgeber konnten allerdings schon auf Vorarbeiten anderer zurückgreifen, so auf die Ferrara-Bibel (1553 in *Ladino*-Sprache) oder auf das Neue Testament des Francisco de Enzinas, das 1543 in Antwerpen erschienen war und für welches sein Verfasser später in Haft genommen wurde. Die Teilübersetzungen des *Neuen Testaments*, die der Humanist Juan de Valdés vornahm, werden erst Jahrhunderte nach dessen Tod gedruckt.

Darüber hinaus lässt sich darauf hinweisen,[18] dass eine Reihe von spanischen Autoren, die als Verfasser mystischer Lyrik oder geistlicher Traktate bekannt geworden sind – Juan de la Cruz oder Fray Luis de León – biblische Texte übersetzt und kommentiert hat. Allerdings werden diese Texte nur für den privaten Gebrauch konzipiert, sie zirkulieren in kleineren Kreisen der Ordensbrüder oder -schwestern und werden in der Regel erst in späteren Jahrhunderten gedruckt. Die Nachfragen, Untersuchungen und Sanktionen von Seiten der Inquisition sind geläufig. Der direkte Zugang zu biblischen Texten ist jedoch auch unter Geistlichen, insbesondere denen, die über keine humanistische Bildung verfügen, restringiert. Textkenntnis beruht daher oftmals – insbesondere bei den Ordensschwestern – auf der Vermittlung durch den Gottesdienst oder die Gebetspraxis. Die Verweise, die man bspw. bei Teresa von Avila findet, welche des Lateinischen nicht mächtig war, verdankten sich der liturgischen Unterweisung. Die weiter oben zitierte Einlassung Melchor Canos versteht sich vor diesem Hintergrund: einer großen Nachfrage biblischer Texte in spanischer Volkssprache und der systematischen Nachordnung der Christinnen. Aber selbst namhafte männliche Glaubensstreiter, die in der Geschichte der Gegenreformation eine tragende Rolle spielen – wie Ignacio de Loyola, der Begründer des Jesuitenordens –, verfügen zunächst nur über eine indirekte Kenntnis der Bibel.

Erst der Protestantismus der Frühen Neuzeit, der unter medialen Bedingungen des Buchdrucks seine Macht entfaltet, lässt also ein verbreitetes Bedürfnis nach der Rezeption der Bibel und damit nach ihrer Übersetzung auch im spanischen Kulturraum offenbar werden. Aber gerade diese Tendenz führt dazu, dass die katholische Kirche ihr Bildungs-, Unterweisungs- und Deutungsmonopol zu behaupten intendiert, und mit dem Aufkommen der ersten literarischen Indizes – so derjenige des Großinquisitors Fernando de Valdés y Salas (1559) – und

---

[18] Vgl. zum folgenden Absatz Gregorio del Olmo Lete, La Biblia en la literatura espiritual del Siglo de Oro, in: Gregorio Del Olmo Lete/Rosa Navarro Durán (Hrsg.), La Biblia en la literatura española, II. Siglo de Oro, Madrid 2008, 101–179.

insbesondere nach den Beschlüssen des Tridentinums zur Verfolgung derjenigen übergeht, die sich für die Verbreitung der Bibel und ihre Übersetzung in volkssprachlichen Idiomen einsetzen, wobei – dies sei noch zum Stichwort *volkssprachig* hinzugefügt – in dieser kurzen Übersicht die katalanischen und valenzianischen Bibelprojekte nicht berücksichtigt werden können, die eine eigene Betrachtung verdient hätten.

3. Bibel und pikareske Literatur

Die Bezüge zwischen Bibeltexten und Literaturgeschichte im engeren Sinne des Begriffs sind so zahlreich, dass eine entsprechende Rekonstruktion zwangsläufig monumentale Ausmaße annehmen würde. Allein die Literaturen des Mittelalters bieten ein weitläufiges Panorama von Genera die mit der Bibel in Verbindung stehen, so bspw. die Mysterienspiele, die einer weiteren Verbreitung christlich-religiöser Inhalte dienen und in dieser Eigenschaft eine didaktisch-moralisierende Funktion ausüben. Für die literarische Textproduktion der Renaissance und des spanischen *Siglo de Oro* oder *Goldenen Zeitalters*, wie man das 16., später das 17. Jahrhundert in der nationalen Geschichtsschreibung ab der Aufklärung nennt, ist eine ähnliche Bestandsaufnahme auszumachen. Eine überwiegende Zahl der Publikationen beschäftigt sich mit religiösen Gegenständen, so werden z. B. Predigten veröffentlicht, durch welche die Reichweite der kirchlichen Unterweisung gesteigert wird, nämlich wenn man voraussetzt, dass weniger das stille Lesen im Kämmerlein, sondern vor allem auch das Vorlesen zu einer größeren Verbreitung von Lektüreinhalten führte, als das mutmaßliche alphabetisierte Publikum erwarten lässt. Aber auch für die profane Literatur – Cervantes nennt sie bereits *Unterhaltungsliteratur* – lässt sich ein nahezu unermesslicher ›Einfluss‹ der biblischen Texte konstatieren. So findet man im Schäferroman, im Ritterroman, im Abenteuerroman byzantinischer Prägung oder aber im Picaro-Roman, der in der Folge thematisiert wird, ein weites Geflecht von Bezugnahmen expliziter oder impliziter Art, Zitate oder Anspielungen. Allein dieser Befund legt es nahe, den literaturwissenschaftlichen Terminus der *Intertextualität* dem des *Einflusses* vorziehen, denn dieser erlaubt es, die Beziehung zwischen Texten genauer zu beschreiben und damit auch die Frage zu beleuchten, in welcher Pragmatik und Verwendung Teile oder Bruchstücke von Bibelzitaten auftauchen oder instrumentalisiert werden.

In den genannten Textgattungen ist die »Präsenz eines Textes in einem anderen Text«, wie Genette zunächst *Intertextualität* definiert, die vorherrschende Form der Bezugnahme, diese kann durch ein »Zitat« oder eine »Anspielung« erfolgen,[19] und zwischen diesen beiden Formen zirkuliert, so möchte man ergänzen, die Paraphrase.

---

[19] Gérard Genette, Palimpseste. Die Literatur auf zweiter Stufe, Frankfurt a. Main 1993, 10.

Darüber hinaus wird in den erwähnten Textsorten eine Relation über Gattungszugehörigkeiten hergestellt, die Genette »architextuell« nennt,[20] etwa wenn in bestimmten Romanen Predigten eingeschlossen sind, wie wir später sehen werden. Auch wenn die anderen von Genette genannten Formen hier nicht weiter verfolgt werden, ist nicht auszuschließen, dass sie auf bestimmte Phänomene des literarischen Betriebs jener Epoche Anwendung finden können.

Wenn nun die Frage nach intertextuellen Bezugnahmen mit der oben aufgerissenen kulturellen Problematik in Verbindung gebracht wird, gewinnt der Blick auf die entsprechenden Formen der Textaneignung an Relevanz: Wird zitiert, und wenn ja nach welchem Text? Wird der Wortlaut der Bibel auf Spanisch wiedergeben oder auf Lateinisch, das durch das Tridentinum ja qua *Vulgata* die offiziell autorisierte Version darstellte? Wie macht sich der jeweilige Kontext des Zitats aus und zu welchem Zweck wird dieses genau eingebettet? Wie wirken sich solche Zitate auf die Zensur aus, die ab Mitte des 16. Jahrhunderts doppelt einwirkte, durch eine staatliche Vergabe von Lizenzen einerseits und ggf. durch die nachträglich erfolgende Indizierung von Seiten der Inquisition andererseits?

Wenn man zunächst die Fülle an Bibelzitaten, -paraphrasen oder -anspielungen allein in den nicht zensierten Kanon-Texten nach 1550 zur Kenntnis nimmt, könnte man die Auffassung gewinnen, dass die Berührungsängste mit der Heiligen Schrift gar nicht so ausgeprägt sind. Hierbei ist jedoch zu beachten, dass häufig aus dem Gedächtnis zitiert und paraphrasiert wurde: d.h. aus Kompendien, Stundenbüchern, aber auch aus der liturgischen Praxis und damit aus einem im engeren Sinne kulturellen Gedächtnis, d.h. aus einer kulturellen Praxis heraus. Bei Zitaten wurde häufig die *Vulgata* benutzt, und in welchen Fällen genau die *Reina-Valera* oder andere protestantische Übersetzungen zitiert werden, wäre wohl noch genauer zu untersuchen. Auch verfuhr die Zensur in unterschiedlichen Phasen der Gegenreformation nicht immer mit der gleichen Rigidität. Neben diesen Parametern steht außer Zweifel, dass der jeweilige Umgang mit Textmaterial der Bibel und die Art und Weise, wie dieses kulturpragmatisch eingebettet ist, ein wichtiges Kriterium zur Beurteilung des jeweiligen Zitats, seiner kommunikativen Funktion und seiner Aufnahme durch das Publikum bzw. durch die Zensurbehörden darstellt.

Ein treffendes Anschauungsbeispiel für diese Überlegungen findet man in der pikaresken Literatur des 16. und 17. Jahrhunderts. Ohne in die breiten Diskussionen um die Probleme der literarischen Gattung, die jeweilige Urheberschaft etc. einzutreten, lässt sich verkürzt darauf verweisen, dass es sich hierbei um einen Typus erzählender Literatur handelt, der unter der Verwendung überlieferter Motive und Narrative und zumeist aus der Ich-Perspektive sozial unterprivilegierter Subjekte Beschreibungen gesellschaftlicher Armut und Notstände ermöglicht, dies allerdings mit den Mitteln der Satire, der Humoresken

---

20 Genette, Palimpseste, 13.

und des grotesken Stils, wie er insbesondere vom russischen Literaturwissenschaftler Michael Bachtin analysiert worden ist.[21] Der Kunstgriff der pikaresken Literatur besteht dabei darin, eine Person mit Alphabetisierung, Rhetorik und Bildung zu dotieren, die unter den beschriebenen gesellschaftlichen Voraussetzungen gar nicht über derlei Fertigkeiten und Kenntnisse verfügen dürfte. Wenn für den kulturellen Zusammenhang der Renaissance wiederholt eine Vielfalt der Welten als besonderes Charakteristikum beschrieben worden ist, so handelt es sich um die Perspektivierung nicht zuletzt unterschiedlicher sozialer Welten, die literarisch verhandelbar werden.

4. Das *ungepflegte* oder *wilde* Bibelzitat: Das Beispiel des *Lazarillo de Tormes*

Als Archetyp der literarischen Gattung des Picaro-Romans – vielleicht sollte man eher von einem Sujet mit unterschiedlichen Ausprägungsformen sprechen – wurde vielfach der *Lazarillo de Tormes* angesehen, der anonym im Jahr 1554 erscheint, ohne dass in den literaturgeschichtlichen Debatten sich die Festlegung auf einen bestimmten Urheber durchgesetzt hätte, auch wenn verschiedene Herausgeber immer wieder den Versuch unternehmen. Im *Lazarillo* erfahren wir vom Werdegang des Kindes Lázaro, das von seiner Mutter an einen blinden Bettler weggegeben wird. Eine Folge von weiteren Herr-Diener-Verhältnissen bietet episodenhaft Anlass für die Erzählung vom wiederholten Mundraub und weiteren Bubenstücken des Jungen, aber vor allem für die Beobachtung der damaligen Gesellschaft anhand der für sie repräsentativen Akteure. Dabei steht insbesondere der Stand des Klerus in der Kritik, bspw. in dem Kapitel, in dem betrügerischer Ablasshandel satirisch demaskiert wird, was wiederum für die These sprechen könnte, dass der Verfasser womöglich dem Kontext der Erasmus-Anhänger entstammte.[22] In diesem Zusammenhang wären lange Forschungsdiskussionen zu resümieren. In der Folge beschränken wir uns indes auf einige Kommentare zum Titel bzw. zum Namen des Protagonisten einerseits, andererseits auf einen Absatz des Romanbeginns, der mit Bibelzitaten aufwartet, die sich als extrem *frivole Aufnahme* biblisch verbürgter christlicher Glaubensinhalte zu erkennen geben.

Der *Lazarillo* ist parodistisch. Er spielt mit dem Erwartungshorizont von Lesern und der Bekanntheit ernster Erzählgenres. So thematisiert das erzählende Ich – die autodiegetische Instanz – nach der Vorrede direkt seine Herkunft und

---

[21] Eine gute Einführung in diese Zusammenhänge bietet der Reader: Michail M. Bachtin, Literatur und Karneval. Zur Romantheorie und Lachkultur, Frankfurt a. Main 1990.

[22] Vgl. zur Diskussion Hanno Ehrlicher, Zwischen Karneval und Konversion. Pilger und Pícaros in der spanischen Literatur der Frühen Neuzeit, München 2010, 183f.

klärt kurz darüber auf, wer seine Eltern gewesen sind und wie und wo er geboren wurde. Diese Eingangsgenealogie wird in der pikaresken Literatur zu einem Gemeinplatz, sie kommt eigentlich aus den Ritterromanen, in denen ebenfalls die – dort allerdings hohe – Abstammung der Helden, bisweilen über mehrere Generationen zurückverfolgt wird. Der Stammbaum des Picaros ist in jeder Hinsicht bescheidener, so erzählt Lázaro von seinem Vater, der auf den Allerweltnamen Tomé Pérez hörte, er habe als Mühlenwärter die Säcke der Klientel zur Ader gelassen, was zu Konflikten mit der Justiz führte. Diese Zusammenhänge werden dem Leser mit zwei Bibelzitaten näher gebracht, die man wohl auf den ersten Blick als ›Datenraub‹ oder als kommunikative Zweckentfremdung betrachten und mit Blick auf Assmann als ›ungepflegten‹ Umgang mit den Evangelien bezeichnen könnte:

> »Später, als ich ein Junge von acht Jahren war, unterliefen meinem Vater ein paar missglückte Schröpfungen an den Getreidesäcken derer, die dorthin zum Mahlen kamen, weshalb er gefasst wurde, und er bekannte, und er leugnete nicht und litt Verfolgung um der Gerechtigkeit willen. Ich hoffe auf Gott, er hat die ewige Glorie, nennt das Evangelium diese doch selig.«

> »Pues siendo yo niño de ocho años, achacaron a mi padre ciertas sangrías mal hechas en los costales de los que allí a moler venían, por lo cual fue preso, y *confesó y no negó*, y *padesció persecución por justicia*. Espero en Dios que está en la gloria, pues el Evangelio los llama *bienaventurados*. [Kursivierung JHW]«[23]

Die Zitate sind nicht typographisch markiert,[24] sie sind aber explizit ausgewiesen, schnell ausgemacht und identifiziert, einerseits handelt es sich um Joh 1,20: »confesó y no negó«, andererseits um Mt 5,10: »padesció persecución por justicia«.[25] Allein die Assoziierung des Kleinkriminellen Pérez mit Johannes dem Täufer, um den es im zitierten Vers des Johannesevangelium geht, ist *frech*. Aber vor allem erscheint hier ein Bibelzitat in spanischer Volkssprache – ein Tatbestand mithin, der nach dem Tridentinum ausdrücklich verboten war.[26] Ebenso verhält es sich mit dem Vers aus dem Matthäusevangelium. Wenn wir in der Version von Francisco de Enzinas nachschlagen, die 1543 in Antwerpen gedruckt

---

[23] Lazarillo de Tormes/Klein Lazarus vom Tormes, übers./hrsg. von Hartmut Köhler, Stuttgart 2006, 12f.

[24] Zumindest in den meisten mir zugänglichen Ausgaben, in der ältesten: Antwerpen 1595, 7.

[25] Im folgenden Absatz verarbeite ich einige wertvolle Hinweise meines Kollegen Juan-Manuel García Serrano, dem ich auf diesem Wege herzlich danke.

[26] Vgl. Ehrlicher. Zwischen Karneval und Konversion, 195.

worden war,[27] lesen wir dort: »padeçen peršecution por la iuštitia«.[28] Der Humanist Juan de Valdés überträgt: »Bienaventurados los perseguidos por causa de la justicia, porque de ellos es el reino de los cielos«.[29] In beiden Fällen wird also im Gegensatz zum Passus im *Lazarillo* der »justicia« der bestimmte Artikel »la« vorangestellt. Damit finden wir im letzteren Fall auch eine größere Nähe zum lateinischen Wortlaut der *Vulgata:* »beati qui persecutionem patiuntur propter iustitiam [...]«.[30] Mit der Unterdrückung des Artikels wird überdies nicht nur von Enzinas abgewichen, sondern ebenso von einem Zitat desselben Verses, den die Kupplerin Celestina auf ebendiese Weise uminterpretiert – nämlich im Lesedrama *Tragicomedia de Calixto y Melibea*, das 1499 gedruckt und Fernando de Rojas zugeschrieben wird. Denn dort findet sich die Verwendung des Artikels: »la santa Escritura tenía que bienaventurados eran los que padecían persecución por la justicia [...].«[31] Die Übertragung von »beati« in »bienaventurados« ist zwar nicht unbedingt zwingend, aber sie wird in allen erwähnten Zitaten gewählt.[32]

Im *Lazarillo* wird mit der Unterdrückung des Artikels vor »justicia« möglicherweise der Anschluss an die *Vulgata* gesucht, vor allem deutet sie semantisch direkt auf die weltliche Gewalt, was die dreiste Fehllektüre des Matthäus-Evangeliums umso eklatanter hervortreten lässt, zumal sich dieses Zitat zum Ende des Romans wiederholt, wenn *Lazarillo* selbst in die Dienste der Exekutive tritt.[33] Darüber hinaus zeigt sich anhand der kurzen Recherchen der Bibelstellen in zeitgenössischen Übersetzungen, wie problematisch auch eine eigene Übersetzung sein

27 Einige Exemplare der Edition von 1543 konnten offenbar vor der Zerstörung gerettet werden, es besteht also rein theoretisch, d. h. chronologisch die Möglichkeit, dass der Verfasser des *Lazarillo* eines vorliegen hatte.

28 http://www.iglesiareformada.com/Enzinas_Mattheo.html (Stand: 13.05.2016), gegengelesen in der Edition: El Nuevo Testamento de nuestro Redentor y Salvador Jesucristo, hrsg. v. B. Foster Stockwell, Buenos Aires 1943, 44.

29 http://www.cervantesvirtual.com/obra-visor/el-evangelio-segun-san-mateo-0/html/fee74f46-82b1-11df-acc7-002185ce6064_2.htm#7 (Stand: 24.05.2016).

30 https://www.bibelwissenschaft.de/online-bibeln/biblia-sacra-vulgata/lesen-im-bibeltext/bibel/text/lesen/stelle/50/50001/59999/ch/a2c1f3b78c3fda3eca05baf22fbc2504/ (Stand: 13.05.2016).

31 Fernando de Rojas, La Celestina, hrsg. v. Bruno Mario Damiani, Madrid 1984, 158. Vgl. Alfonso De Valdés, La vida de Lazarillo de Tormes, y de sus fortunas y adversidades, hrsg. von Rosa Navarro Durán, Barcelona 2003, 62 (Einleitung). Vgl. auch Lazarillo de Tormes, hrsg. von Francisco Rico, Madrid [16]2002, 14.

32 Denkbar wären *beato, dichoso* oder *feliz.* Im Wörterbuch von Sebastián de Covarrubias (*Tesoro de la lengua castellana*, Madrid 1611), wird *beato* allerdings in erster Bedeutung für Eremiten, Mönche und Betschwestern ausgegeben, wenn gleich ein klarer Verweis auf die »bienaventurança« gegeben ist, a. a. O., 128 (links). Allerdings übersetzt auch Juan de Valdés die »beati« mit »bienaventurados«.

33 Vgl. Lazarillo de Tormes/Klein Lazarus vom Tormes, 154–157.

kann, weil sie, selbst wenn keine verurteilte Gesamtübertragung benutzt wurde, unvermeidlich in die Nähe einer solchen gerät. Dies, zusammengenommen mit den anderen Respektlosigkeiten, die im weiteren Verlauf auftreten, führt zu einer vorhersagbaren Indizierung. Rätselhaft macht es sich aus, dass die bewusste Stelle in der späteren gereinigten Fassung, dem *Lazarillo expurgado* (1573), in der ganze Kapitel der Zensur zum Opfer fallen, wieder aufgeführt wird.[34] Aber womöglich deutet dies eher auf die unterschiedlichen Parameter wie auf die Willkür und Unvorhersehbarkeit der behördlichen Vorgänge hin als auf Argumente, die gegenüber der gegenreformatorischen Sicht auf die Dinge zugunsten *frivoler Bibelzitate* in Volkssprache geltend gemacht werde könnten.

Man wird diesen Passus sicherlich als Parodie begreifen und mit diesem Begriff eine Wendung von Genette im Sinn zu haben: »Die eleganteste, weil sparsamste Parodie ist somit nichts anderes als ein aus seinem Zusammenhang gerissenes Zitat, dessen ursprüngliche Bedeutung verdreht und dessen getragener Ton verfälscht wird [...].«[35] Die Verfälschung läuft dabei auf eine materielle und mundane Auslegung des Bibelverses hinauf, wobei nicht nur mit der Vokabel »justicia«, sondern auch mit der Präposition »por« gespielt wird, kann man doch schlicht *von* den Behörden verfolgt werden, so wie Lázaros Vater, oder *um* der Gerechtigkeit *willen*,[36] im Sinne der Luther-Übertragung, in deren Nähe sich auch die Version des spanischen Humanisten Juan de Valdés findet, die oben zitiert wurde. Einerseits wendet sich ein solcher Umgang mit dem Text, wie man ihn zu Beginn des *Lazarillos* findet, gegen den spirituellen und durch die kirchliche Institution vertretenen Gehalt jener Verse, und realisiert eine spielerische Handhabe mit Möglichkeiten der Auslegung, ausgehend vom vorliegenden *Textmaterial*. Andererseits zielt die Parodie gerade dieses Verses und ihre Wiederholung gegen Ende auf den Fokus materieller Weltlichkeit, der im *Lazarillo de Tormes* vorherrscht.[37] Das Jenseits wird weltanschaulich, die Heilssuche wird als Handlungsmaxime verabschiedet, und obwohl im Text die Vorsehung Gottes wiederholt zitiert wird, scheint dies eher als eine rhetorische Übung, die der Beschreibung des gnadenlosen Alltags des spanischen *Siglo de Oro* wie verloren erscheint.[38]

---

34 Vgl. Fidel Sebastián Mediavilla, Puntuación (y filiación) del Lazarillo, in: Bulletin hispanique 110 (2008), 61–90, 83. In der Ausgabe von Francisco Rico, 14, wird wohl irrtümlicherweise behauptet, das Bibelzitat sei in der Version von 1573 unterdrückt worden.

35 Genette, Palimpseste, 29.

36 Vgl. Lazarillo de Tormes, hrsg. v. Francisco Rico, 14.

37 In diesem Sinne unterstütze ich in der Folge die Lektüre von Ehrlicher (vgl. Zwischen Karneval und Konversion, 186–200), vorgelegte Lektüre.

38 Dies mag mit den geistesgeschichtlichen Hintergründen in Verbindung gebracht werden, die Hans Blumenberg mit seiner Interpretation des mittelalterlichen Nominalismus und Voluntarismus aufgezeigt hat und die – verkürzt gesagt – darauf abzielen, dass die Allmacht des göttlichen Willens ihn von jeder weltlichen Verpflichtung, aber auch von jeglicher

Unterstützt wird eine solche Lesart durch die Namensgebung. Wenngleich mehrere Bibelfiguren als Inspirationsquelle in Frage kommen, ist es doch insbesondere der mit dem Reichen konfigurierte Arme aus einer hinlänglich bekannten Parabel der Bergpredigt (Lk 16,19–25), der zur Benennung des Protagonisten geführt haben mag, nicht nur weil weitere textuelle Hinweise darauf gegeben werden,[39] sondern auch weil er mit der oben vorgeschlagenen Lektüre in Übereinstimmung gebracht werden kann. Denn in dieser Parabel werden die Besitzverhältnisse und die christliche Nächstenliebe weltanschaulich zwischen Diesseits und Jenseits aufgeteilt. Indes, während in der Bibel der Arme von den Engeln in den Himmel getragen wird, ist über das jenseitige Schicksal des frühneuzeitlichen Roman-Antihelden rein gar nichts überliefert. Der Name des Protagonisten ist also in seiner ironischen Vergabe sprechend. Der *Lazarillo* liest sich so wie ein Angriff auf ein durch die katholische Kirche vertretenes Weltbild, dessen weltliche Konsequenzen und Auswüchse – Ablasshandel etc. – während der Reformation in die Kritik geraten waren, das jedoch im Kontext materieller Weltlichkeit, die für den Roman das allgemeine Setting ausmacht, in einem Geflecht von Zitaten oder Anspielungen dem Spott preisgegeben wird.

Das Bibelzitat im *Lazarillo* erweist sich also zum Zeitpunkt seines Erscheinens in der Mitte des 16. Jahrhunderts als höchst subversiv, was allerdings vor allem dann deutlich wird, wenn man den oben aufgezeigten kulturellen Kontext mit berücksichtigt. Der Romanbeginn verstößt so ziemlich gegen alles, was seiner Zeit, oder zumindest ihren offiziellen Würdenträgern, heilig ist. Schon in der Langzeitperspektive lässt sich bis ins Mittelalter zurück die protektive *Pflege* (im Sinne Assmanns) des lateinischen Textes der *Vulgata* zurückverfolgen. Mit der Herausprägung einer humanistischen Kultur, die neuen textkritischen Werten folgt, und der Erfindung des Buchdrucks, der die Diffusionsmöglichkeiten massiv erhöht, verschärft sich dieser Konflikt, der nach Bataillon selbst im Kontext der Erstellung der *Polyglotten* erkennbar wird. Obwohl nun schon zu Beginn des 16. Jahrhunderts das politische Klima angespannt ist, so zeigt sich doch, dass der intellektuelle Rezeptionshorizont sich zu diesem Zeitpunkt noch offener gestaltet, wenn man nämlich berücksichtigt, dass das schon zitierte Drama über die Kupplerin Celestina in mehreren Editionen erscheinen kann und sich dort, wie bereits erwähnt wurde, der gleiche Spott mit den identischen Bibelversen beobachten lässt. Gerade in der Jahrhundertmitte, zu der hin sich jene staatlichen und klerikalen Behörden aufgestellt haben, die künftig das Publikationswesen

---

Vorhersagbarkeit entbinden, was wiederum zu einer mundanen Selbstbehauptung führt. Vgl. Hans Blumenberg, Die Legitimität der Neuzeit, erneuerte Ausgabe, Frankfurt a. Main ^{2}1999, 159–204.

[39] Vgl. María del Mar Cortés, La Biblia en Cervanes y la Novela de la Edad de Oro, in: Gregorio Del Olmo Lete/Rosa Navarro Durán (Hrsg.), La Biblia en la literatura española, II. Siglo de Oro, Madrid 2008, 181–232, 212.

genauer beobachten werden, und die Gegenreformation im Begriff steht, ihre Reihen zu schließen, ist die Publikationsgeschichte des *Lazarillo* die *Chronik eines angekündigten Skandals.* Und dieses Programm *kalkulierter Respektlosigkeit* gibt sich bereits in seinen ersten Absätzen – also direkt am Anfang in exponierter Form – zu erkennen: Man greift auf den biblischen Text zu, übersetzt ihn ins Spanische, interpretiert ihn aber bewusst parodistisch und treibt bei dieser Gelegenheit seinen Spott mit dem christlichen Weltbild.

5. Das *gepflegte* Bibelzitat: das Beispiel des *Guzmán de Alfarache*

Die »Präsenz« (Genette) der Bibel in den fiktionalen Erzähltexten zwischen Renaissance und Barock ist massiv. Allein der Verfasser des *Don Quijote,* Miguel de Cervantes Saavedra, verweist – wie Philologen nachgezählt haben – in seinem gesamten Werk durch Anspielung oder Zitat mehrere hundert Male auf biblische Texte. Dabei gibt es Hinweise darauf, dass er sich bei den spanischen Zitaten an den Wortlaut der *Vulgata* orientiert.[40] So könnte fast der Eindruck entstehen, dass mit voranschreitender Zeit die Zensur lässiger gehandhabt wurde oder dass nach den Zeiten der Konfrontation mit dem Protestantismus und der Verfolgung von Humanisten und Erasmusanhängern in der Jahrhundertmitte das intellektuelle Klima sich wieder etwas freundlicher gestaltete.

Allerdings ist mit Blick auf die fiktionale Erzählliteratur noch eine weitere Überlegung in Betracht zu ziehen, zumal, wenn man bedenkt, dass die bewusste Stelle aus dem Matthäus-Evangelium in der geläuterten Fassung von 1573 erhalten blieb: Die Frage nach dem kulturellen Umgang mit den Bibeltexten verschiebt sich auf die Ebene einer erfundenen Welt mit erfundenen Figuren. Sicherlich sind es letztlich die Autoren, die verantwortlich zeichnen. Im *Lazarillo* ist es jedoch zunächst der retrospektiv erzählende Protagonist selbst – der Autor bleibt ja anonym –, der die Evangelien so leichtfertig zitiert. Zwar dürfte auch dem frühneuzeitlichen Leser schnell klar geworden sein, dass derjenige, der dort das Wort ergreift, unmöglich identisch mit der ausgewiesenen Person ist, deren sozialer Hintergrund vermuten lässt, dass sie nicht gebildet, ja höchstwahrscheinlich nicht einmal alphabetisiert sein kann. Allerdings schlägt der Leser intuitiv das unsachgemäße Zitat der erzählten Welt zu, und damit fällt dieses womöglich auf die Figur zurück, die man im fiktionalen Pakt zunächst einmal als maßgebliche Gestalt hinnimmt, an die man sich als Leser also zu halten hat, an die man sich allerdings nicht halten kann, weil es sie nicht gibt. Vielleicht verhält es sich hier ein wenig so, wie der Sprachwissenschaftler John Searle im Anschluss an John Austin formulierte, dass im Rahmen fiktionaler Kontexte – auf

[40] Vgl. Cortés, La Biblia en Cervantes, 182–185.

der Bühne, im Roman etc. – die Sprechakte ihre verbindlichen gesellschaftlichen Folgen – »Hiermit erkläre ich Euch zu Mann und Frau.« – oder ihre unmittelbaren Auswirkungen verlieren.[41]

Dies gilt natürlich auch umgekehrt für das sachgemäße Bibelzitat. Ein Beispiel findet man ebenfalls in der Schelmenliteratur, im Roman über das *Leben des Pícaro Guzmán de Alfarache* (1599/1603), den Mateo Alemán publizierte. Auch hier reicht ein kurzer Überblick. Nach seinem langen Aufenthalt im Milieu der Kleinkriminalität wird der Protagonist festgenommen und auf die Galeeren geschickt. Allerdings kommt er zur Reue und berichtet im Stil autobiographischer Bekenntnisliteratur, dessen einflussreichstes Modell auf Augustinus zurückgeht, episodenhaft die Stationen seines Werdegangs. Die Konfession bezeichnet die narrativ-emotionale Haltung, die Konversion das Narrativ selbst. Mit diesen kurzen Hinweisen dürfte schon deutlich sein, dass die intentionale Stoßrichtung des Textes – unabhängig von den interpretativen Möglichkeiten, die er erlaubt – eine ganz andere ist als diejenige, die man im *Lazarillo* vorfindet: Es geht hier eher um eine konforme Vermittlung von christlichen Glaubensinhalten, die gleichwohl den Boden für eine umfassende und dabei schonungslose Sozialsatire der krisengeschüttelten Welt im Zeitalter des Posttridentinums bereitet.

Direkt zu Beginn erleidet der unerfahrene Guzmán eine Reihe von Niederlagen und Übervorteilungen, die in ihm Rachephantasien im Hinblick auf die Übeltäter hervorrufen – konkret handelt es sich um eine Schankwirtin, die ihm verdorbenes Brot und angebrütete Eier vorgesetzt hatte. In dem Moment, in welchem er seine Gelüste zwei mitreisenden Klerikern offenbart, holt einer von ihnen zu einer weitschweifigen Gelegenheitspredigt aus, die gespickt ist von Bibelzitaten, die alle in der Volkssprache wiedergegeben werden. Den Ausgangspunkt bildet Jesu Diktum, man solle seinen Feinden verzeihen und denen Gutes tun, die einen hassen (Mt 5,44 und Lk 6,27). Der Geistliche zitiert volkssprachlich, die Verse werden in Anführungszeichen gesetzt und sogar nachgewiesen: »Das heilige Evangelium nach Matthäus berichtet uns im fünften Kapitel und Sankt Lukas im sechsten: *Verzeihet euren Feinden und tuet Gutes denen, die euch hassen* [Kursiv im Text].«[42] Die Predigt wartet mit weiteren Parabeln, Bei-

---

[41] JOHN SEARLE, The Logical Status of Fictional Discourse, in: New Literary History 6/2 (1975), 319–332. Vermutlich wäre es ebenso ertragreich, diese Beobachtungen mit MICHAIL BACHTINS (Die Ästhetik des Wortes, Frankfurt a. Main 1979, 192–300) Begriff der *Polyphonie* in Verbindung zu setzen, wenn man bedenkt, dass eine solche auch kulturelle Kontrollinstanzen verwirren kann.

[42] Spanische Schelmenromane, hrsg. von HORST BADER, München 1964, 127; vgl. MATEO ALEMÁN, Guzmán de Alfarache, hrsg. von JOSÉ MARÍA MICÓ, Madrid 2000, Bd. 1, 182: »Refiérenos el sagrado Evangelio por San Mateo, en el capítulo quinto, y San Lucas en el sexto: ›Perdonad a vuestros enemigos y haced bien a los que os aborrecen‹.« Dies stimmt nur partiell überein mit der Biblia del Oso, Segvn S. Mattheo, Basel 1568, 10, wo es heißt: »Amad à

spielen und Zitaten auf. Die Argumentation zielt darauf ab, dass unsere Freunde eigentlich unsere Feinde sind, weil sie uns Annehmlichkeiten verschaffen und damit von der Gottes- und Heilssuche abbringen. Unsere Feinde entpuppen sich im Gegensatz dazu als unsere unfreiwilligen Freunde, weil sie in ihren Versuchen, uns zu beleidigen und zu erniedrigen, bei der Selbstüberwindung behilflich sind, die die Hinwendung zu Gott ermöglicht. Alle Bibelzitate, die allerdings in der Folge nicht mehr nachgewiesen werden, sind ins Spanische übersetzt.

Diese Seiten des Guzmán de Alfarache vergegenwärtigten einen *gepflegten Umgang* mit den Bibelversen, aber wie lässt sich das behaupten angesichts der Tatsache, dass hier die Bibel in der Volkssprache zitiert wird? Tadellos sind vor allem die fiktionalen Bedingungen, unter denen die sprachliche Handlung des Bibelzitats vorgeführt wird. Es handelt sich um Kleriker, die ihren direkten Zugang zum Text durch ihre institutionelle Zugehörigkeit – wenn auch innerhalb der erzählten Welt – rechtfertigen. Diese Delegation des Wortes erlaubt den extensiven Umgang mit biblischem Textmaterial. Die beiden Geistlichen sind dabei schon von der ersten Begegnung an über jeden moralischen Zweifel erhaben: »Ihre Aufmachung und ihr Gesicht verriet [*sic!*] ihren guten Lebenswandel und ihre Armut. Sie waren nicht auf den Mund gefallen, der eine zählte höchstens sechsunddreißig Jahre, der andere über fünfzig.«[43] Die Übertragung des Wortes zur Sendung einer christlichen Botschaft an die amtsmäßig hierfür vorgesehenen Personen, die Glaubwürdigkeit und hohe Moral, die ihre Gestalten schon in ihrem Äußeren zu erkennen geben, sowie die Textsorte der Predigt ermöglichen im Verbund einen Zugriff auf Bibelverse, die sogar auf Spanisch Eingang in den Text finden. Dabei ist jedoch nicht unwichtig, dass diese Predigt in der fiktionalen Welt, die sich dem Leser vermittelt, gesprochen ist und nicht schriftlich fixiert. Das heißt, die Prediger sprechen, Guzmán schreibt es auf, Mateo Alemán verschwindet dahinter unmerklich.

Das wiederholte Bibelzitat auf Spanisch ist zudem in der Situation, die hier fiktional simuliert wird, vollkommen kohärent. Die Herrschaften sind unterwegs, man reitet auf Eseln, Zuhörer sind Guzmán und der Besitzer der Tiere. Wollen sich die Geistlichen gegenüber diesen Zuhörern verständlich machen, ist die Volkssprache alternativlos, das Lateinische real und fiktional *unwahrscheinlich.* Die Episode vermittelt daher nicht nur im weitesten Sinne eine christliche Botschaft. Ohne verdächtig zu sein, verweist sie auf eine reformatorische Perspektive der Kirche, nämlich auf die Notwendigkeit, den Text, auf dem nicht nur die christliche, sondern eben auch die katholische Religion letztlich gründet, unter

---

vuestros enemigos [...] hazed bien à losque os aborrecen [...].« (https://archive.org/stream/ la bibliaqveeslos00rein#page/n1035/mode/1up (Stand: 20.05.2016)).

[43] Spanische Schelmenromane, 124. Vgl. Alemán, Guzmán, 178: »Su compostura y rostro daban a conocer su buena vida y pobreza. Eran bien hablados, de edad el uno hasta treinta y seis, y el otro de más de cincuenta.«

das Volk zu bringen und ihn eben, wenn schon die Bauern die Evangelien nicht von sich aus sängen oder die Wanderer auf ihren Wegen, wie Erasmus wollte, ins Spanische zu übertragen.[44]

6. Schlusswort

Wie Übersetzungen, so sind auch Zitate Handlungen innerhalb eines kulturellen Kontextes. Hier gilt das Kriterium von Austin im Hinblick auf die Frage, ob eine sprachliche Handlung gelingt oder nicht, weil eventuell Konsequenzen drohen für Personen, die Unpersonen zitieren, die falsch zitieren, die plagiieren oder Zitiernormen nicht einhalten. Zitieren ist eine Kulturtechnik. Dies gilt nicht zuletzt für Bibelzitate, und für diese besteht eine große Gefahr des Misslingens in der Epoche der spanischen Gegenreformation. Es drohen ernste Konsequenzen, die – historisch betrachtet – Indikatoren dafür sind, ob die Intertextualität reüssiert hat oder nicht. Im Kontext des Zitats können wir daher ›gepflegte Pragmatik‹ als die geregelte Bezugnahme auf einen vorausliegenden Text begreifen, der einen zentralen Stellenwert innerhalb einer Gesellschaft einnimmt, dessen Zugang und Umgang restringiert ist und bestimmten Normen unterliegt. Demgegenüber finden wir – immer bezogen auf das Bibelzitat – eine *ungepflegte* oder auch *wilde Pragmatik*, die subversiv ist und gegen die Tabus, die den Umgang mit einem zentralen Kulturtext erschwert, bewusst verstößt.

Im Medium der Fiktion allerdings steigert sich die Komplexität. Denn hier stellt sich nicht allein die Frage, was ein Text in seiner Faktur als sprachliche Handlung bewerkstelligt, sondern inwiefern die in der erzählten Welt handelnden Figuren sprachliche Handlungen vollziehen und in welchem kontextuellen oder institutionellen Rahmen sie dies tun. Kultur gerät auf die literarische Inszenierungsebene und wird womöglich mit größerer Distanz beobachtet, was natürlich nicht ausschließt, dass auch dies bei Tabubruch beanstandet oder zensiert werden kann. Es wäre sicherlich lohnenswert, das Bibelzitat in der fiktionalen Erzählliteratur des 16. Jahrhunderts, insbesondere im Picaro-Roman zu untersuchen. Ein solches Desiderat gilt insbesondere für den *Guzmán de Alfarache*, in welchem die »Präsenz« der Bibel immens ist.[45] Zwar präsentiert sich dieser Roman als durchaus exemplarisches Kompendium einer gesellschaftlichen Semantik, im besten Sinne Luhmanns vom »Fluch der Ruderer in den Galeeren« bis hin zum »*take off* einer besonderen Ideenevolution«.[46] Aufschlussreich wäre dabei eine genauere Sichtung des Umgangs mit den Bibelzi-

---

[44] Dies soll freilich kein Ausgangspunkt für eine Interpretation des *Guzmán* ›im Geiste des Erasmus‹ sein. Hier kommentieren wir lediglich das zitierte Kapitel.

[45] Vgl. María Del Mar Cortés, La Biblia en Cervantes, 213–226.

[46] Luhmann, Gesellschaftsstruktur und Semantik, 19.

taten und ihrer jeweiligen literarischen Inszenierung. Denn wenn man die erzählende und dramatische Literatur ausgehend von Aristoteles als die *Darstellung handelnder Menschen* begreift, dann spricht Einiges dafür, die sprachlichen und kulturellen Handlungen, ihre Pflege und die Verstöße gegen ihre Regeln mit einzubeziehen.[47]

Literatur

Alemán, Mateo, Guzmán de Alfarache, hrsg. v. José María Micó, Bd.1, Madrid 2000.

Assmann, Jan, Kultur und Gedächtnis, Frankfurt a. Main 1988.

Avenoza, Gemma, Las traducciones de la Biblia en castellano en la Edad Media y sus comentarios, in: del Olmo Lete, Gregorio/Pascua, María Isabel Toro (Hrsg.), La Biblia en la literatura española, I. Edad Media, Bd. 1, Madrid 2008, 14–19.

Bachtin, Michail M., Literatur und Karneval. Zur Romantheorie und Lachkultur, Frankfurt a. Main 1990.

Bachtin, Michail, Die Ästhetik des Wortes, Frankfurt a. Main 1979.

Bader, Horst (Hrsg.), Spanische Schelmenromane, München 1964.

Baecker, Dirk, Art. »Kultur«, in: Barck, Karlheinz u. a. (Hrsg.), Ästhetische Grundbegriffe: Historisches Wörterbuch in sieben Bänden, Bd. 3, Stuttgart 2001, 510–556.

Bataillon, Marcel, Erasmo y España. Estudios sobre la historia espiritual del siglo XVI, Madrid ³2007.

Blumenberg, Hans, Die Legitimität der Neuzeit, erneuerte Ausgabe, Frankfurt a. Main ²1999.

Borja, Pedro Sánchez-Prieto, La Biblia en la Historiografía medieval, in: Del Olmo Lete, Gregoria/Pascua, María Isabel Toro (Hrsg.), La Biblia en la literatura española, I. Edad Media, Bd. 1, Madrid 2008, 112–154.

Bossong, Georg, Das maurische Spanien. Geschichte und Kultur, München 2007.

De Rojas, Fernando, La Celestina, hrsg. v. Bruno Mario Damiani, Madrid 1984.

De Valdés, Alfonso, La vida de Lazarillo de Tormes, y de sus fortunas y adversidades, in: Durán, Rosa Navarro (Hrsg.), Barcelona 2003, auch Lazarillo de Tormes, hrsg. v. Francisco Rico, Madrid ¹⁶2002.

Del Mar Cortés, María, La Biblia en Cervantes y la Novela de la Edad de Oro, in: Ders./ Durán, Rosa Navarro (Hrsg.), La Biblia en la literatura española, II. Siglo de Oro, Madrid 2008, 181–232.

Del Olmo Lete, Gregorio, La Biblia en la literatura espiritual del Siglo de Oro, in: Ders./ Durán, Rosa Navarro (Hrsg.), La Biblia en la literatura española, II. Siglo de Oro, Madrid 2008, 101–179.

---

47 Vgl. Reinhard Krüger, Inszenierte Kommunikation im Don Quijote. Ein Maskenball oder Aspekte der impliziten Anthropologie bei Cervantes, in: Klaus-Dieter Ertler/Sonja Maria Steckbauer (Hrsg.), 400 Jahre Don Quijote. Zur Rezeption des spanischen Klassikers in Europa und in den Amerikas, Frankfurt a. Main 2007, 119–138.

Delgado, Mariano, Dem ›christlichen Beruf‹ treu geblieben? Zu den expliziten und impliziten religiösen Diskursen im *Quijote*, in: Strosetzki, Christoph (Hrsg.), Explizite und implizite Diskurse im *Don Quijote*, Berlin 2005, 59–81.

Ehrlicher, Hanno, Zwischen Karneval und Konversion. Pilger und Pícaros in der spanischen Literatur der Frühen Neuzeit, München 2010.

Genette, Gérard, Palimpseste. Die Literatur auf zweiter Stufe, Frankfurt a. Main 1993.

Juderías, Julián, La leyenda negra y la verdad histórica, contribución al estudio del concepto de España en Europa, de las causas de este concepto y de la tolerancia política y religiosa en los países civilizados, Madrid 1914.

Köhler, Hartmut (Hrsg.), Lazarillo de Tormes/Klein Lazarus vom Tormes, Stuttgart 2006.

Krüger, Reinhard, Inszenierte Kommunikation im Don Quijote: Ein Maskenball oder Aspekte der impliziten Anthropologie bei Cervantes, in: Ertler, Klaus-Dieter/Steckbauer, Sonja Maria (Hrsg.), 400 Jahre Don Quijote. Zur Rezeption des spanischen Klassikers in Europa und in den Amerikas, Frankfurt a. Main 2007, 119–138.

Luhmann, Niklas, Gesellschaftsstruktur und Semantik. Studien zur Wissenssoziologie der modernen Gesellschaft, Bd. 1, Frankfurt a. Main 1993.

Mediavilla, Fidel Sebastián, Puntuación (y filiación) del Lazarillo, in: Bulletin hispanique 110 (2008).

Neuschäfer, Hans-Jörg (Hrsg.), Spanische Literaturgeschichte, Stuttgart ^{2}2001.

Posner, Roland, Kultursemiotik, in: Nünning, Ansgar/Nünning Vera (Hrsg.), Konzepte der Kulturwissenschaften. Theoretische Grundlagen – Ansätze – Perspektiven, Stuttgart/Weimar 2003, 39–71.

Posner, Roland, Was ist Kultur? Zur semiotischen Explikation anthropologischer Grundbegriffe, in: Landsch, Marlene/Karnowski, Heiko (Hrsg.), Kultur-Evolution. Fallstudien und Synthese, Frankfurt a. Main 1992, 1–65.

Searle, John, The Logical Status of Fictional Discourse, in: New Literary History 6/2 (1975).

Stockwell, B. Foster (Hrsg.), El Nuevo Testamento de nuestro Redentor y Salvador Jesucristo, Buenos Aires 1943.

Internetquellen

Biblia del Oso, Segvn S. Mattheo, Basel 1568, (https://archive.org/stream/labibliaqveeslos00rein#page/n1035/mode/1up [Stand:20. 05.2016]).

Erasmus, Desiderius, Novum instrumento omne, Basel 1516 [10] (http://www.e-rara.ch/bau_1/content/pageview/895566 [Stand:19. 05.2016]).

http://www.cervantesvirtual.com/obra-visor/el-evangelio-segun-san-mateo-0/html/fee74f46-82b1-11df-acc7-002185ce6064_2.htm#7 (Stand:24. 05.2016).

http://www.iglesiareformada.com/Enzinas_Mattheo.html (Stand: 13. 05.2016).

https://www.bibelwissenschaft.de/online-bibeln/biblia-sacra-vulgata/lesen-im-bibeltext/bibel/text/lesen/stelle/50/50001/59999/ch/a2c1f3b78c3fda3eca05baf22fbc2504/ (Stand: 13. 05.2016).

»And God said«: Die Bibel in Werken der zeitgenössischen englischsprachigen Literatur

Für E.

Susanne Bach

Die Auseinandersetzung mit heiligen Schriften ist nicht immer unproblematisch oder ungefährlich. Der indisch-britische Autor Salman Rushdie kann davon künden, seit er 1988 seinen Roman *Die Satanischen Verse* veröffentlichte. Das Werk, das sich u. a. mit dem Leben Mohammeds beschäftigt, war der Grund dafür, dass sein Verfasser mittels einer Fatwa zum Tode verurteilt wurde, denn schließlich habe er sich damit, so seine Kritiker, gegen den Propheten, den Koran und den Islam gestellt. Zunächst wurde eine Million Dollar auf seinen Kopf ausgesetzt, der Betrag wurde 1991 verdoppelt und seit 2012 beträgt er 3,3 Millionen Dollar. Diese Fatwa hat Rushdies Leben über Jahrzehnte hinweg bestimmt, eingeschränkt und verändert.[1]

Eine solche Bedrohung stellt die Auseinandersetzung mit der Bibel, der Heiligen Schrift des Christentums, nicht dar, obschon erbittert und nicht immer unblutig um dieses Buch gekämpft wurde, geht es in ihm doch um die letzten Dinge, nämlich die menschliche Existenz und das Wirken Gottes. Diese inhaltlich grundlegenden Themen haben nicht nur Theologen und Philosophen, sondern auch Autoren und Filmemacher herausgefordert, sich mit dem Buch auseinanderzusetzen: kritisch oder kreativ, verklärend oder verletzend, in allegorisch anspielungsreichen Verweisen oder – um ein Bild des ritterlichen Turniers zu verwenden – mit offenem Visier.

Dieser Komplexität in Rezeption, Interpretation und Adaption möchte ich mich im Folgenden in rein repräsentativer und exemplarischer Hinsicht stellen. Es kann nicht einmal ansatzweise um Vollständigkeit gehen, sondern um Tendenzen; nicht um Detailanalysen, sondern um das Erkennen von Zusammenhängen. Ich werde zudem die Begriffe Glauben, Spiritualität und Religiosität in ihren Alltagsbedeutungen verwenden und sie nicht ausdifferenzieren. Texte und Filme wurden dahingehend ausgewählt, ob sie eindeutiges Potenzial für eine

---

1 Vgl. Shailja Sharma, ›Precious Gift/Piece of Shit‹: Salman Rushdie's ›The Satanic Verses‹ and the Revenge of History, in: Jago Morrison/Susan Watkins (Eds.), Scandalous Fiction: the Twentieth-Century Novel in the Public Sphere. Basingstoke u. a. 2006, 136–149.

entsprechende Diskussion enthielten. Die Wahl fiel schließlich auf drei Werke – zwei Romane und einen Film –, denen ein entsprechend exemplarischer Charakter zukam.

Einleitend möchte ich den theoretischen Hintergrund meiner Analysen umreißen, hauptsächlich auf Soziologie und Theologie rekurrierend, und dann drei für das Thema relevante Werke diskutieren, bevor ich beide Bereiche miteinander verwoben in Hypothesen überführen werde, mit denen ich schließe. An den Anfang stellen möchte ich die Beobachtung des US-amerikanischen Philosophen und Psychologen William James, der konstatierte: »Yet the unseen region in question is not merely ideal, for it produces effects in this world«.[2] Will sagen, dass die Religion, über die James hier spricht, für ihn eben nicht isoliert steht; nicht ein numinoses, abgehobenes, distanziertes Abstraktes in einer jenseitigen Welt ist, sondern Effekte in dieser, in unserer Welt zeitigt. Der Soziologe und Theologe Peter L. Berger führt dies weiter aus:

> »Religiöse Legitimationen ergeben sich aus menschlichem Handeln. Wenn sie sich jedoch erst zu Sinngebilden kristallisiert haben, die Bestandteile der religiösen Überlieferung werden, können sie dem Handeln gegenüber ein gewisses Maß an Autonomie gewinnen. Sie können dann tatsächlich *zurückwirken* auf das Handeln des Alltags und es gelegentlich von Grund auf verändern.«[3]

Das, was Berger über Gesellschaft sagt, kann auch für Religion gelten, wenn man von der Denkprämisse ausgeht, dass Religion in der Immanenz verankert ist, obschon sie sich mit Transzendenz befasst: »Gesellschaft ist ein dialektisches Phänomen, weil sie zwar ein Produkt des Menschen und nichts als das ist, ein Produkt jedoch, welches fortwährend auf seinen Produzenten zurückwirkt«[4]. In diesen dialektischen Kontext kann man auch die Bibel stellen; ein Buch, auf dem der christliche Glaube und seine Gottesvorstellung fußt. Mit Berger wäre dann die Bibel ein Produkt des Menschen (insofern als sie menschliche Autoren hat), das auf seine Produzenten (die Menschheit) zurückwirkt.

Eben dieses Werk – das Buch weltweit mit der höchsten Auflage – und das darin enthaltene Glaubensangebot hat die Menschen gespalten: Manche waren bereit, dafür ihr Leben zu geben, andere kämpften erbittert dagegen und feindeten das an, wofür es einsteht. Die Bibel verfügt über gesellschaftlich hohe Symbol- und Verweiskraft: So legte etwa Barack Obama auf der Bibel von Abraham Lincoln seinen Amtseid ab. Und wann immer Protest gegen die christliche Religion und ihre Anhänger medienwirksam gestaltet werden sollte,

---

2 William James, The Varieties of Religious Experience. A Study in Human Nature, Rockville 2008, 1.

3 Peter L. Berger, Zur Dialektik von Religion und Gesellschaft. Frankfurt 1988, 41.

4 A.a.O., 3f.

wurden (und werden) Bibeln verbrannt. Gegen das Christentum und ihr zentrales Werk richteten sich – neben anderen Religionen – auch Säkularisationsbewegungen; so ist laut Karl Marx beispielsweise Religion nichts anderes als Opium für das Volk. Die Säkularisierung als ein Prozess, »durch den Teile der Gesellschaft aus der Herrschaft religiöser Institutionen und Symbole entlassen werden«[5], zeitigte ihrerseits Konsequenzen, denn mit der Infragestellung des Glaubens an das, was nicht durch die Wissenschaften überprüft und belegt werden konnte, verloren viele Menschen ihren Halt. Eine Gegenbewegung gegen die Säkularisierung war also nur eine logische und eigentlich vorhersehbare Konsequenz der mit Vehemenz betriebenen Säkularisation selbst.

Der Auslöser für eine umfassende Gegensäkularisation in der Gegenwart, mit all ihren Resakralisierungsbemühungen, ist nach Berger die Unsicherheit, die sich vieler Menschen bemächtigt, wenn sie sich die ewigen, die letzten Fragen nach dem Sinn des Lebens und nach der Schöpfung stellen und keine befriedigenden Antworten mehr finden können: »[...]uncertainty is a condition that many people find very hard to bear, therefore, any movement [...] that promises to provide or renew certainty has a ready market«.[6] Mit James und mit Berger kann man also festhalten, dass unsere Gegenwart geprägt ist durch Versuche der (Re)Sakralisierung[7], die in vielen gesellschaftlichen, nationalen und kulturellen Bereichen auftauchen und ihre Spuren hinterlassen. Objekte, Formen und (materielle) Repräsentanzen dieser Resakralisierung finden sich natürlich nicht unverändert wieder; sie werden funktionalisiert und adaptiert, wie ich später illustrieren werde. Nach diesen eher allgemeinen und theoretischen Bemerkungen, die für den Hintergrund meiner Analysen jedoch eine wichtige Rolle spielen, möchte ich jetzt auf die Bibel und auf ihre Transformation und Adaption in zeitgenössischen Werken zu sprechen kommen.

Die Bibel gilt als Wort Gottes. In ihr teilt sich der Schöpfer den Menschen mit. Am Anfang war das Wort und das Wort war bei Gott, heißt es bei Johannes 1,1. Dieses Wort Gottes ist nach wie vor fest im kulturellen Gedächtnis der westlichen Welt festgeschrieben. Selbst ein glaubens- und kirchenferner Mensch wird diesem Buch nicht aus dem Weg gehen können, so tief ist es in unserer Kultur immer noch verankert, auch wenn man dies auf den ersten Blick vielleicht so nicht wahrnimmt. Roland Barthes würde hier konstatieren, dass wir in einer »chambre

---

5 A. a. O., 103.

6 Aus Peter L. Berger, The Desecularization of the World: A Global Overview, in: Ders. (Ed.), The Desecularization of the World. Resurgent Religion and World Politics. Washington 1999, 7: Ungewissheit ist ein Zustand, den viele Menschen nur schwer aushalten können, deshalb findet jede Bewegung, die Sicherheit verspricht oder erneuern will, einen breiten Markt (eigene Übersetzung).

7 Aus Gründen der besseren Lesbarkeit im Folgenden *Resakralisierung* geschrieben.

d'échos«[8], einem Echoraum, gefangen und nun – je nach Perspektive – dazu verdammt oder befähigt sind, den Widerhall lang verklungener Worte zu hören.

Texte gehen auf frühere Texte zurück; die Intertextualitätsforschung geht zudem davon aus, dass jeder Schreibende zunächst einmal ein Lesender war, und dass das Grundgerüst einer Kultur sich auch in ihm strukturbildend, im Sinne eines kulturellen Gedächtnisses, einschreiben konnte.[9] Dieses umfasst »den jeder Gesellschaft und jeder Epoche eigentümlichen Bestand an Wiedergebrauchs-Texten, -Bildern und -Riten [...], in deren ›Pflege‹ sie ihr Selbstbild stabilisiert und vermittelt, ein kollektiv geteiltes Wissen vorzugsweise (aber nicht ausschließlich) über die Vergangenheit, auf das eine Gruppe ihr Bewußtsein von Einheit und Eigenart stützt«.[10] Literatur dient daher nicht nur als ein Repositorium des kulturellen Gedächtnisses, sondern ist auch ein Palimpsest, das als Sinnbild dafür einsteht, dass zu jedem beliebigen Text immer ein Subtext existiert, den man oft unterhalb des neuen Textes noch erkennen kann. Und die Bibel – und damit auch ihre Inhalte, Themen, Figuren und Motive – hat so tiefe Eindrücke in unserer Kultur hinterlassen, dass man – mit Roland Barthes – immer noch deren Echos hört, bzw. mit William James und Peter L. Berger deren Effekte in unserer Welt auffinden kann. Man könnte nun hypothetisch annehmen, dass durch bestimmte Phänomene (die starken Säkularisierungsbewegungen, durch die Betonung des Materiellen und durch die Konkurrenz mit anderen Sinnofferten und anderen Schriften, aber auch durch die Entwertung des Transzendenten) die Stimmen des christlichen Gottes, Jesu und des gesamten biblischen *dramatis personae* im Echoraum leiser geworden nahezu verhallt sind. Aber das stimmt so nicht.

Wenn man genau hinhört, so kann man im Echoraum der Literatur durchaus noch in neuen Texten sehr alte Stimmen hören. Im Roman *The Tent Peg* von Aritha van Herk, ins Deutsche übertragen als *Mackenzies Koch*, vernimmt man zunächst zehn zeitgenössische Stimmen – neun männliche, eine weibliche. Die Handlung ist schnell umrissen: Eine junge kanadische Soziologiestudentin hat – man kann es nicht anders ausdrücken – die Nase voll vom Studium und verdingt sich als Koch für ein Camp voller Geologen, die im kalten und unwirtlichen Norden Kanadas nach Uranium suchen: »[...] ich wollte weggehen, irgendwohin, und ein bißchen Distanz zu meiner kleinen Welt gewinnen«.[11] Da es ihr aber bewusst ist, dass wohl niemand eine junge Studentin mit neun Männern in die Wildnis

---

[8] Zitiert nach Ulrich Broich/Manfred Pfister, Intertextualität. Formen, Funktionen, anglistische Fallstudien. Tübingen 1985, 12.

[9] Vgl. Judith Still/Michael Worton, Introduction, in: Dies. (Hrsg.), Intertextuality. Theories and Practices. Manchester/New York 1990, 1.

[10] Jan Assmann, Kollektives Gedächtnis und kulturelle Identität, in: Ders./ T. Hölscher (Hrsg.), Kultur und Gedächtnis, Frankfurt 1988, 15.

[11] Aritha van Herk, Mackenzies Koch, übers. v. Werner Richter. München 1999, 28.

schicken würde, kürzt sie ihren Vornamen auf die Initialen »J.L.« und füllt die Frage nach ihrem Geschlecht in den Bewerbungsunterlagen einfach nicht aus.

> »Ich habe mir zwar schon gedacht, daß mir mein abgekürzter Name helfen würde, einer ersten Überprüfung standzuhalten, aber mit ihrer unangreifbaren Arroganz hatte ich wirklich nicht gerechnet, nämlich daß es gar nichts ausmachte, wenn ich das Kästchen für ›Geschlecht‹ freilassen und kein W oder M ankreuzen würde. Frauen schmücken sich nicht mit den Wahrzeichen der Männer. Es muß ihnen aufgefallen sein, aber die dachten wohl, es sei mir aus männlicher Nachlässigkeit passiert. Initialen stehen eben für einen Mann.«[12]

Bei dem Täuschungsmanöver ist auch sehr hilfreich, dass sie nicht dem typischen weiblichen Phänotypus entspricht und zunächst aufgrund von Kleidung und Verhalten als ein spätpubertierender junger Mann durchgeht. Erst nach ihrem Outing als Frau wird einer der Männer über sie sagen:

> »[...] sie ist irgendwie merkwürdig. Nicht besonders auffällig, man würde sie wohl kaum bemerken, wenn sie nicht die einzige Frau im Umkreis wäre. Und auch nicht gerade attraktiv, kaum Kurven. Immerhin, eine Frau ist eine Frau, und wenn man am Arsch der Welt ist, kann man nicht wählerisch sein.«[13]

J.L. ist sich ihrer Situation sehr bewusst.

> »Wir sind mitten in den Yukon Mountains, die dünne Antenne des Funkgeräts ist unsere einzige Verbindung zum Rest der Welt, und ich bin auf mich selbst gestellt, mit ihnen oder gegen sie. Auf eigenen Wunsch, auf eigene Torheit. Und jetzt auf einmal habe ich Angst. Ich, unabhängig zwar, aber unbedeutend und allein und ja, furchtsam, dem Ärger und der Macht von neun Männern ausgeliefert.«[14]

Weiter heißt es:

> »Männer können gar nicht wissen, kennen das nicht, ständig im Bewusstsein zu leben, dass man verwundbar ist, jedem Angriff wehrlos ausgeliefert [...] es passiert jeder von uns früher oder später. Schließlich haben sie die perfekte Ausrede. Wir sind Schuld dran. Wir waren zur falschen Zeit am falschen Ort, wir waren falsch angezogen, wir haben die Aufmerksamkeit auf uns gezogen.«[15]

---

[12] A. a. O., 28.

[13] A. a. O., 102.

[14] A. a. O., 73 f.

[15] A. a. O., 254.

J.L.'s Angst ist nicht unbegründet, denn eines Nachts kommt es fast zu einer Vergewaltigung. Jerome, der aggressivste der Männer, hat genug von ihrem umsichtigen, distanzierten Verhalten. Als er in ihr Zelt eindringt, kann J.L. sich wehren, kann ihm die mitgebrachte Pistole entreißen und auf seine Geschlechtsteile richten, drückt aber nicht ab, sondern feuert stattdessen durch das Zeltdach nach oben.

The Tent Peg/Mackenzies Koch kontrastiert die Schilderung der Dominanz und der Macht des Männlichen durch eine Hinwendung zum Weiblichen. J.L. ist so eins, so verbunden mit den Elementen, dass sie einen Erdrutsch vorausahnt, die Männer warnen und so vor dem Tod erretten kann. Des Weiteren kommuniziert J.L. mit einer weiblichen Bärin, einem der gefährlichsten Tiere in der Wildnis[16]. Und mit ihrer Hilfe finden die Männer nicht, wie geplant, Uranium, sondern etwas viel Wertvolleres, nämlich Gold.

Zunächst reagierte die feministische Kritik auf das Werk. Es gehe um weibliche Selbstermächtigung angesichts einer Übermacht von Männern. Es gehe um das alte Rollenklischee der nährenden, aber geschlechtslosen Mutter, die für die Männer sorgt und kocht, und das der begehrenswerten Frau, die sich wortwörtlich die Männer vom Leib halten muss; Hure und Heilige, Madonna und Mutter, Geliebte und Kriegerin, es gebe kaum ein weibliches Klischeebild, das der Roman auslasse. Es gehe um Frauenfreundschaft, denn allein durch die Erinnerung an ihre Freundin Deborah hält J.L. es in dem Camp so lange aus. Es gehe um die Dichotomie von einer emotionalen, mythischen, naturverbundenen Weiblichkeit gegenüber einer rationalen, funktionalistischen, ausbeuterischen, zerstörerischen Männlichkeit; eine Vorstellung, die auch heute noch mühelos selbst als Stereotyp entlarvt werden könnte.[17]

All das sind sicherlich valide und treffende Deutungen, aber sie klären nicht ganz das Verweispotenzial des Textes, dem ich mich im Sinne von Paul Ricoeurs Hermeneutik des Verdachts nähern möchte. Neben der feministischen Deutungsebene in der Auseinandersetzung mit diesem Werk setzte sich nämlich parallel eine andere Lesart durch. Die Namensgebung *J.L.* und *Deborah* machte stutzig. J.L. klingt, wenn man es im Englischen ausspricht: [dʒeɪ]-[ɛl]. Jaël (Englisch ebenfalls ausgesprochen [dʒeɪ]-[ɛl]) ist ein alttestamentarischer Vorname, und wenn man weiß, wie eng er in der Bibel mit dem Namen Deborah verknüpft ist, dann wird deutlich, wie sehr dieser scheinbar so feministische Text zurückgeht auf einen *eigentlich* sehr patriarchalisch gestimmten Hypotext, nämlich das Alte Testament, genauer: das Buch Richter; noch genauer: damit in Teilen wahrscheinlich der älteste Teil des Alten Testaments. In ihm ist Deborah

---

16 A.a.O., 173.

17 Vgl. ausführlicher Martina Hörnicke, Gendering Myths. Margaret Atwood's Penelopiad and Aritha van Herk's The Tent Peg, in: Susanne Bach (Hrsg.), Intertextual Transitions in Contemporary Canadian Literature, Trier 2013, 73–202.

eine Prophetin und Richterin, und Jaël ist eine verheiratete Frau. Sisera, ein Feind ihres Volkes, aber dennoch ein Freund von Jaëls Familie, flieht in ihr Zelt und versteckt sich dort, weil er vermutet, dass sie sich an die Gesetze der Gastfreundschaft halten wird. Die Bibel berichtet:

> »17 Sisera war zu Fuß zum Zelt der Jaël [...] geflohen [...]. 18 Jaël ging Sisera entgegen und sagte zu ihm: Kehr ein, Herr, kehr ein bei mir, hab keine Angst! Da begab er sich zu ihr ins Zelt und sie deckte ihn mit einem Teppich zu. 19 Er sagte zu ihr: Gib mir doch etwas Wasser zu trinken, ich habe Durst. Sie öffnete einen Schlauch mit Milch und gab ihm zu trinken, dann deckte sie ihn wieder zu. 20 Er sagt zu ihr: Stell Dich an den Zelteingang, und wenn einer kommt und dich fragt, Ist jemand hier, dann antworte: Nein. 21 Doch Jaël, die Frau Hebers, holte einen Zeltpflock, nahm einen Hammer in die Hand, ging leise zu Sisera hin und schlug ihm den Zeltpflock durch die Schläfe, so dass er noch in den Boden drang. So fand Sisera, der vor Erschöpfung eingeschlafen war, den Tod.« (Ri 4,17–21)

Zunächst erklärt sich so der Titel *The Tent Peg:* ein *tent peg* ist der Zeltpflock im Englischen. Zum anderen erklärt sich so aber manche Passage des Romans, die einem modernen Leser vielleicht etwas merkwürdig vorkommt.[18] Das Abstecken der Goldmine durch das Einschlagen von Pflöcken wird überaus detailliert beschrieben, vor allem dort, wo auch J.L. Pflöcke einschlägt: Es wird schnell klar, wo das Verweispotenzial der Passagen liegt. Die junge Soziologiestudentin steckt ihren Claim ab, wortwörtlich und im übertragenen Sinn: Sie beansprucht die Männer, die den Sommer mit ihr verbracht haben, und die sie zum Besseren verändern konnte. Mackenzie, der Leiter der Expedition, kommt *en passant,* aber dennoch direkt auf den biblischen Hypotext zu sprechen:

> »Ach, Sisera, ich würde mit Dir tauschen. Ich würde alles, was ich habe, dafür geben, von ihrer Hand zu sterben, von ihr Brot und Milch gereicht zu bekommen und zu fühlen, wie sie eine Decke über meinen müden Körper breitet, und – ja, auch das – in unschuldigem Schlaf zu liegen, während sie in die eine Hand den Hammer nimmt und mit der anderen den Zeltpflock ergreift und ihn ganz behutsam, ach so behutsam, damit ich nicht aufwache, durch meinen Kopf in die Erde einschlägt, [...] und mir so Ruhe und Frieden schenkt.«[19]

Der Roman *Mackenzies Koch/The Tent Peg* ist, für sich allein genommen, ein gelungener Roman über Geschlechterrollenstereotypen und deren Durchbre-

---

[18] Hier und im Folgenden soll aus Gründen der besseren Lesbarkeit und in Ermangelung einer attraktiven Alternative vom *Leser* gesprochen und damit gleichzeitig indiziert werden, dass Leserinnen natürlich eingeschlossen sind.

[19] Herk, Mackenzies Koch, 303.

chung. Er geht zurück auf archaische Vorstellungen von der Übermutter (Sisera will nur Wasser, sie aber gibt ihm Milch und deckt ihn zu) und der verführerischen Frau (sie geht ihm aktiv entgegen und lädt ihn in ihr Zelt ein) in Personalunion. Er geht aber auch zurück auf Textbelege weiblicher Stärke angesichts einer männlichen Übermacht, wie sie in der Bibel geschildert wird.

Einer der patriarchalischsten Texte unseres Kulturkreises hat in seinem ältesten Teil Platz für zwei starke Frauenfiguren, die in einem zeitgenössischen kanadischen Roman zu neuem Leben erweckt werden. Aber der Roman impliziert auch: Deborah und Jaël haben sich nicht wirklich verändert, sie nehmen zwar immer wieder neue Gestalt an, müssen immer wieder aber die gleichen Prüfungen bestehen und sich gegen die gleichen Gefahren wehren.

In einem von meinem Kollegen Hartmut Lutz geführten Interview mit der Autorin beklagte Aritha van Herk, dass Geschichten von Frauen oft einfach ausradiert werden:

> »I know I will keep on doing this because there are no new stories! We're only retelling old ones. And we're finding new forms and new versions. But they're all stories that already exist, and you only appropriate them, you only take them over and re-imagine them. [...] I – in many ways – I think of a writer as only a translator.«[20]

In van Herks Roman ist der biblische Subtext einigermaßen gut versteckt, bei genauem Hinsehen jedoch wird er sichtbar. Viel weniger versteckt gehen andere Werke mit der Heiligen Schrift um. Sie stellen sie ganz offen in den Mittelpunkt der Handlung. Auf zwei, für die das besonders gilt, möchte ich in der folgenden Diskussion eingehen. Da ist zum einen Hans Raths *Und Gott sprach: Wir müssen reden* (2012).[21] Der Roman stand lange auf der Spiegel-Bestsellerliste, verkaufte sich bislang über 200.000 Mal, und hat es bei Amazon auf 4.4 von 5 Sternen gebracht bei 536 Rezensionen[22] – wenn man dies als aussagekräftiges Erfolgs-Barometer anerkennen will. Wollte man zynisch argumentieren, so kann man hier also ebenso wenig von einem Randprodukt sprechen, das in seiner hochspezialisierten Nische die Bedürfnisse von ein paar versprengten Restchristen befriedigt, wie auch im Fall eines überaus erfolgreichen Films. *Jesus liebt mich* beruht auf dem gleichnamigen Roman von David Safier (2008), letzterer erreichte insgesamt zusammen mit Safirs anderem Romanerfolg *Mieses Karma* eine Ge-

---

20 Zitiert nach Hartmut Lutz, Meat and Bones Don't Matter. Mythology in ›The Tent Peg‹, http://ariel.ucalgary.ca/ariel/index.php/ariel/article/viewFile/2212/2166 (Stand: 18.02.2016), 6 ff.

21 Mittlerweile gefolgt von *Und Gott sprach: Der Teufel ist auch nur ein Mensch* (2014) und *Und Gott sprach: Du musst mir helfen* (2015).

22 Stand: 16.02.2016.

samtauflage von 2 Millionen verkauften Büchern.[23] *Jesus liebt mich* stand fast ein Jahr lang auf der Spiegel-Bestsellerliste (Safir, »Informationen zum Autor«, n. p.). Die Verfilmung des Romans unter der Regie von Florian David Fitz war nominiert für diverse renommierte Preise (Deutscher Filmpreis, Publikumspreis Deutscher Kinofilm des Jahres, Bambi), und erhielt 2013 den Jupiter-Filmpreis als bester deutscher Film. Beide Werke, Safirs und Raths, sind also keine Indie-Randproduktionen, die nur noch in einem konservativen Priesterseminar als erbauliche Abendunterhaltung durchgehen könnten. *Jesus liebt mich* und *Und Gott sprach: Wir müssen reden* wurden in der Kritik als das rezipiert, was sie sind: massentaugliche Unterhaltung. Gerade der Geschmack einer breiten Masse ist für mich relevant; denn, so Jürgen Peters, sogenannte Trivialromane lassen hoch interessante »Erkenntnisse über die Bedürfnisse ihrer Leser«[24] zu. Auch Umberto Eco fragte kritisch:

> »Ist denn wirklich ausgemacht, dass eine Schreibweise, eine Darstellungsform, eine Kompositionsmethode nur dann Gültigkeit beanspruchen dürfen, wenn sie mit der Tradition brechen und deshalb bloß von wenigen Auserwählten gewogen, erkannt, verstanden werden können? Und muss ein bedeutsames Stilelement, sobald es in einen neuen Zusammenhang gerückt oder ›popularisiert‹ wird, notwendig seine Kraft und seine Funktion einbüßen?«[25]

Ich möchte meine Diskussion mit Raths Roman *Und Gott sprach: Wir müssen reden* beginnen. Der Klappentext informiert gut über den Inhalt:

> »Am achten Tag ging Gott in Therapie. Den Psychotherapeuten Jakob Jakobi hat das Glück verlassen. Geschieden, pleite und beruflich gescheitert: So gebeutelt trifft Jakobi auf Abel Baumann, einen ebenfalls glücklosen Zirkusclown. Der leidet offenbar an einer kuriosen Persönlichkeitsstörung, denn er hält sich für Gott. Und sucht einen Therapeuten. Jakob ist fasziniert von den vielfältigen, seiner Meinung nach aber komplett irdischen Talenten des sympathischen Spinners. Doch bald ist der Psychologe nicht mehr so sicher, mit wem er es eigentlich zu tun hat. Und wer hier eigentlich wem hilft.«[26]

---

23 http://www.berlinerliteraturkritik.de/detailseite/artikel/david-safier-im-gespraech.html (Stand: 17.02.2016).

24 Jürgen Peters, Kleiner Versuch über den großen Erfolg. Beschreibung eines Problems, in: Annamaria Rucktäschel/Hans Dieter Zimmermann (Hrsg.), 1976, 151.

25 Umberto Eco, Apokalyptiker und Integrierte. Zur kritischen Kritik der Massenkultur, Frankfurt 1989, 41.

26 Hans Rath, Und Gott sprach. Wir müssen reden, Reinbek 2012, Klappentext.

Wandte man sich früher mit seinen Nöten an den Pfarrer, an einen Heiligen, an Maria oder an Gott, so führt heute der Weg oft in die Praxis eines Psychiaters oder Psychotherapeuten. In diesem Roman ist es gar Gott selbst, der derart schwach und hilfsbedürftig Dr. Jakob Jakobi um Rat fragt. Die beiden Männer treffen sich im Krankenhaus, Dr. Jakobi ist dort, weil der neue Geliebte seiner Exfrau ihn k. o. geschlagen hat. Dort, so die Geschichte, die aus Jakobis Perspektive geschildert wird, wird er Gott kennenlernen. »Vor mir steht ein Endvierziger in einem Clownskostüm. Er hat beide Daumen hinter die gepunkteten Hosenträger geklemmt und grinst. Auf seiner Stirn und im angegrauten Dreitagebart sind Reste von Schminke zu erkennen. Scheint so, als käme er direkt aus der Manege.«[27] Der Clown war nach einem Auftritt in die Notaufnahme eingewiesen worden, er hatte Stiche in der Herzgegend verspürt, die aber, so der behandelnde Arzt, wohl psychosomatischer Natur seien. Der Psychotherapeut Jakobi reagiert professionell; er macht – ohne es selbst zu merken – sofort eine spontane Anamnese: »Sind Sie denn beruflich oder privat großem Stress ausgesetzt? [...] Fühlen Sie sich oft müde und abgekämpft? Oder schlafen Sie schlecht?«[28]

Gott – sprich: Abel Baumann, der Zirkusclown – wird sein Patient. Markiert die Narration dies schon als ungewöhnlich, so findet sich bald schon eine Steigerung. Als Jakob Jakobis Mutter und Bruder an seinem Bett stehen und besorgter aussehen als es eine gebrochene Nase und eine kurze Ohnmacht rechtfertigen würden, erläutert der hinzugekommene Arzt dem Ich-Erzähler Jakobi:

> »›Ihr Herz ist stehen geblieben.‹
> ›Oh‹, erwidere ich verblüfft.
> ›[...] Es klingt dramatischer als es ist. Stimmt schon, in gewisser Weise waren Sie eine kurze Weile tot. Und vor zweihundert Jahren wären Sie es wohl auch geblieben. [...] Aber für uns heute ist das Routine. Kein Grund zur Panik.‹
> ›Dann ist das ja ein hübscher Zufall, dass ich noch am Leben bin.‹
> ›Das ist die richtige Einstellung!‹«[29]

Dieses Wunder der Medizin – das Retten seines Lebens durch die Wissenschaft – wird gefolgt durch die Rettung seiner Seele. Gott nimmt Menschengestalt an (er »leiht« sich den Körper von Abel Baumann[30]) und wendet sich seiner Schöpfung zu; kurz: Er greift ein.

Interessant sind in diesem Kontext die verwendeten Zitate in dem Roman *Und Gott sprach: Wir müssen reden*, denn sie rekurrieren nicht nur auf die Bibel, wie man vielleicht erwarten würde. Der erste Satz, den Gott mit Jakobi spricht,

---

27 A.a.O., 14.
28 A.a.O., 16.
29 A.a.O., 28.
30 A.a.O., 77.

verweist auf einen Film. Angesichts seiner gebrochenen Nase kommentiert Baumann – also Gott –: »›Sie sehen aus wie Jack Nicholson in *Chinatown*‹«[31]. Sehr bald wird ein zweiter Film erwähnt. Der Therapeut liegt, nach erfolgreicher Reanimation, in der Klinik zusammen mit zwei alten Männern in einem Zimmer. Die beiden schauen nachts noch Fernsehen. Jakobi wacht auf, kann nicht mehr schlafen und beschreibt folgende Szene:

> »Ich konzentriere mich auf den Bildschirm und erkenne James Stewart. Gerade spricht er mit einem freundlichen Kerl in altmodischer Unterwäsche. Die Szene kommt mir bekannt vor. Das ist einer dieser Streifen, die jedes Jahr zu Weihnachten wiederholt werden. Ich überlege, wie der Film heißt, und erinnere mich, dass James Stewart sich das Leben nehmen will und der freundliche Kerl ein Engel ist, der ihn retten soll. Ich glaube, das Wort *Leben* kommt sogar im Titel vor.«[32]

Jakobi meint die Hollywood-Produktion *It's a wonderful life* von 1946; deutsch: *Ist das Leben nicht schön?* In dem genannten Film tauchen palimpsestartig interessante Ebenen auf, die man sich genauer anschauen sollte. Dr. Jakobi, der fiktionale Charakter in einem Roman, schaut Fernsehen, weil er nicht schlafen kann. Der Film ist *It's a wonderful life*, in dem der reale Schauspieler James Stewart den Selbstmörder George Bailey spielt, der von einem Engel gerettet wird, weil dieser ihm zeigen kann, was gewesen wäre, hätte er nicht gelebt. In der zitierten Romanpassage werden Fiktion und Wirklichkeit vermischt, denn es ist nicht der reale Schauspieler James Stewart, der gerettet wird, sondern der Charakter George Bailey, den er darstellt. Aber Jakobi sagt: »›Ich erinnere mich, dass James Stewart sich das Leben nehmen will und der freundliche Kerl ein Engel ist, der ihn retten soll‹«[33].

Indem er dieses Zitat anführt, weist der Roman über sich hinaus, denn auch das fiktionale Werk selbst – als Fiktion – kann hineinreichen in das reale Leben seiner Leser, auch der Roman kann Heils- und Rettungsangebot sein, auch er fordert den Leser auf, wie der Protagonist im übertragenen Sinne ins kalte Wasser zur springen, zu hoffen, zu vertrauen; ganz so, wie es der Ich-Erzähler am Ende des Romans tun wird. Angesichts eines Schiffs voller eingeschlossener Menschen, die er retten könnte, wenn er das Wagnis eingeht, auf Gottes Aufforderung zu hören, heißt es:

---

31 A. a. O., 14.

32 A. a. O., 29.

33 A. a. O., 29.

»Ich spüre jedoch, dass ich ein seltsames Glück dabei empfinde, [...] mein Leben zu riskieren für Leute, die ich nicht mal kenne. [...] Ich [...] ziehe rasch mein Sakko aus und werfe es zur Seite. ›Möge der Himmel uns beistehen‹, sagt Reiter [ein anderer Passagier]. ›Das wird er ganz bestimmt‹, entgegne ich. Dann springe ich ins kalte Wasser.«[34]

So wie Gott im Clown ganz Mensch wurde und Jakobis Seele und wohl auch dessen Leben rettete, so kann nun Jakobi, der am Schluss zum Glauben findet, andere Menschen retten, zunächst im ganz wortwörtlichen Sinne, später sicher aber auch in Ausübung seines Berufs. Damit nimmt der Roman trotz seines offenen Endes eine Kreisstruktur an: Das Ende ist der Anfang. Die Rettung von Menschen steht im Vordergrund des Interesses, und da Dr. Jakobi eine Stellvertreterfigur des modernen, zweifelnden Menschen ist, wird auch den Lesern ein Rettungsangebot unterbreitet, sich auf die Spiritualität und die Glaubensofferten im Alltag einzulassen. Durch einen säkularen Text, *prima facie* ein Unterhaltungsroman, kann somit im und durch den Rezeptionsprozess eine nichtsäkulare, eine religiöse bzw. eine spirituelle Erfahrung gemacht werden.

Die Bibel als Prätext und als *master-narrative,* als *grand récit* des christlichen Glaubens bleibt in *Gott sprach: Wir müssen reden* selbst aber natürlich auch nicht unerwähnt. Gott sagt:

»›Den Urknall musst Du Dir als mein erstes persönliches Silvesterfeuerwerk vorstellen. Ich hab mir einen netten Abend gemacht und dabei Himmel und Erde erschaffen. Die Erde war zunächst noch leer und öde. Sie sah ein bisschen so aus wie heute der Mond. Allerdings gab es auf dieser Ur-Erde einen gigantischen Ozean, der die meisten Teile des Landes bedeckt hat. Es war stockfinster, also hab ich beschlossen, erst mal Licht zu machen, und dann gesehen, dass ...‹

›Abel?‹, unterbreche ich.

Er merkt auf. ›Ja? Was ist denn?‹

›Genauso steht es in der Bibel.‹

›Ja. Und? Ist ja auch nicht alles falsch, was in der Bibel steht.‹ Er setzt ein gewinnendes Lächeln auf.

Ich mustere ihn skeptisch. ›Und warum habe ich dann das Gefühl, dass Du gerade versuchst, mir eine freie Interpretation des ersten Buchs Mose als Deine eigene Story unterzujubeln?‹

[...]

›Schon gut!‹ bringt er zerknirscht hervor. ›Du hast mich durchschaut. Die Wahrheit ist: Ich kann mich nicht mehr daran erinnern, dass ich die Welt erschaffen habe. Deshalb weiß ich auch nicht, wie ich sie erschaffen habe.‹«[35]

---

34 A.a.O., 269.

35 A.a.O., 76.

Nicht nur der Mensch hat die Bibel als festes Element in seinem kulturellen Gedächtnis verankert, sondern offensichtlich auch Gott selbst, der darauf zurückgreift und sich inhaltlich daran orientiert, wenn ihm die eigene Erinnerung fehlt.

Manche Geschichten der Bibel sieht Gott revisionistisch. Über den Sündenfall wehrt er ab: »Ich habe niemals irgendjemandem irgendetwas verboten. Schon gar nicht Äpfel zu essen«.[36] Auch das oft genannte Argument dafür, warum Gott nicht ordnend eingreift in seine Schöpfung, wird nicht etwa mit dem freien Willen des Menschen begründet, wie man es erwarten könnte, sondern mit:

> »Ich kann es nicht. Meine Kräfte lassen nach. An schlechten Tagen habe ich das Gefühl, dass ich im Stundentakt schwächer werde. Außerdem bin ich nicht mehr so beweglich wie früher. Das Tempo der Menschheit hat so gnadenlos zugenommen, da komm ich einfach nicht mehr mit.«[37]

Zudem zweifelt Gott an sich selbst:

> »Außerdem hab ich mich schon oft gefragt: was ist gut? Was ist böse? [...] Ich habe mich durch die Weltgeschichte gehangelt und versucht, alles zum Besseren zu wenden. Und was ist dabei herausgekommen? Nichts! Null! Ich bin auf der ganzen Linie gescheitert. Schau Dir die Welt an! Hunger, Krieg, Katastrophen, Unterdrückung, Ungerechtigkeit und Umweltverschmutzung, wohin man sieht.«[38]

Der Roman ist nicht nur intertextuell, indem er auf die Bibel rekurriert, sondern auch postmodern verschachtelt. Gott will in Raths Roman einen Film über sich selbst anschauen: »›Wir köpfen nacheinander Deine Spitzenrotweine‹«, sagt er zu Jakob, »›und schauen uns im Fernsehen irgendeinen Quatsch an. Heute läuft meines Wissens die Bibelverfilmung von John Huston. Mit John Huston als Noah. [...] Pompös und schwülstig, aber genau deshalb auch wahnsinnig komisch.‹«[39]

Der Psychotherapeut Jakobi ist dabei nicht so weit vom biblischen Prätext entfernt, wie er selbst vielleicht annehmen würde: Jakob Jakobi – ein doppelter Jakob also – verweist auf den biblischen Jakob, von dem im kulturellen Ge-

---

36 A. a. O., 79.

37 A. a. O., 84 f.

38 A. a. O., 88 f.

39 A. a. O., 168. Auch das Ende ist postmodern verschachtelt: Gott wird ausgerechnet von Bibeltexten und einer biblischen Figur erschlagen. Bei dem Versuch, eine Gruppe Schüler vor einer herabstürzenden Statue des Erzengels Michael zu retten, wird Abel Baumann selbst von der Statue getroffen; das goldene Schwert durchbohrt sein Herz. Die Skulptur stand auf einem »mannshohen Sockel, in den Bibeltexte [!] eingemeißelt sind« (a. a. O., 236, Hervorhebung S.B.).

dächtnis vielleicht noch am ehesten einerseits sein Traum von der Himmelsleiter und andererseits sein Kampf, den er mit einem Engel ausficht, bis der ihn dann schließlich segnet, verankert sind. Beide Ereignisse sind verweiskräftig, denn die Assoziationen können in Verbindung mit der Analyse seines sprechenden Namens auf den Psychotherapeuten selbst natürlich auch angewendet werden. Wie auf einer Himmelsleiter steigt Jakob Jakobi vom Unglauben zum Glauben auf; und das geschieht dadurch, dass er im übertragenen Sinn mit Gott ringt, bis der ihn segnet.

Schaut man sich die Filme und Texte an, auf die verwiesen wird, so sieht man die Verwobenheit der Zitate und Anspielungen; John Huston und Hans Rath zitieren beide aus der Bibel, Rath zitiert aber gleichzeitig das Zitat Hustons mit. Jenseits der Hinweise auf Prätexte und Prä-Filme im weitesten Sinne muss man jedoch noch andere Aspekte des Romans näher betrachten. Ganz offensichtlich gehört die Darstellung Gottes dazu. Das aber ist nach biblischer Überzeugung problematisch. In 2Mose 33,18, 20–23 sagt Moses zu Gott:

> »18 Lass mich doch deine Herrlichkeit sehen. 20 Der HERR aber antwortete ihm: Du vermagst nicht mein Angesicht zu sehen, denn nicht kann ein Mensch mich sehen und leben. 21 Darauf wurde Mose in die Felsenkluft gestellt und Gott sagte zu ihm: 22 Und es wird geschehen, wenn meine Herrlichkeit vorübergeht, so werde ich dich in die Felsenkluft stellen und meine Hand über dich decken, bis ich vorübergegangen bin. 23 Und ich werde meine Hand wegtun, und du wirst mich von hinten sehen; aber mein Angesicht soll nicht gesehen werden.«

Dieses Gebot missachtend, erscheint Gott im Roman von Hans Rath nicht nur als Clown, sondern war auch schon als Arzt, als Architekt, und in acht weiteren Berufen tätig und tritt schlussendlich als eine Glücksspiel-süchtige ältere Dame auf (269).[40] In all diesen Rollen interagiert Gott mit der Menschheit, verhindert große und kleine Katastrophen. Er sucht den Kontakt mit seiner Schöpfung, wie schon im Titel programmatisch genannt: *Wir müssen reden* ist meist die klischeebehaftete Ausdrucksweise für ein Beziehungsgespräch, in dem es ungemütlich werden kann, weil unangenehme Wahrheiten ausgesprochen werden. Und genau darum geht es in dem Roman: um die Beziehung Gottes zu den Menschen und die der Menschen zu Gott. Warum, so die Frage, sollte Gott nur einmal in der Weltgeschichte Mensch geworden sein, nämlich in Jesus, warum kann Gott nicht mitten unter uns leben? – was letztlich ein tröstender Gedanke wäre.

---

40 Gott liebt angeblich Glücksspiele: »Glauben Sie etwa, dass man so etwas wie den Menschen erschaffen kann, wenn man kein Glücksspieler ist?«, a.a.O., 72.

Dennoch sei etwas schiefgelaufen, vertraut Gott seinem Therapeuten Dr. Jakobi an[41]. Gott brauche die Menschen:

> »›Was bin ich denn ohne die Menschen, Jakob? Nichts! Ich kann nur etwas bewegen, wenn möglichst viele an mich glauben. Wenn sich niemand für das Gute interessiert, dann bin ich schlicht erledigt. Und genau das ist mein Problem. Die Kraftlosigkeit, die ich gerade spüre, wird größer mit jedem Menschen, der den Glauben verliert. Verstehst Du, Jakob? Mein Burnout ist der Burnout der Welt.‹«[42]

Und aufgrund dieser Schwäche findet Gott auch aus dem Körper Abel Baumanns nicht mehr heraus: »Je mehr Anstrengungen ich unternahm, aus Baumanns Körper herauszukommen, desto tiefer schien ich in ihn hineinzurutschen«[43]; so tief, dass Gott – wie die meisten Menschen früher oder später – eine »Heidenangst«[44] vor dem Tod bekommt.

Dr. Jakobi ist ein Produkt des aufgeklärten 21. Jahrhunderts und lässt den Gedanken, dass Baumann wirklich Gott sein könnte, erst sehr spät zu. Stattdessen diagnostiziert er Abel Baumann lieber als »intelligenten Psychotiker«[45] und als beziehungsgestörten Borderliner mit einer narzisstischen Persönlichkeitsstörung.[46] Unter der eingangs zitierten Unsicherheit, die sich nach Griffin und Berger vieler Menschen bemächtigt, wenn sie sich die ewigen, die letzten Fragen nach dem Sinn des Lebens und nach der Schöpfung stellen, leidet aber auch Dr. Jakobi, denn »uncertainty is a condition that many people find very hard to bear [...]«[47]. Jakob Jakobi würde gern glauben. Könnte er an Gott in Abel Baumann glauben,

> »dann hätte ich nicht nur eine spirituelle Heimat, sondern auch eine klare Moral und als Zugabe eine daraus resultierende Lebensaufgabe. Als Diener Gottes würde ich mich dazu aufraffen, die Welt zu einem besseren Ort zu machen. Klingt anstrengend, aber auch reizvoll.«[48]

Selbst das Ende ist noch hoch intertextuell und rekurriert auf die Einsichten der Aufklärung: Hegels und Nietzsches Diktum *Gott ist tot* findet sich *verbatim* zitiert: »Gott ist tot. Er verstarb am Nachmittag des 28. Dezembers, weil sein Herz

---

41 A. a. O., 79.

42 A. a. O., 89 f.

43 A. a. O., 105.

44 A. a. O., 103.

45 A. a. O., 81.

46 A. a. O., 124.

47 Berger, Dialektik, 7.

48 Rath, Und Gott sprach, 172.

kollabierte«.[49] Vorher aber hatte Gott Dr. Jakobi noch eine andere, eine mögliche Welt gezeigt, nachdem der Therapeut ihn gefragt hatte, wie eine Welt ohne ihn, ohne Jakobi, aussähe. Was wäre gewesen, wenn er nie geboren worden wäre? Dieser Ausflug in eine andere mögliche Welt nennt der Psychotherapeut selbst »unsere wundersame Weihnachtsreise«.[50] Das spielt nicht nur auf *Ist das Leben nicht schön?* an, sondern verweist auch auf Charles Dickens' *A Christmas Carol* (dt.: *Eine Weihnachtsgeschichte*), in dem ein Geist dem geizigen Scrooge drei Weihnachtsfeiern zeigt (die vergangene, die gegenwärtige und die kommende Weihnacht ohne ihn); eine Erfahrung, die ihn von einem hartherzigen Menschen zu einem freundlichen und hilfsbereiten Wohltäter mutieren lässt.

Am Ende von Raths Roman findet sich eine intertextuell anspielungsreiche Variation des Märchenmotivs von *Prinz rettet Prinzessin und dann rettet die Prinzessin den Prinzen:* Gott rettet Dr. Jakobi, und dafür rettet Dr. Jakobi Gott, indem er an ihn glaubt. Zudem multipliziert er seine Erfahrung auch noch, indem er sie niederschreibt und in einem großen Verlag publiziert, damit letztlich also potenziell wiederum neue Gläubige produziert. So wird der reale Autor Hans Rath durch den *qua* Roman plausibilisierten Autor Dr. Jakobi postmodern ersetzt. Auch hier hat ein Glaubensakt stattgefunden, wenn sich der Leser durch diesen Griff in die postmoderne Trickkiste und in Rückbesinnung auf S.T. Coleridges Defintion des Lesens als *willing suspension of disbelief*, die willentliche Aussetzung der Ungläubigkeit, überzeugen ließ.

Eine Absage an die Ratio, an die Wissenschaft und an den aufgeklärten Verstand beschließt den Roman. Einer von Abel Baumanns/Gottes engsten Freunden namens Heinz bringt es auf den Punkt: »›So jemanden wie Abel Baumann habe ich noch nie getroffen. Ich spüre, dass er ein Leuchten in sich trägt, das nicht von dieser Welt ist.‹« Jakob Jakobi fragt Heinz erstaunt: »›Sie verlassen sich also ganz auf allein auf Ihr Gefühl?‹«,[51] worauf dieser antwortet: »›Ja. Was denn sonst? Es gibt nichts, das konkreter wäre als Gefühle. Das ist der Grund, warum die Menschen sich nicht nach Erkenntnissen sehnen, sondern nach Liebe, Glück und Freundschaft‹«.[52]

Mal unabhängig davon, dass es auch Menschen geben soll, die sich nach *allen* oben genannten Parametern sehnen, also auch nach Erkenntnis, wird hier eine potentielle Generalformel für ein gelingendes Leben ausformuliert.[53] Das Fokussieren auf die emotionale, subjektive, nicht mehr überprüfbare Wahrheit, die sich der wissenschaftlichen, objektiven Erkenntnis entzieht, wird zur *ultima ratio* des Romans. Glauben heißt hier, einen rein emotionalen Zugang zu finden. Ge-

---

49 A.a.O., 242.

50 A.a.O., 203.

51 A.a.O., 237.

52 Ebd.

53 Vgl. WILHELM SCHMID, Auf der Suche nach einer neuen Lebenskunst. Frankfurt 2000.

fühl ist jedem gegeben, nicht aber unbedingt umfassende Erkenntnis oder gesichertes Wissen. Dr. Jakobi kann nun endlich glauben, denn er sieht die bereits eingangs genannten Effekte in seinem Leben: Er kann Gott »nicht mehr wegdenken« aus seinem Leben[54]:

> »Im Grunde macht es keinen Unterschied ob Abel Baumann ein psychisch angeschlagener Zirkusclown oder Gott persönlich war. Und es ist auch nicht mehr wichtig, ob er tatsächlich Wunder vollbracht oder lediglich Zaubertricks präsentiert hat. Was zählt, ist, dass die Erlebnisse mit Abel mich und mein Leben auf den Kopf gestellt haben. Mehr kann man von einem Gott nicht verlangen, finde ich.«[55]

Emotion gewinnt über Kognition, und von Psychotherapie ist am Ende keine Rede mehr. Die Logik bleibt die gleiche, ob man nun über Abel Baumann, einen Zirkusclown, zu Gott findet oder durch einen jüdischen Zimmermannssohn namens Jesus. Beide stehen ein für *das Andere* im Diesseits; beide symbolisieren das *Gott ist Mensch geworden*; beide eint, dass sie versuchen, angesichts von Leid und Schmerz Sinnhaftigkeit und Halt anzubieten. Es ist der Glaube, der laut Peter L. Berger dem Leben Sinn verleiht, »auch dessen ungereimten und schmerzhaften Seiten«.[56]

Was für mich in der Analyse des Romans relevant wurde, war die Erkenntnis, dass die Leser, wenn sie die palimpsestisch angeordneten Schichten im Leseprozess aufdecken, immer wieder direkt und indirekt, offen und verschlüsselt auf die Bibel, auf ihre Themen und Figuren zurückverwiesen werden. Jakab Jakobi ist Psychoanalytiker, der aber auch wie sein biblischer Namensvetter von der Himmelsleiter träumt und mit Gott bzw. mit einem Engel so lange ringt, bis der ihn segnet. Der Roman ist eng angelehnt an einen Film der 40er Jahre, in dem einem verzweifelten Menschen eine Welt gezeigt wird, in der er nicht existiert, was teilweise zurückgeht auf eine Erzählung des englischen Autors Charles Dickens, die ausgerechnet am Weihnachtsabend spielend, zurückgeht auf die Bibel, die von Engeln berichtet, die als Boten und Vermittler Gottes wirken.

Was ist aber, wenn Gott nicht in einer Verkleidung als Clown zu den Menschen kommt, sondern wenn er erneut seinen Sohn Jesus aussendet, wenn der Zimmermannssohn wieder auf die Erde käme, um die Menschheit auf die unmittelbar bevorstehende Apokalypse vorzubereiten? Literatur ist im Sinne des Philosophen Hans Vaihinger immer ein Als-Ob, damit ist sie Versuchsraum für Gedankenspiele. Das nächste Gedankenspiel, das ich diskutieren möchte, ist David Safirs Roman *Jesus liebt mich*, verfilmt 2013 unter der Regie von Florian David Fitz. Ich habe mich hier für die Analyse des Films entschieden, um zu

---

54 Rath, Und Gott sprach, 245.

55 A. a. O., 246.

56 Berger, Dialektik, 53.

zeigen, dass die Erkenntnisse auch auf filmische Werke anwendbar sind. Denn, so M. Darrol Bryant in *Cinema, Religion and Popular Culture:*

> »As a popular form of religious life, movies do what we have always asked of popular religion, namely, that they provide us with archetypal forms of humanity – heroic figures – and instruct us in the basic values and myths of our society. As we watch these characters and follow the drama on the screen, we are instructed in the values and myths of our culture and given models on which to pattern our lives.«[57]

Der Ausspruch *Jesus liebt mich* – zurückgehend auf den oft bei Missionierungen verwendeten, bekannten Slogan *Jesus liebt dich* – ist hier wörtlich zu nehmen. Jesus verliebt sich in Marie, die in der Logik der Filmhandlung eine Wiedergeburt von Maria Magdalena ist, was sie selbst aber nicht weiß. Jesus erscheint zunächst dem abgerissenen, unglücklichen, oft betrunkenen katholischen Pfarrer Gabriel. Der Messias steht eines Abends vor seiner Türe, um ihm die Apokalypse anzukündigen.

Vorher jedoch will Jesus die Menschen besuchen, will sehen, was in der langen Zeit seit seiner Kreuzigung passiert ist. Der Pfarrer schlägt vor, in ein Altenheim zu gehen, wo seiner Meinung nach viele gläubige, gute und vor allem vorzeigbare Menschen wohnen. Auf dem Weg dorthin treffen sie aber Marie, deren Welt gerade aus den Fugen geraten ist. Sie hat vor kurzem Sven vor dem Altar stehen lassen; ein Muttersöhnchen, das sie nicht wirklich liebt. Nun hat sie kein wirkliches Zuhause mehr, denn zu Sven und seiner Mutter kann sie nicht mehr zurück.

Durch Jesus schafft es der Film zunächst einmal, Vertrautes fremd erscheinen zu lassen. In einer Szene versteht der Heiland beispielsweise das Konzept *Altenheim* nicht. Er fragt, warum man die alten Menschen wegsperre, anstatt sie in Familien zu betreuen. Dass Jesus Jesus ist, hatte der Film zunächst durch seine Kleidung und sein Aussehen kenntlich gemacht. Er trägt ein weißes Gewand und einen Bart, so, wie ihn historisch viele Darstellungen repräsentiert haben. In dieser Erscheinung sieht ihn aber nur der Pfarrer, der ihn sofort neu einkleidet und ihm die Haare schneidet. Daher ist es logisch, dass Marie Jesus zunächst nicht als den Gottessohn erkennt. Dennoch wird schnell deutlich, wer er ist, da der Jesus des 21. Jahrhunderts auf die Taten des biblischen Jesus zurückverweist. Er heilt eine Gelähmte, er wäscht die Füße eines Obdachlosen und teilt sein Essen mit ihm, er wandelt Wasser in Wein, er predigt (in einer Pizzeria) und er hält Maries Ex-Verlobtem Sven die andere Wange hin, als der ihn verprügelt.

---

[57] Bryant in LIZ LOCKE, ›Don't Dream It, Be It‹ Cultural Performance and Communitas at »The Rocky Horror Picture Show«, in: JEFFREY ANDREW WEINSTOCK (ed.), Reading Rocky Horror. The Rocky Horror Picture Show and Popular Culture, New York 2008, 141.

Auch andere Charaktere des Films halten sich an die biblische Vorlage, wenn sie Jesus begegnen: Der Pfarrer etwa reagiert mit dem Satz, »Herr ich bin nicht würdig, dass Du eingehst unter mein Dach[...]«, in Anlehnung an die biblische Stelle in Matthäus 8,8.[58] Zudem kann Gabriel nur konstatieren, dass man Jesus auch heute immer noch kreuzigen würde; Judas Verrat wiederholt sich im Film; und der Teufel zahlt heutzutage nicht in Euro oder mit Kreditkarte, sondern mit verweiskräftigen biblischen 30 Silberlingen (eigentl. Belohnung des Verrats Judas an Jesus, vgl. Mt 26,15). Es wird jedoch nicht nur die Heilige Schrift rezipiert, sondern auch Reliquien wie das Turiner Grabtuch werden modernisiert integriert: In *Jesus liebt mich* ist es ein verwaschenes Frottee-Handtuch mit dem Antlitz des Herren. Ähnlich wie Gott in Raths Roman *Und Gott sprach: Wir müssen reden*, der sich selbst im Film anschaut, ist der filmische Jesus in *Jesus liebt mich* mit sich selbst konfrontiert: In einer Kapelle wird der moderne Jesus gezeigt, wie er die Kreuzwegstationen betrachtet.

Marie begreift, dass die Vernichtung der Menschheit unmittelbar bevorsteht, weil Jesus keinerlei Besserung im Denken und Verhalten der Menschheit feststellen konnte. Die junge Frau versteht aber auch, dass nur sie emotionalen Zugang zum Heiland hat, weil dieser in sie verliebt ist; und sie fürchtet zurecht, dass jetzt alles von ihr abhängt. Marie versucht, so schnell wie möglich so heilig wie möglich zu leben, was im Film klamaukartig dargestellt wird (vgl. 48:46 - 54:11).

Damit ist der Film aber in der Lage, auf die fatale Oberflächlichkeit unserer Welt zu verweisen, die glaubt, dass eine gottgefällige Lebensweise darin besteht, Geld zu spenden und sich züchtig zu kleiden. Selbst Marie, die voller guter Absichten steckt, glaubt, dass damit den christlichen Ansprüchen Genüge getan sei. Sie ermahnt sich selbst im *voice over:* »Business. Beim Geschäft bleiben« (53:28) und spricht zu Jesus wie zu einem Geschäftspartner, dem man in angenehmer Atmosphäre ein Angebot unterbreiten will: »Ich hab 'n Picknick vorbereitet am See, da können wir das mit der Apokalypse nochmal besprechen, bei 'nem schönen Glas Wein« (54:24).

Die christliche Religion und die damit verbundene Moral wird reduziert auf Äußerlichkeiten; was aber wiederum diagnostische Rückschlüsse auf die Einstellung vieler Zeitgenossen zulässt. Selbst Gabriel, der Pfarrer, räumt als erstes panisch seine Wohnung auf, als der Messias vor der Türe steht. Marie spendet ihr Geld und kauft sich eine hochgeschlossene Bluse. Die Kirche an sich, in Form der organisierten Religion, kommt in *Jesus liebt mich* nicht gut weg. Ein wirklicher Gottesdienst wird nicht gezeigt, es kommt erst gar nicht dazu, dass Gabriel Marie

---

[58] In der katholischen Messfeier lädt der Priester die Gemeinde zur Kommunion ein mit den Worten: »Seht das Lamm Gottes, das hinwegnimmt die Sünde der Welt«. Die Gemeinde antwortet mit: »Herr, ich bin nicht würdig, dass Du eingehst unter mein Dach, aber sprich nur ein Wort, so wird meine Seele gesund«.

und Sven das Sakrament der Ehe spenden kann. Wann immer in der Folge eine Kirche von innen gezeigt wird, so ist sie leer, oder nur Gabriel, Jesus und Marie halten sich darin auf, um sich zu unterhalten. Marie gelingen weder Kreuzzeichen noch der Kniefall so ganz. Tauchen hin und wieder mal Gläubige auf, so sind diese nur skurril und lustig – so wie die merkwürdige Mischung aus u. a. Hippies und Fundamentalisten, die vor der Türe des Pfarrers ein Zeltcamp errichten, als sich herumspricht, dass Jesus zurückgekommen ist.

Allein der individuelle Glaube wird belohnt – auch das eine interessante Zeitgeist-Diagnose. Sie zeigt die Vereinsamung des Einzelnen und seine postmoderne, ebenfalls individuelle Verantwortung, im breiten Angebot der Weltreligionen sich eine jeweils passende herauszusuchen. Selbst die Logik des Films ist dabei von dieser Mentalität beeinflusst, denn wenn Marie wirklich die Wiedergeburt von Maria Magdalena ist, dann bedient sich der Film eindeutig bei anderen religiösen Vorstellungen als der christlichen; ein Verweis auf eine Kultur von Konsumenten, »die aus einem Angebot wählen können und damit ökonomische Wettbewerbsbedingungen in den religiösen Sektor hineintragen.«[59]

Durch Marie wird Jesus ganz Mensch. Und durch Jesus wird Marie ein anderer Mensch. Wie in Hans Raths Roman *Und Gott sprach: Wir müssen reden* tritt in *Jesus liebt mich* Gott auf. Er spricht nicht zum Pfarrer. Er spricht auch nicht zu Jesus. Er spricht nur mit Marie, es ist an ihr, der Welt noch eine Chance zu erbitten, und nicht – wie man annehmen könnte – an einem der kirchlichen Gesandten des Films (vgl. 1:19:38–1:25:19).

Der Film *Jesus liebt mich* zeigt Kritik an Gott, dem Schöpfer, und es ist – wie in Raths Roman – ebenfalls die Schöpfung, in Form von Marie, die ihn anklagt. Auch hier ist Gott weder allmächtig, noch allwissend. Auch hier ist er fehlbar und damit menschlicher als manchem lieb sein mag. In *Jesus liebt mich* ist er kein Clown, sondern ein Puppenspieler, der über viele kleine Puppentheater verfügt und der selbst auch in einem alten Theater wohnt. Nach Maries Intervention dreht er einfach einen alten Küchenwecker auf, um der Menschheit noch einmal eine Chance zu geben. Gott ist jemand, der, wie schon im *theatrum mundi* Gedanken der Renaissance und der Barockzeit, die Menschheit betrachtet; ein einsamer Zuschauer, der sich ein Theaterstück anschaut, ohne einzugreifen.

In dem Film *Jesus liebt mich* ist Gott wieder nichts anderes als eine Illustration dessen, was nicht dargestellt werden kann; wie im Alten Testament, in dem Gott Moses auffordert, sein Gesicht zu verhüllen, da er Gott nicht erblicken kann, ohne zu sterben (2Mose 33,20: »Du vermagst nicht mein Angesicht zu sehen, denn nicht kann ein Mensch mich sehen und leben«). Daher gibt Gott Marie ein Bilderbuch mit verschiedenen Gottheiten, aus denen sie sich die äußere Gestalt aussuchen kann, in der er ihr erscheinen wird (1:19:50). Auch hier, wie in Raths

---

[59] SUSANNE BACH, Einleitung, in: DIES. (Hrsg.) Spiritualität und Transzendenz in der modernen englischsprachigen Literatur, Paderborn 2001, 11.

Und Gott sprach: Wir müssen reden, ist der Glaube keine Einbahnstraße, denn nicht nur Marie muss an Gott glauben, sondern auch Gott an Marie. Der Film endet mit einer hoffnungsvollen Note: Marie hat plötzlich die Fähigkeit den Film anzuhalten, tritt also metafiktional motiviert aus der Logik der Handlung heraus (vgl. 1:29:40–1:30:34). Es wird ihr – und den Zuschauern – deutlich, dass der Messias wiederkommen wird: das berühmte *2nd coming of Christ* (vgl. Sach 12,10 und 14:4, Offb 1,7 und 19,11–16, Apg 1,11, Mt 24,30) Damit erfüllt sich das apostolische Glaubensbekenntnis, das voraussagt:

> [...] er sitzt zur Rechten Gottes,
> des allmächtigen Vaters;
> von dort wird er kommen,
> zu richten die Lebenden und die Toten.

Das, was zunächst wie ein Ende aussieht (der Film scheint sich in Richtung Abspann zu bewegen, die Kamera zieht sich von Marie zurück, so als wolle nicht nur Jesus sie verlassen, sondern auch der Film), entpuppt sich als ein Zwischenschritt in einer längeren Geschichte, deren Ende wir aber nicht erfahren. Jesus wird Marie wiedersehen und damit auch uns, die Menschheit. Auch für die Menschheit wurde die Zeit kurz angehalten und dann doch verlängert.

Jesus liebt mich und *Und Gott sprach: Wir müssen reden* sind Werke, die ganz offensichtliche Anleihen aus der Bibel machen. Weniger offensichtliche Anleihen finden sich in Romanen wie *The Tent Peg*, die auch ohne die Kenntnis dieses Hintergrundes funktionieren, die aber mit einem reicheren, revisionistischen Bedeutungs- und Verweispotenzial rezipiert werden können, wenn man den biblischen Hintergrund einmal erkannt hat.

Ich habe mich für diese drei Werke aus einer übergroßen Auswahl von möglichen Texten und Filmen entschieden, weil sie exemplarisch einstehen für Großgruppen, die zeigen, wie sich moderne Werke mit der Bibel auseinandersetzen. Sie können *das Buch der Bücher* als Ausgangspunkt dazu verwenden, ganz offen zentrale Akteure des Alten und des Neuen Testaments zu einem neuem, zu einem anderen Leben zu erwecken und sie bewusst in einen modernen Kontext zu integrieren. Oder sie tun dies auf verdeckte Art und Weise, so dass es etwas Zeit braucht, bis unter der offensichtlichen Deutungsebene der Subtext aufscheinen kann wie in der Erzählung von van Herk.

Unabhängig davon lese ich diese, durchaus im besten Sinne, populären Werke als eine Antwort auf die auf verschiedenen Ebenen immer wieder beschworene Sinnkrise der Gegenwart, die nichtsdestotrotz existent ist, obwohl sie so plakativ herbeigeredet wird. Zum einen wird hier die umfassende postmoderne Beliebigkeit relevant, die das Glaubensangebot einerseits *ad infinitum* auffächert, andererseits kommerzialisiert und damit stark verweltlicht. Die Postmoderne und ihre Überzeugungen haben angeblich, so Frederic Jameson apodiktisch, das Spirituelle ersetzen können: »Spirituality virtually by definition no longer exists: the definition in question is in fact that of postmodernism itself«.[60] Andere Kritiker sind vom Gegenteil überzeugt. John McClure beispielsweise konstatiert: »Sociologists of religion describe the period from the 1960's to the present as one of a third ›Great Awakening [...]‹«[61] Widersprüchliche Annahmen über die Verfasstheit der gegenwärtigen Situation der Spiritualität, des Glaubens und der Religion sind letztlich, so glaube ich, gleichzeitig wahr und zutreffend.

Gerade die postmoderne Pluralität der Meinungen und der Angebote ist unüberschaubar. Mit einer Rückorientierung an dem, was sich historisch gehalten und bewährt hat, geht gleichzeitig eine Sicherheit einher, die gegenüber dem Reiz des Neuen dennoch punkten kann. Die Religion war ein *grand récit*, ein *master narrative*, im Sinne Jean François Lyotards, und der Reiz einer entsprechenden Rückwendung zu den großen Erzählungen ist unübersehbar. Mit John Barth, einem bekannten US-amerikanischen Schriftsteller, kam der Gedanke an eine *literature of exhaustion*, Literatur der Erschöpfung, auf; und mit dieser Logik, dass Themen und Motive erschöpft sind, erklärt sich noch zusätzlich, warum moderne Autoren sich so gern des biblischen Fundus bedienen.

Durch die Integration biblischer Geschichten, Themen, Motive und Figuren in eine fiktionale, d.h. nicht materielle Welt, wird eine Übersetzung, eine Übertragung von menschlichen Grunderfahrungen und Grundfragen in die Gegenwart geschaffen, und durch diese Modernisierung wird das Verständnis des Ausgangstextes enorm erleichtert. Die Sprache und der Hintergrund der Bibel sind ohne Kontextwissen heute oft vielleicht so nicht mehr verständlich: Wahrscheinlich bemalt niemand in Deutschland die Türpfosten mit Lammblut (Ex 12,3-8) und keiner steinigt »störrische und widerspenstige Söhne« (Dtn 21,21). Die Sprache und der Hintergrund der Bibel werden also durch eine Adaption in die Gegenwart hinein erläutert. Dies wird im Film *Jesus liebt mich* dadurch symbolisiert, dass der Pfarrer Jesus dazu bringt, sein weißes Gewand, mit dem er traditionell dargestellt wird, abzulegen und statt dessen einen Leinenanzug anzuziehen. In diesem Gewand befremdet er die Menschen nicht. Gleiches gilt für die Bibel: Im Gewand eines Romans oder eines Films befremdet sie nicht.

Romane und Filme können erläutern, illustrieren, näher bringen, aber auch bewerten oder verzerren. Die Sehnsucht nach einem anwesenden, eingreifenden, liebenden und vergebenden Gott ist geblieben, ob man nun im Mittelalter in die Messe ging oder ob man im Internetzeitalter die Seite www.gott.de aufruft (die aber leider nicht von Gott betrieben wird). Was vielen Menschen bleibt, ist der Wunsch nach Tiefe, Bedeutung, Transzendenz im Leben; ist der Wunsch nach

---

60 Zitiert in JOHN A. MCCLURE, Postmodern/Post-Secular. Contemporary Fiction and Spirituality, in: Modern Fiction Studies 41 (1995) 1, 141-163.

61 Ebd.

Sinnstiftung angesichts einer oft sinnlos erscheinenden Welt, nach der Überwindung des Todes. Es existieren die Versuchung und der starke Wunsch, sich ein Bild zu machen von dem Schöpfer, der aber genau das nicht zulassen will.

Durch die *willing suspension of disbelief*, die willentliche Aussetzung des Unglaubens, die laut S.T. Coleridge eine Vorbedingung des Lesens ist, geschieht schon ein erster Glaubensakt. Der Leser glaubt an Dinge, die er nicht sehen kann, er glaubt eine Geschichte, die ihm von einem Menschen erzählt wird, den er nicht kennt. Er glaubt an die Geschichte, identifiziert sich mit einem Charakter, damit transzendiert er sich selbst, lässt sein eigenes Ich unbeachtet für die Dauer des Leseprozesses. In dieser Immersion ist er offen für Neues, Anderes, weil seine bewusste Zensurschranke herabgesetzt ist. Im Zustand der Immersion vermindert sich die Wahrnehmung der eigenen Person und ermöglicht die Identifikation mit einem Avatar.

Und wenn das Thema der Lektüre das Thema Glauben ist, dann handelt es sich um einen zweifachen Prozess: Durch das Lesen glaubt man kurzfristig an eine andere Realität als die, in der man sich befindet. In den Werken, die hier diskutiert wurden, ist man konfrontiert mit fiktionalen Figuren, die sich im weitesten Sinne mit der Bibel und mit Glaubensfragen beschäftigen. Man befindet sich argumentativ gesehen in einem Spiegelkabinett. Was, wenn man länger drüber nachdenkt, in der Postmoderne kein ganz schlechter Ort der Wahrnehmung, Situierung und Orientierung ist.

LITERATUR

ALLEN, GRAHAM, Intertextuality, London/New York 2000.

ASSMANN, JAN, Kollektives Gedächtnis und kulturelle Identität, in: DERS./HÖLSCHER, T. (Hrsg.), Kultur und Gedächtnis. Frankfurt 1988, 9–19.

BACH, SUSANNE, Einleitung, in: DIES. (Hrsg.) Spiritualität und Transzendenz in der modernen englischsprachigen Literatur, Paderborn 2001, 9–20.

BARTH, JOHN, The Literature of Exhaustion. http://www.massey.ac.nz/massey/fms/Colleges/College%20of%20Humanities%20and%20Social%20Sciences/EMS/Readings/139.105/Additional/The%20Literature%20of%20Exhaustion%20-%20John%20Barth.pdf (Stand: 18.02.2016; 1967).

BERGER, PETER L., Zur Dialektik von Religion und Gesellschaft, Frankfurt 1988.

BERGER, PETER L., The Desecularization of the World, A Global Overview, in: DERS. [Ed.], The Desecularization of the World. Resurgent Religion and World Politics, Washington 1999, 1–18.

BROICH, ULRICH/PFISTER, MANFRED, Intertextualität. Formen, Funktionen, anglistische Fallstudien, Tübingen 1985.

CAPRA, FRANK [Regie], Ist das Leben nicht schön? (1946).

CAPRA, FRANK [director], It's a wonderful life (1946).

COLERIDGE, SAMUEL TAYLOR, Biographia Literaria, http://www.gutenberg.org/files/6081/6081-h/6081-h.htm (Stand: 18.02.2016).

DICKENS, CHARLES, A Christmas Carol, in: DERS., The Christmas Books, London u.a. 1994, [1]1843.

ECO, UMBERTO, Apokalyptiker und Integrierte. Zur kritischen Kritik der Massenkultur, Frankfurt 1989.

FITZ, FLORIAN DAVID [Regie], Jesus liebt mich (2013).

HERK, ARITHA VAN, The Tent Peg. Markham ON 2006, 1981.

HERK, ARITHA VAN, Mackenzies Koch; übers. v. WERNER RICHTER, München 1999.

HÖRNICKE, MARTINA, Gendering Myths. Margaret Atwood's Penelopiad and Aritha van Herk's The Tent Peg, in: BACH, SUSANNE (Hrsg.), Intertextual Transitions in Contemporary Canadian Literature, Trier 2013, 73–202.

JAMES, WILLIAM, The Varieties of Religious Experience: A Study in Human Nature. Rockville 2008.

LOCKE, LIZ, Don't Dream It, Be It. Cultural Performance and Communitas at »The Rocky Horror Picture Show«, in: WEINSTOCK, JEFFREY ANDREW (Ed.), Reading Rocky Horror. The Rocky Horror Picture Show and Popular Culture, New York 2008, 141–156.

LUTZ, HARTMUT, Meat and Bones Dont Matter. Mythology in The Tent Peg, http://ariel.ucalgary.ca/ariel/index.php/ariel/article/viewFile/2212/2166 (Stand: 18.02.2016).

MCCLURE, JOHN A., Postmodern/Post-Secular. Contemporary Fiction and Spirituality, in: Modern Fiction Studies 41 (1995) 1, 141–163.

PETERS, JÜRGEN, Kleiner Versuch über den großen Erfolg. Beschreibung eines Problems, in: RUCKTÄSCHEL, ANNAMARIA/ZIMMERMANN , HANS DIETER (Hrsg.) 1976, 139–168.

RATH, HANS, Und Gott sprach: Wir müssen reden, Reinbek 2012.

RICOEUR, PAUL, Hermeneutik und Psychoanalyse. Der Konflikt der Interpretationen II, München ([2]1974; 1969).

RUSHDIE, SALMAN, Die Satanischen Verse, Artikel 19, Hamburg 1989.

RUSHDIE, SALMAN, The Satanic Verses, London 1988.

SAFIER, DAVID, Jesus liebt mich, Reinbek 2009.

SCHMID, WILHELM, Auf der Suche nach einer neuen Lebenskunst, Frankfurt 2000.

SHARMA, SHAILJA, Precious Gift/Piece of Shit. Salman Rushdie's The Satanic Verses and the Revenge of History, in: MORRISON, JAGO/WATKINS, SUSAN (Eds.), Scandalous Fiction. the Twentieth-Century Novel in the Public Sphere, Basingstoke u.a. 2006, 136–149.

STILL, JUDITH/WORTON, MICHAEL, Introduction, in: DIES. (Hrsg.), Intertextuality. Theories and Practices, Manchester/New York 1990, 1–43.

VAIHINGER, HANS, Die Philosophie des Als Ob, Aalen 1986.

www.gott.de (Stand: 18.02.2016)

www.berlinerliteraturkritik.de/detailseite/artikel/david-safier-im-gespraech.html (Stand: 17.02.2016)

Wie werden biblische Texte im Religionsunterricht ›eingespielt‹? Einblicke in eine empirische Unterrichtsforschungsstudie

Annegret Reese-Schnitker

Die Frage, wie sinnvolles religiöses Lernen – angestoßen durch die Auseinandersetzung mit biblischen Texten und Themen – erfolgen kann, wurde bisher in der religionspädagogischen Forschung vorrangig theoretisch beantwortet. Es gibt derzeit nur vereinzelt empirische Studien, die den realen Religionsunterricht in den Blick nehmen.[1] So ist es nicht verwunderlich, dass die normative Frage nach dem didaktisch sinnvollen Einsatz von biblischen Texten im Religionsunterricht bisher größtenteils konzeptionell bearbeitet wurde. Diese bibeldidaktischen Konzepte sind bestenfalls geerdet in individuellen und punktuellen Unterrichtserfahrungen der Verfasser. Diese bedürfen dringend einer empirischen Überprüfung.

---

[1] Es gibt einige empirische Forschungsprojekte, die durch Interviews oder die Analyse von Unterrichtsprodukten den Religionsunterricht erforschen. Allerdings Forschungsprojekte, die mittels Videographie den dynamischen und komplexen Prozess von Religionsunterricht analysieren, gibt es kaum. Einschlägige und aktuelle dazu: Rudolf Englert/Elisabeth Hennecke/Markus Kämmerling, Innenansichten des Religionsunterrichts Fallbeispiele – Analysen – Konsequenzen, München 2014. Eine ältere Einzelfallstudie von: Hans Mendl, Religiöses Lernen als Konstruktionsprozess. Schülerinnen und Schüler begegnen der Bibel, in: Burkard Porzelt/Ralph Güth (Hrsg.), Empirische Religionspädagogik. Grundlagen – Zugänge – Aktuelle Projekte, Münster 2000, 139–152. Quantitative Zugänge zum Religionsunterricht etwa: Ulrich Riegel, Religionsdidaktische Kompetenz messen. Auf dem Weg zu einem Ratingmanual zur Erfassung religionsdidaktischer Kompetenz auf der Grundlage videographierter Religionsstunden, in: U. Riegel/K. Macha (Hrsg), Videobasierte Kompetenzforschung in den Fachdidaktiken, Münster 2013, 266–282. Alle diese Projekte konzentrieren sich nicht auf die Auseinandersetzung mit biblischen Texten. Eine Zusammenschau von empirischen Studien zur Rezeption biblischer Texte im Religionsunterricht, die allerdings keine Videographie anwenden, gibt Schramm: Christian Schramm, Empirisch gepflückt. Alltagsexegesen. Forschungsüberblick und methodologischen Erwägungen, in: Protokoll zur Bibel 23, 2014, 2–40.

In diesem Beitrag wird der Einsatz von biblischen Texten und Motiven im realen Religionsunterricht anhand videographierter Religionsunterrichtsstunden exemplarisch untersucht. Für diesen Beitrag wurde auf das Datenmaterial zurückgegriffen, das im Rahmen einer Unterrichtsforschungsstudie »Gespräche im Religionsunterricht« an der Universität Kassel[2] erhoben wurde. Die vorliegenden Unterrichtsstunden wurden daraufhin befragt, wo und in welcher Weise dort biblische Motive und Texte tatsächlich im Unterrichtsalltag eingesetzt werden. Mit welchen didaktischen Intentionen werden diese mit den Schülerinnen und Schülern besprochen, bearbeitet, interpretiert, hinterfragt, fortgeschrieben? Die empirisch vorfindbaren Formen bibeldidaktischer Arbeit stehen im Zentrum der Analyse.

I.

Im ersten Teil des Beitrages stehen drei Frageperspektiven, deren Beantwortung für jedes bibeldidaktische Konzept grundlegend ist, im Zentrum:

1. Welches Text- und Bibelverständnis ist explizit oder implizit im Religionsunterricht leitend?
2. Welche Zielperspektiven und Kompetenzen werden durch die Auseinandersetzung mit dem biblischen Text offensichtlich?
3. Wie erfolgt die Arbeit mit dem biblischen Text, welche Methoden werden angewendet?
4. Diese Fragen werden aus zwei Perspektiven verhandelt: Einerseits der *normativen Perspektive*, die kritische Darstellung und Analyse von derzeitig aktuellen bibeldidaktischen Konzepten und konzeptionellen Fragestellungen, andererseits der *empirischen Perspektive*, die aufmerksame Beobachtung und Beschreibung realen Unterrichtsgeschehens durch die gemeinsame Betrachtung von transkribierten Unterrichtssequenzen und einer Analyse der darin stattfindenden tatsächlichen Kommunikationsverläufe.

---

[2] An der Universität Kassel arbeitet eine religionspädagogische Forschungsgruppe, in der Mitarbeiterinnen und Mitarbeiter, studentische Hilfskräfte und ausgebildete Religionslehrerinnen und Lehrer aktiv beteiligt sind, an einer Unterrichtsforschungsstudie zu Gesprächen im Religionsunterricht. Anhand von ca. 60 videographierten Unterrichtsstunden wird untersucht, welche Formen von Unterrichtsgesprächen vorzufinden sind und wie diese Unterrichtsgespräche in ihrer Dramaturgie verlaufen. Im Mittelpunkt der Analyse steht der Kommunikationsverlauf im Unterricht, die Gestalt und Struktur des Gesprächs und dessen Steuerung durch die Lehrerinnen und Lehrer. Dem Forschungsprojekt geht es darum, realen Religionsunterricht in den Blick zu nehmen, um die konkreten Probleme in der Praxis fassbar und bearbeitbar zu machen.

Als ein erstes Beispiel dient eine Unterrichtssequenz aus einer 13. Klasse eines Gymnasiums. Die Lerngruppe bearbeitet in dieser Unterrichtsreihe das Thema *Auferstehung*. In den vorausgehenden Stunden wurde zu den Fragestellungen *Warum musste Jesus sterben?* und *Welche Rolle spielt Gott bei der Auferstehung?* bereits mit biblischen Texten gearbeitet. Neben der Auseinandersetzung mit diesen Bibeltexten sollten die Jugendlichen im Anschluss ihr eigenes Verständnis von Auferstehung notieren und miteinander austauschen. Unmittelbar vor der hier präsentierten Sequenz diskutierten die Schülerinnen und Schüler über diese eigenen Vorstellungen zur Frage, wie man sich konkret die Auferstehung nach dem Tod vorstellen könne. Die Lehrerin leitet nun über zum Text des Markus:

L.: Und wir haben uns jetzt doch wieder ein Stück weiter von Jesus entfernt. Weil wir gleich schon eingegangen sind, jetzt hier, auf die Frage, was kann eigentlich Auferstehung nach dem Tod bedeuten für den Menschen, die Übertragung auf das Leben. Wie kann man das eigentlich im Leben vielleicht schon erfahren? Und letzte Stunde ging es dabei um die Frage des Todes Jesu und jetzt bleiben wir vielleicht auch erstmal nochmal dabei, wie im Markusevangelium die Auferstehung dargestellt wird. Weil es uns vielleicht auch nochmal *ein bisschen Anregungen gibt, Gedanken fortzusetzen, Gedanken zu relativieren* vielleicht auch ... Einmal bitte nach hinten durchgeben. (L. gibt Arbeitsblätter mit dem Bibeltext Mk 16,1–8 aus.)

Der Markustext soll Anregungen geben, wie in den urchristlichen Texten die Auferstehung überliefert und dargestellt wird. Die Lehrkraft selbst artikuliert im Arbeitsauftrag auch ihre damit verbundenen Absichten: Der Text soll das eigene Auferstehungsverständnis anregen, bestätigen und herausfordern oder auch relativieren und korrigieren.

Die Markusperikope Mk 16,1–8 wird als Text ausgeteilt und von einer Schülerin laut in der Klasse vorgelesen.

Markus 16, 1–8 (Einheitsübersetzung)
1 Als der Sabbat vorüber war, kauften Maria aus Magdala, Maria, die Mutter des Jakobus, und Salome wohlriechende Öle, um damit zum Grab zu gehen und Jesus zu salben. 2 Am ersten Tag der Woche kamen sie in aller Frühe zum Grab, als eben die Sonne aufging. 3 Sie sagten zueinander: Wer könnte uns den Stein vom Eingang des Grabes wegwälzen? 4 Doch als sie hinblickten, sahen sie, dass der Stein schon weggewälzt war; er war sehr groß. 5 Sie gingen in das Grab hinein und sahen auf der rechten Seite einen jungen Mann sitzen, der mit einem weißen Gewand bekleidet war; da erschraken sie sehr. 6 Er aber sagte zu ihnen: Erschreckt nicht! Ihr sucht Jesus von Nazaret, den Gekreuzigten. Er ist auferstanden; er ist nicht hier. Seht, da ist die Stelle, wo man ihn hingelegt hatte. 7 Nun aber geht und sagt seinen Jüngern, vor allem Petrus: Er geht euch voraus nach Galiläa; dort werdet ihr ihn sehen, wie er es euch gesagt hat. 8 Da verließen sie das Grab und flohen; denn Schrecken und Entsetzen hatte sie gepackt. Und sie sagten niemand etwas davon; denn sie fürchteten sich.

Danach fordert die Lehrerin die Schülerinnen und Schüler (= SuS) zu einer Stillarbeit auf:

L.: Hmhm. (Pause, 7 s). *Was kann man jetzt hier über die Auferstehung Jesu erfahren?* Gehen Sie ruhig den Text nochmal durch. (Pause, 1,26 m)

Die SuS lesen in Stillarbeit (1½ Minuten) den Text ein zweites Mal.

Es schließt sich ein Unterrichtsgespräch an:

L.: Lina

Lina: Ja also eigentlich sagt man ja, dass die Auferstehung was Gutes ist, was Positives ...

L.: Hmhm. (L. nickt und bestätigt mit dem Blick.)

Lina: Aber bei den Frauen ist das ganz anders. Die sind nicht erfreut, dass Jesus auferstanden ist, sondern sind total erschrocken und entsetzt und wissen gar nicht so genau, wie sie jetzt damit umgehen sollen. Und sie haben so viel Angst, dass sie jetzt nur wegrennen.

L.: Mara.

Mara: Ja, auch dieses Wegwälzen mit dem Stein ist, ähm ... Wird ja auch hier beschrieben, dass der sehr groß ist und sehr schwer. Da kann man ja auch sogar darauf schließen, dass das halt diese hohe Macht ist, das mit Christus.

L.: Hmhm. (L. nickt und ermuntert mir ihrem Blick.)

Mara: Das wird beschrieben.

L.: Hmhm.

Mara: Nicht von Menschen aus gesehen.

L.: Ja. Wir haben eine Frage von Lina, ne? Und schon einen Ansatz zur Bedeutung von Mara. Ich sammle erst nochmal in der ersten Runde ein paar Eindrücke. Tom.

Tom: Ähm, ja erst nochmal kurz zu diesem jungen Mann. Wer war das? (L. schmunzelt.) Oder ist ... spielt das jetzt keine Rolle?

L.: Also es war auf jeden Fall nicht Jesus. Hmhm. Ja, also man kann ihn als Bote Gottes, vielleicht Engelsgestalt, deuten, sehen.

Tom: Ok, ja und dann was er noch sagt, ähm ...: Nun aber geht und sagt seinen Jüngern, also, sozusagen ein Apell, und vor allem Petrus. Da bezieht er sich nochmal auf den Jünger, der erst gesagt hat: Ja, ich stehe zu dir, du kannst mir vertrauen und so weiter.

L.: Hmhm. (L. nickt und ermuntert mit ihrem Blick.)

Tom: Der ihn sozusagen verleugnet.

L.: Verleugnet. Vers 22 ... (L. nickt.)

Tom: Genau. Ähm und dann: Er geht euch voraus nach Galiläa. Dort werdet ihr ihn sehen, wie er es euch gesagt hat. Also hat er eigentlich schon voraus gesagt, dass er auferstehen wird, dass die ... dass die Jünger ihn da antreffen.

L.: Hmhm. (L. ermuntert die SuS durch ihren Blick, Stellung zu beziehen.)

Ines: Ja auch: Dort werdet ihr ihn sehen, sagt auch, dass er trotzdem nicht unnahbar ist. Also, dass man ihn ja trotzdem erreichen kann und vielleicht hier auch mit Körper und Geist. Also hört sich das hier halt so an, als ob er halt irgendeinen Körper hat, weil sonst könnte man ja auch nicht so. Oder halt so als Geist.

Eva: Ich würde sagen, die drei Personen hier haben auch jetzt vielleicht so ein bisschen das Vertrauen an sich selber verloren, dass man ihnen glauben würde. Weil, wenn die jetzt so sagen: Der Jesus ist auferstanden. Dass würde denen wahrscheinlich keiner glauben. Deshalb erzählen sie es, das auch keinem, weil sie selber vielleicht ... selber das gar nicht glauben können. Und ...

L.: Hmhm. (L. nickt.) Eva hat jetzt den Bogen zurück zu Lina gespannt. Vielleicht kann man das sogar mit dem auch noch verknüpfen, mit dem was Mara gesagt hat. Also, wie kommt das eigentlich jetzt, dass die Frauen so verschreckt sind? Können Sie sich da was vorstellen?

I. Welches Text- und Bibelverständnis ist explizit oder implizit im Religionsunterricht leitend?

Das Lesen des biblischen Textes ist in diesem Beispiel eingebettet in eine Unterrichtsreihe zum Thema *Auferstehung* – die biblischen Texte werden also zur theologischen Urteilsbildung über das Verständnis von Auferstehung herangezogen. Sie sollen den Schülerinnen und Schülern helfen, ein eigenes (theologisches) Urteil im Abgleich der eigenen Meinung mit der biblischen Überlieferung über das Verständnis von Auferstehung zu erlangen. Nachdem die Frage nach dem Tod Jesu durch biblische Texte behandelt wurde und die Ansichten der Jugendlichen zu ihren eigenen Vorstellungen von Auferstehung zusammengetragen wurden, wird nun wieder ein zentraler biblischer Text, das älteste uns vorliegende Evangelium, zu Rate gezogen. Als zentrale Frage stellt die Lehrerin der Unterrichtssequenz voraus: »Was kann man jetzt hier (im Markusevangelium) über die Auferstehung erfahren?«

Dem biblischen Text, dem Ausschnitt aus dem Markusevangelium, wird für die Beantwortung der Frage, was im Christentum unter Auferstehung verstanden wird, viel zugetraut. Offensichtlich wird dem biblischen Text eine besondere Autorität zugesprochen. Ästhetisch und gestalterisch ist dies sichtbar: Der Text wird in der Klasse laut vorgelesen und steht im Zentrum des Unterrichtsgeschehens.

In den darauf folgenden Schüleräußerungen erkennt man, wie engagiert sich die Schülerinnen und Schüler bemühen, sich auf die beschriebene Situation einzulassen und in die Szene einzufühlen. In ihren Beiträgen wechseln sie zwischen dem Abarbeiten von dem, was geschrieben steht, und dem Nachdenken, wie das deutbar ist und wie das heute verstanden werden kann. Ihre Äußerungen haben einen starken Textbezug. Der von der Lehrerin strukturierende Beitrag, in dem sie die beiden Redebeiträge als eine Beschreibung des Textes und als eine Deutung der Erzählung differenziert, ist hervorzuheben. Einige Abschnitte nach dem hier gezeigten Ausschnitt unternimmt die Lehrerin den Versuch, das Textverständnis explizit zu klären. Sie fragt die Klasse, ob die Frauen, die in der biblischen Perikope die Auferstehungsbotschaft erhalten, dies tatsächlich so erlebt haben? Und als sie keine Antwort erhält, erinnert sie die

Mädchen und Jungen daran, dass der vorliegende Text kein historisches Protokoll ist, sondern als *literarischer Text verstanden werden muss, in dem damalige Menschen versuchen, Glaubensinhalte mitzuteilen.*

Also was nun? Die Lehrerin greift hier verschiedene und doch miteinander vernetzte Textverständnisse, aber auch Missverständnisse auf. Die Bibel kann gelesen werden als:

(1) Geschichtsdokument, d.h. als ein geschichtliches Dokument und Zeugnis, ein Text, der vor knapp 2000 Jahren entstanden ist. Biblische Texte haben eine bestimmte geschichtliche, gesellschaftliche und soziale Entstehungszeit, die erkenntnisreich für die Interpretation ist.[3] Daher ist es wichtig, den Entstehungskontext des Textes zu kennen und zu berücksichtigen, um zu einem geschichtlich angemessenen Verständnis des Textes zu kommen. Auch für Horst-Klaus Berg sollte jede Bibelauseinandersetzung fundierte bibelhistorische Informationsbausteine integrieren.[4]

Die Lehrerin klärt dafür im weiteren Verlauf, dass es sich nicht um ein historisches Protokoll handelt, sondern um einen Text, der aufgeschrieben wurde, um eigene Glaubenserfahrungen den weiteren Generationen zugänglich zu machen und aufzubewahren. Damit spricht sie ein zweites zentrales Charakteristikum des Textes an:

(2) Der vorliegende Text ist ein fundamentales Element einer Religions- und Traditionsgemeinschaft und als solches ein *Glaubensdokument,* ein Ausschnitt aus einem Buch, das in der jüdisch-christlichen Überlieferung menschliche Existenz im Angesicht Gottes deutet, d.h. es handelt sich um einen Text, der Glaubenswahrheiten enthält, die für den je eigenen Glauben in der Religionsgemeinschaft relevant werden können. Der Text hat aus der Sicht von Gläubigen – also aus der Innenperspektive – eine besondere Autorität. Die Innenperspektive ist allerdings vor allem Gläubigen zugänglich, die die Bibel als von Gott inspiriert verstehen und in ihr dem »Wort Gottes im Menschenwort«[5] begegnen, d.h. die Bibel ist für sie ein Medium der Selbstmitteilung Gottes.

Mit Ingo Baldermann[6] haben wir einen bibeldidaktischen Vertreter, der sich ausschließlich auf die Bibel als Glaubensquelle beruft und biblisch-historische Fragestellungen bei der Bearbeitung biblischer Texte gezielt ausblendet. Ihm geht es um einen existenziell-fragenden Umgang mit biblischen Texten, einer unmittelbaren Begegnung zwischen Text und Leser, die nicht durch eine historische

---

3 Vgl. etwa: Anton Bucher, Bibeldidaktische Grundregeln. Altes Testament, in: Engelbert Groß/Klaus König (Hrsg.), Religionsdidaktik in Grundregeln. Leitfaden für den Religionsunterricht, München 1996, 68–94.

4 Vgl. Horst Klaus Berg, Grundriss der Bibeldidaktik, München 1993.

5 Thomas Söding, Heilige Schrift? Gottes Wort? Das Buch der Bücher im Jahr der Bibel, in: CiG 55 (10/2003), 78.

6 Ingo Baldermann, Einführung in die biblische Didaktik, Darmstadt 1996.

Distanz oder starke Abstraktion behindert wird. In der Begegnung vor allem der Psalmworte sieht Baldermann ein besonderes Potenzial, Kindern einen Zugang zum eigenen Glauben in der Begegnung mit Glaubensaussagen aus vergangenen Zeiten zu ermöglichen.

Im vorliegenden *Beispiel* versucht die Lehrerin mit ihrer Abgrenzung deutlich zu machen, dass die Aussagen des biblischen Textes zwar nicht *wirklich* so geschehen sind, allerdings für gläubige Menschen *wahrhaftige* Aussagen transportieren, die für Gläubige als »Wort Gottes im Menschenwort« eine besondere Autorität haben. Ob und inwiefern man diese Innenperspektive, also die Sicht von Gläubigen auf das Buch der Bücher, auch im Religionsunterricht zur Geltung bringen kann, ist in der Religionspädagogik eine strittige Frage. Die Unterscheidung zwischen dem *Wirklichkeits- und Wahrheitssinn biblischer Texte* ist aber zentral. Biblische Geschichten sind zwar nicht *wirklich* geschehen, im Sinne des *faktisch Passierten*, des historischen *so ist es gewesen*, aber sie können *wahrhaftige Geschichten* sein und werden. Diese metakognitive religiöse Unterscheidungskompetenz ist für alle Schülerinnen und Schüler anzustreben.

(3) Ein drittes Textverständnis kommt im Unterrichtsbeispiel ins Spiel: Der biblische Text wird als Sprachdokument bezeichnet, *als literarisches Dokument*, das bestimmte Aussagen transportiert, mit denen jeder sich gewinnbringend auseinandersetzen kann. Biblische Texte können für jeden Menschen und seinen (Lebens-)Glauben relevant werden. Innerhalb der Theologie gibt es eine sehr interessante Diskussion zu der entscheidenden Frage, die Gerd Theißen umschreibt mit den Worten: »Warum aber gerade die Bibel? Warum kein anderes Buch?«[7] Ich stimme Burkard Porzelt zu, wenn er sagt: »Niemand kann behaupten, dass die Bibel das einzige Buch ist, das in sprachmächtiger Weise erfahrungsgesättigt vom Menschen zu erzählen weiß.«[8] Zweifelslos kann gleichzeitig dem Buch der Bücher zuerkannt werden, dass es einen »unermesslichen Schatz« an Weisheit und Erfahrung in sich birgt, der über viele Generationen hinweg in eine »großartige« und »lang erprobte Sprache« gemündet ist.[9]

Hier könnte man tiefer ansteigen und diskutieren, welches Textverständnis zu priorisieren ist, aber mit Verweis auf Franz Niehl sind meiner Ansicht nach alle drei Textverständnisse zentral und den Kindern transparent zu machten. Nach Franz Niehl muss Bibel »fiktionale Literatur sein. Nur dann schafft sie Identifikationsmöglichkeiten, wie sie keine historische Darstellung bieten kann. Weil die Bibel Geschichten erzählt, weil sie in Metaphern und Gleichnissen spricht, legt sie Spuren der Transzendenz. Darüber lohnt es sich nachzuden-

---

[7] Gerd Theißen, Zur Bibel motivieren. Aufgaben, Inhalte und Methoden einer offenen Bibeldidaktik, Gütersloh 2003, 193.

[8] Burkard Porzelt, Grundlinien biblischer Didaktik, Regensburg 2012, 74.

[9] Theißen, Zur Bibel motivieren, Gütersloh 2003, 115, 180, 181.

ken.«[10] Was Niehl beschreibt, kann man gut an den Schüleräußerungen des vorausgehenden Beispiels erkennen, etwa Eva: »Ich würde sagen, die drei Personen hier haben auch jetzt vielleicht so ein bisschen das Vertrauen an sich selber verloren, dass man ihnen glauben würde. Weil, wenn die jetzt so sagen: Der Jesus ist auferstanden. Dass würde denen wahrscheinlich keiner glauben. Deshalb erzählen sie es, das auch keinem, weil sie selber vielleicht ... selber das gar nicht glauben können.« Gleichzeitig ist für ihn die Verortung in den historischen Entstehungsbedingungen der Texte wichtig und auch der Einbezug wirkungsgeschichtlicher Themen bei dem dialogisch angelegten Verstehens- und Aneignungsprozess biblischer Texte.

Auf einen anderen, wichtigen Aspekt hinsichtlich des Textverständnisses verweist u.a. Burkhardt Porzelt: Nach ihm ist eine weitere hermeneutische Grundentscheidung bei der didaktischen Arbeit mit der Bibel zentral, nämlich die Entscheidung, ob der Text Träger einer eindeutigen Bedeutung oder aber als Text selbst wiederum Partner eines unerschöpflichen Dialogs ist.[11] Er unterscheidet – grob nachgezeichnet – zwischen einer Didaktik der vorherbestimmten Bedeutung einerseits und einer Didaktik nachdenklicher Erkundung andererseits.[12]

Ebenfalls gegen die Verwendung biblischer Texte unter der Prämisse von vorherbestimmten Bedeutungen spricht sich Franz Niehl aus[13]: Er sieht ein großes Verhängnis vergangener Textbegegnungen darin, dass die Bibel in ihrer Vieldeutigkeit und ihrem Reichtum nicht wahrgenommen wurde. Für ihn ist es zentral, dass die biblischen Texte nicht auf eine Aussageintention verkürzt werden dürfen. Die Wirkungsgeschichte des Textes in Bild und Wort spielt dabei für Niehl eine entscheidende und gewinnbringende Rolle. Nach ihm ist die Bibel ein dialogisch angelegtes Buch. Versteht man die Bibel als ein wirkungsreiches und strittiges Buch, dann gibt es keine einlinigen Verstehenszugänge.

Am vorliegenden Beispiel kann nicht eindeutig geklärt werden, ob hier diese Pluralität an Auslegungsweisen von der Lehrerin unterstützt wird. Sicherlich ist dies aber eine grundlegende Voraussetzung für eine (bibel-)didaktische offene Erschließung biblischer Texte.

Auf eine offensichtliche und häufig übersehene Tatsache, die fachdidaktisch einige Konsequenzen hat, ist abschließend hinzuweisen: Die Bibel ist kein Buch für Kinder, sie ist ausschließlich für erwachsene Leser und Leserinnen geschrieben! »Die Bibel ist von Erwachsenen für Erwachsene geschrieben und ist in

---

[10] Franz Wendel Niehl, Bibel verstehen. Zugänge und Auslegungswege. Impulse für die Praxis der Bibelarbeit, München 2006, 16.

[11] Vgl. Porzelt, Grundlinien, 121.

[12] Ebd.

[13] Vgl. Niehl, Bibel verstehen, 2006.

keiner Weise ein Kinderbuch«[14], so schreibt der britische Psychologe Goldman. Die bekannte Kinderbuchautorin und Verfasserin von Kinderbibeln, Regine Schindler, bestätigt: »Die Bibel wurde nicht für Kinder geschrieben.«[15]

Neben dem historisch-kultureller Graben, der uns Menschen des 21. Jahrhunderts vom Buch der Bücher trennt, tut sich eine weitere altersspezifische Kluft auf, die den didaktischen Umgang mit dem Buch erschwert.[16] Warum wird die Bibel dann überhaupt Kindern angeboten? An welchen Maßstäben orientiert sich die didaktische Auswahl und Aufbereitung biblischer Texte?

Wichtig ist, dass die Fremdheit der Texte nicht kaschiert bzw. zum Verstummen gebracht wird, was in vielen Kinderbibeln durch starke Korrekturen und Ergänzungen geschieht. Allerdings ist nicht jeder Text für jede Altersstufe geeignet. Für die Grundschule müssen biblische Texte sorgsam umformuliert werden. Schülerinnen und Schüler haben das Recht, die Bibel ihrem Entwicklungsstand entsprechend zu verstehen. Religionskräften ist es aufgetragen, das Bibelverständnis der Kinder einerseits akzeptierend ernst zu nehmen, andererseits aber Impulse zu setzen, die eine Fort- und Weiterentwicklung hin zu reiferen Bibeldeutungen anregen.[17]

> »Texte werden von einem Rezipienten auf verschiedenen Stufen seiner Entwicklung je anders verstanden. Vorgaben bestimmter Interpretationen eines Textes, z. B. durch einen Religionslehrer, überfordern deshalb den Schüler, stören oder zerstören seine ihm angemessene Rezeption, entmündigen ihn und motivieren ihn dazu, sich überhaupt von Bibeltexten zu distanzieren. [...] Wir sollen dessen eingedenk werden, dass die Auslegung der Bibeltexte zuerst durch den Schüler zu leisten ist. Niemals darf ein Lehrbuch seine Antwort dem Schüler schenken. Er muss dazu gezwungen werden, sie in schrittweiser Auseinandersetzung zu erarbeiten. Dabei wird das Ergebnis nicht so etwas wie eine wissenschaftlich verantwortete Exegese sein, sondern eine auf einer bestimmten Stufe optimal mögliche Deutung, die eine jetzt angemessene, dem Schüler mögliche Interpretation repräsentiert. Dann erst können Versuche unternommen werden, neue Anstöße und Rückfragen ins Gespräch zu bringen.«[18]

---

14 Ronald Goldman, Vorfelder des Glaubens. Kindgemäße religiöse Unterweisung, Neukirchen-Vluyn 1972, 75.

15 Regine Schindler, Zur Hoffnung erziehen. Gott im Kinderalltag, Lahr/Zurüch 2000, 275.

16 Vgl. Porzelt, Grundlinien, 43 f.

17 Vgl. Porzelt, Grundlinien, 45.

18 Klaus Wegenast/Philipp Wegenast, Biblische Geschichten dürfen auch ›unrichtig‹ verstanden werden. Zum Erzählen und Verstehen neutestamentlicher Erzählungen, in: Desmond Bell/Heike Lipski-Melchior u. a. (Hrsg.), Menschen suchen – Zugänge finden. Auf dem Weg zu einem religionspädagogisch verantworteten Umgang mit der Bibel (FS Christine Reents), Wuppertal 1999, 246–263, 252.

Vom Bibel- und Textverständnis zurück zum *Unterrichtsbeispiel:* Für die bibeldidaktische Verwendung ist das Textverständnis der Schriften (und Geschichten) zentral. Dabei ist auch in realen Unterrichtszenen zu fragen, ob das Textverständnis für die Schülerinnen und Schüler transparent bzw. verständlich ist. Im vorliegenden Beispiel bemüht sich die Lehrerin um diese Transparenz. In einigen Gesprächen allerdings haben wir festgestellt, dass offensichtlich sowohl bei der Lehrperson, ihren Anweisungen und didaktischen Arrangements, als auch bei den Schülerinnen und Schüler das Textverständnis unklar bis verschwommen ist. Damit bleibt völlig offen, was von diesen Texten zu erwarten ist, was für einen Wirklichkeits- und Wahrheitsgehalt diese Texte transportieren. Damit die Kinder Einsicht in den Sinn bibeldidaktischer Arbeit bekommen, ist es grundlegend, das Textverständnis anzusprechen und zu klären.

2. Welche Zielperspektiven und Kompetenzen werden durch die Auseinandersetzung mit dem biblischen Text angestrebt?

In der Geschichte des Religionsunterrichts gibt es verschiedene Zielsetzungen im Umgang mit der Bibel: Soll in der Auseinandersetzung mit dem biblischen Text das Wort Gottes verkündet, die christlich-abendländische Tradition erschlossen oder die Schülerinnen und Schüler unter heutigen Bedingungen lebens- und glaubensfähig gemacht werden?

Zunächst zum *Unterrichtsbeispiel:* Ganz zu Beginn, vor dem Lesen als Überleitung zum Markustext macht die Lehrerin bereits transparent, was die Auseinandersetzung mit dem Markusevangelium *bringen* soll. Es geht darum zu sehen, »wie im Markusevangelium die Auferstehung dargestellt wird, um Anregungen zu bekommen, um Gedanken fortzusetzen oder auch zu relativieren.« Vor dem Verteilen des Textes erläutert die Lehrerin, dass es sich um den ursprünglichsten und ältesten Text und um das Ende des Markusevangeliums handelt. Sie leitet das Lesen mit der Aufforderung ein: »Schauen wir mal, wie das Markusevangelium aufhört.«

Was geschieht? Die Lehrerin teilt ihre Zielperspektive der Auseinandersetzung mit dem Markustext den Lernenden von Beginn an mit, wenn auch vielfältig und damit mehrdeutig: Der biblische Text soll eine Herausforderung für die eigenen Gedanken der jungen Erwachsenen zum gleichsam biblisch fundierten Auferstehungsverständnis sein.

Direkt nach dem Text gibt die Lehrerin eine erste Erschließungsfrage zum Text: »Was kann man hier nun über die Auferstehung Jesu erfahren?« Dies ist ein sehr offener und allgemeiner Zugang, der allerdings auf die Auferstehung fokussiert. Die Auseinandersetzung mit dem Text soll die darin tradierten Erfahrungen über die Auferstehung freilegen. Positiv zu erwähnen ist, dass die Lehrerin den Schülerinnen und Schülern nach dem Vorlesen und der Fragestellung in Stillarbeit ausreichend Zeit lässt, sich dem Text ein zweites Mal in Ruhe zuzuwenden und die eigenen Gedanken zu ordnen. Dann holt die Lehrerin verschiedene Schüleräußerungen ein und kommentiert und strukturiert die Schülerbeiträge ansatzweise (»Wir haben eine erste Frage und eine erste Deutung, ich möchte erst mal erste Eindrücke sammeln ...«). Sie klärt direkte Fragen zum Text (»Wer war der junge Mann?« ... »Nicht Jesus, vielleicht ein Bote Gottes.«). Sie lässt verschiedene Schülerbeiträge stehen, macht allerdings bereits auf die verschiedenen Bezüge der Beiträge zueinander aufmerksam. Dies ist besonders hervorzuheben, weil wir gerade die Vernetzung von Schülerbeiträgen bei Religionskräften nur sehr selten beobachtet haben. Sicher muss beachtet werden, dass nur ein kleiner Ausschnitt aus der Unterrichtsstunde vorliegt, der so nur ansatzweise eine passende Antwort geben kann. Was kann man hinsichtlich der Zielperspektive in dieser Unterrichtssequenz erkennen?

Offensichtlich geht es hier darum, weitere Erkenntnisse über die Auferstehung zu erhalten, genauer: Über das Auferstehungsverständnis, das in der Glaubensschrift des Christentums grundgelegt ist. In den uns vorliegenden Passagen sollen zunächst die zentralen Textaussagen zusammengetragen und reproduziert werden. Im weiteren Unterrichtsverlauf werden verschiedene Interpretationen des Textes an der Tafel gesammelt.

Offen in der Unterrichtssequenz bleibt, ob die Lehrerin auch die Intention verfolgt, dass die biblische Lektüre, die Rückbesinnung auf die älteste Quelle (wenn man von den Paulusbriefen absieht), den Schülerinnen und Schülern bei der Entfaltung und Weiterentwicklung des eigenen Auferstehungsverständnisses helfen soll. Diese verdeckte Intention ist vermutlich anzunehmen.

Nach der Sicht auf das Geschehen im realen Religionsunterricht soll die Theorie befragt werden, welche Zielperspektiven konzeptionelle Entwürfe bei der Arbeit mit biblischen Texten anstreben. In bibeldidaktischen Konzepten findet man immer wieder die Formulierung, dass es zentral darum geht »Bibelleser und Bibeltexte ins Gespräch« zu bringen.[19] Bereits Horst Klaus Berg[20] legt eine *interaktionale Bibeldidaktik* vor, in der er den Text im Kontext von Tradition und Gegenwart sieht. Er möchte zentrale Lernchancen biblischer Texte für heutige Kinder und Jugendliche zugänglich machen. Franz Niehl[21] hat eine explizit von ihm so genannte *dialogische Bibeldidaktik* vorgelegt, in der durch ein »umkreisendes Verstehen« ein intensiver Dialog zwischen den Schülerinnen und Schülern und dem biblischen Text didaktisch entfaltet werden soll. Dieser Dialog bezieht auch die Wirkungsgeschichte biblischer Texte mit ein und soll multi-

---

[19] Hans Mendl, Religionsdidaktik kompakt. Für Studium, Prüfung und Beruf, München, 2011, 77.

[20] Vgl. Berg, Bibeldidaktik, 1993.

[21] Niehl, Bibel verstehen, 2006.

perspektivisch ausgestaltet sein. Die Bibel als ein dialogisch angelegtes Buch verlangt aus seiner Sicht dialogische Arbeitsformen.[22] Es geht zentral darum, »Schüler/innen Gelegenheiten zu eröffnen, um in der Begegnung mit der Bibel das eigene Leben zu ›vermessen‹«.[23] Immer wieder wird ein Begegnungs- und Dialoggeschehen zwischen der Bibel und ihren Lesern und Interpreten beschrieben, d. h. für eine gelingende Arbeit muss eine solche Begegnung von der Lehrkraft initiiert werden. Burkard Porzelt beschreibt diesen Begegnungsprozess folgendermaßen: Es geht darum »die Bibel im Alltag des heutigen Religionsunterrichts horizonterweiternd ins Spiel kommen« zu lassen.[24] Weiter schreibt er: »Gelungen wäre dies, wenn die Schüler/innen selbst als Bibelinterpreten eigenständige Lesarten entwickeln, die sich im Zwiegespräch mit biblischen Texten, Mitschüler/innen und weiteren Kontexten als stimmig und lebensförderlich bewähren.«[25] Bibel kann sinnvoll ins Spiel gebracht werden, wenn wir (1) »die Subjekte des Lernens, die Schüler/innen beständig im Blick haben [...] als Ausgangs- und Zielpunkt bibeldidaktischer Arbeit [...]« und (2), die biblischen Inhalte »in ihrer Eigenart als fremde ›Gegenstände‹ ins Spiel kommen, Bibel nicht auf den Horizont der Schüler/innen [zurechtgestutzt wird, um das] [A.R-S.] Potenzial an Widerstand horizonterweiternd« zu nutzen. Porzelt will (3) »Bibel bildend ins Spiel bringen, [...] einen Prozess arrangieren, in dem biblische Inhalte und Medien sinnvoll mit Interaktionen und Methoden vernetzt werden.«[26]

Zusammengefasst heißt dies: Die Zielperspektive der Auseinandersetzung ist in führenden Lehrbüchern zur Bibeldidaktik ein korrelatives Geschehen, in dem durch die Begegnung mit den jüdisch-christlichen Schriften die Schülerinnen und Schüler eigene Lesarten entwickeln, die sie für ihr Leben und ihren Glauben fruchtbar nutzen können. In Unterrichtsbeispielen findet man solche gelungenen kritisch-produktive Begegnungen leider nur sehr selten.

3. Wie wird dieser Lernprozess methodisch gestaltet? Wie findet die Auseinandersetzung mit dem Text statt?

Welche Präsentationsmethode wählt die Lehrerin im Unterrichtsbeispiel? Wie verläuft die Erstbegegnung mit dem Text? Die Lehrerin entscheidet sich, den Text auszuteilen und in der Klasse laut vorlesen zu lassen. An dieser Stelle möchte ich

---

22 Vgl. Niehl, Bibel verstehen, 16.

23 Franz Wendel Niehl, Die Bibel im Religionsunterricht. Hermeneutische Grundlagen und didaktisch-methodische Hinweise, Würzburg 1994, 62.

24 Porzelt, Grundlinien, 7.

25 Ebd.

26 A.a.O., 15.

einen kurzen Exkurs zur Präsentationsmethode des lauten gemeinsamen Lesens einfügen und die Vor- und Nachteile des lauten und leisen Lesens erläutern.

EXKURS: VORTEILE UND NACHTEILE DES LAUTEN GEMEINSAMEN LESENS

Aus der Lesedidaktik wissen wir, dass lautes Lesen nicht gleichzusetzen ist mit sinnentnehmendem Lesen. Daher wird in Unterrichtssituationen, in denen nicht die Überprüfung hörbarer Lesetechnik im Mittelpunkt steht, das leise Lesen empfohlen. Auch in der Gruppenarbeit soll still gelesen werden. Lediglich die Aktivierung des Vorwissens vor dem Lesen und die Anschlusskommunikation sind laut zu kommunizieren. Sehr plastisch beschreibt ein Lehrer rückblickend seine eigene Erinnerung an das laute Lesen im Unterricht: »Als Schüler habe ich das laute Lesen geliebt, solange *ich* laut lesen durfte. Lasen andere, habe ich schon im Stillen vorweggelesen oder gelangweilt aus dem Fenster geguckt. Und wenn ich laut lesen durfte, dann habe ich mich oft so auf das gute Artikulieren konzentriert, dass ich selber den Text hinterher noch einmal leise nachlesen musste, um zu wissen, was darin stand.« Viele werden sich in dieser Schilderung selbst wiederfinden. Leises Lesen ermöglicht im Prozess der Texterschließung ein individuelles Lesetempo und die uneingeschränkte Konzentration auf das Leseverstehen. Es ist daher für eine erste individuelle Textbegegnung geeignet: Das Lesetempo orientiert sich am eigenen Texterschließungsprozess, die Anwendung eigener Lesestrategien, wie z. B. das Zurückgehen im Text, Retardierung, Imagination oder Pausen, sind möglich.

Allerdings sind auch Vorteile des lauten Lesens zu nennen: »Lautes Lesen erfüllt vor allem kommunikative Funktion, es eröffnet ästhetische und interpretatorische Aspekte, der Text wird lebendig in seiner ästhetischen Gestalt. Allerdings, wenn das Leseverstehen im Zentrum steht, dann ist das laute Lesen weniger geeignet, allenfalls als zusätzliche Form der Textbegegnung.«[27]

Zurück zum *Unterrichtsbeispiel:* Die Lehrerin lässt nach dem Hören und stillen Mitlesen des Textes den Schülerinnen und Schülern Zeit, sich ein zweites Mal mit dem Text auseinanderzusetzen, diesmal gezielt unter der Fragestellung, was man von der Auferstehung Jesu erfährt. Sie entschleunigt und individualisiert damit den Lese- und Interpretationsprozess. Erst nachdem einige Jugendliche sich melden, nach gut zwei Minuten – eine fast identische Zeitspanne, wie zum lauten Vorlesen benötigt wurde – eröffnet sie ohne eigenen Kommentar das Gespräch über den Text.

Es wird folglich eine Methode der Textbegegnung gewählt, die zunächst eine gemeinsame Inszenierung des Textes darstellt und dann eine individuelle Zweitbegegnung ermöglicht. Die Lehrerin unterliegt damit nicht dem Fehlschluss, dass durch das laute Vorlesen der Text vollständig *verstanden* wurde, für

---

27 CHRISTIANE FRAUEN/FRAUKE WIETZKE, Lautes oder leises Lesen, in: Schul-Management 39/2008, 26–29.

das laute Lesen wurde sich vermutlich aufgrund der ästhetischen Funktion entschieden.

An dieser Stelle möchte ich auf die wenigen Stimmen der Bibeldidaktiker aufmerksam machen, die davor warnen, dem Gespräch nach der Textreproduktion zu schnell Raum zu geben. So etwa Wolfgangs Wagerer[28], der sich gegen eine unmittelbare Einladung zur Reaktion oder Assoziation und zum Weiterdenken ausspricht, bevor nicht eine erste Verarbeitung und eindrückliche Verinnerlichung des Textes Raum gegeben wurde. Auch Rudolf Englert[29] gibt zu bedenken, dass die Interaktion mit dem Text wesentlich von der Eindringlichkeit, mit der dieser Text präsentiert wird, lebt. Er ist davon überzeugt, dass zunächst eine konzentrierte Begegnung mit dem Text und eindrückliche Vergegenwärtigung erfolgen sollte. Good/Brophy[30] unterstützen diese Formen der Entschleunigung des Lernprozesses ebenfalls, wenn sie ein »langsames Tempo in Diskussionen mit Schweigephasen« einfordern.

Zurück zum *Unterrichtsbeispiel:* Nach dem Hören und Lesen des Textes erfolgt der Austausch über den Text, über das, was die Schülerinnen und Schüler wahrgenommen und verstanden haben, in Form eines Gesprächs. In dieser Gesprächssequenz fällt die starke Dominanz der Lehrerin auf, nicht so sehr verbal als vielmehr durch ihre starke Aufmerksamkeit gegenüber den sprechenden Jugendlichen und ihre fast nicht pausierende Rückmeldung mittels ihrer eindrücklichen Gestik und Mimik. Alle Schülerinnen und Schüler wenden sich mit ihrem Beitrag an die Lehrerin, die ohne etwas zu sagen, nickend, durch fragenden Blick, runzelnder Stirn u.a. ein unmittelbares Feedback gibt. Ein Gespräch der jungen Erwachsenen untereinander findet nicht statt. Die Jugendlichen schauen sich gegenseitig nicht an, sie nehmen keinen Bezug auf die Wortbeiträge ihrer Vorredner, sie richten ihren Beitrag jeweils an die Lehrerin.

Warum nehmen die Schülerinnen und Schüler nicht Bezug zueinander? Liegt es an der engen, frontal ausgerichteten Sitzanordnung, die wenig Raum lässt sich umzudrehen, sich anzuschauen oder behindert die starke körperliche und den Schülerinnen und Schüler zugewandte Präsenz der Lehrerin zu allen Sprechenden den Kontakt untereinander?

Im Rahmen der Kassler Unterrichtsforschungsstudie zu Gesprächen im Religionsunterricht wird ein solches Gespräch als *UGSV* geratet, als ein *U*nterrichts-*G*espräch, in dem verschiedene *S*chüler-*V*orträge aneinandergereiht sind. Das Gespräch besteht im Grunde aus Schülerbeiträgen, die durch die gleiche,

---

28 Wolfgang Wagerer, Das Hören ist der erste Schritt. Vernehmendes Theologisieren im strukturgewahrenden Erzählen, in: JBKTh 7 (2008), 155–169, 166.

29 Rudolf Englert, Das kann nicht wahr sein. Wundergeschichte, in: Ulrike Baumann/ Rudolf Englert u.a. Religionsdidaktik. Praxishandbuch für die Sekundarstufe I und II, Berlin 2005, 183–198.

30 Thomas L. Good/Jere Brophy, Looking in Classrooms, Bosten [10]2008, 324.

vorangegangene Frage ausgelöst wurden, aber nicht direkt aufeinander bezogenen sind.

Nach kurzer Zeit beginnt die Lehrerin die Schülerbeiträge zu kommentieren bzw. diese damit bereits zu strukturieren. In einem kurzen Einschub beantwortet sie die Frage nach dem jungen Mann in der Geschichte. Diese Form des Unterrichtsgesprächs, die nun folgt, wird als *UGPLV*, als ein Unterrichtsgespräch im Pingpong-Modus geratet. Das Gespräch wechselt pingpongartig zwischen Schülern- und Lehrerbeiträgen. Die Lehrperson kommentiert und reagiert kurz auf fast jeden einzelnen Schülerbeitrag, ohne diesen zu vertiefen.

Eine interessante Beobachtung am Rande ist herauszustreichen: Weil viele Unterrichtsgespräche in diesem Pingpong-Modus verlaufen, zählt Hilbert Meyer – dieser unterrichtlichen Realität Rechnung tragend – alle Unterrichtsgespräche dem Frontalunterricht zu.[31] Von Schülerinnen und Schülern werden stark lehrerzentrierte Unterrichtsgesprächsformen tatsächlich als Frontalunterricht wahrgenommen. Lehrerinnen und Lehrer sehen dies allerdings anders, erleben sich selbst als aktiv zuhörend und Feedback gebend in ein Gespräch verwickelt.

Bei einer abschließenden Auswertung dieser Passage muss sicher berücksichtigt werden, dass hier nur der Einstieg in die Bearbeitung des biblischen Textes vorliegt. Das Unterrichtsgespräch setzt sich fort.

Was geben *bibeldidaktische Konzepte* zu den Methoden in der Auseinandersetzung mit der Bibel vor? Es erstaunt wenig, dass fast alle bibeldidaktischen Konzepte dem *Gespräch* als Methode der gemeinsamen Textauseinandersetzung eine herausragende Rolle zutrauen. Bereits bei der Frage nach der Zielperspektive wurde gezeigt, dass bibeldidaktische Ansätze wiederholt mit dem Dialogbegriff, durchaus auch in metaphorischer Verwendung, operieren: Begriffe wie *umkreisendes Verstehen, dialogische Bibeldidaktik, Begegnungsprozess zwischen Text und Leser* werden u.a. verwendet. Bei der damit bekannten Grundaufgabe, Bibeltexte und Bibelleser ins Gespräch miteinander zu bringen, werden (wen wundert's?) vorwiegend Gespräche präferiert. Burkard Porzelt etwa schreibt: »Aktive Kommunikation über die Bibel ist bitter nötig, damit sich die Schülerinnen und Schüler ihrer eigenen Deutungen vergewissern und diese mit den Auslegungen von Mitschülern und Lehrperson abgleichen können.«[32] Bemerkenswert ist allerdings, wie viel dem Unterrichtsgespräch für eine solche Auseinandersetzung mit dem Text zugetraut bzw. auch zugemutet wird. Was konkret soll im Unterrichtsgespräch erfolgen: Die Unterrichtskommunikation über den biblischen Text gilt als *Lernfeld und Bewährungsprobe* der Bibelauslegung. Die eigenen Lesarten der Schülerinnen und Schüler sollen im offenen, kritischen und klärenden Unterrichtsgespräch entfaltet und auf die Probe gestellt

---

31 Vgl. Hilbert Meyer, Unterrichtsmethoden I, Berlin 2011, 139f.

32 Porzelt, Grundlinien, 117.

werden.[33] Er schreibt weiter: »Im gelungenen Unterrichtsgespräch verflüssigen sich mitgebrachte Lesarten der Bibel. Ohne Angst vor Abwertung dürfen diese Lesarten in der Kommunikation mit den Mitschülern/innen und der Lehrerin geäußert und befragt, untermauert oder angefochten werden. Ziel ist die Entwicklung geprüfter und geläuterter Deutungen des Textes.«[34] Und weiter:

> »Die anderen Gesprächsteilnehmer/innen eröffnen den Schülerinnen und Schülern neue, bislang unbekannte Perspektiven auf den gemeinsam betrachteten Bibeltext. Im Diskurs sind die Schülerinnen und Schüler damit beschäftigt, diese fremden Sichtweisen nachzuvollziehen, um immer wieder neu abzuwägen, wie es denn um die Stimmigkeit ihrer eigenen, bisherigen Lesarten bestellt ist. Indem die Schülerinnen und Schüler ihre eigene Deutung des Bibeltextes mitteilen, stellen sie sich der kritischen Rückmeldungen der Gesprächspartner. Die Reaktionen der Anderen bewegen dazu, die eigene Lesart in Frage und auf die Probe zu stellen, um entweder auf Ungereimtheiten und Widersprüche zu stoßen oder aber mit subjektiven guten Gründen an der bisherigen Sicht festzuhalten.«[35]

Dies sind hehre Vorstellungen! Sie sind anspruchsvoll und theologisch ehrenvoll. Allerdings entsprechen sie kaum der Realität, wie im Unterricht der kommunikative Austausch über biblische Text gewöhnlich und alltäglich erfolgt – wie gerade gesehen: Die Schülerinnen und Schüler stellen ihre Deutungen selbst nicht in eine kritische Diskussion mit und zu den anderen Lesarten.

Auch andere Religionsdidaktiker versprechen sich viel durch das Gespräch. Hans Mendl etwa schreibt: »Der kommunikative Austausch über individuelle Lernprodukte verspricht einen Gewinn für die vertiefte Rezeption der Inhalte.«[36] Auch Miriam Schambeck betont: »Erst indem die eigenen Deutungen von anderen angefragt, weitergedacht, korrigiert oder auch bestätigt werden, erst wenn Deutungen miteinander ausgetauscht werden, kann Verständigung stattfinden. Subjektive Deutungen erfahren in der intersubjektiven Kommunikation einen Ermöglichungsraum, aber auch eine Grenze.«[37]

Ja, dies ist sicher ein zuzustimmendes Ziel! Aber wo genau erfolgt dies im Religionsunterricht? Kurz möchte ich erwähnen, dass auch die deutschen Bischöfe in ihrem 2005 erschienenen Dokument *Der Religionsunterricht vor neuen*

---

33 A.a.O., 123.

34 A.a.O., 116.

35 Ebd.

36 Hans Mendl, Miteinander reden, in: Markus Schiefer Ferrari/Hans Mendl, u.a. (Hrsg.), Leben lernen. Menschliche Ausdrucksformen als Lernperspektiven im Religionsunterricht, Babenhausen 2011, 106–114, 112.

37 Miriam Schambeck, Bibeltheologische Didaktik. Biblisches Lernen im Religionsunterricht, Göttingen 2009, 112.

Herausforderungen dem Gespräch besondere Wertschätzung widerfahren lassen: Der Religionsunterricht »bedarf [...] der Pflege einer Kultur des Gesprächs. Einander aufmerksam zuhören, den anderen respektieren, Argumente zusammenstellen und gewichten, Übereinstimmungen und Dissens feststellen und die eigene Meinung argumentativ überprüfen sind grundlegende Fähigkeiten, die in allen Schulformen und Schulstufen eingeübt werden müssen.«[38]

Unterrichtsgesprächen wird demnach von vielen Seiten viel und vieles zugetraut. Wird ihnen zu viel zugetraut und zugemutet? Sie sollen als Lernfeld und Bewährungsprobe der Bibelauslegung fungieren, durch sie sollen nicht mehr verantwortbare und falsche Deutungen eines Bibeltextes identifiziert und verworfen werden, sie werden als Ort des produktiven Wettstreits um angemessene Deutungen des Textes hochgelobt. Wie auch das analysierte Unterrichtsbeispiel ansatzweise belegt, entspricht dies bei weitem nicht der Realität. In der Praxis von Unterrichtsgesprächen dominiert das Pingpong-System, Lehrerfrage-Schülerantwort[39], Schülerinnen und Schüler werden hier oft zu Detektiven degradiert, die dem Standpunkt des Religionslehrers auf die Spur zu kommen suchen.[40] Diese Formen des Unterrichtsgesprächs sind engmaschig und lehrerfixiert, statt schülerorientiert. In solchen Unterrichtsgesprächen kommt es zu keinem wirklichen Austausch, es kommt kaum dazu, dass die Schülerinnen und Schüler sich gegenseitig zuhören, erst recht nicht dazu, dass sie kritisch gegenseitig Bezug aufeinander nehmen oder miteinander einen Erkenntnisprozess durchschreiten. Oft bleibt es dabei stehen, dass jede/r sagt, was er/sie zu der Frage, der Problemstellung denkt. Hans Mendl schreibt: »In vielen Unterrichtsstunden wird bereits die Fähigkeit zur individuellen Konstruktion gefördert, was aber zu kurz kommt ist der Austausch über diese unterschiedlichen Konstruktionen.«[41] Ich würde gern noch einen Schritt weitergehen. Das, was zu kurz kommt, was im Rahmen der von uns videographierten und ausgewerteten Unterrichtsstunden viel zu selten gesehen und beobachtet wurde, ist ein kritischer Austausch, Stellungnahmen zu anderen Lesarten, dass Schülerinnen und Schüler sich nicht nur die eigenen Vorstellungen gegenseitig vorstellen, sondern darüber und miteinander zu einer kritischen Auseinandersetzung mit den verschiedenen ins Spiel gebrachten Lesarten kommen und nicht die Lehrperson, wie im Beispiel gesehen, diese Aufgabe selbst über- und den Jugendlichen vorwegnimmt.

---

38 Sekretariat der Deutschen Bischofskonferenz (Hrsg.) Der Religionsunterricht vor neuen Herausforderungen, Bonn 2005, 33.

39 Vgl. Rainer Lachmann, Gesprächsmethoden im Religionsunterricht, in: Gottfried Adam/Rainer Lachmann (Hrsg.), Methodisches Kompendium für den Religionsunterricht 1, Bd. 1, Göttingen 2002, 113–136, 124, 128.

40 Vgl. Klaus Wegenast, Wie ernst sollen wir die Naivität von Kindern nehmen? Zu Anton A. Bucher, Plädoyer für die ›Erste Naivität‹, in: KatBl 115 (3/1990), 185–190, 188.

41 Mendl, miteinander reden, 111.

Den Schülerinnen und Schülern als Interpreten (statt Theologen),[42] ist mehr Raum zu geben, entscheidend ist allerdings auch, diesen Interpreten und Interpretationen Kritik und Auseinandersetzung zuzumuten. Daran fehlt es im realen Religionsunterricht! In der Auseinandersetzung mit biblischen Texten ist heutzutage angesichts der Instrumentalisierung dieser Texte in der Geschichte eine Kritik an manchen Lesarten *unumgänglich*. Wenn etwa Texte *wörtlich* verstanden werden, um damit (un-)menschliches Verhalten zu legitimieren, etwa bei fundamentalistischen Lesarten, dann muss Widerstand geleistet werden – auch im Religionsunterricht! Den eigenständigen Zugängen der Kinder und Jugendlichen und ihren Fragen sollte Raum gegeben werden. Nicht nur in der Form, dass alle Kinderäußerungen hochgelobt werden, wie es häufig an kindertheologischen Konzepten kritisiert wird, sondern auch in dem Sinne, dass diese Kinderbeiträge zum Ausgangspunkt von weiteren vertiefenden Gesprächen und kritischen Nachfragen werden. Schülerbeiträge sind hinsichtlich ihrer Qualität vielfältig. Sie können enttäuschen, etwas Falsches wiedergeben oder erstaunlich originäre theologische Anfragen stellen. Bei der Unterscheidung der Geister, der Vertiefung und Unterscheidung der Schülerbeiträge ist meiner Ansicht nach ein dringender Handlungsbedarf!

In der Forschungsstudie sind wir auf der Suche nach solchen gelungenen Unterrichtsgesprächen nur selten fündig geworden, wie sie Peter Kliemann und Friedrich Schweitzer beschreiben: »Wenn Religionsunterricht gelingt, dann gibt er Raum für echte Diskussionen und vertiefende Unterrichtsgespräche, bei denen die Fragen und Voten der Kinder und Jugendlichen ernst genommen und nicht als Stichworte für ein schon vor der Stunde entwickeltes Unterrichtsprogramm verwendet werden.«[43]

Wir bezeichnen diese als reine Unterrichtsgespräche, also Gespräche, an denen sich mindesten drei Personen beteiligen, die durch ein gemeinsames Thema verbunden sind und in denen sich die Gesprächsbeiträge aufeinander beziehen. In den von uns analysierten Unterrichtsgesprächen finden wir diese reinen Unterrichtsgespräche vor allem an Stellen, und dies ist ein erstes vorsichtiges Ergebnis der Studie, in denen Schüler eigene ernste theologische Fragen stellen, die meist quer zu der unterrichtlichen Planung verlaufen. Entscheidend dabei ist oft, ob die Lehrperson das Potenzial dieser Schülerfrage wahrnimmt und ihr angemessen Raum gibt. Solche Unterrichtsgespräche besitzen offensichtlich eine hohe intrinsische Lernmotivation – dies kann an der besonderen Aufmerksamkeit der Schülerinnen und Schüler beobachtet werden – und einen erstaunlichen theologischen Gehalt, gerade wenn und weil sie aus dem eigenen

---

[42] Peter Müller, »Da mussten die Leute erst nachdenken ...« Kinder als Exegeten. Kinder als Interpreten biblischer Texte, in JBKTh 2 (2003), 19–30, 20.

[43] Peter Kliemann/Friedrich Schweitzer, Religion unterrichten lernen. Zwölf Fallbeispiele, Göttingen 2007, 29.

Erfahrungshintergrund der Schülerinnen und Schüler herausformuliert werden und die *glatten*, reibungsfreien Deutungen in Frage stellen.

II.

Im zweiten Teil des Beitrags steht jetzt ein Unterrichtsbeispiel im Zentrum der Aufmerksamkeit, in dem aus einer ähnlichen Anlage im Laufe des Unterrichts ein *reines Unterrichtsgespräch* entsteht. Es handelt sich um eine Unterrichtsstunde in einer 6. Klasse an einer Realschule. Ihr Thema ist entsprechend der Unterrichtsreihe, in der die Unterrichtsstunde eingebettet ist, das Gottesbild, die Gottesfrage. Die Stunde beginnt mit einer Bildbetrachtung. Die Lehrerin legt das Bild *Mose vor dem brennenden Dornbusch* von Marc Chagall als Folie auf einen Overheadprojektor und regt ein entdeckendes Betrachten des Bildes an, indem sie nach und nach das Bild von oben nach unten aufdeckt.

Leider – hier ist ein grober didaktisch-methodischer Fehler beim Einsatz des Bildes zu markieren – hat die Folie eine Überschrift, die auch für die Kinder sichtbar ist: Gott *gibt sich zu erkennen.* Vermutlich ist dies der Titel der Unterrichtseinheit, zu der die Folie gehört. Die nun anschließende, methodisch offen angelegte Erstbegegnung mit dem Bild wird ungewollt durch die Überschrift religiös beeinflusst. Vor diesem Hintergrund erstaunt es, dass die Schülerinnen und Schüler auf diesen sichtbaren Titel relativ wenig Bezug nehmen und der Zugang trotz dieser didaktischen *Panne* aufgeht.

Die Lehrerin startet die Bildbetrachtung mit den Worten: »Wir wollen jetzt einfach mal auf Entdeckungsreise gehen.« Nach einer stillen Betrachtung des ersten aufgedeckten Teils des Bildes tragen die Kinder ohne Fragenimpuls der Lehrerin ihre Gedanken und Ideen sehr kreativ und lebendig zusammen. Hier nun das Transkript:

Die Schülerinnen und Schüler sitzen in U-Form, die Lehrerin steht an der linken Seitenwand des Klassenraums. Die Lehrerin hat eine Folie auf dem Overheadprojektor aufgelegt, die ein Bild von Marc Chagall zur Berufung des Mose (Ex 3,1–14) zeigt. Dabei ist die untere Hälfte des Bildes durch ein Blatt Papier verdeckt. Die SuS beschreiben, was sie auf der oberen Hälfte des Bildes sehen.

Paul: Also ich glaube eher, dass der Kopf da vielleicht so ein Teufel ist und der badet im Feuer und holt gerade neue Menschen hoch, die er getötet hat und die Seele fliegt dann halt hoch in die Luft. Also wie der Mensch da. (Gemurmel, Lachen) Kann doch sein.

Felix: Denn jeder sieht das ja anders.

Paul: Man weiß ja nicht wie es im Himmel aussieht. Finn.

Finn: Also da unten rechts sieht man auch, das sieht so aus wie ein Ohr von, so zwei Ohren von so einem Hasen. (Gemurmel) Da unten rechts.

Jelle: Ach so da unten, ja. Der Osterhase.

Finn: Also, ich weiß es auch nicht genau. ... Jaron.

Jaron: Ja, also da ... ich sehe da eben auch so einen brennenden Busch und jetzt glaube ich doch wieder, dass das da oben ein Engel ist.

Mika: Ja, über diesen so genannten Hasenohren sind da ja noch solche drei Striche. Das könnte sein, dass das so eine Art Weg ist. Und ich glaube auch, dass das ein Engel ist, aber mich wundert es, dass er nur so in Schlieren zu sehen ist. Noah.

Noah: Also ich, ich glaube, also ..., als Finn das mit diesen Hasenohren gesagt hat, dachte ich dann, dass das Feuer, dass das so ein Riesenhase ist. Und, dass das Gesicht so abfackelt. (Lachen und Gemurmel) Oben rechts. Til.

Til: Ich glaube, der Engel kommt irgendwie vom Teufel, weil da kommen ja irgendwie Strahlen auf den drauf, wie die vom Licht, schätze ich mal. Und für mich macht der ein verzerrtes Gesicht, als könnte der Licht nicht abhaben. Ja, Emil.

Emil: Also ich, ... für mich sieht dieser Engel oder Mensch eher aus, als wäre das so ein fliegender Mensch, der irgendwie so eine Frisbeescheibe in den Rücken gekriegt hat. (Lachen) Ja, das sieht so für mich aus, von hier sieht das eher so aus, wie so eine kreis runde Frisbee. Ich kann da keine Flügel erkennen. Entweder, der hat einen Rotor, der hat so einen Rotor, womit der fliegen kann oder er hat eine Frisbeescheibe im Rücken. (Gemurmel)

L.: Jaron noch und dann machen wir mal weiter, machen wir uns an den Text ran.

Jaron: Wenn ich gerade überlege, denke ich mit diesem da hinten, das könnte ein Stein sein. Wo ein Mensch drunter liegt und da hinten brennt was.

L.: Dann gucken wir weiter. (Gemurmel)

Was fällt auf? Die Kinder sind sehr aufmerksam, aktiv und lebendig und beteiligen sich mit vielen Wortbeiträgen, die gefüllt sind mit Fantasie und Spekulationslust. An diesem Unterrichtsgespräch beteiligen sich nur Jungen. Woran liegt das? Anhand des mir vorliegenden Unterrichtsvideos kann beobachtet werden, dass hier eine ausgesprochen gute Unterrichtsatmosphäre herrscht, alle sind beteiligt und haben sichtbar Spaß. Die Lehrerin hält sich stark zurück. Alle Ideen und Äußerungen, die zum größten Teil von den männlichen Schülern an ihrer Bildwahrnehmung festgemacht werden, sind originell und individuell verschieden. Die Lehrerin lässt alle Schüleräußerungen zu, sie greift nicht wertend, lenkend oder strukturierend ein. Einen kurzen Abschnitt später nennt ein Kind bereits den Namen Mose, auch dies wird von der Lehrerin nicht kommentiert, der Beitrag reiht sich in die anderen Beiträge ein. Das Gespräch ist schülerzentriert, die Kinder nehmen sich gegenseitig dran, ihre Äußerungen stehen im Zentrum. Die Reihung von neun Jungenäußerungen ist eventuell der Methode des gegenseitigen Drannehmens geschuldet.

Die Lehrerin entscheidet sich für einen ästhetischen Zugang zu der biblischen Geschichte, sie zeigt das Bild *Mose vor dem brennenden Dornbusch* von

Marc Chagall, ohne das als biblisches Motiv den Kindern vorher transparent zu machen. Das bekannte Kunstwerk gehört zu dem Schaffenszyklus *Biblische Botschaft*, einem Zyklus von 17 großformatigen Gemälden, welcher 1955–1965 entstand. Chagalls theologische Bildzeichen erzählen die Mosesgeschichte. Es gibt kaum ein Gemälde, das biblische Geschichte so kompakt darstellt wie das Bild *Mose vor dem brennenden Dornbusch* von Marc Chagall.[44]

Mit diesem Bild wird nicht nur zu einem biblischen Motiv Bezug genommen, sondern auch zu einer biblischen Geschichte. Die Lehrkraft beginnt die Bildbetrachtung ohne eigens ausgesprochenen Auftrag, die Kinder wissen nicht, was für ein Bild sie sehen, worauf sich das Bild bezieht, ob es einen biblischen Bezug hat.

Wie verläuft der Unterricht einige Minuten später weiter?

L: Marko hat gleich ganz zu Anfang, war der eigentlich schon auf dem richtigen Weg. Kannst du dich noch erinnern, was du ganz zu Anfang gesagt hast? Als du nur die Überschrift gesagt hast: Gott gibt sich zu erkennen.

Marko: Ja, dass da eigentlich Gott im Bild sein müsste, weil er sich zu erkennen gibt.

L: Hmhm. Paul. Erzähl deine Geschichte nochmal. Kannst du dich noch erinnern?

Paul: Es gibt doch diese Geschichte, wo Mose in der Wüste ist und dann sind da ein brennender Busch und dann gibt Gott ihm eine Nachricht. Also ich bin hier, ich bin da, glaube ich irgendwas.

L: Genau. Und das hat der Künstler, der dieses Bild gemalt hat, das ist der Marc Chagall gewesen. Wer sagte das, Finn, du weißt es sogar, ne? Ja genau. Wer ist dann die Person, mit den in Anführungsstrichen Hörnern? Max.

Max: Mose.

L: Richtig, genau. Und wer kann das, ja erzählen, wer kann das Linke da nochmal deuten? Was haben wir da links? Eine Spaghetti, die euch ursprünglich mal so vorkamen? Felix

Felix: In dem Dornenbusch.

L: Wir lesen dazu mal die passende Geschichte. Nehmt mal eure Bibel raus. (SuS stehen auf, um Bibeln im hinteren Teil des Klassenraumes zu holen. Gemurmel., 9)

Lukas: Welches Kapitel?

L: Ich schreibe es sofort an, ich muss mal eben meine Kreide holen. (Die Lehrerin schreibt die Bibelstelle an die Tafel, die Schüler schlagen sie auf. Die Lehrerin schlägt selber die Bibel auf, geht im Raum umher und schaut, ob die Schüler die richtige Stelle gefunden haben. Die Schüler nennen die Seitenzahlen. Die Lehrerin erklärt einzelnen Schülern, wie die Kapitelangabe zu lesen ist. Pause, insgesamt 2 Minuten)

L: So, äh, okay. Dann würde ich sagen, jeder einen Satz. Tim fängt an.

Hans: Aber wir haben doch alle nicht die gleiche Bibel.

---

[44] Interessant hierzu ist der bilddidaktische Entwurf von: Heike Lindner, Kindern Theologie zeigen. Ein bilddidaktischer Ansatz zur biblischen Theologie Marc Chagalls im Religionsunterricht, in: Loccumer Pelikan (1/2005), 13–19, 13ff.

L: Psst. Doch, aber der Inhalt. Die sehen außen unterschiedlich aus, aber der Inhalt ist ja gleich.

SuS lesen reihum nacheinander die einzelnen Verse vor. L lobt einen Schüler, da er die Namen der verschiedenen Völker nahezu fehlerfrei vorliest.

Nachdem die Entdeckungsreise durch das Nacheinander-Aufdecken des Bildes und die Sammlung der Schülerbeiträge bereits 13 Minuten dauert, ergreift die Lehrerin das Wort und lenkt die Aufmerksamkeit auf einen Schülerbeitrag: »Marko hat gleich ganz zu Anfang, war der eigentlich schon auf dem richtigen Weg. ... Gott gibt sich zu erkennen.« Relativ unvermittelt wird des Rätsels Lösung genannt, weil einem Schüler die Geschichte des Moses bekannt ist.

Die Lehrerin bricht das Gespräch über das Bild an dieser Stelle ab mit dem Hinweis: »Wir lesen dazu mal die passende Geschichte. Nehmt mal eure Bibel raus«. Die Kinder holen die Bibel, schlagen sie auf, suchen die angegebene Bibelstelle selbstständig heraus. Während die Lehrerin durch die Reihen geht, hilft bzw. bestätigt sie einzelne Schüler bei der Suche. Es verstreicht einige Zeit, fast 3 Minuten. Es bedarf sicherlich der Übung, sich in der Bibel zurechtzufinden und um diese Kompetenz zu erwerben, ist die dafür *geopferte* Zeit didaktisch gut aufgehoben. Die Schülerinnen und Schüler werden daraufhin aufgefordert, der Reihe nach jeweils einen Satz laut vorzulesen. Es handelt sich um den Text aus der Einheitsübersetzung Ex, 3,1 – 14 – für Sechstklässlerinnen und Sechstklässler ein ausgesprochen langer Text (Ex, 3,1 – 14). Nach dem Lesen wird sofort ein Gespräch über den Text von der Lehrerin eröffnet.

Wie ist nun diese Unterrichtssequenz didaktisch zu bewerten? Im Zentrum des Unterrichtsgeschehens steht für alle das Wort, dass sie selbst mitlesend und hörend vernehmen. Leider erfolgt nur ein einmaliges und lautes Lesen des Textes. Daher möchte ich an dieser Stellt noch einmal auf meinen Exkurs zum Sinn und Unsinn des lauten Vorlesens verweisen. Besonders in der 6. Klasse ist das Leseverstehen noch nicht gut ausgebildet, ein wiederholtes stilles Lesen hätte sicher den Verstehensprozess der Kinder unterstützt. Unmittelbar nach dem Lesen folgt ein Unterrichtsgespräch über den biblischen Text, das stark von der Lehrerin gelenkt wird.

L: Genau, da haben also die Geschichte auf die eigentlich Paul schon zu Beginn der Unterrichtsstunde zu diesem Bild in Erinnerung gekommen ist. Ja, welche Fragen hat Mose denn eigentlich an Gott in dieser Textstelle? (Pause, 9) Til.

Til: Wie sollte er den Israeliten denn sagen, dass er der Gesandte von Gott ist. Und wenn die dann fragen, ja wie heißt denn dein Gott, oder der Gott von unseren Vätern? Dann sollte er auch wissen, wie sollte er den Namen sagen und wie soll er Gott denn nennen.

L: Richtig, genau. Äh... Karl.

Karl: Warum Gott gerade ihn ausgewählt hat für die Aufgabe.

L: Richtig, genau. Äh... Felix.

Felix: Wo das Lied, also wo das Land ist, wo Milch und Honig fließen.
L: Genau. Max.
Max: Ähm er glaubt, dass er zu gering für diese Aufgabe ist. Und dass er sie nicht schaffen würde. Deswegen, ich weiß nicht, ob der sich das wirklich richtig überlegt hat.
L: Genau. Mika.
Mika: Ja in diesem Land wo Milch und Honig fließen, wer ist denn da?
L: Hmhm, genau. Marko.
Marko: Wie das sein kann, dass der Busch brennt, aber nicht abbrennt.
L: Ja. Und wie antwortet Gott dann jeweils? (Pause, 6)

Es liegt wieder ein Unterrichtsgespräch vor, in dem viele Schülerbeiträge aneinander gereiht sind und sich *nicht* aufeinander beziehen. Die Antworten werden von gezielten, strukturierenden Fragen der Lehrerin ausgelöst, die sich auf die Reproduktion des gelesenen Textinhalts beziehen wie zum Beispiel: »Ja, welche Fragen hat Mose eigentlich an Gott?« »Wie antwortet Gott jeweils?«, »Wie erlebt Mose Gott?«, »Wie fühlt Mose sich?«. Alle Impulse zielen auf die Reaktivierung des gelesenen Textes und dienen bestenfalls der Einfühlung und Intensivierung des Inhaltes. Die Kinder sind aktiv, lebendig, interessiert. Allerdings findet kein Bezug zueinander oder ein kritischer Austausch über mögliche Lesarten statt.

Dieses Unterrichtsgespräch, das die Lehrerin im Anschluss an das Vorlesen initiiert, ist für uns ein UGRLV, ein Unterrichtsgespräch in Form eines umverteilten oder auch *getarnten* »Lehrervortrags in verteilten Rollen«[45], d.h. ein zum Unterrichtsgespräch umgemodelter Lehrervortrag, der auf verschiedene Rollen verteilt wird, ein stark lehrerzentriertes Unterrichtsgespräch, in dem Richtung und Ziel bereits festliegen und die Kinder primär als Stichwortlieferanten bzw. ausführende Organe dienen, um die richtige Antwort für die Lehrperson zu suchen. Durch eine enge Fragestellung zielt das Gespräch darauf ab, einen Sachverhalt – hier den Inhalt des biblischen Textes – zu reproduzieren. Die Lehrerin ist dabei nicht offen für jede Antwort. Das Unterrichtsgespräch könnte entsprechend dieser Benennung auch durch einen den Inhalt wiederholenden Lehrervortrag ersetzt werden. Es handelt sich dabei um eine spezifische Variante der Diskursart *Vortrag* und eine Kombination der beiden Handlungsmuster *Frage* einerseits und *Vortrag* andererseits. Im Unterricht ein sehr gängiges Handlungsmuster. Durch die »Regiefrage steuert der Lehrer die [...] Ablaufstruktur, über die er selbst, wie beim Vortrag, verfügt.«[46]

45 Konrad Ehlich/Jochen Rehbein, Muster und Institution. Untersuchungen zur schulischen Kommunikation, Tübingen 1986, 59–87.

46 A.a.O., S. 83.

Hilbert Meyers Veto richtet sich gegen das »sogenannte gelenkte Unterrichtsgespräch«[47], das dieser Form des Unterrichtsgesprächs sehr nahe kommt. Das gelenkte Unterrichtsgespräch macht in den von ihm genannten empirischen Quellen fast 50% des Unterrichts allgemein aus und ist so »das mit weitem Abstand am häufigsten verwandte Handlungsmuster der Regelschule.«[48]

Zurück zu unserem *Beispiel:* Einige Zeit später kann ein reines Unterrichtsgespräch identifiziert werden, ausgelöst durch eine Schülerfrage. In diesem Gespräch beziehen sich die Kinder aufeinander, hören sich zu und erörtern gemeinsam eine theologische Problemstellung:

Felix: Ich habe eine Frage. Man hört so viele Geschichten damals, wie Gott war, aber ... so in der heutigen Zeit sind da keine Geschichten mehr von ihm vorhanden.

L.: Ja, wie ist das denn überhaupt?

SuS: (reden durcheinander)

L.: Adam.

Adam: Vielleicht früher, da haben die Leute meinetwegen den ja gesehen oder so und dann wussten sie ja, was der gemacht hat, aber heutzutage gibts den ja nicht mehr oder so. Weiß ja keiner. Dann weiß man nicht, was man aufschreiben soll.

L.: Karl

Karl: Ich habe zwei Sachen. Vielleicht gibt es auch schon genug Geschichten, deswegen. Oder sie haben keine Lust mehr Geschichten aufzuschreiben.

L.: Anna.

Anna: Also ich will jetzt auch mal sagen. Die Geschichten, die kommen einen gar nicht soviel vor, wenn man so die ganze Bibel jetzt durchliest, ja, da brauchst du Stunden für. Wirklich.

Bernd: Kannst sie ja weiterschreiben...

L.: Aber wir sollten uns....

Felix: (ruft dazwischen) deswegen sollte man sie ja weiter schreiben.

L.: Aber wir sollten uns da noch weiter auf den Weg machen. Tim.

Tim: Ähm.

Emil: (Schüler ruft dazwischen.) Auf'n Weg?

L.: Emil

Emil: (versucht erst Worte zu finden) Also vielleicht ist es ja auch so. Früher, waren ja erstens die Christen, bevor sein Sohn kam, sowieso sehr wenige. Zweitens, wenn sie da waren, wurden sie verfolgt und jetzt geht es den Christen ja wunderbar. Es sind so viele, das ist ja eigentlich eine der Weltreligion, dass keine die.... Und vielleicht hat er einfach keine Lust mehr, große Sachen zu machen und vielleicht geht er ja... ohne Scheiß... auch Gott will ja auch Urlaub haben. (Felix versucht sich in die Diskussion einzubinden.) Und der hat halt ein ganz anderes Zeitgefühl als wir. Vielleicht 2000 Jahre ist für den, wie für uns eine Woche.

---

[47] HILPERT MEYER, Unterrichtsmethoden II. Praxisband, Frankfurt 1987, 282ff.

[48] A.a.O., 283.

Felix: (Felix fällt Emil ins Wort.) Aber es geht ja nicht drum, dass man Geschichten aufschreibt. Sondern wieso hört man denn nichts mehr. Man muss es ja nicht unbedingt aufschreiben. (Emil versucht zu intervenieren.) Hast du mal eine Tat, so die Sachen, die stehen doch bis zum Jahre 1100 und danach sind es noch ganz wenige Sachen, dann hört es ganz auf. Oder hast du ... (Emil versucht weiter Felix zu unterbrechen.), oder hast du irgendein Wunder von Gott gesehen?

Emil: Ja, ich habe dir doch eben zwei Gründe genannt. Erstens die Christen können jetzt auf sich selbst aufpassen ... und zweitens äh Gott möchte auch mal Ruhe haben.

L.: Mika.

Mika: In der Geschichte ist ja viel von der Rede von Leuten, die jetzt gar nicht mehr leben.

L.: Genau. Anna.

Anna: Und jetzt zum Bespiel. Das hat alles ja so im Mittelmeerraum stattgefunden und es braucht natürlich erstens eine Zeit, erst mal hier rüber zu kommen und zweitens ist es ja so, die Leute leben nicht mehr. Jesus lebt nicht mehr und es war ja früher mal alles ...

L.: Marko.

Marko: Vielleicht ist es auch so, dass Gott ähm ... (Schüler überlegt) ...Vergessen. (SuS schmunzeln)

L.: Ja, Emil noch und dann möchte ich dazu noch was sagen.

Emil: Also es ist ja (Lehrerin war noch nicht fertig mit ihrer Ansage.) Soll ich jetzt oder soll ich nicht?

L.: Ja

Emil: Also, der es ist ja auch wirklich so. Je .. Heutzutage achten wir auf solche Geschichten noch, also bef... hätte dir jemand, dir jemand die Frage gestellt. Ja klar, da achtest du jetzt drauf, aber wenn nicht ... Die Tage vorher hast du nie nach Geschichten von Jesus gesucht. Geschichtenschreiber. Es gibt so viele Geschichten, Arten: Fantasy. Man kann am Computer einfach Bände von Geschichten schreiben. Und dann vielleicht die Geschichtenschreiber, die ... die heute, die sind schon viel mehr damit beschäftigt, überhaupt Geschichten auf den Markt zu bringen und die Bibel ist ja schon sozusagen beendet und heutzutage achten die Menschen noch nicht mal mehr auf sowas. Wenn du jetzt nach Hause gehst, vielleicht hä ... hätte ja schon längst ein Wunder, ein kleines Wunder so passieren können. Kein Mensch hat darauf geachtet. Vielleicht, dass der Zweite Weltkrieg überhaupt aufgehört hat, ist vielleicht schon ein Wunder. Oder, dass der 30-jährige Krieg aufgehört hat, ist auch vielleicht was von Gott und nur wir dachten ... denken jetzt: Ach, die haben sich zu Ende gestritten und da achten wir jetzt nicht mehr darauf und die ganzen Autoren, die schreiben nicht mehr sowas, weil die einfach so viele Geschichtenarten es auch gibt und die Bibel ist ja jetzt sozusagen schon fertig geschrieben.

L.: Lukas.

Lukas: Es ging da um eine andere Frage.

Eine intensive Analyse dieses Unterrichtsgesprächs lohnt sich sicherlich, erfolgt allerdings an einer anderen Stelle.[49] Hier möchte ich diesen Textbeitrag abschließen mit zentralen Beobachtungen und deskriptiven Hypothesen zu diesem *reinen Unterrichtsgespräch:*

1. Das Unterrichtsgespräch wird durch eine *echte*, deutlich engagiert vorgetragene Schülerfrage ausgelöst: »Ich hab eine Frage. Man hört so viele Geschichten damals wie Gott war, aber ... so in der heutigen Zeit sind da keine Geschichten mehr von ihm vorhanden(?)«. Der Schüler benennt selbst seinen Beitrag als eine Frage, allein die Tonhöhe am Ende konnotiert sie sehr schwach als solche, so dass für die Hörenden in Frage stehen kann, ob es sich hier nicht doch um eine Feststellung oder Aussage handelt.

2. Die Lehrerin wechselt ihren Standort, holt sich einen Stuhl und setzt sich zu den Kindern. Sie reiht sich damit in den Kreis der Kinder ein und gibt die Frage an die Klasse weiter. »Ja, wie ist das denn überhaupt?«

3. Daraufhin reden die Schülerinnen und Schüler durcheinander und zeigen damit ihre hohe emotionale Beteiligung und ihr intrinsisches Interesse am Thema. Die Lehrerin ruft die Kinder namentlich auf. In den einzelnen Kinderbeiträgen werden verschiedene Hypothesen zu dieser Frage aufgestellt.

4. Die Schülerinnen und Schüler verhandeln hier eine theologische Frage mit besonderem Gehalt und eigener Relevanz: Warum gibt es heute keine Geschichten mehr über Gott? Brauchen wir heute noch Geschichten von Gott? Welche Relevanz für unser Leben haben Geschichten, die so alt sind?

5. Die Kinder tauschen verschiedene Antwortmöglichkeiten aus und kritisieren sich gegenseitig: Der erste Junge vermutet: »Weil wir Gott (der im Beitrag des Kindes nicht explizit genannt wird) heute nicht mehr sehen und begegnen, kann man nichts mehr über ihn schreiben.« Der nächste Junge ergänzt zwei weitere Hypothesen: Es gibt bereits genug Geschichten von Gott oder die Geschichtsschreiber haben keine Lust mehr, etwas aufzuschreiben. Ein Mädchen bestärkt den vorausgehenden Hinweis, dass es bereits genug Geschichten gibt, mit dem Hinweis, dass es Stunden dauert, die Bibel zu lesen. Ein anderes Mädchen sieht genau darin einen Grund, sie weiter aufzuschreiben! In dem nächsten längeren Beitrag eines Jungens werden zwei theologische Argumente in kindgerechter Sprache genannt, erstens die Bedeutungslosigkeit biblischer Texte heute gegenüber früher, weil es den Christen heute zu gut geht, und zweitens, dass Gott abwesend, denn im Urlaub ist. Der Junge wird von dem Jungen, der die Frage eingebracht hat, unterbrochen. Er möchte betonen, dass es ihm auch darum geht, warum man heute nichts mehr von Gott hört, verbunden mit der Frage, ob es

[49] Die Fallanalyse dieses Unterrichtsgespräch erfolgt in der geplanten Publikation des Forschungsprojekts »Gespräche im Religionsunterricht« der Religionspädagogischen Forschungsgruppe der Universität Kassel.

heute überhaupt noch Wunder gibt. Das Gespräch der Kinder ist nun bei der Existenz- und Relevanzfrage Gottes angekommen.

Sicher würde es lohnen, die unterschiedlichen Antworten und den Gesprächsverlauf vertiefend in den Blick zu nehmen und mit theologischen Diskussionsfeldern abzugleichen.

6. Besonders auffällig und begrüßenswert ist, dass die Schülerinnen und Schüler sich tatsächlich aufeinander beziehen, sich sogar unterbrechen und Gegenreden setzen.

7. Nicht nur hier, sondern an den vorausgehenden Gesprächsanteilen fällt auf, dass der größte Anteil der Redebeiträge von Jungen eingebracht wird, obwohl das Geschlechterverhältnis fast ausgeglichen in dieser Lerngruppe ist. Warum beteiligen sich die Mädchen nicht oder nur so marginal in dieser Unterrichtsstunde?

8. Zu einer ernsten Klärung und Abwägung der genannten Hypothesen kommt es leider nicht, auch nicht in der anschließenden Positionierung der Lehrerin, die im Anschluss bibelkundliche Informationen zur Entstehung des Alten und Neuen Testaments liefert.

III.

Der Beitrag schließt mit zusammenfassenden und weiterführenden Thesen zum Potenzial von Unterrichtsgesprächen in der Auseinandersetzung mit biblischen Texten.

1. Unterrichtsgesprächen wird in bibeldidaktischen Konzepten viel zugetraut und zugemutet, sie sollen als Lernfeld und Bewährungsprobe der Bibelauslegung fungieren. Biblischer Unterricht will zur eigenen, kritischen und produktiven Auseinandersetzung mit der Bibel motivieren. Er will keine verbindliche Auslegung vorlegen, sondern in Gesprächen Raum für unterschiedliche Lesarten schaffen. Im Gespräch sollen diese Lesarten auch abgewogen und geprüft werden, so dass diese nicht in Beliebigkeit und Willkür enden.

2. In den von uns beobachtbaren Unterrichtsgesprächen dominieren lehrerzentrierte Formen des Unterrichtsgesprächs in Form von UGPLV oder UGRLV oder UGSV, hier entsteht der Raum für eine Aneinanderreihung von Schülerbeiträgen ohne Bezug zueinander.

3. Es ist leicht, unterlassene Lernchancen in Unterrichtsgesprächen aus der Beobachterperspektive zu entlarven, um vieles schwerer dagegen, in der konkreten Unterrichtssituation auf unerwartete Schüleräußerungen unmittelbar, flexibel, schülerorientiert und theologisch fundiert zu handeln.

4. Ein zentrales Ziel des Unterrichtsgesprächs ist es, die Schülerinnen und Schüler miteinander in einen anregenden und bereichernden Austausch über ein

theologisches Thema zu bringen, d.h. der Aufmerksamkeitsfokus sollte weniger frontal als vielmehr auf die Gruppe und aufeinander bezogen sein.

5. In Unterrichtsgesprächen ist die Teilhabe möglichst vieler Schüler erwünscht – allerdings sollte deutlich werden, dass die einzelnen Schülerbeiträge nicht alle gleich wichtig und richtig sind. Religionspädagogisches Ziel im Unterricht ist es, die Gleichgültigkeit von Beiträgen der Schülerinnen und Schüler im Unterrichtsgespräch nicht hinzunehmen, sondern die Unterscheidbarkeit und Qualifizierung des theologischen Sprach- und Denkvermögens der Schüler zu fördern, d.h. ein fachliches Feedback der Lehrperson ist notwendig und ausdrücklich gefordert und erfolgt leider zu selten.

6. Unterrichtsgespräche zielen auf eine Qualifizierung des theologischen Denkvermögens der Beteiligten und sollten ihnen daher auch einen Erkenntniszuwachs ermöglichen.

7. Es ist die Aufgabe der Lehrperson, im Gespräch sowohl Dialogfähigkeit als auch Reflexionsfähigkeit zu fördern. Gelungene Unterrichtsgespräche benötigen daher qualifizierte Lehrpersonen, die neben den Kompetenzen des aktiven Zuhörens und des stimulierenden Nachfragens auch an geeigneter Stelle fundierte inhaltliche Auskunft geben können und gegebenenfalls selbst Profil zeigen und theologisch Position beziehen können.[50]

8. Gespräche fordern einen Spagat zwischen Eigendynamik und Intervention. Dabei geht es zum einen darum, das theologische Potential der Kinder aufzuspüren und ihm Raum und deutliches Profil im Ausdruck zu geben, zum anderen auch darum, diese theologischen Beiträge der Kinder kritisch anzufragen und weitere theologische Konzepte als Denkherausforderung anzubieten und einzubringen.

Literatur

Baldermann, Ingo, Einführung in die biblische Didaktik, Darmstadt 1996.

Berg, Horst Klaus, Grundriss der Bibeldidaktik, München 1993.

Bucher, Anton, Bibeldidaktische Grundregeln. Altes Testament, in: Groß, Engelbert/König, Klaus (Hrsg.), Religionsdidaktik in Grundregeln. Leitfaden für den Religionsunterricht, Religionsunterricht 1996, 68–94.

Ehrlich, Konrad/Rehbein, Jochen, Muster und Institution. Untersuchungen zur schulischen Kommunikation, Tübingen 1986.

Englert, Rudolf/Hennecke, Elisabeth/Kämmerling, Markus, Innenansichten des Religionsunterrichts. Fallbeispiele. Analysen – Konsequenzen, München 2014.

[50] Vgl. Petra Freudenberger-Lötz, Theologische Gespräche mit Kindern. Untersuchungen zur Professionalisierung Studierender und Anstöße zu forschendem Lernen im Religionsunterricht, Stuttgart 2007.

ENGLERT, RUDOLF, »Das kann nicht wahr sein« Wundergeschichte, in: BAUMANN, ULRIKE/ENGLERT, RUDOLF u. a., Religionsdidaktik. Praxishandbuch für die Sekundarstufe I und II, Berlin 2005, 183–198.

FRAUEN, CHRISTIANE/WIETZKE, FRAUKE, Lautes oder leises Lesen, in: Schul-Management (39/2008), 26–29.

FREUDENBERGER-LÖTZ, PETRA, Theologische Gespräche mit Kindern. Untersuchungen zur Professionalisierung Studierender und Anstöße zu forschendem Lernen im Religionsunterricht, Stuttgart 2007.

FRICKE, MICHAEL, »Schwierige« Bibeltexte im Religionsunterricht, Göttingen 2005.

GOLDMAN, ROLAND, Vorfelder des Glaubens. Kindgemäße religiöse Unterweisung, Neukirchen-Vluyn 1972.

GOOD, THOMAS, L./BROPHY, JERE, Looking in Classrooms, Bosten [10]2008.

KLIEMANN, PETER/SCHWEITZER, FRIEDRICH, Religion unterrichten lernen. Zwölf Fallbeispiele, Göttingen 2007.

LACHMANN, RAINER, Gesprächsmethoden im Religionsunterricht, in: ADAM, GOTTFRIED/LACHMANN, RAINER (Hrsg.), Methodischen Kompendium für den Religionsunterricht 1, Bd.1, Göttingen 2002, 113–136.

LINDNER, HEIKE, Kindern Theologie zeigen. Ein bilddidaktischer Ansatz zur biblischen Theologie Marc Chagalls im Religionsunterricht, in: Loccumer Pelikan (1/2005), 13–19.

MENDL, HANS, Religiöses Lernen als Konstruktionsprozess. Schülerinnen und Schüler begegnen der Bibel, in: BURKARD PORZELT/RALPH GÜTH (Hrsg.), Empirische Religionspädagogik. Grundlagen, Zugänge – Aktuelle Projekte, Münster 2000, 139–152.

MENDL, HANS, Miteinander reden, in: SCHIEFER FERRARI, MARKUS/MENDL, HANS u. a. (Hrsg.), Leben lernen. Menschliche Ausdrucksformen als Lernperspektiven im Religionsunterricht, Babenhausen 2011, 106–114.

MEYER, HILBERT, Unterrichtsmethoden II. Praxisband, Frankfurt 1987.

MEYER, HILBERT, Unterrichtsmethoden I., Berlin 2011.

MÜLLER, PETER, »Da mussten die Leute erst nachdenken ...« Kinder als Exegeten. Kinder als Interpreten biblischer Texte, in: JBKTh 2 (2003), 19–30.

NIEHL, FRANZ WENDEL, Die Bibel im Religionsunterricht. Hermeneutische Grundlagen und didaktisch-methodische Hinweise, Würzburg 1994.

NIEHL, FRANZ WENDEL, Bibel verstehen. Zugänge und Auslegungswege. Impulse für die Praxis der Bibelarbeit, München 2006.

OBERTHÜR, RAINER, Kinder fragen nach Gott und Leid. Lernen mit der Bibel im Religionsunterricht, München 1998.

PORZELT, BUKARD, Grundlinien biblischer Didaktik, Regensburg 2012.

RIEGEL, ULRICH, Religionsdidaktische Kompetenz messen. Auf dem Weg zu einem Ratingmanual zur Erfassung religionsdidaktischer Kompetenz auf der Grundlage videografierter Religionsstunden, in: RIEGEL, U./MACHA, K. (Hrsg.), Videobasierte Kompetenzforschung in den Fachdidaktiken, Münster 2013, 266–282.

SCHAMBECK, MIRIAM, Bibeltheologische Didaktik. Biblisches Lernen im Religionsunterricht, Göttingen 2009.

SCHINDLER, REGINE, Zur Hoffnung erziehen. Gott im Kinderalltag, Lahr/Zurüch 2000.

Sekretariat der deutschen Bischhofskonferenz (Hrsg.), Der Religionsunterricht vor neuen Herausforderungen, Bonn 2005.

Söding, Thomas, Heilige Schrift? Gottes Wort? Das Buch der Bücher im Jahr der Bibel, in: CiG 55 (10/2003).

Theißen, Gerd, Zur Bibel motivieren. Aufgaben, Inhalte und Methoden einer offenen Bibeldidaktik. Gütersloh 2003.

Wagener, Wolfgang, Das Hören ist der erste Schritt. Vernehmendes Theologisieren im strukturgewahrenden Erzählen, in: JBKTh 7 (2008), 155–169.

Wegenast, Klaus, Wie ernst sollen wir die Naivität von Kindern nehmen? Zu Anton A. Bucher, Plädoyer für die ›Erste Naivität‹, in: KatBl 115 (3/1990), 185–190.

Wegenast, Klaus/Wegenast, Philipp, Biblischer Geschichten dürfen auch »unrichtig« verstanden werden. Zum Erzählen und Verstehen neutestamentlicher Erzählungen, in: Bell, Desmond/Lipski-Melchior, Heike u.a. (Hrsg.), Menschen suchen. Zugänge finden. Auf dem Weg zu einem religionspädagogisch verantworteten Umgang mit der Bibel (FS Christine Reents), Wuppertal 1999, 246–263.

Bei Adam und Eva anfangen – Zur kulturproduktiven Kraft der Genesis-Erzählungen

Ilse Müllner

> *The Western Tradition has, after all, grounded - and continues to ground - so much of its ontology of humanity and subsequent moral and cultural legacy on a story of a garden that is also a story of origin and diverging identities. In the biblical story of the garden there is also a problem of temporality that undermines the certainty regarding the priorities and primacies that Western culture derives from it.*
> *Mieke Bal*[1]

1. Kultur

Lassen Sie uns bei Adam und Eva anfangen! Die beiden Figuren der Schöpfungserzählung der Genesis sind zu sprichwörtlichen Anfangsgestalten geworden. Wie die folgenden Ausführungen zeigen werden, ist die Kulturproduktivität dieser Erzählfiguren und der mit ihnen verknüpften biblischen Texte so stark, dass es lohnend ist, diese Gestalten des Anfangs weiter zu verfolgen und sich von ihren Bewegungen durch unsere Fragestellung nach dem Verhältnis von Bibel und Kultur führen zu lassen.

Wenn *Kultur* Prozesse beschreibt, in denen sich Menschen zur Welt in ein Verhältnis setzen, dann ist Gen 2–3, jene Erzählung also, in der »Adam« und »Eva« eine Rolle spielen, eine Urszene der Kultur selbst. Eine Erzählung, die in der Auslegungsgeschichte immer wieder als *Ursprungsgeschichte* gelesen wurde und wird, soll hier als *Urszene* verstanden werden. Den Unterschied zwischen diesen beiden Deutekategorien fasst Daniel Weidner so zusammen:

> »Denn hier handelt es sich nicht um eine Ursprungsgeschichte, die einen bestimmten Zustand erklären und als natürlich legitimieren soll; eher ist es eine Urszene im Freudschen Sinne: eine Konstellation, in der die verschiedenen Protagonisten in einer spannungsreichen Konstellation versammelt sind. Es gibt eine ganze Reihe solcher Urszenen in der Bibel, in denen verhandelt wird, was Moral und Schuld, Wissen und

---

[1] Mieke Bal, Intercultural Story-Telling, in: Alexandra Strohmaier (Hrsg.), Kultur – Wissen – Narration. Perspektiven transdisziplinärer Erzählforschung für die Kulturwissenschaften, Bielefeld 2013, 289–305, 294.

> Unwissenheit, Darstellung und Abbild, Geschlecht und Genealogie ist. Immer werden dabei nicht nur Aussagen gemacht, deren Wirksamkeit wohl kaum überschätzt werden kann, sondern es geschieht auch auf höchst komplexe Weise.«[2]

Wird Genesis 2–3 als Urszene gelesen, dann geht es nicht mehr darum, jeweils herrschende Verhältnisse der Gegenwart zu legitimieren, wie z. B. die Herrschaft des Mannes über die Frau oder die Schmerzen gebärender Frauen.[3] Eher hilft uns diese Deutekategorie der Urszene dazu, das Prozesshafte, Spannungsreiche und Konstellative der Erzählung zu verstehen. Sie ist nicht dazu angetan, ewige Wahrheiten zu verkünden, die man besser auch in begriffliche Sätze verpacken könnte. Vielmehr will eine solche Ur-Geschichte ätiologisch verstanden werden als narrativer Aushandlungsprozess von Erfahrungen. Begehren und Herrschaft, asymmetrische Geschlechterverhältnisse, mühevolle Arbeit auf dem Feld und bei der Geburt, Feindschaft zwischen (bestimmten) Tieren und Menschen und schließlich das Wissen um Gut und Böse – all das sind lebensweltliche Erfahrungen, die den Erzählenden über Jahrhunderte hinweg fragwürdig waren und deren Antwort sie in einer narrativen Konstellation gesucht und gefunden haben. In der Urgeschichte der Genesis (Gen 1–11)[4] wird »Allmaliges als Erstmaliges« erzählt:

> »Urzeiterzählungen erzählen nicht Einmaliges, sondern Allmaliges als Erstmaliges. Sie erzählen, was ›niemals war und immer ist‹, sie decken auf, ›was jeder weiß und doch nicht weiß‹ und sie wollen helfen, mit diesem vorgegebenen Wissen und Wesen das Leben zu bestehen.«[5]

---

[2] Daniel Weidner, Einleitung: Zugänge zum Buch der Bücher, in: Hans-Peter Schmidt/Daniel Weidner/Tim Caspar Boehme (Hrsg.), Bibel als Literatur. Paderborn u. a. 2008, 7–28, 12; mit Bezugnahme auf einen anderen biblischen Text, 1Sam 8.

[3] Die insbesondere für Frauen desaströse Rezeptionsgeschichte dieses biblischen Texts ist in der feministischen Exegese der 80er und 90er Jahre fundiert aufgearbeitet worden. Siehe für den deutschen Sprachraum grundlegend Helen Schüngel-Straumann, Die Frau am Anfang. Eva und die Folgen. Freiburg im Breisgau 1989. Weiterführend auch Mercedes Navarro Puerto, Abbild und Ebenbild Gottes. Frau und Mann in Gen 1–3 als offenes System im Kontext von Gen 1–11, in: Irmtraud Fischer/Mercedes Navarro Puerto/Andrea Taschl-Erber (Hrsg.), Tora, Stuttgart 2010, 186–237; Henrik Pfeiffer, Art. Adam und Eva, http://www.bibelwissenschaft.de/stichwort/12492/ (Stand: 10.06.2016).

[4] Zu anderen Abgrenzungen, v. a. zur Abgrenzung der Urgeschichte bei Gen 1–9 s. Norbert Clemens Baumgart, Das Ende der biblischen Urgeschichte in Gen 9,29, in: BN 82 (1996) 356, 27–58.

[5] Erich Zenger, Das Blut deines Bruders schreit zu mir (Gen 4,10). Gestalt und Aussageabsicht der Erzählung von Kain und Abel, in: Dietmar Bader (Hrsg.), Kain und Abel, Rivalität und Brudermord in der Geschichte der Menschen. München/Zürich 1983, 9–28, 10f.

Diese Leserichtung befreit biblische Texte von der Bürde des Präskriptiven und sucht zunächst einmal das deskriptive Element in den Erzählungen auf. Wie ist die Welt beschaffen, in der eine solche Erzählung als sinnstiftend wahrgenommen wird? Welche sozialen Erfahrungen schlagen sich darin nieder? Biblische Texte werden häufig ohne Rücksicht auf ihre Gattung, einfach nur aufgrund ihrer Zugehörigkeit zum jüdischen bzw. christlichen Kanon als präskriptiv wahrgenommen, und das je nach religiösem Standpunkt entweder affirmativ oder kritisch. In dieser Perspektive enthalten biblische Texte immer ein Sollen, einen Anspruch, eine Handlungsanweisung für die jeweilige Gegenwart. Dieser Blick auf die Bibel wird aber der in ihr enthaltenen Text- und Gattungsvielfalt nicht gerecht, ebenso wenig wie der historischen Distanz, die es kulturwissenschaftlich und theologisch zu reflektieren gilt. In der Urgeschichte der Genesis geht es zunächst um narrative Weltdeutung, um Szenen und Konstellationen, die den Hörenden und Lesenden dabei helfen können, sich in der Welt zurechtzufinden. Zwei exegetische Befunde mögen diese Denkrichtung stützen:

1. Gezielt werden zwei Schöpfungserzählungen nebeneinandergestellt, Widersprüche und Spannungen werden nicht geglättet oder aufgehoben. Hier sollen also nicht eine einlinige Ideologie verkündet, sondern die zentralen Erzählungen einer bestimmten Epoche als sinnstiftender Ur-Narrativ bewahrt werden. Der Kanon enthält Spannungsreiches, bereits die Tora kann als »Kompromissdokument«[6] gelesen werden. Vielfalt gehört zu den biblischen Schriften wesentlich dazu und verlangt von religiös gebundenen wie ungebundenen Lesenden die Fähigkeit, sich selbst in diesem pluralen Raum zurechtzufinden.

2. Die traditionell imperativisch übersetzten »Strafsprüche« in Gen 3,14–19 können mit guten Gründen indikativisch übersetzt werden.[7] Aus »Im Schweiß deines Angesichts *sollst* du dein Brot essen« (NLB) wird »Im Schweiß deines Angesichts *wirst* du Brot essen« (BigS). Nicht alles, was in deutschen Übersetzungen präskriptiv wiedergegeben wird, hat auffordernden oder festlegenden Charakter. Die »Strafsprüche« können ätiologisch verstanden werden als Beschreibung einer negativ erfahrenen Gegenwart, ihre systemstabilisierende Deutung als »Wille Gottes« ist theologisch wie exegetisch verkürzt.

Bei Adam und Eva anzufangen heißt auch, unmittelbar in die Rezeptionsgeschichte hinein verwiesen zu werden. Kaum ein alttestamentlicher Text hat ein

---

[6] Zur Schlussredaktion der Tora s. Erich Zenger/Christian Frevel, Der Prozess der Pentateuchredaktion, in: Erich Zenger/Christian Frevel (Hrsg.), Einleitung in das Alte Testament, Stuttgart [9]2016, 136–151.

[7] So etwa die EÜ (nicht ganz konsequent) und die Bibel in gerechter Sprache. In englischsprachigen Übersetzungen ist das »shall« sowohl futurisch zu verstehen als auch im Sinn des »thou shalt« präskriptiv. Hier ist die im Hebräischen vorhandene syntaktische Offenheit leichter nachzuahmen. Diese Erläuterungen verdanke ich meinem Kollegen aus der amerikanistischen Literaturwissenschaft Daniel Göske.

solch reichhaltiges Nachleben in Theologie, Kunst, aber auch in der Formierung sozialer Verhältnisse erfahren wie dieser. Dabei übertrifft die nachbiblische Rezeptionsgeschichte die innerbiblische Bedeutung des Texts bei weitem; denn sowohl im Judentum als auch im Christentum ist Gen 1–3 nachbiblisch zu einer Bedeutung gelangt, die in der innerkanonischen Rezeption durch nichts vorgezeichnet war.[8] Die Erzählungen vom Urmenschen-Paar rücken als fundierende Erzählungen zunehmend in den Fokus der Aufmerksamkeit. Ihre Position als Anfang der jüdischen wie der christlichen Bibel[9] mag dieses Interesse verstärken und auch Kunstschaffende zu diesem Text hinziehen.

Anfänge (von Buch und Welt) sind für Kunstschaffende ebenso faszinierend wie für Theologen und Theologinnen. Den Anfang der Welt narrativ zu entfalten stellt die Erzählgemeinschaft vor die Herausforderung, eine Figuren- und Handlungskonstellation des Erstmaligen zu entwickeln. Bei der Frage, welches Handlungsfeld den ersten Menschen, den אדם (*ʾādām),* kennzeichnet, geraten wir unversehens zurück zum Begriff der Kultur. Der lateinische Begriff *cultura* bezeichnet die Tätigkeit des Landbaus. Kultur ist das, was den ersten Menschen in seinem Verhältnis zur Welt auszeichnet. Die Menschenschöpfung soll in Gen 2 ein narratives Disequilibrium beheben.

> »Noch waren keine Feldsträucher auf der Erde, und all das Kraut auf dem Feld war noch nicht gewachsen, und keine Pflanze hatte gekeimt; denn Gott der HERR hatte es noch nicht regnen lassen auf Erden, und kein Mensch war da, der das Land bebaute. Aber ein Nebel stieg von der Erde auf und befeuchtete den gesamten Erdboden. Und Gott der HERR machte den Menschen aus Staub vom Erdboden, und er blies den Atem des Lebens in seine Nase. So wurde der Mensch eine lebendige Seele. Und Gott der HERR pflanzte einen Garten in Eden, im Osten, und setzte dorthin den Menschen, den er gemacht hatte. [...]
>
> Und Gott der HERR nahm den Menschen und setzte ihn in den Garten Eden, um ihn zu bebauen und zu bewahren.« (Gen 2,5–8.15 NLB)

Im hebräischen Text, an dem die hier zitierte Lutherbibel sich orientiert, ist *ʾādām* in Gen 2–3 noch kein Eigenname. Mit Artikel gebraucht handelt es sich um ein Genericum, das den *Menschen* bezeichnet. Erst im Verlauf der Erzählung wird

---

[8] Vgl. z.B. Peter Thacher Lanfer, Remembering Eden. The reception history of Genesis 3,22–24, Oxford/New York 2012.

[9] Auch wenn die beiden Traditionsstränge in ihrer, vor allem im Christentum sich in Kanonordnungen manifestierenden, Pluralität verschiedene Formierungen des Kanons kennen, so ist doch die Frontstellung der Tora, und damit auch von Gen 1–3 unumstritten. Vgl. Peter Brandt, Endgestalten des Kanons, BBB 131. Berlin u.a. 2001; Thomas Hieke (Hrsg.), Formen des Kanons. Studien zu Ausprägungen des biblischen Kanons von der Antike bis zum 19. Jahrhundert, SBS 228, Stuttgart 2013.

dieser Mensch, der hier allgemein die Menschheit repräsentiert, zu Adam, der mit einem Eigennamen bezeichneten individuellen Erzählfigur – im hebräischen wird das (ähnlich wie in der deutschen Hochsprache) durch den Verzicht auf den determinierenden Artikel kenntlich gemacht.[10] In unserer Vorstellung aber ist von Anfang an Adam, also eine Figur mit ihrem Eigennamen, auf der Bühne der erzählten Welt. Zwischen diesen beiden Figurendarstellungen – generisch als Mensch oder aber individualisiert als Adam – gibt es über die griechische und lateinische Übersetzungstradition Vermittlungsprozesse. Die griechische Septuaginta spricht in Gen 2,5–15 vom Menschen (ἄνθρωπος), ab 2,16 und dann fast durchgängig von Adam. Bei der Vulgata setzt der Umschwung von *homo* zu Adam in 2,19 ein. Während also der hebräische Text auch noch in Gen 4,1 (»Und der *ʾādām* erkannte Eva, sie wurde schwanger und gebar [...]«) die Menschheitsperspektive im Blick behält, wird in der griechischen und lateinischen Tradition über den Eigennamen schon sehr bald die narrative Individualfigur fokussiert. In unserem kulturellen Gedächtnis hat sich die zweite Möglichkeit etabliert: Wir sprechen von Adam und Eva und meinen damit den gesamten Komplex der Schöpfungserzählungen, ohne Rücksicht darauf, dass im hebräischen Text von dem *ʾādām* im Gegenüber zur Frau, ja sogar zur Erzählfigur Eva die Rede ist.

Noch einen zweiten Wandel macht der *ʾādām* im Lauf der Erzählung durch. Von einem ungeschlechtlichen Wesen – *Mensch* – wandelt er sich im Gegenüber zur Frau zum geschlechtlich determinierten *Mann*. Wie in vielen androzentrisch strukturierten Sprachen bedeutet auch im hebräischen das Wort *Mensch* zugleich *Mann* – der Kontext entscheidet über die jeweilige Bestimmung.[11]

Was mit *bebauen* übersetzt wird, ist im hebräischen das Verb עבד (*ʿabād*) mit der Grundbedeutung *arbeiten, dienen*. Der Text macht an dieser Stelle ein Wortspiel mit den ähnlich klingenden Worten *ʾādām* (Mensch) und *ʾadāmāh* (Ackerboden). Auch wenn die etymologische Verwandtschaft der beiden Begriffe unsicher ist,[12] so bringt doch mindestens der Klang die Erzählgemeinschaft dazu, einen narrativen Zu-

---

[10] Vgl. Henrik Pfeiffer, Art. Adam und Eva, in: Bauks, Michaela/Koenen, Klaus (Hrsg.), WiBiLex, http://www.bibelwissenschaft.de/stichwort/12492/ (Stand: 10.06.2016). Er liest auch in Gen 2,20b; 3,17.21 לָאָדָם, also mit Artikel, so dass für ihn der Eigenname Adam erst in Gen 4,25 zum ersten Mal steht. Er folgt darin der Empfehlung im textkritischen Apparat der BHS, die gegen die Punktierung im Codex Leningradensis durchgängig den Artikel setzt.

[11] Vgl. Schüngel-Straumann, Die Frau am Anfang, 140–148.

[12] Evtl. liegt eine gemeinsame Bezugnahme der Begriffe *ʾādām* (Mensch) und *ʾadāmāh* (Ackerboden) auf *ʾdm* (rot sein) vor. Vgl. Fritz Maass, Art. אָדָם, in: Johannes G. Botterweck/Helmer Ringgren (Hrsg.), Theologisches Wörterbuch zum Alten Testament I. Stuttgart u.a. 1973, 81–94, 85; Howard N. Wallace, Art. Adam (Person), I. Hebrew Bible/Old Testament, in: Allison, Dale C. Jr. u.a., Encyclopedia of the Bible and its Reception, Berlin/New York 2009, 300.

sammenhang zwischen dem Menschen, *ʾādām,* und dem Ackerboden, *ʾadāmāh,* herzustellen. Der Dienst des Menschen (*ʾādām*) am Ackerboden (*ʾadāmāh*) ist dessen Bestimmung. Insofern ist der Mensch von Anfang an ein Wesen der *cultura,* des Ackerbaus, auch wenn diese Beziehung unmittelbar auf ihre Konstituierung in Gen 2 bereits in Gen 3 gestört wird. Der *ʾādām* wird als Folge des verbotenen Essens vom Baum der Erkenntnis die *ʾadamah,* den Ackerboden, unter Mühsal, »im Schweiß seines Angesichts« (so Luther 1545) bearbeiten. Und Kain, der die Arbeit des Vaters fortsetzt, »Diener des Ackerbodens (עבד אדמה/ *ʿobed ʾadāmāh*)« wird (Gen 4,2): Sein Opfer von den Früchten des Ackers wird nicht angenommen, während Abels geschlachtetes Kleinvieh als Opfer von Gott angenommen wird. Zwischen dem Menschen, *ʾādām,* und dem Ackerboden, *ʾadāmāh,* ist eine Störung eingetreten. Der erste Kulturauftrag, den Ackerboden zu bearbeiten, bleibt bestehen, er verändert sich aber zum Negativen hin. Die Erfahrungen der Mühe, der schweren Arbeit, des unsicheren Ertrags, wie sie für die Landwirtschaft des antiken Palästina kennzeichnend sind,[13] fließen in die Erzählungen ein. So wird Gen 2–3 zu einer ersten Urszene der *Kultur,* die auch belastende, schwere und lebensbedrohliche Aspekte enthält. Mit Gen 4, der Erzählung von Kain und Abel, wird dieser Faden aufgegriffen, der Konflikt zwischen den Brüdern ist zugleich ein Konflikt verschiedener Kulturen oder Lebensformen: Landarbeiter und Kleinviehhirt stehen einander in dieser Erzählung gegenüber und geraten in eine tödliche Auseinandersetzung.

Die zusammenfassende Perspektive auf diese Erzählung als *Sündenfall* verkürzt die Komplexität der Narration in mehrfacher Hinsicht:

1. Es gibt nicht nur *einen* Sündenfall. Auch der erste Mord des Bruders am Bruder ist, wenn man diese Terminologie verwenden will, ein Sündenfall.

2. Es geht in dieser Erzählung nicht nur um den *Sünden*fall, der Begriff Schuld bzw. Sünde wird erst in Gen 4, im Kontext der Erzählung von Kain und Abel, benutzt. Gen 2–3 handelt also nicht von Moral, schon gar nicht von Sexualmoral, sondern es geht um komplexe Lebensverhältnisse in gesellschaftlichen Kontexten. Ihr Herkunft, ihr Ursprung wird in der Genesis-Erzählung narrativ verhandelt. Diese Urszene ist immer wieder anschlussfähig für neue anthropologische und theologische Konstellationen.

3. Jenseits von Eden liegen nicht nur Tod und Verderben, sondern auch Glück, Freude und gelingende Beziehungen. Die traditionelle Leserichtung der Erzählung als Geschichte vom Sünden*fall* wird spätestens mit der Aufklärung in Frage gestellt. Das Essen vom Baum der Erkenntnis lässt sich auch als *Aufstieg*sgeschichte interpretieren.

---

[13] Vgl. JÜRGEN KEGLER/UTE E. EISEN, Art.: Arbeit/Lohnarbeit, in: FRANK CRÜSEMANN u.a. (Hrsg.), Sozialgeschichtliches Wörterbuch zur Bibel, Gütersloh 2009, 16–22; KLAUS KOENEN/ULRICH MELL, Art. Landwirtschaft, in: FRANK CRÜSEMANN u.a. (Hrsg.), Sozialgeschichtliches Wörterbuch zur Bibel, Gütersloh 2009, 329–335.

2. Aufstieg oder Fall

Aufklärung gilt nach Kant als Ausgang des Menschen aus seiner selbstverschuldeten Unmündigkeit. Seit dem 18. Jahrhundert wird in geschichtsphilosophischen Entwürfen die Erzählung vom Sünden*fall* als *Aufstieg*sgeschichte gelesen.[14] Diese Interpretationslinie geht Hand in Hand mit einem veränderten Kulturbegriff, der – ebenso wie die Interpretation der Genesis-Erzählung – von einer teleologischen Geschichtsphilosophie beeinflusst ist.

> »Bereits im 18. Jh. erhält der Begriff [Kultur] auch eine geschichtsphilosophische Bedeutung. Er bezeichnet nunmehr die historische Entwicklung der Menschheit. Sie wird, etwa bei den Enzyklopädisten, im Sinne der Aufklärung als Höherentwicklung zu Selbständigkeit, Freiheit, Frieden, Abschaffung der Sklaverei und Sieg über die Armut verstanden.«[15]

Gegen die zwar paradiesische, doch hinlänglich dumpfe, weil erkenntnislose Unmündigkeit der Existenz im Garten Eden steht das Leben *jenseits von Eden.* Dieses ist zwar für die Menschen beiderlei Geschlechts voller Mühsal und Beschwer. Es ist aber ein freies Leben, insofern nur jenseits von Eden überhaupt Entscheidungen zwischen Gut und Böse möglich sind. In dieser Perspektive ist das Essen vom Baum der Erkenntnis die Bedingung der Möglichkeit freier Entscheidung; Gen 3 erzählt vom Aufstieg des Menschen in seine selbstverschuldete Mündigkeit.

Der traditionelle theologische Begriff der *felix culpa*, der glücklichen Schuld, hat hier eine neue Bedeutung bekommen. Hat er in der traditionellen christlichen Literatur im Anschluss an das Exsultet[16] die Schuld des Adam insofern als glückliche bestimmt, weil sie es erst möglich gemacht hat, dass die Menschheit durch Christus erlöst wird, so ist unter aufklärerischer Perspektive diese Schuld deshalb glücklich, weil sie dem Menschen die Freiheit bringt. Die geschichtsphilosophische Denkfigur des 18. Jahrhunderts wird im 20. Jahrhundert unter entwicklungspsychologischen Vorzeichen individualisiert.[17] Der *Fall* Adams und

---

[14] Friedrich Hermanni, Felix Culpa. Die geschichtsphilosophische Transformation der Sündenfallerzählung im 18. Jahrhundert, in: Ders./Volker Steenblock (Hrsg.), Philosophische Orientierung. Festschrift zum 65. Geburtstag von Willi Oelmüller, München 1995, 249–266.

[15] Peter M. Hejl, Art. Kultur, in: Metzler-Lexikon Literatur- und Kulturtheorie. Ansätze – Personen – Grundbegriffe. Stuttgart ^{2}2001, 343–345, 343.

[16] Der um 400 anzusetzende christliche Hymnus greift dabei eine Traditionslinie auf, die zu Ambrosius von Mailands Begriff der »felix ruina« führt. Vgl. Friedrich Hermanni, »Felix Culpa, Christianity«, in: Allison, Dale C. Jr. u. a., Encyclopedia of the Bible and Its Reception. Bd. 8, Berlin/Boston, 2014, 1109–1111, 1109.

[17] Vgl. Lynn B. Bechtel, Genesis 2.4B–3.24. A Myth About Human Maturation, in: JSOT 67 (1995), 3–26.

Evas wird dann gelesen als Erwachsenwerden dieser ersten Menschen, als Reifungsprozess, der diese Figuren aus einem symbiotischen Einheitserleben in die Individuation, in die Abgrenzung voneinander und auch von ihrer Mitwelt führt.

Diese Leserichtung des Texts wird von exegetischen Arbeiten gestützt. Konrad Schmid spricht von der *Unteilbarkeit der Weisheit* und weist darauf hin, dass der Begriff des Erkennens in der gesamten biblischen Tradition positiv besetzt sei und nur an dieser Stelle in die Ambivalenz des Verbotenen gerate. Wissen und Erkenntnis sind in der biblischen Tradition erstrebenswerte Güter, werden in der Prophetie (etwa Hos 6,6) ebenso wie in der Weisheitsliteratur durchgängig vom Menschen gefordert. In der Genesis-Erzählung wird die Erkenntnis spezifiziert als eine, die auf Gut und Böse gerichtet ist. Diese Erkenntnis ist nicht zu vermeiden, sondern anzustreben, insofern Menschen auf diese Fähigkeit angewiesen sind.[18] Mit dem Hinweis auf die Lebensnotwendigkeit dieses Erfahrungswissens beginnt Gerhard von Rad sein Buch zur alttestamentlichen Weisheit:

> »Kein Mensch würde auch nur einen Tag leben können, ohne empfindlichen Schaden zu nehmen, wenn er sich nicht von einem ausgebreiteten Erfahrungswissen steuern lassen könnte. Dieses Erfahrungswissen lehrt ihn die Abläufe in seiner Umgebung verstehen, es lehrt ihn die Reaktionen seiner Mitmenschen vorauszusehen, seine eigenen Kräfte am rechten Punkt anzusetzen, das Regelmäßige vom Einmaligen zu unterscheiden und vieles andere mehr.«[19]

Wird die Erzählung also in den breiten Strom der weisheitlichen Tradition des Alten Testaments eingeordnet, dann rückt auch die Vorstellung, die Menschen wären geworden wie Gott (Gen 3,22) in ein neues Licht.

> »Gen 2f. erzählt nicht von einem wahnhaften, hybriden Sein-*wollen*-wie-Gott des Menschen, sondern vom *Gewordensein*-wie-Gott, das der Mensch in Bezug auf die Erkenntnis von Gut und Böse tatsächlich erreicht. Daß hieran nichts zu deuteln ist, zeigt auch die unmittelbar folgende Vertreibung aus dem Paradies. Sie wird damit begründet, daß der Mensch nicht auch noch vom Baum des Lebens esse und ewig lebe. Die Vertreibung aus dem Paradies ist deshalb zwingend, damit – über die Differenz des ewigen Lebens – die Unterscheidung zwischen Mensch und Gott gewahrt bleibt, denn bezüglich der Weisheit gibt es keinen Unterschied mehr zwischen Mensch und Gott.«[20]

---

[18] Konrad Schmid, Die Unteilbarkeit der Weisheit. Überlegungen zur sogenannten Paradieserzählung Gen 2f. und ihrer theologischen Tendenz, in: ZAW 114 (2002), 21–39, siehe auch im Anschluss daran Ilse Müllner, Eva will es wissen, in: Bibel heute 51 (4/2015), 7–10.

[19] Gerhard von Rad, Weisheit in Israel, Gütersloh 1992, 13.

[20] Schmid, Die Unteilbarkeit, 29 (Hervorhebungen i.O.).

Mit der aufklärerischen Interpretation dieser Erzählung als Aufstiegsgeschichte erweist sich der Urzustand vor dem Fall als ambivalent. Es ist kein Idealzustand, sondern beinhaltet eine Reihe von Mängeln, die sozusagen im »Rückblick« aus der realen Welt deutlich werden. Zwar hat es der Mensch versäumt, vom Baum des Lebens zu essen, und die Zumutung des Todes gilt allen Menschen. Wir Menschen haben es aber der Erkenntnis von Gut und Böse zu verdanken, dass wir zu individualisierten und damit beziehungsfähigen, zu denkenden und ihr Handeln reflektierenden Wesen geworden sind. Die paradiesische Naivität wird eingetauscht gegen ein zuweilen hartes, stets begrenztes, dennoch aber Weisheit und damit Glück verheißendes Leben jenseits von Eden. Hier steht nicht ein positives Paradies gegen eine negative Echtwelt, sondern der selbst ambivalente »Fall« führt die Menschen von einer Ambivalenz in die andere.[21]

Damit wird der »Fall« zur Bedingung der Möglichkeit, sich zur Welt zu verhalten, mithin von Kultur. Hier ist nicht der Ort, um den komplexen, vielschichtigen und in vielerlei Weisen perspektivierten Kulturbegriff stringent zu diskutieren, auf einzelne Aspekte soll aber punktuell Bezug genommen werden. Wenn Kultur etwas mit einem handelnden Verhältnis zur Welt zu tun hat, wie es die Begriffsableitung aus dem Lateinischen nahe legt, dann ist es eben jener Akt der Übertretung des göttlichen Gebots, der den Menschen zur Kulturleistung befähigt, und zwar in einem zweifachen Sinn:

Erstens impliziert bereits das Essen von der verbotenen Frucht eine Distanznahme zu Vorfindlichem, ein Sich-Ins-Verhältnis Setzen sowohl zu den materiellen Gegebenheiten des Paradiesgartens als auch zu den kommunikativen Handlungen der anderen Figuren, die dieses Paradies bevölkern, nämlich Gottes, der Schlange und des jeweils anderen Menschen.

Zweitens geschieht in der Folge kulturelle Leistung im Sinn des handelnden Eingreifens in die Welt. Das erste Menschenpaar fertigt Kleidung, was durchaus als kulturelle Leistung begriffen werden kann,[22] auch die Fortführung der Arbeit in Ackerbau und Kleinviehzucht ist als kulturelles Handeln zu begreifen.

3. Narrative (der) Kultur

Wenn wir dem Kulturbegriff weiter folgen, müssen wir über den allgemeinen Begriff von Kultur als Tätig-Sein in der Welt hinausgehen. Wir kommen dann zu einer Skizzierung von Kultur als System sozialer, religiöser, sprachlicher, artifizieller Handlungen und sind damit erstens bei einem semiotischen Kulturbegriff und

---

21 Vgl. a. a. O., 34 f.

22 Vgl. a. a. O., 35. In der bildenden Kunst ist die Kleidung des Adam der Signifikant für die Figur *nach* dem Fall. Vgl. Lee M. Jefferson, Art. Adam (Person), VIII Visual Arts, in: Allison, Dale C. Jr. u. a., Encyclopedia of the Bible and its Reception, Berlin/New York 2009, 327–333.

zweitens bei einem Plural von Kulturen. Kulturen sind »in Zeichen vermittelte Orte[...] und Räume[...] von Bedeutungsverhandlungen«.[23] Der Begriff Kultur »umfaßt Bereiche wie Tradition, Habitus, Lebenskultur, das Gedächtnis sozialer Entitäten«.[24] Eine zentrale Organisationsform der Kultur ist das Erzählen. Die Narration kann für die Beschäftigung mit Kultur und einen kulturwissenschaftlichen Forschungsansatz deshalb als Schlüsselbegriff angesehen werden,

> »weil das Narrative keine Gattung, sondern ein Modus ist; weil es nicht bloß eine literarische Form, sondern als kulturelle Kraft lebendig und aktiv ist; weil es ein vorrangiges Reservoir unseren kulturellen Gepäcks ausmacht, welches uns dazu befähigt, aus einer chaotischen Welt und den in ihr stattfindenden unverständlichen Ereignissen Sinn herauszuholen; und letztlich, aber nicht letztrangig: weil das Narrativ zur Manipulation benutzt werden kann. Kurz, es ist eine kulturelle Kraft, mit der man rechnen muß.«[25]

Diese Gedankenlinie führt hinaus aus der erzählten Welt in die Welt des Erzählens, also in jene Welt, in der der Text selbst formuliert, produziert, weitergegeben und ausgelegt wird. Dann geht es nicht mehr um Adam und Eva, sondern um Menschen, die von Adam und Eva erzählen. Erzählgemeinschaften über tausende Jahre hinweg werden von existenziellen Fragen getrieben und beantworten diese nicht über die Mittel philosophischer Begrifflichkeit, sondern narrativ. Der Mythos von Adam, Eva und der Erkenntnis stiftet Sinn und trägt auf diese Weise zur Bildung kultureller Identitäten bei.[26]

Dabei sind es aber nicht nur die Inhalte, die (mehr oder minder zufällig narrativ aneinander gereiht) Sinn ergäben. Es ist das Erzählen selbst, das als sinnstiftender Akt erlebt, gepflegt und erlernt wird. Wenn man die Narration funktional vom Ereignis her bestimmt und das Ereignis im Sinn der Zustandsveränderung begreift,[27] dann sind es Erzählungen, die aus unzusammenhängenden, ungeordneten und

---

[23] Judith Gruber, Theologie nach dem Cultural Turn. Interkulturalität als theologische Ressource, Religionskulturen, Bd. 12, Stuttgart 2013, 24.

[24] Wolfgang Müller-Funk, Die Kultur und ihre Narrative. Eine Einführung, Wien ^{2}2008, 4.

[25] Mieke Bal, Kulturanalyse. Frankfurt am Main 2006, 9.

[26] Zur sinnstiftenden Funktion des Mythos Aleida Assmann/Jan Assmann, Art.: Mythos, in: Hubert, Cancik u.a. (Hrsg.), Handbuch religionswissenschaftlicher Grundbegriffe IV, Stuttgart 1998, 179–200.

[27] Vgl. zu dieser aus dem Strukturalismus stammenden Definition des Erzählens als Darstellung von Veränderungen, zum damit einhergehenden Ereigniskonzept und zu einer Integration der traditionellen Bestimmung des Erzählens über die Vermittlungsinstanz Wolf Schmid, Elemente der Narratologie, Berlin u.a. ^{2}2008, 1–18. Siehe auch Peter Hühn, Event and Eventfulness, in: Ders. u.a. (Hrsg.), The Living Handbook of Narratology. Hamburg: Hamburg University. http://www.Lhn.Uni-Hamburg.De/Article/Event-And-Eventfulness (Stand: 24.03.2016).

damit sinnlosen Einzelfakten ein sinnvolles Ganzes machen. Dieses sinnvolle Ganze muss nicht monolithisch und damit machtförmig sein, wie es die postmoderne Kritik an den »großen Erzählungen« formuliert hat.[28] Ja, das Narrative kann – wie Mieke Bal es formuliert – »zur Manipulation benutzt werden«. Die frauenfeindliche Auslegungsgeschichte von Gen 1–3 hat das zur Genüge gezeigt. Diesem monolithisch-manipulativen Zugang zum Narrativ stehen aber mehrere Kennzeichen der Erzählung entgegen. Das wichtigste ist die dem Erzählen inhärente Vielstimmigkeit, die Polyphonie des narrativen Diskurses. Sie sorgt dafür, dass ein Ereignis aus unterschiedlichen Perspektiven, in unterschiedlichen Sprachen wiedergegeben wird. Neben der Erzählstimme stehen die Stimmen der Figuren, die ihre je eigene (von der Erzählstimme organisierte) Version der Ereignisse zugänglich machen. Selbstverständlich ist auch diese polyphone Organisation tendenziös. Die Frage danach, wessen Sicht auf die Welt ins Wort kommt, welcher Figur eine Stimme gegeben und welcher sie verweigert wird, hat insbesondere in ideologiekritischen Narratologien breiten Raum.[29]

Bei aller Vorsicht gegenüber anthropologischen Universalismen – das Erzählen scheint doch eine menschliche Grundkonstante zu sein. Und so verwundert es nicht, dass Kulturtheoretikerinnen und Kulturhistoriker wie Mieke Bal, Wolfgang Müller-Funk, Albrecht Koschorke oder auch Hayden White Kultur wesentlich vom Erzählen her bestimmen. Der Historiker Hayden White spricht vom Erzählen als *»panglobal fact of culture«*.[30] Und Wolfgang Müller-Funk schlägt vor, »Kulturen womöglich als mehr oder weniger (hierarchisch) geordnete Bündel von expliziten und auch impliziten, von ausgesprochenen, aber auch verschwiegenen Erzählungen zu begreifen«.[31] Individuen und Gemeinschaften konstituieren ihre Identität über Narrationen.

---

[28] Vgl. zu einer kritischen Diskussion solcher narrationskritischer Ansätze der postmodernen Philosophie, vor allem im Denken von Jean-François Lyotard, Müller-Funk, Die Kultur, 63–70.

[29] Mit Fragen nach der narrativen Agency hat Mieke Bal bereits in ihren frühen Werken zur (auch biblischen) Narratologie in den 80er Jahren operiert. Siehe Mieke Bal/Fokkelien van Dijk Hemmes/Grietje van Ginneken, Und Sara lachte ... Patriarchat und Widerstand in biblischen Geschichten, Münster 1988, 11 f. Auch gegenwärtig greift sie in Arbeiten zur interkulturellen Narratologie darauf zurück: Bal, Intercultural, 289 f. Zu feministischen und postkolonialen Ansätzen in der Erzähltheorie siehe die Beiträge in Ansgar Nünning/Vera Nünning, Neue Ansätze in der Erzähltheorie, Trier 2002.

[30] Hayden White, »The Value of Narrativity in the Representation of Reality«, in: William Mitchell/John Thomas (Hrsg.), On Narrative, Chicago 1981, 1–23, 1.

[31] Müller-Funk, Die Kultur, 17; vgl. Albrecht Koschorke, Wahrheit und Erfindung, Grundzüge einer Allgemeinen Erzähltheorie, Frankfurt am Main ^{3}2013.

4. Übersetzen

Auch wenn das Erzählen selbst eine globale menschliche Konstante zu sein scheint, so sind doch die Erzählungen ganz unterschiedlich, ja, sie haben geradezu die Aufgabe, eine Erzählgemeinschaft von der anderen zu unterscheiden. Erzählungen bewahren identitätsstiftende Erinnerungen und werden deshalb von Generation zu Generation weitergegeben.[32] Zur Weitergabe traditioneller Narrative gehören sowohl die materielle Übermittlung als auch Übersetzungs- und damit Auslegungsprozesse. Diese beiden Prozesse sind voneinander nicht zu trennen, sie finden miteinander verschränkt statt. Die materiale Konstanz des Überlieferungsguts ist in den verschiedenen Kulturen und Religionen unterschiedlich bedeutsam. Das Judentum etwa legt größten Wert auf eine buchstabengetreue Übermittlung der biblischen Schriften, wozu naturgemäß auch das sowohl gelehrte wie auch liturgische Bewahren der Ursprache gehört. Im Christentum dagegen hat sich die (auch dem antiken Judentum nicht unbekannte) Tradierung der heiligen Schriften in mehreren Sprachen durchgesetzt. Der buchstabengetreu fixierte Textbestand spielt dementsprechend nicht diese herausragende Rolle. Die buchstabengetreue Überlieferung des Texts wird im Judentum allerdings mit einer intensiven Reflexion über die Vielfalt der Bedeutungen zusammengedacht:

> »So fragte einst R. Asi den R. Johanan, wie es denn sei, wenn zwei eine Begründung aus zwei Schriftversen vorbringen, und dieser erwiderte ihm, man zähle dies als eine [Stimme]. – Woher dies? Abajje erwiderte: Die Schrift sagt: *eines hat Gott geredet, zwei habe ich vernommen, denn die Macht ist bei Gott;* ein Schriftvers hat verschiedene Deutungen, nicht aber ist eine Deutung aus verschiedenen Schriftversen zu entnehmen. In der Schule R. Jischmaels wurde gelehrt: *Und wie ein Hammer Felsen zersplittert,* wie der [Stein durch den] Hammer in verschiedene Deutungen zerlegt wird, ebenso zerfällt ein Schriftvers in verschiedene Deutungen.«[33]

---

[32] Vgl. z.B. Jan Assmann, Das kulturelle Gedächtnis. Schrift, Erinnerung und politische Identität in frühen Hochkulturen, München 1992; Aleida Assmann, Generationsidentitäten in der neuen deutschen Erinnerungsliteratur, in: Christiane Neuen (Hrsg.), Sehnsucht und Erinnerung. Leitmotive zu neuen Lebenswelten, Düsseldorf 2006, 230–251; Jan Assmann Memory, Narration, Identity. Exodus as a Political Myth, in: Hanna Liss/Manfred Oeming (Hrsg.), Literary construction of identity in the ancient world. Proceedings of the conference Literary fiction and the construction of identity in ancient literatures: options and limits of modern literary approaches in the exegesis of ancient texts, Winona Lake 2010, 3–18; Astrid Erll, Kollektives Gedächtnis und Erinnerungskulturen. Eine Einführung, Stuttgart/Weimar ²2011, 3–18; Astrid Erll/Simone Roggendorf, Kulturgeschichtliche Narratologie. Die Historisierung und Kontextualisierung kultureller Narrative, in: Ansgar Nünning/Vera Nünning (Hrsg.), Neue Ansätze in der Erzähltheorie, Bd. 4, Trier 2002, 73–113.

[33] Babylonischer Talmud, Traktat Sanhedrin 34a.

Kulturen sind voneinander verschieden und doch nicht einfach mit sich identisch. Sie tragen Spuren von jeweils anderen in sich; die Spannung von Identität und Alterität ist ihnen eingeschrieben, mehr noch: Identität ist immer schon von Alterität durchzogen. Diese Erkenntnis ist die Basis für die »Tendenz der Kulturwissenschaften zum Pluralismus, gepaart mit kritischer Selbstreflexion und mit (inter-)kultureller Verortung der eigenen Theorien«.[34] Pluralität wird zu einem Schlüssel kulturwissenschaftlichen Arbeitens. In der Welt des Erzählten, innerhalb der biblischen *story-world* also, muss ich mit dieser Erkenntnis über die Urgeschichte hinausgehen, denn erst mit dem Turmbau zu Babel (Gen 11) im Grenzbereich von Urgeschichte und Erzelternerzählungen (Gen 12–36) kommt die Pluralität von Menschen auch jenseits der Geschlechterdifferenz ins Spiel: Sprachen, Siedlungsgebiete, Länder markieren unterschiedliche Kulturen, während davor die Geschlechterdifferenz die einzige intrahumane soziale Differenz in der erzählten Welt gewesen war. Die Pluralität der Sprachen, die in der Turmbauerzählung als göttliche Konsequenz aus der Hybris der Menschen folgt, macht das Übersetzen erst nötig.

In der Welt der Erzählung aber gibt es kein Zurück vor die vielfachen Übersetzungsprozesse, die in den biblischen Text eingeschrieben sind und von ihm ausgehen. Bereits die für uns nicht zu rekonstruierenden mündlichen Vorstufen der schriftlichen Erzählung nehmen Narrative aus anderen Kulturen in sich auf. Das Gilgamesch-Epos, ägyptische und mesopotamische Göttererzählungen und die zu ikonographischen Gestalten gefrorenen Bilder dieser Narrative, verschollene und unbekannte Erzählungen zum Ursprung der Welt fließen in den Traditionsstrom der biblischen Urgeschichte mit hinein. Das von den Textfunden in Qumran ausgelöste Erdbeben in der Textkritik und damit im Verständnis der materiellen Konstitution des biblischen Texts hat dazu beigetragen, dass wir heute verstärkt die Pluralität der Textströme biblischer Überlieferung wahrnehmen. Der Abschied von *einem* Ur-Text als der einen Situation im Überlieferungsprozess, in dem der biblische Text fixiert und fortan zur Basis von Auslegungsgeschichte geworden wäre, liegt auf der Hand und wird in der intensivierten Forschungsarbeit an der Textgeschichte der hebräischen Bibel gespiegelt.[35] Wenn für einzelne biblische Texte mehrere Varianten gleichzeitig überliefert worden sind, dann stellt sich die berechtigte Frage nach dem Original.

---

[34] Doris Bachmann-Medick, Cultural Turns. Neuorientierungen in den Kulturwissenschaften, Reinbek bei Hamburg 2006, 9.

[35] Siehe dazu Heinz-Josef Fabry, Der Text und seine Geschichte, in: Erich Zenger/ Christian Frevel (Hrsg.), Einleitung in das Alte Testament, Stuttgart ^{9}2016, 37–66. Dort auch weitere Literatur.

> »To say there is no original, final, or privileged text is to embrace the identity of the biblical text and canon as pluriform, recognizing the lack of inherent universal value for each variant of the text.«[36]
>
> »As an open-ended process, a biblical text has no moment of purity, origin, finality, or true meaning that could constitute a necessary, universally valid boundary between the text and is later receptions.«[37]

Was geschieht mit Adam und Eva von ihrer Existenz als Figuren einer hebräischen Erzählung im, sagen wir, 8. Jh. v. u. Z., bis zu den entwicklungspsychologischen Deutungen des 20. Jahrhunderts im englisch- und deutschsprechenden Wissenschaftsbetrieb? Wir können all diese Transformationen, Lesarten, Deutungen, Selektionen, Wahrnehmungen etc. unter einen Überbegriff stellen: *Übersetzen*. Übersetzen beschreibt stets den Vorgang der Transformation von einem kulturellen Kontext in einen anderen. Nicht umsonst gehört das *Übersetzen* zu den Schlüsselbegriffen der Kulturwissenschaft.[38] Dabei geht der kulturwissenschaftliche Begriff des Übersetzens über die Tätigkeit der Übertragung eines Texts in einen Text anderer Sprache hinaus, auch wenn man diesen Ausgangspunkt nicht vergessen sollte. Der Begriff löst sich zunehmend aus seinem sprachlichen-literaturwissenschaftlichen Ursprungsfeld und wird gerade in einer globalisierten Welt zu einer Möglichkeit, Kulturkontakte zu beschreiben, ihre machtförmigen Asymmetrien zu analysieren und zunehmend Bewusstsein dafür zu schaffen, was geschieht, wenn Begegnungen stattfinden.

> »Übersetzung expandiert zu einer Leitperspektive für das Handeln in einer komplexen Lebenswelt, für jegliche Formen des interkulturellen Kontakts, für Disziplinenverknüpfungen und für eine methodisch geschärfte Komparatistik im Zeichen einer Neusicht des Kulturenvergleichs.«[39]

Jürgen Ebach nimmt die Betonungsverschiebung im zusammengesetzten Wort »Übersetzen« zum Ausgangspunkt für seine Reflexion:

> »Könnte es sein, dass bei der in der Philologie üblichen Betonung: überSETZEN das Gewicht auf dem Abschluss des Vorgangs liegt, besser: sitzt, während das nautische ÜBERsetzen eher den Vorgang selbst beschreibt? Und könnte es ferner sein, dass beim ÜBERsetzen der Fähre stärker im Blick ist, dass wer zur anderen Seite kommen

---

36 Brennan W. Breed, Nomadic text. A theory of biblical reception history, Bloomington 2014, 51.

37 A. a. O., 119.

38 Zum *translational turn* siehe Doris Bachmann-Medick, The trans/national study of culture. A translational perspective, Berlin 2016.

39 Bachmann-Medick, Cultural turns, 239.

> will, sich selbst bewegen muss, ja überhaupt, dass eine Fähre von der einen zu der anderen und von der anderen zu der einen Seite hin- und herfährt? [...] Wenn wir einen Text auslegen, so ist seine Transferierung aus seiner Zeit in unsere Zeit ja nur die eine Seite. Gelänge die Aktualisierung eines biblischen Textes vollständig und wäre er ganz in die Gegenwart übersetzt, so wäre er verschwunden. Er würde ja nichts anderes mehr sagen können als das, was ohnehin gegenwärtig ist.«[40]

Die Gegenwart – jede Gegenwart – kann sich nicht alles selber sagen. Jede Gegenwart greift zurück auf bereits Gesagtes, auf Vorgedachtes, übersetzt in die je eigene Zeit und Sprache. Und wird sich selbst darin ein Stück weit fremd. Dieser wechselseitige Prozess ist bereits innerbiblisch zu beobachten und setzt sich bis in unsere Gegenwart hinein fort.

Wir sprechen von *innerbiblischer Schriftauslegung* und meinen damit zwei Bewegungen:

a) *Intratextuell.* Redaktionsgeschichte: also Wachstumsprozesse in einzelnen Texten, die dazu führen, dass biblische Texte in sich selbst fortgeschrieben und damit verändert werden. Für die Schöpfungserzählungen der Genesis bedeutet dieses literarische Wachstum eine Zusammenfügung ursprünglich unabhängig voneinander entstandener Quellen.
b) *Intertextuell.* Ein zweites Untersuchungsfeld betrifft die Reaktion von *späteren Schriften auf frühere.* Wer einen elaborierteren Begriff von Intertextualität hat, wer also sich von der Abhängigkeitsforschung im traditionellen Sinn lösen will, der mag auf diese zeitliche Vorordnung des einen Texts vor den anderen verzichten und von einer wechselseitigen kanonisch-intertextuellen Beziehung sprechen, in der die Auslegung sich ereignet. Ich bleibe hier beim chronologischen Blick auf die Texte und stelle zwei spätere Resonanzräume der Genesis-Erzählung vor:

Einer der wenigen expliziten Bezüge zur Paradieserzählung findet sich im Hohelied der Liebe.

> »Nach deinem Mann wird dein Verlangen sein, er aber wird über dich herrschen!« (Gen 3,16 ELB)
> »Ich gehöre meinem Geliebten, und nach mir ist sein Verlangen.« (Hld 7,11 ELB)

Dieser Bezug ist syntaktisch und durch die Wiederaufnahme eines Lemmas (תשוקה/*teschuqāh*, Begehren), das ansonsten nur noch in Gen 4,7 vorkommt, sehr stark. Das *Begehren* ist das Schlüsselwort, allerdings ist es im Hohelied vom Mann auf die Frau hin gerichtet, während die Tragödie des Geschlechterverhältnisses in

[40] Jürgen Ebach, Schrift-Stücke. Biblische Miniaturen, Gütersloh 2011, 61 f.

der Genesis gerade darin besteht, dass das Begehren der Frau mit der Herrschaft des Mannes beantwortet wird.

Den zweiten Bezug greife ich aus der hellenistischen Literatur heraus, aus dem Buch Jesus Sirach. Die uns nur noch in griechischer Sprache vorliegende Schrift Jesus Sirach aus dem frühen 2. Jh. v. u. Z[41] stellt den gesamten Komplex von Schuld und Tod in einen geschlechterpolitischen Zusammenhang, indem er das urgeschichtliche Motiv von der erzählten Figur entkoppelt und einen direkten Bezug von der einen Frau zu unser aller Schicksal herstellt.[42]

> »Von einer Frau nahm die Sünde ihren Anfang, ihretwegen müssen wir alle sterben.« (Sir 25,24 EÜ)

Biblische Intertextualität – so wird auf den ersten Blick deutlich – erschöpft sich nicht darin, eine Botschaft immer wieder und dadurch lauter zu verkünden, sondern sie lebt von der Auseinandersetzung. Leserinnen und Leser werden in einen innerkanonischen Disput mit hineingenommen, der jede Gruppe und jeden Einzelnen aufs Neue auffordert, seine bzw. ihre eigene Position zu finden. Damit zeigt sich die Bibel als literargeschichtlich ebenso wie literarisch höchst komplexes Werk, voll von Spannungen und teilweise widersprüchlichen Aussagen. Sie ist kein stringenter dogmatischer Traktat, sondern eher ein Wahrheitsraum, in dem Leserinnen und Leser sich spazierend bewegen wie Gott im Garten. Die intratextuelle ebenso wie die intertextuelle Re-Interpretation vorliegender Traditionen kann als Spur von Inkulturationsprozessen gelesen werden. Es werden Inhalte und Motive aufgenommen, weitergeschrieben, umgedeutet. Im Prozess der Textentstehung ist noch nicht klar, was später *Bibel* ist und was nicht.

Der vielleicht größte sprachliche Übersetzungsprozess, der innerhalb der Bibel geleistet wird, ist derjenige in die griechische Sprache und in die griechische Welt hinein. Das beginnt mit der Übersetzung der jüdischen Schriften ins Griechische in der Septuaginta. Adressatin dieser Übersetzungstätigkeit ab dem 3. Jh. v. u. Z. ist die wachsende jüdische Diasporagemeinde, v. a. in Alexandrien. Diese Übersetzung wird im Judentum keinen kanonischen Rang erhalten, aber das war zu ihrer Entstehungszeit noch nicht abzusehen. Auch hier gilt, dass Übersetzen kein mechanischer Vorgang ist, sondern eine höchst komplexe in-

---

41 Lange Zeit war nur die griechische Version dieses Buchs bekannt, die sich allerdings selbst in einem Prolog als Übersetzung aus dem hebräischen Original zu erkennen gibt. Seit dem ausgehenden 19. Jh. beschäftigt sich die Forschung mit einigen hebräischen Handschriften-Fragmenten aus Qumran, Massada und Kairo. S. JOHANNES MARBÖCK, Das Buch Jesus Sirach, in: ERICH ZENGER/CHRISTIAN FREVEL (Hrsg.), Einleitung in das Alte Testament, Stuttgart ^{9}2016, 502–512, 503 f., 509.

42 Die Interpretationsgeschichte des in Gen 2–3 dargestellten Geschlechterverhältnisses hat grundlegend aufgearbeitet SCHÜNGEL-STRAUMANN 1989, Frau.

terkulturelle Aktivität. Jesus Sirach bringt den im hebräischen Text ebenso wie in der Septuaginta erst im Kontext von Kain und Abel Gen 4,7 vorkommenden Begriff der Sünde in die Interpretation der Adam-und-Eva-Erzählung ein und stellt damit die Weichen für die weiteren Lesarten der Erzählung als Sündenfall und als Schulderzählung vor allem der Frau. Zwischen dem hebräischen חַטָּאת und dem griechischen ἁμαρτία gibt es gravierende Unterschiede, mit der Übersetzung von einer Sprache in die andere ist immer eine Verschiebung von kulturellen Konzepten verbunden.

Für das entstehende Christentum bildet die Septuaginta jedenfalls die Basis, um das mit Jesus Christus neu Gekommene im jüdischen Begriffshorizont zu deuten und das gleichzeitig für die Breite der damals bekannten Welt zu tun. Dabei wird der aramäisch sprechende Jesus von Nazaret in die Weite der griechisch sprechenden Welt übersetzt. In das »Bücherbuch« (Kurt Marti) Bibel schreiben sich eine Vielzahl von Kulturen und Kulturkontakten ein. Von Anfang an sind die Texte hybrid, tragen die Spuren der großen antiken Kulturen in sich, grenzen sich ab, nehmen auf, formen um. Der biblische Gott ist ein Anziehungspunkt unterschiedlicher altorientalischer und antiker Götter- und Göttinnenvorstellungen; der biblische Monotheismus ist exklusiv *und* inklusiv.

Die Übersetzungsprozesse gehen auch nach der Kanonschließung weiter. Wenn man Jan Assmann folgt, dann ist hier die Bewegung von Schriftwerdung abgeschlossen zugunsten der Auslegung von Texten. Nicht mehr Fortschreibung, auch – aufs Gesamt der Bibel bezogen – nicht mehr die Aufnahme weiterer Schriften sind in dieser Phase das Mittel, um die Gotteswahrheit zu formulieren, sondern die Auslegung der bereits vorhandenen und als kanonisch mit besonderem Rang versehenen Schriften. Die Auslegungsprozesse ermöglichen es, sich je erneut auf den biblischen Text als fundierenden zu beziehen, das jeweils eigene Leben im Horizont der Schrift und die Schrift im Horizont des eigenen Lebens zu deuten. Die Fahrt der ÜBERsetzenden Fähre, die Jürgen Ebach beschreibt, geht weiter. Allerdings zeigen Untersuchungen zur Text- und Kanongeschichte, dass die Grenze zwischen Verfassen und Auslegen nicht einfach und schon gar nicht auf das Gesamt hin einlinig zu ziehen ist. Die zunehmend in den Blick geratenden pluralen Überlieferungsprozesse biblischer Texte ebenso wie die nebeneinander existierenden unterschiedlichen Gemeinschaften, in denen die Bibel eine Rolle spielt, machen eine solche strikte Trennung in ein Vorher (Abfassung der Texte) und Nachher (Auslegung) unmöglich.[43]

---

[43] Vgl. Brennan W. Breed, Nomadic text, pass., der allerdings eine sehr pointierte Position vertritt und die Pluralität m. E. überbetont. Vorsichtigere Versuche, mit dem Problem umzugehen, finden sich etwa für den Übergang von innerbiblischer zu rabbinischer Auslegung bei Jay M. Harris, From Inner-Biblical Interpretation to Early Rabbinic Exegesis, in: Magne Sæbø (Hrsg.), Hebrew Bible, Old Testament. The history of its interpretation, Göttingen 1996, 256–269; für die Fixierung eines »Standard Text« der Hebräischen Bibel bei Emanuel Tov, The History and Si-

Das Augenmerk auf diese Übersetzungsprozesse ist dem Abschied von einem historistischen Diskurs des 19. Jahrhunderts zu verdanken, in dem immer das Älteste mit der Aura größtmöglicher Authentizität versehen war. Solches Denken hat zu einer Ausprägung historisch-kritischer Exegese geführt, die literargeschichtlich stets auf der Suche nach den ältesten Textbeständen nicht mehr in der Lage war, den vorliegenden Bibeltext als solchen, geschweige denn als Ganzen wahrzunehmen.

5. Das Eigenleben biblischer Figuren

Adam und Eva geraten in den folgenden Jahrtausenden in einen Sog von Texten und Bildern, werden mit immer mehr Deutungen und Be-Deutungen aufgeladen, bis es im nicht mehr affirmativ religiösen Mainstream unserer Welt ausreicht, einzelne Elemente aufzurufen, um auf diese Erzählung anzuspielen. Immer noch werden mit dem Attribut der Verführung unter dem Stichwort *Eva* Parfums und Unterwäsche verkauft, verheißt das *Paradies* einen unbeschwerten Urlaub an einsamen Stränden, steht die Anfangsgeschichte der Genesis Pate für den schöpferischen Prozess selbst:

> »Die Kosmogonie des Alten Testaments findet ihre triviale Entsprechung im weißen Blatt, das in der Vorstellung des Schreibenden, auch derjenigen, die schreiben wollen, eine geradezu mythische Bedeutung hat. Was dort Dunkelheit, ist hier das unschuldige Weiß des Papiers oder aber das hellgraue Flimmern der Bildschirmfläche, die beschrieben werden soll, und zwar so, dass es gut sei.«[44]

Die intensive Rezeption der Ursprungserzählungen der Genesis beginnt nachbiblisch und setzt sich bis in die Gegenwart hinein fort. Wie auch andere biblische Narrationen und Motive entwickelt auch dieses Motiv ein Eigenleben, das sich mal mehr, mal weniger deutlich vom biblischen Text entfernt. Wenn in der Gegenwart einige Elemente, man könnte auch von Versatzstücken sprechen, dieses biblischen Texts ausreichen, um auf ihn anzuspielen, wenn dabei noch nicht einmal allen Rezipierenden bewusst ist, dass es sich um einen *biblischen* Text handelt und solche Anspielungen trotzdem als solche funktionieren, dann hat der

---

gnificance of a Fixed Text and Canon of the Hebrew Bible, in: Magne Sæbø (Hrsg.), Hebrew Bible, Old Testament. The history of its interpretation, Göttingen 1996, 49–66; für die Frage der Kanonschließung bei John Barton, The Significance of a Fixed Canon of the Hebrew Bible, in: Magne Sæbø (Hrsg.), Hebrew Bible, Old Testament. The history of its interpretation, Göttingen 1996, 67–83.

[44] Uwe Timm, Von Anfang und Ende. Über die Lesbarkeit der Welt, Frankfurter Poetikvorlesung, München 2011, 10.

Text eine Geschichte durchlaufen, die das Phänomen biblischer Rezeptionen deutlich verkompliziert. »Warum dürfen Adam und Eva keine Äpfel essen?« – so fragt ein religionspädagogisch fundiertes Kinderbuch, das Kinderfragen zur Bibel beantworten will.[45] Die Exegetin wird reflexartig antworten, dass es ja *eigentlich* in dieser Erzählung gar nicht um Äpfel ginge, hätte damit aber ein wichtiges Phänomen der Rezeptionsgeschichte übergangen. Denn auch wenn im hebräischen Text nicht von einem Apfel, sondern unspezifisch von einer Frucht die Rede ist, so hat doch der Apfel unauslöschlich Eingang in das kulturelle Gedächtnis Europas gefunden. Der Apfel steht damit in einer Reihe mit der wie eine Nussschale mit Hütte geformten Arche, Batseba, die *auf* dem Dach badet und der sündigen Maria Magdalena, die Jesus salbt. Alle diese Motive sind hartnäckig im christlich geprägten Gedächtnis verankert, man kann ihre biblische Anbindung erkennen, sie weichen aber von der biblischen Vorlage deutlich ab.

Diese Aussage gilt allerdings nur dann, wenn man von der von der Exegese als Urtext apostrophierten Gestalt des biblischen Texts ausgeht. Die Wanderungsbewegungen des nomadischen Bibeltexts durch die Kulturen geschehen häufig eigenständig und gegenüber der Vorlage eigensinnig. Die Pluralität verbindlicher Übersetzungen in der christlichen Tradition verstärkt die Eigenbewegungen, die fehlende Literarität breiter Schichten der Bevölkerung und damit die Angewiesenheit auf Bilder trägt ihren Teil zur Ausprägung nomadisierender Konzepte bei. Im Fall des Apfels am Paradiesesbaum lässt sich diese Bewegung nachzeichnen. Die lateinische Vulgata übersetzt in Gen 3,17 *»ligno autem scientiae boni et mali«*, also »Baum der Erkenntnis von Gut und Böse«. Nun ist *malum* das Böse, *mālum* hingegen der Apfel. Nur ein langes ā unterscheidet diese beiden Begriffe, eine Verwechslung liegt nahe. Wo »fructus« steht, also *Frucht*, wird der nun spezifizierte Apfel gelesen. So wird die unspezifische *Frucht* bildlich darstellbar. Der Wechsel von *Frucht* zum *Apfel*, der nicht nur die bildliche, sondern auch die Texttradition prägt, ist ganz unverständlich, wenn man die Vulgata nicht kennt. Und so lohnt es sich, in jedem Rezeptionskontext nicht nur nach dem ursprünglichen Text zu fragen, sondern auch nach den Versionen, die dem Künstler jeweils vorgelegen haben.

Hier wird eine Kategorie hilfreich, die die Germanistin Andrea Polaschegg in die Diskussion eingeführt hat. Sie spricht vom *Bibelwissen* in unserer Kultur. Als Literaturwissenschaftlerin fragt sie von ihrem Gegenstand zurück nach Prätexten, nach den Bezügen, die ein literarisches Werk zu vorgängigen künstlerischen Produkten herstellt. Dabei wird ihr deutlich, dass der Bezug künstlerischer Werke nicht zum biblischen Urtext geschieht, ja oft noch nicht einmal zum biblischen Text, sondern zu einem Konglomerat von Vorstellungen, die sich an ein

---

[45] ALBERT BIESINGER/HELGA KOHLER-SPIEGEL/SIMONE HILLER u. a., Warum dürfen Adam und Eva keine Äpfel essen. Kinderfragen zur Bibel, Forscherinnen und Forscher antworten, München 2014.

biblisches Motiv angelagert haben. Die Vorstellungen von Adam und Eva haben oft mehr mit der Rezeptionsgeschichte zu tun als mit dem biblischen Text selbst:

> »Schon hier lässt sich ahnen, dass sich das kulturell relevante Bibelwissen mit dem geschriebenen Bibeltext nicht einfach deckt, sondern eine eigene Dynamik und Geschichte besitzt, die kennen muss, wer Biblisches in Literatur auffinden und verstehen will. Dabei läuft der Versuch, sich das literarische Wissen über die Bibel ausschließlich durch Lektüre des biblischen Textes zu erarbeiten, sogar Gefahr, die berühmtesten biblischen Motive in der Literatur zu verpassen.«[46]

Zusätzlich kompliziert wird das Verhältnis zwischen Bibel und Kultur dadurch, dass *die Bibel* eigentlich durch *die jeweilige Bibel* ersetzt werden müsste. Denn nicht nur ist es so, dass bildende Künstlerinnen und Künstler und Literatinnen und Literaten sich aufeinander beziehen, wenn sie biblische Motive einspielen. Sie beziehen sich unter Umständen auch tatsächlich auf eine Bibel, und zwar die, die gerade zuhanden ist.

Das Bibelwissen, das Andrea Polaschegg meint, ist also nicht das Wissen um *die Bibel*. Insofern ist der Begriff missverständlich. Polascheggs *Bibelwissen* setzt sich aus dem Wissen, das aus der Lektüre ganz bestimmter Bibelausgaben gewonnen ist, und aus einem Pool von Bildern, Texten, Musikstücken, Filmen und anderen Medien zusammen. Biblische Figuren sind transmediale Figuren.[47] Und so kommen sie in unsere Vorstellung. Sie sind Wandernde zwischen Texten, Bildern und Filmen – und zwischen Kulturen. Bibel buchstabiert sich von der Schriftwerdung bis zu gegenwärtigen Auslegungen in Kulturen hinein.

Wer also rezeptionsgeschichtliche Forschungen zur Bibel anstellt, kann nicht einfach ein kulturelles Werk mit dem hebräischen oder griechischen Text vergleichen, der der Exegese als Bezugspunkt dient. Vielmehr muss zunächst danach gefragt werden, welche »Bibel« dem Künstler, der Künstlerin vorliegt. Welche Übersetzung ist in der Zeit gängig? Gibt es einen Zugang zu den Originalsprachen? Wurde überhaupt gelesen, oder geschehen die Bezugnahmen über andere Medien? Rezeptionsgeschichte bedeutet also auch, ein verschlungenes und gewundenes We-

---

46 Andrea Polaschegg, Denn es stehet (nicht) geschrieben. Das Bibelwissen der Literatur, in: Renovatio (3/4/2009), 42–52, 49.

47 Vgl. in Bezug auf »Gott als Figur«; Ute E. Eisen/Ilse Müllner, Hinführung, in: Dies. (Hrsg.), Gott als Figur. Narratologische Analysen biblischer Texte und ihrer Adaptionen, HBS 82, Freiburg im Breisgau 2016, 11–26, 21f. Siehe in diesem Band besonders die Beiträge von Frank Thomas Brinkmann, Gott als Figur im Comic. Fragmente auf vier praktisch-theologischen Notizblöcken, 451–481; Georg Langenhorst, Neues von der »Gottsucherbande«. Wandlungen der Gottesrede in der Literatur unserer Zeit; Martin Ostermann, »Ich habe nicht gewusst, dass ich ihn suchen soll«. – Von Gott erzählen in Spielfilmen, 428–453.

genetz nachzuzeichnen, mit dem ein ursprünglich hebräischer oder griechischer Text in andere Sprachen, Kulturen, Medien hinein diffundiert.

6. Der Eigensinn der Lesenden

Die Ausführungen haben es deutlich gemacht: Von der Bibel zu sprechen lässt den Blick auf die Leserinnen und Leser unumgänglich erscheinen. Das beginnt bei der Frage, wessen Bibel überhaupt das Thema der Abhandlung ist, eine Frage, die die unaufgebbare Bindung von Kanon an eine konkret benennbare Gemeinschaft betont. Die Suche nach den Lesenden geht aber weiter über empirische Rezeptionen und deren verschlungenen Wege der Wissensproduktion bis hin zum Adressaten, impliziten Leser oder Modellleser der rezeptionstheoretischen Forschung.[48]

> »One of the characteristic moves in postmodernism is to acknowledge the role of the reader in interpretation. Traditional biblical criticism is written in the third person. Reporting on what the text means in the tone of a report on a scientific experiment, as though neither the scholar nor his readers had any role but the passive one of registering what the text is saying.«[49]

Die Entdeckung des Lesers, der Leserin im reader-response-criticism geht Hand in Hand mit der Wahrnehmung der Pluralität von Sinn und Bedeutung biblischer Texte. In Anbetracht einer so vielfältigen Rezeptionsgeschichte ist die Pluralität von Lektüremöglichkeiten eine empirische Gegebenheit. Die hermeneutische Frage, die sich angesichts dieser vorhandenen Fülle an Interpretationsmöglichkeiten stellt, ist allerdings die nach der Haltung, mit der der Vielfalt begegnet werden kann. Wird sie als Manko wahrgenommen, weil man nach der einen Bedeutung – etwa in der Ursprungssituation oder in der Autorintention – sucht. Oder wird, wie es die leser- und leserinnenorientierten Modelle biblischer Hermeneutik vorschlagen, die Kontextualisierung des Verstehens als Teil der historischen Prozesse im Umgang mit dem biblischen Text gesehen und damit die grundsätzliche Sinnoffenheit aner-

---

[48] Vgl. aus exegetischer Sicht John Barton, The Legacy of the Literary-critical School and the Growing Opposition to Historico-critical Bible Studies. The Concept of ›History‹ Revisited – *Wirkungsgeschichte* and Reception History, in: Magne Sæbø/Peter Machinist (Hrsg.), Hebrew Bible, Old Testament. The history of its interpretation, Göttingen 2015, 96–124; Detlef Dieckmann von Bünau, Rezeptionsästhetik (AT), in: Michaela Bauks/Klaus Koenen (Hrsg.): WiBiLex. https://www.bibelwissenschaft.de/wibilex/das-bibellexikon/lexikon/sachwort/anzeigen/details/rezeptionsaesthetik-at/ch/9d3306dc3b68965d57b7c526b0fb46d9/ (Stand: 10.05.2016).

[49] John Barton, Legacy, Göttingen 2015, 115.

kannt.[50] Auch wenn hier immer wieder die »Grenzen der Interpretation«[51] zu markieren sind, die sich aus dem Text und seinen Wirkungen ergeben, so ist doch grundsätzlich von einer Offenheit der Texte – ebenso wie anderer Kunstwerke – für den Auslegungsprozess auszugehen. Unendlich, aber nicht beliebig – so könnte man diese Spannung auf eine Kurzformel bringen.

Die Rezipientinnen und Rezipienten der Bibel ernst zu nehmen bedeutet aber nicht nur eine Anerkennung der Sinnoffenheit des Lesevorgangs, sondern eine Wahrnehmung der Pluralität der Rezeptionsmodi selbst. »Quidquid recipitur ad modum recipientis recipitur.«[52] Dieser Satz des Thomas von Aquin weist eben nicht nur auf den Inhalt, sondern auch auf die Rezeptionsweise hin. Als Exegetinnen und Exegeten sind wir aufgefordert, im Blick auf die Rezeptionsgeschichte der von uns untersuchten Texte sowohl den Begriff des Lesens als auch den des Texts zu überdenken. Das bedeutet zum einen, immer wieder den Versuch zu unternehmen, den Bezugstext der jeweiligen Rezeptionsgemeinschaft (oder auch einzelner Künstler, Literaten etc.) zu rekonstruieren. Mit Blick auf die Rezeptionsgeschichte ist dann eben oftmals nicht der historisch wie theologisch mit höchster Dignität versehene hebräische (bzw. im Fall der alttestamentlichen Apokryphen/deuterokanonischen Schriften[53] und des NT griechische) Bibeltext der Bezugspunkt, sondern vielfältige Übersetzungen, in der westlichen Kultur natürlich über weite Strecken die Vulgata. Hier sei noch einmal auf ein Beispiel aus der Ur-Erzählung um *Adam und Eva* verwiesen. Der hebräische Text spricht über weite Strecken von *ha'ādām* mit Artikel, womit keine namentlich benannte individuelle Person gemeint ist, sondern das Gattungswesen »der Mensch«, erst die griechische und dann die lateinische Übersetzungstradition spricht hier bereits sehr früh von der durch den Eigennamen Adam bezeichneten individuellen Erzählfigur.[54] Rezeptionsvorgänge verlaufen aber nicht immer mit der Rolle oder

---

[50] Die in diesem Horizont sich entwickelnden Diskussionen sind Legion, so dass es an dieser Stelle gänzlich unmöglich ist, auf sie einzugehen. Hier sei nur auf das in den letzten 20 Jahren erschienene mehrbändige Werk zur Interpretationsgeschichte der Hebräischen Bibel verwiesen, in: Magne Sæbø, Hebrew Bible, Old Testament. The history of its interpretation, Göttingen 1996ff. Insbesondere im 2013 erschienenen Band zum 20. Jahrhundert werden die in der exegetischen Wissenschaft geführten Diskussionen breit aufgenommen; hier findet sich auch weitere Literatur.

[51] So der Titel des wegweisenden Werks von Umberto Eco, Die Grenzen der Interpretation, München/Wien 1992.

[52] Sth I qu. 75 art. 5.

[53] Die ursprünglich griechisch abgefassten (oder nur auf griechisch überlieferten) Schriften Tobit, Judit, 1 und 2 Makkabäer, Weisheit Salomos, Jesus Sirach, Baruch, sowie Zusätze zu Ester und Daniel sind im katholischen Kanon Teil der Heiligen Schrift, in der evangelischen Tradition zählen sie zu den Apokryphen.

[54] S.o. 254/255.

dem Codex in der Hand. Figuren, Motive und Narrationen werden selektiv übernommen, visualisiert, reduziert und erweitert – sie gehen in die kulturellen Kommunikationsprozesse ein. Mit dem, was wir als Rezeption biblischer Texte zu beschreiben gewohnt sind, wird ein Prozess der Transformation fortgesetzt, der bereits bei der Produktion der biblischen Texte eine Rolle spielt: Das Vorliegende wird aufgenommen, umgestaltet, inkulturiert und neu perspektiviert. Bibel und Kultur begegnen einander in einem Wechselverhältnis: Bibel ist ein Produkt vielfältiger Kulturen und Bibel prägt Kultur.

LITERATUR

TEXTAUSGABEN

BHS: Biblia Hebaica Stuttgartensia, hrsg. ELLIGER, KARL/RUDOLPH, WILHELM, Stuttgart 1977.

BigS: Bibel in gerechter Sprache, hrsg.v. BAIL, ULRIKE u. a., Gütersloh 2006.

EÜ: Die Bibel. Einheitsübersetzung, hrsg. Im Auftrag der Bischöfe Deutschlands, Österreichs u. a., Stuttgart 1980.

NLB: Neue Luther Bibel. Stuttgart 1989.

Der Babylonische Talmud. Ins Deutsche übersetzt von GOLDSCHMIDT, LAZARUS, Frankfurt/M. 1996 (i. O. 1929–1936).

WEITERE LITERATUR

ASSMANN, ALEIDA, Generationsidentitäten in der neuen deutschen Erinnerungsliteratur, in: NEUEN, CHRISTIANE (Hrsg.), Sehnsucht und Erinnerung. Leitmotive zu neuen Lebenswelten, Düsseldorf 2006, 230–251.

ASSMANN, ALEIDA/ASSMANN, JAN, Art. Mythos, in: CANCIK, HUBERT u. a. (Hrsg.), Handbuch religionswissenschaftlicher Grundbegriffe IV, Stuttgart 1998, 179–200.

ASSMANN, JAN, Das kulturelle Gedächtnis. Schrift, Erinnerung und politische Identität in frühen Hochkulturen, München 1992.

ASSMANN, JAN, Memory, Narration, Identity. Exodus as a Political Myth, in: LISS, HANNA/OEMING, MANFRED (Hrsg.), Literary construction of identity in the ancient world. Proceedings of the conference Literary fiction and the construction of identity in ancient literatures: options and limits of modern literary approaches in the exegesis of ancient texts, Winona Lake 2010, 3–18.

BACHMANN-MEDICK, DORIS, Cultural Turns. Neuorientierungen in den Kulturwissenschaften, Reinbek bei Hamburg 2006.

BACHMANN-MEDICK, DORIS, The trans/national study of culture. A translational perspective, Berlin 2016.

BAL, MIEKE/VAN DIJK HEMMES, FOKKELIEN/VAN GINNEKEN, GRIETJE, Und Sara lachte. Patriarchat und Widerstand in biblischen Geschichten, Münster 1988.

BAL, MIEKE, Kulturanalyse, Frankfurt am Main 2006.

Bal, Mieke, Intercultural Story-Telling, in: Strohmaier, Alexandra (Hrsg.), Kultur – Wissen – Narration. Perspektiven transdisziplinärer Erzählforschung für die Kulturwissenschaften, Bielefeld 2013, 289–305.

Barton, John, The Significance of a Fixed Canon of the Hebrew Bible, in: Sæbø, Magne (Hrsg.), Hebrew Bible, Old Testament. The history of its interpretation, Göttingen 1996, 67–83.

Barton, John, The Legacy of the Literary-critical School and the Growing Opposition to Historico-critical Bible Studies. The Concept of ›History‹ Revisited – *Wirkungsgeschichte* and Reception History, in: Sæbø, Magne/Machinist, Peter (Hrsg.), Hebrew Bible, Old Testament. The history of its interpretation, Göttingen 2015, 96–124.

Baumgart, Norbert Clemens, Das Ende der biblischen Urgeschichte in Gen 9,29, in: BN 82 (1996) 356, 27–58.

Bechtel, Lynn B., Genesis 2.4B–3.24: A Myth About Human Maturation, in: JSOT 67 (1995), 3–26.

Biesinger, Albert/Kohler-Spiegel, Helga/Hiller, Simone u. a., Warum dürfen Adam und Eva keine Äpfel essen. Kinderfragen zur Bibel – Forscherinnen und Forscher antworten, München 2014.

Brandt, Peter, Endgestalten des Kanons, BBB 131, Berlin u. a. 2001.

Breed, Brennan W., Nomadic text. A theory of biblical reception history, Bloomington 2014.

Brinkmann, Frank Thomas, Gott als Figur im Comic. Fragmente auf vier praktisch-theologischen Notizblöcken, in: Eisen, Ute E./Müllner, Ilse (Hrsg.), Gott als Figur. Narratologische Analysen biblischer Texte und ihrer Adaptionen, HBS Bd. 82, Freiburg im Breisgau 2016, 454–481.

Dieckmann von Bünau, Detlef, Rezeptionsästhetik (AT), in: Bauks, Michaela/Koenen, Klaus (Hrsg.), WiBiLex, http://www.bibelwissenschaft.de/stichwort/33446/ (Stand: 10.05.2016).

Ebach, Jürgen, Schrift-Stücke. Biblische Miniaturen, Gütersloh 2011.

Eco, Umberto, Die Grenzen der Interpretation, München/Wien 1992.

Eisen, Ute E./Müllner, Ilse, Hinführung, in: Dies. (Hrsg.), Gott als Figur. Narratologische Analysen biblischer Texte und ihrer Adaptionen, HBS Bd. 82, Freiburg im Breisgau 2016, 11–26.

Erll, Astrid, Kollektives Gedächtnis und Erinnerungskulturen. Eine Einführung, Stuttgart/Weimar ²2011.

Erll, Astrid/Roggendorf, Simone, Kulturgeschichtliche Narratologie. Die Historisierung und Kontextualisierung kultureller Narrative, in: Nünning, Ansgar/Nünning, Vera (Hrsg.), Neue Ansätze in der Erzähltheorie, Bd. 4, Trier 2002, 73–113.

Fabry, Heinz-Josef, Der Text und seine Geschichte, in: Zenger, Erich/Frevel, Christian (Hrsg.), Einleitung in das Alte Testament, Stuttgart ⁹2016, 37–66.

Gruber, Judith, Theologie nach dem Cultural Turn. Interkulturalität als theologische Ressource, Religionskulturen Bd. 12, Stuttgart 2013.

Harris, Jay M., From Inner-Biblical Interpretation to Early Rabbinic Exegesis, in: Sæbø, Magne (Hrsg.), Hebrew Bible, Old Testament. The history of its interpretation, Göttingen 1996, 256–269.

Hejl, Peter M., Art. Kultur, in: Metzler-Lexikon Literatur- und Kulturtheorie. Ansätze - Personen - Grundbegriffe, Stuttgart ²2001, 343-345.

Hermanni, Friedrich, Felix Culpa. Die geschichtsphilosophische Transformation der Sündenfallerzählung im 18. Jahrhundert, in: Hermanni, Friedrich/Steenblock, Volker (Hrsg.), Philosophische Orientierung. Festschrift zum 65. Geburtstag von Willi Oelmüller, München 1995, 249-266.

Hermanni, Friedrich, Art. »Felix Culpa, Christianity«, in: Allison, Dale C. Jr. u.a., Encyclopedia of the Bible and Its Reception, Berlin/Boston ⁸2014, 1109-1111.

Hieke, Thomas, Formen des Kanons. Studien zu Ausprägungen des biblischen Kanons von der Antike bis zum 19. Jahrhundert, SBS 228, Stuttgart 2013.

Hühn, Peter, Event and Eventfulness, in: Ders. u.a. (Hrsg.), The living handbook of narratology, Hamburg: Hamburg University, http://www.lhn.uni-hamburg.de/article/event-and-eventfulness, (Stand: 24.03.2016).

Jefferson, Lee M., Art. Adam (Person). VIII Visual Arts, in: Allison, Dale C. Jr. u.a., Encyclopedia of the Bible and its Reception, Berlin/New York 2009, 327-333.

Kegler, Jürgen/Eisen, Ute E., Art. Arbeit/Lohnarbeit, in: Crüsemann, Frank u.a., Sozialgeschichtliches Wörterbuch zur Bibel, Gütersloh 2009, 16-22.

Koenen, Klaus/Mell, Ulrich, Art. Landwirtschaft, in: Crüsemann, Frank u.a., Sozialgeschichtliches Wörterbuch zur Bibel, Gütersloh 2009, 329-335.

Koschorke, Albrecht, Wahrheit und Erfindung. Grundzüge einer Allgemeinen Erzähltheorie, Frankfurt am Main ³2013.

Lanfer, Peter Thacher, Remembering Eden. The reception history of Genesis 3:22-24, Oxford/New York 2012.

Langenhorst, Georg, Neues von der »Gottsucherbande«. Wandlungen der Gottesrede in der Literatur unserer Zeit, in: Eisen, Ute E./Müllner, Ilse (Hrsg.), Gott als Figur. Narratologische Analysen biblischer Texte und ihrer Adaptionen, HBS Bd. 82, Freiburg im Breisgau 2016, 399-427.

Maass, Fritz, Art. אָדָם, in: Botterweck, Johannes G./Ringgren, Helmer (Hrsg.), Theologisches Wörterbuch zum Alten Testament I, Stuttgart u.a. 1973, 81-94.

Marböck, Johannes, Das Buch Jesus Sirach, in: Zenger, Erich/Frevel, Christian (Hrsg.), Einleitung in das Alte Testament, Stuttgart ⁹2016, 502-512.

Müller-Funk, Wolfgang, Die Kultur und ihre Narrative. Eine Einführung, Wien ²2008.

Müllner, Ilse, Eva will es wissen, in: Bibel heute 51 (4/2015), 7-10.

Navarro Puerto, Mercedes, Abbild und Ebenbild Gottes. Frau und Mann in Gen 1-3 als offenes System im Kontext von Gen 1-11, in: Fischer, Irmtraud/Navarro Puerto, Mercedes/Taschl-Erber, Andrea (Hrsg.), Tora, Stuttgart 2010.

Nünning, Ansgar/Nünning, Vera, Neue Ansätze in der Erzähltheorie, Trier 2002.

Ostermann, Martin, »Ich habe nicht gewusst, dass ich ihn suchen soll«. Von Gott erzählen in Spielfilmen, in: Eisen, Ute E./Müllner, Ilse (Hrsg.), Gott als Figur. Narratologische Analysen biblischer Texte und ihrer Adaptionen, HBS Bd. 82, Freiburg im Breisgau 2016, 428-453.

Pfeiffer, Henrik, Art. Adam und Eva, in: Bauks, Michaela/Koenen, Klaus (Hrsg.), WiBiLex, http://www.bibelwissenschaft.de/stichwort/12492/ (Stand: 10.06.2016).

Polaschegg, Andrea, Denn es stehet (nicht) geschrieben. Das Bibelwissen der Literatur, in: Renovatio (3/4/2009), 42-52.

RAD, GERHARD VON, Weisheit in Israel, Gütersloh 1992.

SÆBØ, MAGNE (Hrsg.), Hebrew Bible, Old Testament. The history of its interpretation, Göttingen 1996ff.

SAWYER, JOHN F. A., The Blackwell companion to the Bible and culture, Oxford u.a. 2006.

SCHMID, KONRAD, Die Unteilbarkeit der Weisheit. Überlegungen zur sogenannten Paradieserzählung Gen 2f. und ihrer theologischen Tendenz, in: ZAW 114 (2002), 21–39.

SCHMID, WOLF, Elemente der Narratologie, Berlin u.a. [2]2008.

SCHÜNGEL-STRAUMANN, HELEN, Die Frau am Anfang. Eva und die Folgen, Freiburg im Breisgau 1989.

TIMM, UWE, Von Anfang und Ende. Über die Lesbarkeit der Welt, Frankfurter Poetikvorlesung, München 2011.

TOV, EMANUEL, The History and Significance of a Fixed Text and Canon of the Hebrew Bible, in: SÆBØ, MAGNE (Hrsg.), Hebrew Bible, Old Testament. The history of its interpretation, Göttingen 1996, 49–66.

WALLACE, HOWARD N., Art. Adam (Person). I. Hebrew Bible/Old Testament, in: ALLISON, DALE C. Jr. u.a., Encyclopedia of the Bible and its Reception, Berlin/New York 2009, 300.

WEIDNER, DANIEL, Einleitung: Zugänge zum Buch der Bücher, in: SCHMIDT, HANS-PETER/ WEIDNER, DANIEL/BOEHME, TIM CASPAR (Hrsg.), Bibel als Literatur, Paderborn u.a. 2008, 7–28.

WHITE, HAYDEN, »The Value of Narrativity in the Representation of Reality«, in: MITCHELL, WILLIAM JOHN THOMAS (Hrsg.), On Narrative, Chicago 1981, 1–23.

ZENGER, ERICH, Das Blut deines Bruders schreit zu mir (Gen 4,10). Gestalt und Aussageabsicht der Erzählung von Kain und Abel, in: BADER, DIETMAR (Hrsg.), Kain und Abel. Rivalität und Brudermord in der Geschichte der Menschen, München/Zürich 1983, 9–28.

ZENGER, ERICH/FREVEL, CHRISTIAN, Der Prozess der Pentateuchredaktion, in: ZENGER, ERICH/FREVEL, CHRISTIAN (Hrsg.), Einleitung in das Alte Testament, Stuttgart [9]2016, 136–151.

Die Autorinnen und Autoren

Susanne Bach, Dr. phil., Professorin für Anglistik/ Literaturwissenschaft

Markus Böggemann, Dr. phil., Professor für Historische Musikwissenschaft

Andreas Gardt, Dr. phil., Professor für Germanistische Sprachwissenschaft/ Sprachgeschichte

Daniel Göske, Dr. phil., Professor für Amerikanistik/ Literaturwissenschaft

Tom Kleffmann, Dr. theol., Professor für Systematische Theologie

Paul-Gerhard Klumbies, Dr. theol., Professor für Biblische Wissenschaften unter besonderer Berücksichtigung des Neuen Testaments

Mirja Kutzer, Dr. theol., Professorin für Systematische Theologie

Ilse Müllner, Dr. theol., Professorin für Biblische Theologie mit Schwerpunkt Altes Testament

Annegret Reese-Schnitker, Dr. theol., Professorin für Religionspädagogik

Nikola Roßbach, Dr. phil., Professorin für Neuere Deutsche Literaturwissenschaft

Daniel Weidner, Dr. phil., Professor für Kulturforschung mit dem Schwerpunkt Religion

Jan-Henrik Witthaus, Dr. phil., Professor für Romanische Literaturwissenschaft